साधु ओझा सन्त

साधु ओझा सन्त

सुधीर कक्कड़

अनुवाद

चन्दन श्रीवास्तव

राजकमल प्रकाशन

ISBN : 978-81-267-0980-9

मूल्य : ₹ 595

पहला संस्करण : 2004
दूसरा संस्करण : 2018

प्रकाशक : राजकमल प्रकाशन प्रा. लि.
1-बी, नेताजी सुभाष मार्ग, दरियागंज
नई दिल्ली-110 002

शाखाएँ : अशोक राजपथ, साइंस कॉलेज के सामने, पटना-800 006
पहली मंजिल, दरबारी बिल्डिंग, महात्मा गांधी मार्ग, इलाहाबाद-211 001
36 ए, शेक्सपियर सरणी, कोलकाता-700 017

वेबसाइट : www.rajkamalprakashan.com
ई-मेल : info@rajkamalprakashan.com

मुद्रक : बी.के. ऑफसेट
नवीन शाहदरा, दिल्ली-110 032

SADHU OJHA SANT
by Sudhir Kakkar

साधु ओझा सन्त

प्रस्तावना

पश्चिमी दुनिया में जिसे 'मनोस्वास्थ्य' कहा जाता है उसकी परम्परा भारत में भी मिलती है। इस पुस्तक में भारत की उन्हीं परम्पराओं का अध्ययन किया गया है। पुस्तक में 'मनोस्वास्थ्य' शब्द का प्रयोग किसी जटिल संकल्पना या परिभाषा के रूप में नहीं किया गया है। यह एक शीर्षक है न कि कोई संकीर्ण सैद्धान्तिक संकल्पना। 'मनोस्वास्थ्य' के अन्तर्गत बहुत सारी बातें शामिल हैं। व्यक्तिगत तथा सामाजिक जीवन के क्रिया-व्यापारों को प्रभावकारी तरीके से संचालित करना, नैतिक और आध्यात्मिक धरातल पर सन्तुष्ट अनुभव करना, मानसिक क्रिया-व्यापारों में सामंजस्य होना तथा व्यक्ति को अक्षम बना देनेवाले लक्षणों की अनुपस्थिति–ये सभी बातें 'मनोस्वास्थ्य' के अन्तर्गत आती हैं। मैंने तीन वर्ष तक एक विषय का अध्ययन किया है। मनोचिकित्सा के इस क्षेत्र में विभिन्न मत-मतान्तरों के गुरु, ओझा, वैद्य, हकीम तथा इन्हीं जैसे अन्यान्य देहाती लोग कार्यरत हैं। मैंने इन सबों से बातचीत की है। ये सभी लोग एक ही दिशा में कार्यरत हैं। इलाज के इनके क्षेत्र को ऑक्सफोर्ड इंग्लिश शब्दकोश में 'हीलिंग' शीर्षक के अन्तर्गत परिभाषित करते हुए कहा गया है–"व्यक्ति विशेष को किसी विशेष कुप्रभाव मसलन पाप-भावना, दुःख, निराशा, खतरा, बेचैनी, अन्यमन्यस्कता, विध्वंस-वृत्ति आदि से मुक्ति दिलाना और उसके मन को शुद्ध-स्वच्छ तथा कल्याणप्रद बनाना।"

भारत में उपचार के इस क्षेत्र में नाना प्रकार की परम्पराएँ प्रचलित हैं। इन परम्पराओं में बहुत अधिक विभिन्नता है। जो व्यक्ति इन बातों से अनजान है उसे लगेगा मानो चिकित्सा एक व्यक्तिगत तथा संस्कारगत वृत्ति है तथा अपने मूलरूप में सांस्कृतिक दायरे के अन्तर्गत आती है। यह बात बहुत हद तक सही भी है। दुनिया की अन्य कौमों की तरह भारत में भी मनोरोगों की चिकित्सा के लिए विभिन्न पद्धतियाँ अपनाई गई हैं। भारत में आधुनिक चिकित्सा-पद्धति के मनोचिकित्सकों के साथ-साथ हिन्दू धर्म के अन्तर्गत आनेवाले आयुर्वेद तथा सिद्ध-चिकित्सा पद्धति के वैद्य भी उपचार के इस क्षेत्र में सक्रिय हैं। इसके अतिरिक्त इस्लामी यूनानी पद्धति के हकीम भी मनोरोगों के निदान का काम करते हैं। हस्तरेखा-विशेषज्ञ, जन्मपत्री बनानेवाले, जड़ी-बूटियों के विशेषज्ञ, सयाने, जादू-टोना करनेवाले, ओझा-गुनिया आदि ऐसे अनेक लोग हैं जिनकी उपचार-प्रक्रिया में लोकप्रिय परम्पराओं का पुट है। इतना ही नहीं आत्मा

को कल्याणकारी बनाने का दावा करनेवाले बहुत से साधु, स्वामी, महाराज, बाबा, माताएँ और 'भगवान' भी मिलते हैं जो किसी-न-किसी तरह अपना सम्बन्ध भारत की प्राचीन 'आध्यात्मिक-रहस्यवादी' परम्पराओं से जोड़कर दिखाते हैं। पश्चिम में इस परम्परा को धार्मिक प्रधानतावाले युग में 'आत्मिक स्वास्थ्य' (Soul health) कहा जाता था। इसका उद्देश्य था नैतिक एवं आध्यात्मिक धरातल पर कल्याण-भावना को उत्पन्न करना और उसे स्थायी बनाना।

उपरोक्त चिकित्सा-पद्धति यह मानकर चलती है कि व्यक्ति का कार्यक्षेत्र तीन भिन्न धरातलों पर बँटा है। जन्म से लेकर मृत्यु तक की अवधि में व्यक्ति अपने शरीर, मन तथा 'नगर-राज्य' का निवासी होता है। दूसरे शब्दों में, व्यक्ति शरीर भी है, आत्मा भी तथा इसके साथ-साथ सामाजिक प्राणी भी। यह बात जरूर है कि व्यक्ति के शरीर, मन—आत्मा और नगर-राज्य का अर्थ अलग-अलग संस्कृतियों में अलग-अलग है। आगे चलकर यह बात भी स्पष्ट की जाएगी कि पश्चिमी चिकित्सा पद्धति में शरीर और उसकी संचालन-प्रक्रिया को जिस धारणा के तहत समझा गया है वह धारणा आयुर्वेद-चिकित्सा-पद्धति से अलग है। वैदिक-परम्परा में 'आत्ममन्' अथवा 'सूक्ष्म-शरीर' को मनोवैज्ञानिक कोटि का तत्त्व नहीं माना जाता। हालाँकि इसमें वह तत्त्व अवश्य है जिसे पश्चिम में 'मनस्' की संज्ञा दी जाती है। हिन्दू-विचारणा के अनुसार मनोभावना के स्तर पर उत्पन्न गड़बड़ी का सम्बन्ध व्यक्ति के परिवार अथवा उसके लालन-पालन से नहीं है। इसका सम्बन्ध व्यक्ति के कर्मों से है। कर्म के अन्तर्गत इसी जीवन के नहीं अपितु विगत कई जन्मों के कर्म और उनके फल शामिल माने जाते हैं। जब कहा जाता है कि ओझा-गुनिया तथा लोकपरम्परा के अन्य मनोचिकित्सक व्यक्ति के सामाजिक कार्य-व्यापार की असंगति को दूर कर देते हैं तो यहाँ हमें यह बात अवश्य याद रखनी चाहिए कि अधिकांश भारतीयों के लिए 'नगर-राज्य' अथवा मोटे अर्थों में 'समाज' का मतलब अपने परिवार अथवा समुदाय के जीवित सदस्यों से ही नहीं होता बल्कि उसमें 'पितर' और 'पुरखे' भी शामिल हैं। पुरखों की वे आत्माएँ भी समाजवासी समझी जाती हैं जिनमें हिन्दुओं की अटूट आस्था है। पूर्वजों की आत्माओं के भी हिन्दू मानस अपने 'नगर-राज्य' का निवासी ही मानता है। भारत में मनोचिकित्सा की प्राचीन पद्धतियों और इनके आधार पर उपचार करनेवाले ओझा-गुनिया, वैद्य-हकीमों के बीच बहुत सी विभिन्नताओं के बावजूद एक बात को लेकर सहमति है। पश्चिमी मनोचिकित्सा की तुलना में यहाँ 'दैवी तत्त्वों' पर ज्यादा जोर दिया जाता है। 'दैवी तत्त्व' कहने का तात्पर्य साधु-संन्यासियों के ब्रह्म, भक्तों-उपासकों के कृष्ण अथवा अन्य देवी-देवताओं भर से नहीं है बल्कि इसमें पुरखों की आत्माएँ, वनदेवियाँ, ब्रह्मराक्षस, बह्मपिशाच और सूने में अथवा श्मशान में घात लगाकर बैठे रहेनवाले भूत-प्रेत, चुड़ैलें और डाकिनियाँ भी शामिल हैं। इसी 'दैवी-तत्त्व' को मनाने के कारण मन की विषय-वासना का उपचार बतानेवाले गुरुओं को हम प्रेतात्माओं से जूझनेवाले ओझा-गुनिया से जोड़कर देख सकते हैं। व्यावहारिक धरातल पर आत्मा, मन और शरीर—इन तीनों की व्याधियों के उपचार में

लगे लोगों की पद्धति में अन्तर हो सकता है किन्तु उपचार करनेवाले, मरीज तथा मरीज का अपने पुरखों, प्रेतों आदि से जुड़ा हुआ मानसिक अस्तित्व 'दैवी-तत्त्व' को एक सच्चाई मानकर स्वीकार करता है। इसी कारण आधुनिक वैज्ञानिक चेतना से सम्पन्न व्यक्ति को इस तरह का इलाज विचित्र लगता है भले ही वह पश्चिम का हो अथवा पूरब का, दक्षिण का हो अथवा उत्तर का। 'पश्चिम' आज आधुनिकता की जन्मस्थली माना जाता है। 'पश्चिम' कहने से अब किसी भौगोलिक क्षेत्र का उतना बोध नहीं होता जितना बौद्धिकता की एक ख़ास अभिवृत्ति—आधुनिकता का। पश्चिम में अब इस बात को स्वीकार नहीं किया जाता कि बीमारी का कारण शारीरिक अथवा मानसिक गड़बड़ी के अलावा भी कुछ हो सकता है। वहाँ आमतौर पर अब यह बात भुला दी जाती है कि मरीज़ के पास डॉक्टर का होना और मृत्यु-शैय्या पर पड़े व्यक्ति के लिए पादरी का आना दोनों ही कुछ दिनों पहले तक चिकित्सा के अंग समझे जाते थे। पिछले एक सौ वर्ष में विज्ञान की प्रगति के कारण चिकित्सा का क्षेत्र केवल 'डॉक्टर' का रह गया है—पादरी का कोई सम्बन्ध नहीं रहा।

आज पश्चिम में बहुत से व्यक्ति इस बात से दुखी हैं कि चिकित्सा-विज्ञान ने 'दैवी-तत्त्वों' का पूर्णरूपेण बहिष्कार कर दिया है। जहाँ तक मनोचिकित्सा का सम्बन्ध है—ऐसे लोगों का मानना है कि 'दैवी-तत्त्वों' के स्वीकार से मनोचिकित्सक को अपने मरीज के उपचार में बहुत मदद मिलती थी। जब कोई मनोचिकित्सक मरीज की आन्तरिक तथा बाह्य मनःशक्तियों पर ध्यान केन्द्रित करके उसकी चिकित्सा का प्रयत्न करता है तो उसके समाज का धर्म, पुराण, मिथक तथा इतिहास सभी 'दैवी-उपचार-पद्धति' में स्थान पाते हैं। आधुनिक समाज में इन बातों के लिए अब अवकाश नहीं रहा। प्रश्न यह है कि इन विचारों में कहाँ तक वास्तविकता है और अगर ऐसे विचार पश्चिम में कुछ लोग व्यक्त कर रहे हैं तो कहाँ तक इन विचारों को 'दैवी तत्त्वों' की अनुपस्थिति का पश्चिमी स्यापा माना जाए ? 'दैवी-तत्त्वों की सहायता से चिकित्सा-व्यापार किस प्रकार चलता है ? 'दैवी-तत्त्वों' की स्वीकृति पर आधारित तथा उससे रहित मनोनिदान की पद्धति में क्या-क्या अन्तर है ? इन प्रश्नों का भी उत्तर भारतीय-चिकित्सा-पद्धति के अध्येता को देना होगा। इसलिए इस पुस्तक का दूसरा उद्देश्य है भारत की इस देहाती चिकित्सा-पद्धति के रूप और उसकी विषय-वस्तु की तुलना पश्चिमी धारणाओं तथा उपचार-प्रक्रियाओं से करना।

आजकल इस बात को आमतौर पर स्वीकार कर लिया गया है कि समाज और मनोरोग के बीच एक गहरा सम्बन्ध है। इस सम्बन्ध की पद्धति कैसी है तथा इस सम्बन्ध का विस्तार कितना है—इस बात को लेकर पारस्परिक मतभेद बहुत ज्यादा है। उदाहरण के लिए फूको (Foucault) का कहना कि प्राचीन से लेकर आधुनिक काल तक सभ्यता के प्रत्येक युग में पागलपन की अवधारणाएँ अलग-अलग रही हैं। इससे उस युग के सामाजिक दर्शन तथा तर्क-पद्धति का पता चलता है। मनोचिकित्सा सामाजिक-दर्शन से स्वतन्त्र नहीं है। प्रत्येक युग में पागलपन तथा 'बुद्धिगम्यता' के बीच

अलग-अलग तरीके तथा अलग-अलग बिन्दुओं पर विभेद किया गया है। बहुत से नृतत्वशास्त्रियों ने फूको की मनोरोग विषयक ऐतिहासिक-सापेक्षतावाद की इस धारणा का उपयोग यह बताने में किया है कि अलग-अलग संस्कृतियों में मनोरोग के सम्बन्ध में अलग-अलग धारणाएँ रही हैं। मनोचिकित्सा भी अन्ततः सामाजिक-प्रणाली ही का अंग है। इसमें समाज की बहुत सी मान्यताओं-मूल्यों का समावेश है। मनोरोगों सम्बन्धी चिकित्सा किसी समाज में किस प्रकार कार्य करती है तथा कैसे प्रभावी होती है इसको जानने के लिए यह पता लगाना पड़ेगा कि उस समाज-विशेष के सांस्कृतिक-परिवेश में मनोचिकित्सा का क्या स्थान है। संस्कृति-विशेष का 'मनोचिकित्सा' से एक विशिष्ट सम्बन्ध होता है और इस सम्बन्ध की व्याख्या द्वारा ही उस समाज में 'मनोचिकित्सा' के स्वरूप को जाना जा सकता है। दूसरे शब्दों में, भारत की मनोचिकित्सा-विषयक परम्पराओं के अध्ययन से न केवल यह पता चलता है कि भारतीय समाज के कुछ विशिष्ट मान-मूल्य हैं जो समाज को संचालित करते हैं बल्कि भारतीय-संस्कृति के ढाँचे में निहित प्रतीकों के संसार की भी एक झलक मिलती है। सांस्कृतिक प्रतीकों के इस ताने-बाने में ही 'मनोचिकित्सा' की भारतीय परम्पराएँ बँधी हुई हैं। इस वर्णनात्मक एवं तुलनात्मक अध्ययन के अलावा इस ग्रन्थ का तीसरा मुख्य उद्देश्य इस बात पर प्रकाश डालना है कि व्यक्ति और समाज-संस्कृति के आपसी रिश्ते किस तरह अन्तःक्रिया करते हैं। मैं इस आपसी रिश्ते को 'सांस्कृतिक मनोविज्ञान' कहना ज्यादा अच्छा समझता हूँ। मेरे इस अध्ययन का एक उद्देश्य 'सांस्कृतिक मनोविज्ञान' का भी अन्वेषण है। मैंने मनोचिकित्सकों के भारतीय प्रतिरूपों हकीम-वैद्य, ओझा-गुनिया, साधु-सयानों को समझने की कोशिश की है और उनकी चिकित्सा-प्रणालियों को भी जानने का प्रयास किया है जिसके अन्तर्गत वे अपनी शर्तों और मान्यताओं के आधार पर उपचार करते हैं। लेकिन इस प्रयोजन से इनको जान पाना आसान काम नहीं है। समझने-बूझने का यह काम थोड़ा-बहुत इन 'मनोचिकित्सकों' के व्यक्तित्व के साक्षात्कार से जुड़ा हुआ है और इस पर निर्भर करता है कि इन 'मनोचिकित्सकों' का व्यक्तित्व कितना आकर्षक अथवा अनाकर्षक है। उनके व्यक्तित्व के 'आकर्षण' अथवा 'विकर्षण' के प्रति सामान्य रूप से खुलापन बनाए रखना जरा मुश्किल होता है। मुश्किल इसलिए कि हम चारों तरफ से 'भारतीय-संस्कृति' के प्रतीक-संसार से बँधे हुए हैं—आच्छादित हैं। यहाँ 'संस्कृति' शब्द का प्रयोग मैं उसी अर्थ में कर रहा हूँ जिस अर्थ में क्लीफोर्ड गीर्ज् (clifford Geertg) ने किया है। क्लीफोर्ड गीर्ज् ने संस्कृति के बारे में कहा है—"यह अर्थ और प्रतीकों की ऐसी व्यवस्था है जिसमें व्यक्ति अपने संसार को एक परिभाषा में बाँध लेता है और इसी के तहत अपने अनुभव-संसार की व्याख्या करता है, अपने भावों को अभिव्यक्ति देता है तथा अपने निर्णय लेता है।" मैंने बहुधा यह अनुभव किया है कि मेरे और इन चिकित्सकों के, कबीले के ओझों, पीरों-फक़ीरों के बीच—एक बहुत बड़ी ऐतिहासिक-सांस्कृतिक दूरी है। इस दूरी के कारण मुझे बार-बार यह अनुभव हुआ कि जिन संकल्पनाओं के तहत मैं उनकी उपचार-विधियों और प्रयासों को समझने की

कोशिश कर रहा हूँ उससे इन विधियों और प्रयासों को भली-भाँति समझा भी जा सकता है या नहीं। जब भी मेरे मन में इस तरह की शंका जन्म लेती थी मैं यह सोचकर सन्तोष कर लेता था कि किसी बात को पूर्णरूपेण समझना इंसान के बस की बात नहीं। यह काम तो केवल ईश्वर ही कर सकता है।

भारतीय चिकित्सा-परम्पराओं के ऐसे ओझे, गुनियों, वैधों-हकीमों तथा टोना-टोटका जाननेवाले लोगों से मिलकर मुझे कई बार अपने अध्ययन के सिलसिले में दुविधा का अनुभव हुआ। इसका एक कारण तो यह है कि मैंने पश्चिमी मनोचिकित्सा-प्रणाली की शिक्षा और प्रशिक्षण प्राप्त किया है परन्तु मैं संस्कृति की उस धरती से जुड़ा हुआ हूँ जो 'मनोविश्लेषण' की पश्चिमी धारणाओं के पनपने में अनुकूल नहीं है और यहाँ उसे मानव-स्वभाव के सिद्धान्त के रूप में भी स्वीकार करने में कठिनाई है। उदाहरण के तौर पर 'मनोचिकित्सा' के एक पहलू-'आत्म-निरीक्षण' को ही लीजिए। यह 'मनोविश्लेषण' के लिए अनिवार्य है। यह विशेष रूप से 'पश्चिम' की देन है और वहाँ इसकी जड़ें बहुत गहरी हैं। परन्तु यहाँ 'आत्मनिरीक्षण' पर वैसा जोर नहीं दिया जाता। साइमन और वीनर (Simon & Weiner) के मतानुसार 'आत्मनिरीक्षण' की प्रक्रिया पश्चिम-सभ्यता में बहुत दिनों से चली आ रही है और इसका सम्बन्ध यूनानी विचार-परम्परा से जोड़ा जा सकता है। इस विचार-परम्परा में 'आत्म' तथा 'व्यक्तिगत अस्मिता' का सम्बन्ध अपने जीवन के घटना-प्रवाहों के लगातार निरीक्षण-परीक्षण, जाँच-पड़ताल, अन्वेषण और अनुशीलन से माना गया है। इस प्रकार इस विचार-परम्परा में 'सच्चे आत्म' का गहरा सम्बन्ध 'आत्मनिरीक्षण' से हो जाता है। सुकरात ने इसी सिलसिले में कहा था—'अपने आपको पहचानो'। इस प्रकार के 'आत्मनिरीक्षण' का रिवाज भारतीय परम्परा में नहीं मिलता। यहाँ की साहित्यिक-परम्परा में भी इसका अभाव मिलता है। यहाँ तक कि पश्चिमी तरीके से लिखी गई यहाँ की आत्मकथाओं में भी लेखक अपनी मनोभावनाओं तथा अभिवृत्तियों का पूरी तन्मयता तथा तटस्थता से अवलोकन नहीं करता। वह मात्र इस पर एक सरसरी नज़र दौड़ाकर रह जाता है। एक अच्छी आत्मकथा में 'बचपन' तथा 'युवावस्था' वाला अंश अत्यन्त महत्त्वपूर्ण होता है। 'बचपन' की दुविधाओं-द्वन्द्वों तथा 'युवावस्था' की भावनात्मक ऊहापोह और उलझन किसी आत्मकथा को विशिष्ट और महत्त्वपूर्ण बनाती है। परन्तु हमारे यहाँ की आत्मकथाओं में इन अंशों को समुचित जगह नहीं मिलती। इन अंशों में घिसे-पिटे वाक्य लिखे मिलते हैं, जैसे—'माँ प्यार करती थी' 'पिता चाहते थे' 'भाई मेहरबान थे' आदि। कुछ अपवादों को छोड़कर अधिकतर भारतीयों की आत्मकथाएँ मात्र घटनाओं और स्थानों का ब्यौरा होती हैं। इससे अभिव्यक्ति हीन होती है और व्यक्तित्व गौण हो जाता है। इससे व्यक्तित्व की गहराई का अन्दाजा नहीं लगाया जा सकता। मैं यह बात आलोचना के लिहाज से नहीं बल्कि यह बताने के लिए कह रहा हूँ कि पश्चिमी तरीके का 'आत्म-निरीक्षण' भारत में नहीं मिलता। 'आत्म-निरीक्षण' की प्रक्रिया की एक धारणा के रूप में तुलना 'आत्मानुभूति' से की जा सकती है। 'आत्मानुभूति' भारत

के मनो-दार्शनिक-सम्प्रदाय 'योग' की एक प्रक्रिया है। परन्तु 'आत्मानुभूति' (Self-Realigation) आत्म-निरीक्षण' (Self-intraspection) से सर्वथा अलग है। इन दोनों के लक्ष्यों में मूलगामी अन्तर है और इनका स्वभाव भी अलग-अलग है। 'अपने आपको पहचानो' का भारतीय प्रतिरूप 'आत्मनंविद्धि' जिस 'आत्म-तत्त्व' का संकेत करता है वह सुकरात के 'अपने आपको' से भिन्न है। 'आत्मनंविद्धि' में व्यक्त 'आत्म' काल और देश से अबाधित है। इसमें 'इतिहास में घटित जीवन' शामिल नहीं है। 'इतिहास में घटित जीवन' ही पश्चिमी रोमांटिक साहित्य तथा 'मनोविश्लेषण' का केन्द्र बिन्दु है। भारत के अधुनातन श्रेष्ठ उपन्यासों में भी 'आत्मनिरीक्षण' से सम्बन्धित उद्धरणों में आमतौर पर हिचक और अनिश्चय का भाव विद्यमान मिलता है। इसमें भारतीय 'आत्म' की पड़ताल होती है न कि व्यक्तिगत और घटना-प्रवाहों में निर्मित-विनिर्मित होनेवाले 'आत्म' की। यहाँ स्पष्ट कर दूँ कि मैं ऐसा एक व्यापक सांस्कृतिक-ऐतिहासिक परिप्रेक्ष्य में कह रहा हूँ। मेरे कहने का मतलब यह कदापि नहीं है कि भारतीयों में आत्म-निरीक्षण की क्षमता नहीं होती। 'आत्म-निरीक्षण' की जो प्रक्रिया भारतीयों में प्रचलित है वह दार्शनिक अधिक है—मनोवैज्ञानिक कम। पश्चिम में भी विभिन्न प्रकार के व्यक्ति होते हैं और यह सम्भव है कि 'आत्मनिरीक्षण' का भाव व्यक्ति-विशेष में कम हो। यहाँ मेरा आशय उन मरीजों से है जो कलकत्ता-बम्बई जैसे महानगरों में रहते हैं परन्तु वे पश्चिमी रंग-ढंगवाले मध्यवर्ग का हिस्सा नहीं हैं। इन महानगरों में भारत का अधिकांश पश्चिमी मनोवश्लिेषण की शिक्षा प्राप्त समुदाय केन्द्रित है। ऐसे लोगों का उपचार करते समय इन मनोविश्लेषकों को पश्चिमी ढंगवाला 'आत्मनिरीक्षण' अपने मरीजों को सिखाना पड़ता है तभी जाकर मनोविश्लेषणकारी संवाद कोई चिकित्सक अपने मरीज से कायम कर पाता है।

भारतीय संस्कृति में 'मनोविश्लेषण' हाशिए की चीज है। इसका एक कारण तो यहाँ की उपचार-पद्धतियों की प्रकृति है और दूसरा कारण है 'यथार्थ' तथा 'व्यक्ति' के सम्बन्ध में इन उपचार-पद्धतियों की संकल्पना। ये संकल्पनाएँ भारतीयों में प्रचलित इस विषयक धारणों से अलग हैं। मैं अवधारणात्मक स्तर पर परस्पर विपरीत इन संकल्पनाओं पर चर्चा पाँचवें अध्याय में करूँगा। यहाँ मात्र इतना बता देना पर्याप्त होगा कि भारतीय मनोविश्लेषक अपने समाज और संस्कृति के हाशिए पर उतना भी नहीं है जितना कि माना जाता है कि यूरोप का मनोविश्लेषक मनोविश्लेषण के आरम्भिक चरण में अपने समाज और संस्कृति में था। इस सदी की शुरुआत में मनोविश्लेषण की धारणाएँ पश्चिमी समाज में स्वीकार्य नहीं थीं। 'मनोविश्लेषण' उस समय पश्चिमी-संस्कृति के अन्दर शैशवावस्था में था। इसके बावजूद इसकी जड़ें पश्चिमी-दर्शन-परम्परा में थीं। फ्रायड के ग्रन्थ में नीत्शे के विचारों की जो झलक मिलती है वह इसका एक उदाहरण है। पश्चिम की सांस्कृतिक-परम्परा में मनोविश्लेषण की कतिपय धारणाओं को ढूँढ़ निकालना एक सम्मानित बौद्धिक व्यवसाय है परन्तु भारतीय अथवा जापानी सांस्कृतिक-परम्परा में 'मनोविश्लेषण' की धारणाओं को ढूँढ़ना अनुचित होगा। याद रहे,

पश्चिमी जगत के अतिरिक्त यही दो ऐसी प्राचीन सभ्यताएँ हैं जहाँ आत्मविश्लेषण का रिवाज पहले से मिलता है। दूसरे शब्दों में अगर भारतीय रूपक का इस्तेमाल करते हुए कहें तो पश्चिमी समाज मनोविश्लेषकों को भले अपनी जाति-बिरादरी का नहीं मानता हो परन्तु उसने इन्हें 'अछूत' कभी नहीं माना। इन 'मनोविश्लेषकों' की स्थिति की तुलना भारतीय मनोविश्लेषण-जगत के 'ओझा-गुनिया' से नहीं की जा सकती। यहाँ 'पेशेवर पहचान' के साथ अपनी प्रतिबद्धता को जोड़ने का मतलब होता था अपनी सांस्कृतिक-परम्परा का यदि अस्वीकार नहीं तो कम-से-कम उससे तटस्थ हो जाना।

मुझे इस अध्ययन के दौरान जिस दुविधा का अनुभव हुआ वह इस कारण थी कि मैं भारतीय हूँ। आधुनिक मनोविश्लेषकों को भारत की परम्परागत चिकित्सा-प्रणाली चाहे कितनी भी अनूठी क्यों नहीं लगती हो मेरे मन में इसके प्रति सहानुभूति थी। जॉन वुडरोफ (John Woodroff) ने पचास साल पहले तन्त्र-विद्या पर अपने अध्ययन की भूमिका में लिखा था—"जब मैंने तन्त्रशास्त्र का अध्ययन आरम्भ किया तो सोचा था कि भारत में भी उतने ही मूर्ख लोग बसते हैं जितने कि अन्य देशों में...तन्त्र की जो प्रक्रियाएँ समझ में नहीं आनेवाली हैं उनके पीछे भी कोई-न-कोई तर्क-संगत-सिद्धान्त अवश्य है। क्योंकि मानव युगों-युगों तक ऐसे काम निरन्तर नहीं कर सकता जो निरर्थक हों और जिसका कोई परिणाम नहीं निकलनेवाला हो।" वुडरोफ के इस कथन से मैं भी सहमत हूँ। भारत की परम्परागत चिकित्सा-प्रणालियों के चिकित्सक और उनकी उपचार-पद्धति भारतीय किस्म की विश्वदृष्टि पर आधारित है। ये चकित्सक उसमें निष्णात हैं और मुझे उनसे इसी कारण सहानुभूति अनुभव हुई। यह नहीं हो सकता कि हम यह विश्वास कर लें कि कोई वस्तु भारतीय होने के कारण निरर्थक है। किसी वस्तु का भारतीय होना हमारे ऊपर इस बात की जिम्मेदारी डालता है कि हम उसे एक सांस्कृतिक परिघटना के रूप में आलोचक की दृष्टि से देखें और इस परिघटना के पीछे कौन सी पद्धति तथा विज्ञान काम कर रहा है इसको जानने का प्रयास करें। इससे पहले हम मूल्यांकन नहीं कर सकते क्योंकि ऐसा मूल्यांकन सांस्कृतिक-पहचान पर मूल्यनिर्णय हो जाएगा।

वस्तुतः इस प्रकार की दुविधाओं और सीमाओं के अपने अलग फायदे हैं। दो संस्कृतियों की कगार पर खड़े होना हानिकारक नहीं विशेषकर उस स्थिति में जब वहाँ कुछ सहृदय व्यक्तियों से भेंट होती हो। अपनी संस्कृति से तनिक दूरी हो और अन्य विश्वदृष्टियों की गहरी पहचान हो तथा थोड़े समय के लिए 'अन्य' बनकर जिया गया हो तो व्यक्ति अपने समाज और संस्कृति को जरा बेहतर ढंग से समझ सकता है। इसी कारण कोई नृतत्वशास्त्री अपने समाज के अध्ययन के लिए जितना कुशल हो सकता है उतना अन्य समाज के लिए नहीं। मैं यहाँ जो कहना चाहता हूँ उसे 'हाशिए पर होना' 'अलग रहना', 'दुविधा महसूस करना' अथवा 'सीमा से बँधा होना' जैसे मुहावरों द्वारा ठीक से व्यक्त नहीं किया जा सकता। इन सभी अभिव्यक्तियों में एक आत्मगत पीड़ा अथवा विलगाव का भाव झलकता है। इन सभी शब्दों से वह भाव प्रकट नहीं होता

जो मेरे कहने का आशय है। मेरा आशय है अपने 'आप' को जानने से, जो हमेशा दुविधाओं में ही सम्पन्न होता है—जैसा कि मार्लोपोंटी का विचार है।

संस्कृति की सापेक्षता तथा चिकित्सा-पद्धतियों की परम्पराओं के अध्ययन में संस्कृति की सार्थक भूमिका की चर्चा के बाद अब मैं थोड़ा पीछे लौटता हूँ। अपने अध्ययन के क्रम में एक बात ने मुझे बहुत प्रभावित किया। अक्सर मुझे लगा कि भारतीय पद्धति की मनोचिकित्सा में मानवीयता की भावना बहुत अधिक है। मरीज के जीवन में भी मानवीय सरोकारों के लिए ज्यादा जगह तलाशी जाती है। संस्कृति का महत्त्व ऐसी जगह पर गौण हो जाता हैं (मैंने इस चिकित्सा-पद्धति को विस्तार से समझने की कोशिश की। मनोवैज्ञानिक सार्वभौमिकता के बार-बार निरीक्षण ने मुझे बाध्य किया। मैं चिकित्सा के विषय को द्वन्द्वात्मकता की पटरी से उतरकर सीधे-सीधे मूल्यात्मक सन्दर्भों में समझूँ। इसी कारण मैंने मनोविश्लेषण से प्राप्त ज्ञान के एक व्यापक वैचारिक चौखटे में इस चिकित्सा-पद्धति को रखकर समझने की कोशिश की।

अपने अध्ययन के क्रम में मुझे विरोधाभास का सामना करना पड़ा। एक तरफ संस्कृति की सापेक्षता थी तो दूसरी तरफ मनोविज्ञान की सार्वभौमिकता। पहले मुझे चिकित्सा-प्रणाली को संस्कृति के सन्दर्भ में देखना था और बाद में उसको मनोविश्लेषण के चौखटे में भी रखना था। इसमें निहित विरोधाभास स्पष्ट है। मेरा मानना है कि इस विरोधाभास को मान लेना भी श्रेयस्कर होगा। लायनल ट्रिलिंग ने इसी सन्दर्भ में लिखा है—"साधारणतया हम दो संस्कृतियों की नैतिक अवधारणाओं के अन्तर से इतने अधिक प्रभावित हो जाते हैं कि हमारे लिए यह मानना कठिन हो जाता है कि मानव-स्वभाव सभी देशों और कालों में एक सा-रहता है। जब हम इलियड को पढ़ते हैं अथवा सोफोक्लिज और शेक्सपीयर के नाटकों से गुजरते हैं तो ये रचनाएँ हमारे दिल और दिमाग पर छा जाती हैं। इनका प्रभाव ऐसा होता है कि हम घड़ी-भर को नैतिक-जीवन की उस अर्जित चेतना को भूल जाते हैं जिसका निर्माण कोई विशिष्ट संस्कृति करती है। ये कृतियाँ हमें जोर देकर बतलाती हैं कि मानव-स्वभाव कभी नहीं बदलता। नैतिक धारणाएँ इकहरी और समसामयिक होती हैं। 'शाश्वत-मानव-स्वभाव' के बारे में अन्तर बताना बाल की खाल उतारनेवाली पंडिताई से ही सम्भव है।"

इस पुस्तक में जगह-जगह आपको देखने को मिलेगा कि उपचार-प्रणाली के सांस्कृतिक दृष्टिकोण तथा मेरे मनोवैज्ञानिक अवबोध के बीच अन्तर्विरोध है। मेरे भारतीय होने और इसके साथ ही पश्चिमी तर्जवाले मनोविश्लेषक होने के बीच एक द्वन्द्व और दुविधा की स्थिति है। भारतीय तथा पश्चिमी-संस्कृति की कगार पर हाशिए की चीज बनकर रहने के अनुभव भी इस पुस्तक में आपको जगह-जगह झाँकते मिलेंगे। यदि ऐसे विरोधाभास कहीं-कहीं पुस्तक की स्पष्टता और उसकी सैद्धान्तिक शुचिता को प्रभावित करते हैं तो इसके साथ-ही-साथ वे इस अध्ययन को गति भी प्रदान करते हैं। विरोधाभासों को न सुलझाने तथा दुविधाओं को यों ही 'अछूते' रहने देने के कारण मुझे कोई बेचैनी है—ऐसी बात नहीं। मैंने ऐसा करके एक ही साथ सांस्कृतिक-अन्तरों की

रक्षा की है और सार्वभौम मानवीय-चिन्ताओं को पहचानने का भी आनन्द लिया है। इसका एक सम्भव कारण यह भी है कि मैं 'हिन्दू' हूँ जो पारम्परिक रूप से 'विरुद्धों का संश्लेष' नहीं बल्कि 'विरुद्धों का सामंजस्य' रचता है। 'विरुद्धों के समांजस्य' में हर विरोधी तत्त्व अपनी पहचान बनाए रखते हुए कायम रहता है। वेंडी फेहर्टी ने हिन्दू-मिथकों के बारे में इसी तरफ़ इशारा करते हुए लिखा है कि 'इसमें रसायनविज्ञान की शब्दावली अपनाते हुए कहा जा सकता है कि परस्पर विरोधी-तत्त्व घुलकर घोल में परिणत नहीं हो जाते बल्कि एक मिश्रण की तरह घोल में ये कण परस्पर निलम्बित रहते हैं। हिन्दू-मिथकों की सौन्दर्य-भावना दो विरुद्धों को घुलाकर एक संश्लेष बनाने से नहीं बल्कि उनकी पहचान को कायम रखने में सन्तोष तथा आनन्द अनुभव करती है। इस पुस्तक की सैद्धान्तिकी मानव-मन के उस विज्ञान से ली गई है जिसका जन्म पश्चिम में हुआ किन्तु इस पुस्तक की सौन्दर्य भावना पूर्णतः भारतीय है।

अनुक्रम

[illegible]

[illegible] ही रहते हैं कि अगर व्यक्ति सदा मनन करे, नियमित रूप से व्यायाम करे, भोजन के समय के अतिरिक्त कुछ न खाए, सिगरेट तथा शराब न पिए तथा प्रतिदिन आठ घंटे की नींद ले तो उसकी आयु [illegible] समय तक बढ़ सकती है तो हमें बरबस आयुर्वेद का ध्यान आता है। आयुर्वेद में वर्णित दीर्घायु होने के लिए आवश्यक आचार-आहार-विहार इन बातों से कहीं ज्यादा आगे बढ़े हुए प्रतीत होते हैं।

नींद की ही बात लीजिए। आयुर्वेद में नींद के तीन प्रकार बताए गए हैं। मोटापे में नींद की भूमिका, अच्छी या बुरी नींद, अच्छी नींद के उपाय तथा दिन में सोने-न-सोने के विषय में विचार किए गए हैं। आयुर्वेद के एक ग्रन्थ में लिखा गया है — सभी ऋतुओं में दिन की नींद उन लोगों के लिए आवश्यक है जो गायन-वादन, अध्ययन, मद्यपान, स्त्रीभोग, भारी बोझ ढोने अथवा बहुत [illegible] के कारण थक गए हों। दिन में सोना उन लोगों के लिए भी अच्छा है जिन्हें श्वास-रोग, हिचकी, मूर्छा जैसे रोग हों अथवा जो अत्यन्त दुर्बल या अत्यधिक वृद्ध हों। इसके अलावा [illegible] हुए व्यक्ति, यात्रा से थके हुए लोगों, क्रोध अथवा भय से निरंतर महसूस करनेवाले व्यक्तियों अथवा दिन में सोने की आदत से ग्रस्त लोगों के लिए भी यह नींद जरूरी है।" अर्थात् ग्रीष्म ऋतु के अतिरिक्त

प्रथम भाग

स्थानीय और लोक-परम्पराएँ

आत्मज्ञान और आत्मशक्ति

पत्तेशाह दरगाह के पीर

पत्तेशाह की दरगाह एक छोटी सी सुन्दर मस्जिद है। अठारहवीं सदी में एक मस्जिद एक सूफी सन्त की याद में बनवाई गई थी। दिल्ली में ऐसे बहुत से मन्दिर-मस्जिद हैं जहाँ परम्परागत चिकित्सा-पद्धति के वैद्य या हकीम रहते हैं और अपना चिकित्सा-व्यापार चलाते हैं। इन मस्जिदों अथवा मन्दिरों के मुकाबले पत्तेशाह की दरगाह ज्यादा प्रसिद्ध है। यहाँ यूनानी चिकित्सा-पद्धति के एक बूढ़े हकीम रहते हैं। इन्हें नाड़ी देखकर रोग-निदान करने में इतनी महारत प्राप्त है कि उनकी चर्चा राजधानी के गली-कूचों में होती है।

यह दरगाह एक तरह से 'पॉली क्लिनिक' है क्योंकि यहाँ एक और हकीम साहब रहते हैं। वे बड़े हकीम साहब की छत्रछाया में रहकर इलाज करते हैं। जो रोगी बड़े हकीम साहब तक नहीं पहुँच पाते वे इनके पास चले आते हैं। यहाँ एक तीसरे चिकित्सक भी रहते हैं और आप चाहें तो कह लें कि दरगाह में चिकित्सकों की यही 'त्रिमूर्ति' व्याधियों का इलाज करती है। मेरी दिलचस्पी इस 'त्रिमूर्ति' के तीसरे चिकित्सक में थी। इन्हें 'पीर' कहा जाता है और ये उन्हीं बीमारियों का इलाज करते हैं जिन्हें हम आज की भाषा में 'मनोरोग' कहते हैं। ये एक तरह से मेरे हमपेशा हुए और मैं कुछ दिनों तक उनके साथ ठहरकर उनके उपचार के तौर-तरीकों पर बातचीत कर सकता था। देख सकता था कि वे किस तरह इलाज करते हैं।

मस्जिद के दरवाजे की दाईं ओर एक कमरा था। मदद की पुकार लेकर आए लोगों और अपने मरीजों को पीर साहब इसी कमरे में देखते थे। यह कमरा छोटा था जिसकी लम्बाई होगी यही कोई बारह फुट के आसपास। कमरे में एक ही खिड़की थी। इस पर एक टाट का पर्दा लटका रहता था। टाट के इस पर्दे से बड़ी थोड़ी सी धूप इस कमरे में आती थी मानो चुपके से कमरे में झाँक रही हो। बाहर चाहे कितनी भी धूप निखरी हो कमरा नीम-अँधेरे में डूबा रहता था। 'पीर' को लोग 'बाबा' कहकर पुकारते थे और 'बाबा' कमरे का दरवाजा हमेशा बन्द रखते थे। इसलिए कमरे का अँधेरा अवसाद की झलक भी दिखाता था। छत से लटका एकमात्र बल्ब भी वे तभी जलाते थे जब वर्षा हो रही हो अथवा ताबीज बनाने के लिए अधिक रोशनी की जरूरत महसूस हो।

बाबा के पास एक पुरानी चलन का हीटर था जिसे वे सर्दी के दिनों में हमेशा जलाए रखते थे। हीटर से निकलनेवाली मद्धिम लाल रोशनी कमरे के थोड़े से हिस्से और बाबा को धुँधली आभा में लपेटे रहती थी। ऐसा लगता था मानो यह रोशनी किसी दूसरे संसार की हो और भूत-पिशाच की उस दुनिया से आ रही हो जिसके 'हमराज' होने का दावा 'बाबा' करते थे। कमरा न केवल अँधेरा था बल्कि यह अँधेरा कमरे के सामानों से बोलता हुआ प्रतीत होता था। कमरा पीर साहब के गंडे और ताबीजों के सामान से अटा पड़ा था। छोटी-बड़ी नाना प्रकार की शीशियाँ थीं जिन पर गर्द की कई परतें सटी हुई थीं। शीशियाँ दीवार के सहारे रखी हुई थीं। लकड़ी के मुड़े-तुड़े तख्तों से बनी हुई आलमारी इन शीशियों पर इस तरह झूल रही थी मानो अब गिरी-तब गिरी। छत और दीवारों से सफेदी की बड़ी-बड़ी परतें उखड़ गई थीं। इन उखड़ी हुई जगहों से लाल पत्थर झाँक रहे थे। आलमारी के ऊपर खड़ल और मूसली पड़ी थी। इसका प्रयोग हकीम या वैद्य दवाइयों तथा जड़ी-बूटियों को पीसने में करते हैं।

दीवार से बने आले में दो जंग लगे पुराने स्टोव पड़े थे। उनका पता नहीं कब से इस्तेमाल नहीं हुआ था। आलमारी के अलावा कमरे में दो चीजें ही ऐसी थीं जिन्हें फर्नीचर की संज्ञा दी जा सकती थी। एक थी मूँज की चारपाई जिस पर बाबा सोते थे और दूसरा था सोफा जिस पर मरीजों और उनके सगे-सम्बन्धियों को बैठाया जाता था। सोफा पुराना था और बीच में धँसा हुआ था। उसकी पुश्त से स्प्रिंग झाँक रहे थे और बैठने के लिए उनसे बचना पड़ता था। चारपाई के पायताने किसी प्रसिद्ध वनस्पति तेल का प्लास्टिक का डिब्बा रखा था। इससे पीकदान का काम लिया जाता था। चारपाई के नीचे टीन की एक चिलमची थी जिसमें सिगरेट की खाली डिब्बियाँ और अधजले टुकड़े पड़े थे। बाबा को जब भी याद आता वे सिगरेट की राख इसी में झाड़ते थे। कई बार किसी रोगी के आने पर दरवाजा खुलता तो एक गिलहरी भागी हुई आती और चिलमची की ओर झपटती। बाबा ने बताया कि पाँच-छह माह पहले गिलहरी ने चिलमची में बच्चे जने थे और तभी से वह अक्सर आती है। बाबा ने यह नहीं बताया कि गिलहरी के बच्चे आखिर कहाँ गए।

कमरे के फर्श पर माचिस की बुझी तीलियाँ, सिगरेट-बीड़ी के अधजले टुकड़े और उनकी राख बिखरी पड़ी थी। सोफ़े पर बैठकर बाबा से बात करते समय उनकी ओर से पेशाब की दुर्गन्ध आती थी। 'मैं अपना पेशाब नहीं रोक सकता', बाबा बोले, ''यही कारण है कि मैं नमाज अता करने मस्जिद नहीं जाता। अपने बिस्तर को ही 'जा-नमाज' बना लेता हूँ। बिस्तर खराब हो जाए तो कोई बात नहीं लेकिन मस्जिद जैसी पाक जगह को नापाक करने से ज्यादा घोर पाप कोई नहीं है।'' बाबा के पास दिल्ली ही नहीं बल्कि पड़ोसी राज्यों से भी लोग आते थे। आनेवाले लोगों में अधिकांश निर्धन तथा समाज के पिछड़े तबके के लोग होते थे।

''मैं तो लोगों की सेवा करता हूँ'' बाबा बोले, ''मुझे कोई लालच नहीं। बस, गरीबी में ही दिन काटकर खुश हूँ। केवल गरीब लोग ही इस आशा से मेरे पास इलाज के

लिए आते हैं कि यहाँ पैसे नहीं देने पड़ेंगे। यहाँ पैसेवाले तो आते ही नहीं हैं।'' मुझे ऐसा लगा मानो यह कहते हुए उन्होंने कातर दृष्टि से बाहर चारपाई पर राजाओं के समान लेटे बड़े हकीम साहब को देखा। उनके पास धनी मरीज भी आते थे और निर्धन भी।

जो भी हो–कमरे के अन्धकार तथा दुर्गन्ध से उनके रोगियों को कोई परेशानी नहीं होती थी। कारण यह कि उन्हें भी ऐसे ही वातावरण में रहने की आदत थी। सच तो यह है कि कुछ क्षेत्रों को छोड़कर सारे भारत में नगरों की यही दशा है। अवसाद से भरे अँधेरे तथा जादू-टोने के सामानों से अटे पड़े कमरे में इन चीजों से घिरकर पीर के मरीजों की चिन्ताएँ भले ही बढ़ जाती हों और चंगा हो पाने की आशा थोड़ी क्षीण हो जाती हो परन्तु मेरा अनुमान है कि कमरे की इस बदहाली से उन्हें थोड़ी राहत जरूर मिलती होगी। इन चीजों में जानी-पहचानी बातों के साथ विचित्रता और परायेपन की गन्ध रची-बसी थी। इलाज का यह कमरा इस कारण ऐसा प्रतीत होता था मानो 'इस दुनिया' और 'दूसरी दुनिया' के बीच संवाद कायम कर रहा हो।

बाबा बूढ़े हैं और बड़े गर्व से हमें बताया कि उनकी उम्र 'नब्बे से तीन वर्ष कम' है। यह गर्व युवा दीखने या अच्छे स्वास्थ्य का नहीं था। 'बाबा' को अपनी लम्बी उम्र का गर्व था। उनके पोपले मुँह, सूजी हुई आँखों और लटका हुआ नीचला होंठ देखकर मेरे अन्दर वैसी ही ममता जगी जो एक बेसहारा बच्चे को देखकर उठती है। चेहरे पर गहरी झुर्रियाँ थी और पूरे चेहरे पर छितरी हुई सफेद दाढ़ी भरी पड़ी थी और चेहरे को देखते ही यह 'ममता' तुरन्त मिट गई। कभी-कभी घंटों तक मरीज नहीं होते थे। छुट्टी का यह समय 'बाबा' चारपाई पर अधलेटे होकर गुजारते थे। होंठों से हमेशा एक सिगरेट लटकी रहती थी। वे लम्बे-लम्बे कश लेकर धुआँ उड़ाते और बड़बड़ाते : ''अल्लाह तेरी मर्जी ! तू सब जानता है। सबकी खैर हो–रहम कर मालिक''।

जिन दिनों बाबा से हमारी भेंट हुई वे अनिद्रा से पीड़ित थे। आँखों की रोशनी भी धीरे-धीरे जा रही थी। इससे उन्हें काफी परेशानी हो रही थी। ताबीज बनाते समय धागा छूट जाता था और उन्हें अपने मरीज की सहायता लेनी पड़ती थी। वे प्लास्टिक की छोटी-छोटी थैलियों में ताबीज लपटते थे। एक बार वे ताबीजों को इन्हीं छोटी-छोटी थैलियों में लपेटकर एक थैले में रख रहे थे। एक थैली बार-बार उनकी हथेली से चिपक जाती थी। खिन्न होकर बाबा ने मुझसे कहा–''देखना भाई, कहीं कोई जिन्न तो मेरे ऊपर नहीं मँडरा रहा...''

जिन्नों के विशेषज्ञ तो स्वयं बाबा हैं। उन्हें ऐसा कहते सुनकर मेरे सहयोगी ने हँसकर कहा–''बाबा ! मुझे तो कोई जिन्न नजर नहीं आ रहा लेकिन आप उन्हें बेहतर जानते हैं।'' मेरे दोस्त ने यह कहकर प्लास्टिक की वह थैली उनके हाथ से छुड़ा दी।

बाबा ने बड़े धीमे स्वर में मेरे सहयोगी को आशीर्वाद दिया और बोले–'जब से आँखों में मोतिया उतर आया है, बड़ी मुश्किल हो रही है।'

जब बाबा से मैंने पूछा कि आँखे बनवाते क्यों नहीं तो बोले, ''मैं ऐसे बहुत से

लोगों को जानता हूँ जो पेशाब से सुरमा बनाते हैं। ऐसे सुरमे से आँखें तो ठीक हो जाती हैं लेकिन मैं अपनी आँखों को अपवित्र नहीं करना चाहता।''

''लेकिन यदि पेशाब के बिना सुरमा बन ही नहीं सकता तो आँखों का इलाज कैसे होगा ?

''मैं सुरमा खुद ही बनाऊँगा लेकिन अल्लाह के हुक्म के इन्तजार में हूँ। आजकल जरा बुरे दिन चल रहे हैं लेकिन चलो, ये भी बीत जाएँगे। पुराने जमाने में हमारे बुजुर्गों में इतनी शक्ति थी कि जिसके सिर पर हाथ रख देते थे उसकी आँखों की रोशनी लौट आती थी। मेरे 'बाबा' (गुरु) ने भी 'कई नेत्रहीनों को ज्योति लौटाई थी।''

जब बाबा अपने गुरु की बात करते तो उनका चेहरा और भी निष्कपट और बाल-सुलभ हो जाता। अपनी नीम-अन्धी आँखों को उठाकर वे टाट के पर्दे की तरफ देखने लगते थे मानो आनेवाले किसी स्वर्णयुग की राह देख रहे हों।

''मेरे बाबा, शाह अब्दुल वजीर साहब—बीस वर्ष पहले अल्लाह को प्यारे हो गए। तब से मेरी कमजोरी बनी हुई है। मरते समय उन्होंने कहा था कि मैं बीस साल बाद दरगाह छोड़ूँगा और तब तुम्हारी शक्ति लौट आएगी। मुँह में नए दाँत निकलेंगे और आँखों की रोशनी लौट आएगी।''

पीर साहब के व्यक्तित्व में विनम्रता और गर्व का अद्भुत मिश्रण था। इसकी बड़ी गहरी छाप मेरे मन पर पड़ी। उन्हें विश्वास था कि वे आम लोगों से जरा हटकर हैं। वे अपनी वंशावली को सत्रहवीं शताब्दी के मुगल सम्राट शाहजहाँ से मिलाते थे। हाँ ! वे यह जरूर मानते थे कि उनके वंश के बुरे दिन आ गए थे तथा पिछली दो शताब्दियों से उनका वंश दिल्ली के गरीब-वर्ग में ही गिने जाने लायक रह गया था। बाबा को विश्वास था कि ईश्वर ने उन्हें किसी विशेष प्रयोजन से संसार में भेजा है और यह विश्वास उनके जन्म के वर्णन से बहुत अधिक झलकता था।

'मेरे माता-पिता के तीन बच्चे थे लेकिन वे कम उम्र में ही चल बसे। मेरे जन्म के समय माँ ने पिता से कहा कि मुझे ले जाकर मस्जिद में चढ़ा आएँ ताकि अल्लाह मेरी रक्षा करे। मेरे पिता मुझे मौलवी साहब को सौंप आए। यह बताते हुए उनके झुर्रीदार चेहरे पर आँसू ढलकने लगे।

'शाम को मेरे चाचा लौटे तो उन्होंने पूछा—बच्चा कहाँ है।' उन्हें पता चला तो वे मौलवी साहब के पास गए और दस पैसे में मुझे खरीद लिया। मुझे वापस माँ को देते हुए बोले कि आज से यह मेरा हुआ। इसका ध्यान रखना। उस दिन के बाद से मेरी माँ ने मुझे अल्लाह से जुदा नहीं होने दिया।''

पता नहीं यह वर्णन काल्पनिक है अथवा सच्चा परन्तु इससे एक बात जरूर पता चलती है। सारी दुनिया में यह प्रवृत्ति देखने को मिलती है कि जिसे भी लोगों को निरोग बनाने की क्षमता प्राप्त है—उसके विशेष गुणों की चर्चा की जाती है अथवा कहा जाता है कि उसका जन्म असाधारण परिस्थितियों में हुआ। उदाहरण के लिए उत्तरी अमरीका के लोक-साहित्य की एक मान्यता यह है कि जिन बच्चों के जन्म से पहले उनके पिता

चल बसे उनमें जन्म से ही लोगों को निरोग करने की शक्ति होती थी। यूरोप में लोकचिकित्सा की परम्परा यह मानती है कि सातवीं सन्तान के सातवें बच्चे में रोग-निदान की असाधारण क्षमता होती है। ब्रिटेन, फ्रांस और हालैंड में माना जाता है कि जो बच्चे झिल्ली समेत माँ के गर्भ से निकलते हैं उनमें रोग-निदान की शक्ति होती है। लातीनी अमरीका और जर्मनी में मान्यता है कि जुड़वाँ बच्चों में रोग दूर करने की शक्ति होती है।

'मैंने शादी नहीं की' बाबा कहने लगे, ''जवानी में ही मैं अपने 'बाबा' का शिष्य बन गया। वे उन दिनों हकीम अजमल खाँ के दवाखाने में प्रबन्धक थे। कुछ दिनों तक मैंने 'बाबा' के साथ उस दवाख़ाने में काम किया। मैं वहाँ दवाइयों में इस्तेमाल होनेवाले सोने-चाँदी के वर्क बनाता था। फिर मेरे 'बाबा' अपने पीर से अनुमति लेकर दवाखाना छोड़कर इस 'दरगाह' में बस गए। वे दीन-दुनिया की सेवा करना चाहते थे। मैं भी उनके पीछे-पीछे चला आया जिससे उनकी सेवा कर सकूँ और उनसे कुछ सीख सकूँ।''

''वास्तव में हमारे पीरों की शृंखला बहुत पुरानी है। पाँच सौ वर्ष पहले बगदाद के जनाब अब्दुल क़ादिर जीलानी से यह शृंखला आरम्भ हुई। वे हमारे पेशवा (संस्थापक) हैं। बगदाद शहर में ही उनकी दरगाह है। बाबा के मरीज इस बात की पुष्टि करते हैं उनमें इलाज करने की कुदरती क्षमता है। दरअसल बाबा की ऐसी छवि मरीजों के मन में कई कारणों से बनी है। शाही खानदान का होना, पैदा होने के समय विचित्र तथा नाटकीय घटनाओं का घटना, शादी जैसे आम इंसानी सम्बन्ध का त्याग, पीरी की बहुत प्राचीन परम्परा से जुड़ाव तथा एक प्रतिष्ठित पीर की लम्बे समय तक शागिर्दी—इन सब बातों ने मिलकर बाबा की ऐसी छवि निखारी है।

मनोरोग का मुहावरा

जनवरी की ठंड भरी सुबह में बाबा से मेरी पहली मुलाकात हुई थी। बाबा ने मुझे खुशामदीद कहा और मेरे आने का उद्देश्य पूछा। इसके तुरन्त बाद उन्होंने अपने मरीजों की चर्चा छेड़ दी। इलाज की बातों को बताने में उनकी उत्तेजना स्पष्ट झलक रही थी। सैद्धान्तिक बातों तथा समझ में ना आनेवाली बातों को बताते हुए उनकी दिलचस्पी कुछ कम हो जाती थी। हमपेशा होने के नाते तथा विश्व-भर में फैली अपनी बिरादरी के सदस्य के रूप में मैं उनकी उत्तेजना और अरुचि दोनों को भली-भाँति समझ रहा था। वे अपने मरीजों की छोटी-छोटी बातों को भी बड़े मनोयोग से बता रहे थे।

बाबा बोले, ''बहुत से लोग दूर-दराज से आते हैं। मैं उनसे पहला सवाल यही पूछता हूँ, ''तुम्हें सपने में क्या दिखाई देता है ?'' आज एक औरत आई। उसे इस बात से डर लग रहा था कि उसके सपने में कोई पुरुष उसके पति के वेश में आता है और उससे बुरा काम करना चाहता है।''

बाबा ने बाएँ हाथ की अँगुली और अँगूठे को मिलाकर एक गोला बनाया और

उसमें दाएँ हाथ की तर्जनी अन्दर बाहर करने लगे।

''हजारों औरतों ने मुझे यही बताया है कि कोई पुरुष उनके सपने में आकर उनके साथ बुरा काम करना चाहता है। वे डर जाती हैं। आपके आने से पहले एक अजीब मामला सामने आया। चंडीगढ़ से एक औरत आई जो कभी काफी खूबसूरत रही होगी। उसके सपने में एक औरत आती है जो उसके साथ बुरा काम करना चाहती है। आप ही बताइए एक औरत भला दूसरी औरत के साथ 'बुरा काम' कैसे करेगी ?'' इतना कहकर उन्होंने एक हाथ की अँगुली को दूसरे हाथ के गोले में फिर अन्दर-बाहर करना शुरू कर दिया।

''लेकिन सपने में आनेवाली इस औरत ने हर रात मेरी रोगिणी के साथ 'बुरा काम' किया है। असल में वह एक तरह की 'बला' है। यह 'बला' रोगिणी का खून चूस रही है और अब खून चूस लेगी तो रोगिणी मर जाएगी। वह सींक के समान पतली हो गई है और दस-पन्द्रह दिन में मर जाएगी।''

''आपने उसका इलाज किया ?''

''इसका कोई इलाज नहीं। पन्द्रह दिन पहले मेरे पास आती तो मैं उसे बचा लेता। कुछ बलाएँ इतनी जिद्दी होती हैं कि आसानी से पीछा नहीं छोड़तीं। एक दूसरी युवती है। उसके सपने में एक 'जिन्न' आता है। यह 'जिन्न' उसके साथ मुँह काला करना चाहता है। दो महीने तक वह उससे लड़ती रही। हालाँकि 'जिन्न' उससे इतनी जोर से लिपट जाता था कि वह खुद भी उत्तेजित हो जाती थी। मेरे पास आने से दो दिन पहले 'जिन्न' ने फिर उसके साथ 'बुरा काम' करना चाहा। उसने इनकार किया तो 'जिन्न' उस पर थूककर चला गया। अगले दिन सवेरे उस औरत का अपने पति से झगड़ा हुआ। झगड़ा इसी बात पर हुआ था कि 'जिन्न' युवती पर थूककर गया है। 'जिन्न' यही तो चाहता था कि उसका पति चला जाए तो वह उसको पा ले। ये बलाएँ बड़ी मुसीबत पैदा करती हैं और किसी को काबू में करने के लिए तरह-तरह की चालें चलती हैं।''

'एक और युवती थी' बाबा कहते गए–'' बड़ी भोली और सुन्दर थी वह। उसके सपने में भी एक आदमी आता था और उससे मुँह काला करना चाहता था। लड़की राजी नहीं थी। लेकिन वह इस डर से सो नहीं पाती थी कि कहीं नींद में ही ऐसा न हो जाए। मैंने उसे 'पवित्र जल' पीने को दिया। उसकी हालत सुधर गई। लेकिन कुछ दिनों बाद दूसरा आदमी उसके सपने में आकर उससे यही सब चाहने लगा। मैंने उससे पूछा तो बोली कि सपने में मुझे अपनी खिड़की के बाहर एक पुराना पेड़ दिखाई देता है। इस पेड़ की डालों पर पशु बैठे रहते हैं।

बेटी चो...बाबा ने गाली देते हुए कहा, ''अब मुझे पता चल गया है कि वह क्यों नहीं सो पाती तथा हर रोज बीमार क्यों हो जाती है। ये सारे 'शैतान' उसके घर में एक-एक करके घुसने की प्रतीक्षा करते रहते हैं। मैंने उसके पिता से कहा कि जल्द-से-जल्द उसकी शादी कर दें। शादी के बाद जब उसके साथ एक 'मर्द' होगा तो ये शैतानी रूहें उसे छोड़ देंगी और किसी अन्य को ढूँढ़ लेगी। उसके पिता ने मेरी बात

मान ली और अब लड़की बिल्कुल ठीक है।

बाबा ने जब इस आखिरी रोगिणी की बात बताई तो मेरे अन्दर का रहा-सहा सन्देह भी जाता रहा कि हम हमपेशा नहीं हैं और एक ही तरह के रोगों का इलाज नहीं करते। मुझे यह बात बड़ी दिलचस्प और मानीख़ेज लगी कि 1978 में दिल्ली की इस मुसलमान लड़की को जैसे सपने आते थे ठीक वैसे ही सपने इस सदी की शुरुआत के समय तक चार वर्षीय रूसी लड़का भी देखा करता था। मैं यहाँ एक महत्त्वपूर्ण सपने की चर्चा कर रहा हूँ। महत्त्वपूर्ण इसलिए कि इस मनोविश्लेषण के हलकों में बहुत ज्यादा महत्त्व दिया जाता है। एक 'केस-हिस्ट्री' के रूप में इस पर बहुत ज्यादा चर्चा हुई है। इसे 'भेड़िया मानव' का मामला कहकर जाना गया। यह रूसी लड़का फ्रायड से इलाज करवा रहा था। जहाँ तक हमें याद आता है--इस चार वर्षीय लड़के ने सपना देखा कि उसके शयनकक्ष की खिड़की खुली हुई है तथा खिड़की के बाहर अखरोट के पेड़ की शाखाओं पर छह-सात भेड़िए बैठे हुए हैं। लड़का भय के मारे चीखकर जाग पड़ा। अगामी छह महीनों तक लड़का जन्तु-भय से त्रस्त रहा। मनोविश्लेषक इसे अपनी भाषा में 'चिन्ता-मनोन्माद' (Anxiety-Hysteria) कहते हैं।

मैं यहाँ इस स्वप्न की व्याख्याओं की चर्चा नहीं करूँगा। ये व्याख्याएँ बड़ी दिलचस्प हैं। फ्रायड को यह जानने में कड़ी मेहनत करनी पड़ी थी कि लड़के के आरम्भिक जीवन में इस सपने के कारण छुपे हुए हैं। इस बात को जानने में फ्रायड को वर्षों लग गए। मैं यहाँ मात्र इतना भर बताना चाहता हूँ कि मनोविज्ञान के निजी मुहावरे में फ्रायड ने इस बारे में एक विशेष बात बताई। फ्रायड ने बताया कि लड़के की अचेतन स्मृति बड़ी अस्त-व्यस्त दशा में थी। रात के सपने में उसने जो कुछ देखा था वह उसके माता-पिता के सम्भोग-रत दशाचित्र का प्रतिरूप था। भेड़िया का बैठा होना दरअसल उसके पिता द्वारा सम्भोग का कोई आसन बनाना था। मरीज की चिन्ता एक तरह से इस इच्छा का प्रतिकार थी कि वह अपने पिता से यौन-सुख लेना चाहता है। इस इच्छा का दमन किया गया और यह इच्छा 'जन्तु-भय' के रूप में प्रकट हुई। इस इच्छा का दमन इसलिए किया गया क्योंकि इससे एक तो यह परिणाम निकलता कि वह 'स्त्री' है जो कि उसे स्वीकार नहीं था दूसरे इसलिए कि इससे उसके लिंग का उच्छेदन अथवा 'बधियाकरण' हो जाता। यह बात भी उसे अवचेतन में स्वीकार नहीं थी।

बाबा ने अपनी अन्तिम रोगिणी के बारे में जो कुछ बताया उसे अगर हम उनके मुहावरे अर्थात् भूत-प्रेतोंवाली शब्दावली में न सोचकर फ्रायड के मनोवैज्ञानिक मुहावरे में सोचें तथा ध्यानपूर्वक आजमाइश के लिहाज से देखें तो पता चलेगा कि रूसी लड़के और इस मुसलमान लड़की के सपने एक जैसे हैं। इनके बीच परिस्थितियों की समानता है। इस साधारण भाषा में सोचें तो कहा जा सकता है कि लड़की सोना नहीं चाहती थी। उसे भय था कि सोने पर उसकी यौन-इच्छाएँ जाग उठेंगी। इन यौन-इच्छाओं को वह निषिद्ध समझती थी। ये इच्छाएँ निषिद्ध इसलिए थीं क्योंकि उनके अन्दर अपने ही सगे-सम्बन्धियों से यौनतुष्टि का प्रयास छुपा हुआ था। इन इच्छाओं को वह जानवर

की शक्ल में बदलकर हटा देना चाहती थी परन्तु उसका यह प्रयास ज्यादा सफल नहीं हुआ। मैं यह भी सोचता हूँ कि बाबा को इन यौन-इच्छाओं के अत्याचारी स्वरूप का पता था। तभी उन्होंने भूतों के लिए 'बेटी चो...' गाली का प्रयोग किया। ऐसा लगता है कि बाबा के महिला-मरीज जब 'डर लगने' की शिकायत करते थे तो वे दरअसल 'चिन्ताग्रस्त' (Anxiety-Neurusis) 'चिन्ता-व्यग्रता' या चिन्ता-प्रतिक्रिया' (Anxiety-reaction) जैसे मनोवैज्ञानिक पदों में समझी जानेवाली स्थितियों के बारे में बताते थे। फ्रायड के बाद की पीढ़ी के मनोविश्लेषक होने के नाते हम कह सकते हैं कि इस मरीज की 'चिन्ता' एक भय से पैदा हुई थी। यह भय उसके अन्दर स्वाभाविक 'यौन-उद्वेग' के रूप में मौजूद था। हालाँकि किसी मरीज के अन्दर किस किस्म की बेचैनी है, उसकी यौन-इच्छाएँ किस तरह की हैं अथवा उसकी चिन्ता किस प्रकार की है—यह पता लगाना आसान नहीं होता। हमें इसके लिए मरीज के लक्षणों को ज्यादा बारीकी से देखना पड़ता है। उसके जीवन के इतिहास की ज्यादा गहराई से पड़ताल करनी पड़ती है तभी जाकर यह पता चलता है कि किसी चिन्ता का जन्म प्रवृत्तिगत मूलावेगों से भर उठने के कारण हुआ है अथवा पराहं (सुपरईगो) के दंड के भय के कारण या 'अलगाव के दुःख' की पुनरावृत्ति से।

इन सारी बातों का बाबा के लिए कोई मतलब नहीं था। वे धैर्यपूर्वक मेरी बातों को सुन रहे थे।

"तो तुम्हारा मतलब है कि ईसाई लोग इन बातों को इस ढंग से देखते हैं ?" मेरे रुकते ही उन्होंने पूछा।

"नहीं तो" मैं हकला उठा—"इन मामलों में पश्चिमी विज्ञान इसी तरह से विचार करता है।"

"हाँ, ठीक है—लेकिन पश्चिमी विज्ञान तो ईसाइयत की देन है।" वे बोले। मैं मानकर चलता हूँ कि संस्कृति विज्ञान से थोड़ा हटकर है किन्तु उन्होंने मेरी इस मान्यता को ऐसा कहकर भटका दिया। हर जगह के मनोविश्लेषकों की तरह उन्होंने भी वैसे हजारों मरीजों का हवाला देना शुरू किया जिनका उन्होंने स्वयं इलाज किया था। उन्होंने अपने प्रमाणों के पुलन्दे तथा 'इस्लामी मनोनिदान सम्प्रदाय' की हजारों वर्ष पुरानी परम्पराओं और किंवदन्तियों से सिद्ध करना शुरू किया कि उनके मरीजों के रोगी होने में भूत-प्रेत का बड़ा हाथ है। वे मुझसे इस तरह से बात कर रहे थे मानो कह रहे हों कि 'डर' के बारे में तुम्हारी ऐसी ही समझदारी रही तो तुम मेरे मरीजों का इलाज कर चुके ! और भगवान ही फिर तुम्हारा मालिक है ! मुझे ऐसा कहते हुए थोड़ा अटपटा लग रहा है किन्तु यह बात सच है कि मैं उनके इस निर्णय से मन-ही-मन सहमत हो गया था। यदि किसी व्यक्ति की विश्वदृष्टि भूत-प्रेतों के मुहावरे में बातों की व्याख्या करती हो और इस व्याख्या में चुड़ैल, शैतान, तथा बड़े लम्बे पैरोंवाले जिन्नों की चर्चा द्वारा रात में देखे गए सपने का खुलासा किया जाता हो तो फिर यह कहना बेमानी हो जाता है कि इन सपनों में जो कुछ देखा गया वह दरअसल पिता के प्रति दबी हुई

कामेच्छा थी। यह बात बिल्कुल ही निरर्थक हो जाती है। ठीक इसके विपरीत यदि आप मनोवैज्ञानिक रीति से सोचते हैं और मानते हैं कि अवचेतन में बचपन की यादें, भाई-बहन, माता-पिता के बारे में सोची और देखी गई घटनाएँ छुपकर बैठी रहती हैं तो 'बलाओं' और 'जिन्नों' की बात करना निरर्थक हो जाता है। यह एक हद तक पागलपन ही समझा आएगा। बाबा जिस ढंग से इलाज करते हैं उसको समझने से पहले तथा इस पर विचार करने से पहले कि इलाज के लिए किस मुहावरे को अपनाना ज्यादा कारगर है—भूतप्रेतवाली या मनोविज्ञानवाली और किस विशेष मुहावरे को अपनाकर किया जा रहा उपचार किसी विशेष सामाजिक-सांस्कृतिक स्थिति में ज्यादा प्रभावशाली होता है—इस बात पर विचार कर लेना जरूरी है कि बाबा जिस भाषा में सोचते हैं उसकी गहराई और उसका महत्त्व कितना है।

पश्चिमी जगत में बाबा के विचारों को भ्रामक कहा जाएगा। पश्चिमी दुनिया इसे 'बाबा आदम' की पद्धति कहकर हँसी उड़ाएगी। परन्तु मेरे लिए इस तरह की पश्चिमी प्रवृत्ति को अपनाना कठिन है। इस तरह की सोच 'विकासवादी' है। यह सोच बाबा की धारणाओं को बचकाना मानेगी और कहेगी कि पश्चिमी-मनोविश्लेषण के विकास की आदिम-अवस्था में ही ऐसी धारणाओं को मानकर इलाज किया जाता था। दूसरी तरफ मैं बहुत से नृतत्वशास्त्रियों (एन्थ्रोपोलॉजिस्ट) के 'सापेक्षिकता' वाले दृष्टिकोण से भी सहमत नहीं हूँ। सापेक्षिकतावाले दृष्टिकोण के ये नृतत्वशास्त्री मानेंगे कि बाबा की मनोरोग विषयक ये धारणाएँ अपने आप में 'सुव्यवस्थित विचार प्रणाली' हैं तथा इस विचार-प्रणाली का निर्माण अलग-अलग वैचारिक आधार-स्थापनाओं को मिलाकर हुआ है। ये स्थापनाएँ भिन्न-भिन्न उद्देश्यों की पूर्ति करती हैं। मैं इससे सहमत नहीं हूँ। हालाँकि नृतत्वशास्त्रियों का यह विचार फ्रायड के विचारों के समान ही वैध है। मेरा पसन्दीदा तरीका यह है कि मनोवैज्ञानिक विश्लेषण पद्धति और भूत-प्रेतवाले दृष्टिकोण के बीच एक साझी समझदारी की तलाश की जाए। भले ही इनके निजी मुहावरों के आधार पर इनमें अन्तर है किन्तु यह अन्तर सतही है और इन दोनों पद्धतियों का सार-तत्त्व एक है। एक रास्ता और है जिसे 'सार्वभौमवाद' कहते हैं। इस 'सार्वभौमवाद' को मनोविज्ञानी-नृतत्वशास्त्री रिचर्ड श्वेडर ने 'विमूढ़तावाद' की संज्ञा दी है। मैं यहाँ ईमानदारी से स्वीकार करता हूँ कि बाबा की अनेक धारणाओं ने मुझे अचम्भित कर दिया और इसी कारण मैं इन विकल्पों के सहारे उसे समझना चाहता हूँ।

संसार के अधिकांश भागों में बीमारी, विशेषकर मनोरोगों का कारण भूत-प्रेत और बलाओं को समझा जाता रहा है। ऐतिहासिक रूप से यह काफी प्रभावशाली सिद्धान्त रहा है। चीनी, अरबी, यहूदी तथा यूनानी यानी सभी जातियों के लोग किसी-न-किसी रूप में यह जरूर मानते हैं कि प्रेतात्मा मनुष्य को धर दबोचती है। एस्टरीक (oesterrich) ने अपने प्रसिद्ध ग्रन्थ में ऐसे सैकड़ों उदाहरण गिनाए हैं। ये उदाहरण विश्व के हर हिस्से तथा हर युग से लिए गए हैं। इन उदाहरणों से साबित हो जाता है कि भूत-प्रेतों से ग्रस्त होने की बात हर जगह मानी जाती है। प्रेतबाधा से ग्रस्त व्यक्ति

की क्या दशा होती है—इसके बारे में बहुत सी बातें प्रचलित हैं। कभी-कभी माना जाता है कि रोगी की मनोदशा बदल जाती है तथा कभी-कभी यह भी कहा जाता है कि प्रेतबाधा-ग्रस्त व्यक्ति अचेत हो जाता है। वह अंड-बंड बकते हुए नाटकीय ढंग से अचेत कर्म करता है। बिगड़ी हुई मनोदशा में ऊल-जलूल हरकत करने की बात सबसे ज्यादा कही जाती है। जनजातीय समाजों से जुड़े साहित्य के अध्ययन से है। यह भी पता चलता है कि ऐसे अधिकांश समाजों में प्रेतबाधा की बात आज भी प्रचलित है। एरीका बोरग्युनान (ERIKA BOUR GUINON) ने अपने एथनोग्रॉफिक एटलस पर 488 समाजों के विश्लेषण के बाद यह निष्कर्ष निकाला कि 388 समाजों में 'प्रेतबाधा' की बात प्रचलित थी अर्थात् उसके अध्ययन में शामिल पाँच चौथाई समाज इस बात में आस्था रखते थे कि भूत-प्रेत मनुष्य को रोगी बना देते हैं

बाबा धर्मपरायण मुसलमान होने के नाते सोचते थे कि प्रेतबाधा सम्बन्धी उनका सिद्धान्त दरअसल 'कुरान' में भी पाया जाता है। परन्तु यह सिद्धान्त कुरान में कहाँ और किस तरह लिखा हुआ है वे इस बात को स्पष्ट नहीं कर सके। कुरान में तीन जीव मनुष्य से श्रेष्ठतर माने गए हैं—फरिश्ता, शैतान और जिन्न। इन मानवेतर प्राणियों में 'जिन्न' सर्वाधिक पाए जाते हैं। इनसे दैनिक जीवन में आमना-सामना होने की सम्भावना ज्यादा होती है। इन मानवेतर प्राणियों का कोई आकार नहीं होता। इनका शरीर किसी एक तत्त्व से बना होता है जबकि हमारा शरीर कई तत्त्वों के संयोग से बनता है। बला के रूप में जिन्न ही बाबा की नजर में सबसे बड़े शत्रु हैं। इलाज के समय बाबा की मुठभेड़ जिन्नों से ही होती है। जिन्नों की उत्पत्ति के बारे में क्या-क्या बातें कही गई हैं, उनके कितने प्रकार होते हैं, किस जादुई कर्मकांडों और ताकतों के जरिए उनसे छुटकारा पाया जा सकता है—इन सब ब्यौरों को तफसील से जानने की जरूरत नहीं है। इन बातों के बारे में विस्तृत चर्चा इस्लामी-ग्रन्थों विशेषकर 'हदीस' तथा 'तफसीर' में की गई है। 'तफ़सीर' कुरान के भाष्य को कहते हैं और 'हदीस' मुहम्मद साहब के किए गए 'आचरण' का संहिताबद्ध रूप हैं। जिन्नों की मूल प्रवृत्ति के बारे में इस्लामी विश्वास क्या है—हम इसके बारे में यहाँ थोड़ी चर्चा अवश्य करेंगे।

'जिन्न' शब्द अरबी के 'जन्न' से बना है जिसका मतलब होता है—पर्दा, पर्देदारी, नक़ाब और अँधेरा। इसका एक अर्थ यह भी है कि कोई चीज इस भाँति छुपी हुई है मानो गर्भ में कोई जीव। जिनकी शक्ति और उसका ज्ञान विशाल होता है। कुछ जिन्न (जो मोमिन हैं अर्थात् इस्लाम में आस्थावान) हितकारी होते हैं किन्तु अधिकांश जिन्न अत्यन्त दुराचारी तथा विनाशकारी होते हैं। जो शक्तिशाली है और जिसका ज्ञान मनुष्य की तर्कबुद्धि की सीमाएँ लाँघ गया है—जो आग से बना है और साथ-ही-साथ अँधेरे में छुपा रहता है—ऐसा जिन्न मनोवैज्ञानिक भाषा में हमारे अचेतन आवेगों का प्रतीक है। इस निष्कर्ष तक पहुँचने के लिए बहुत अक्ल लगानी पड़ती हो—ऐसी बात नहीं है। जिन्नों के पास अपना तर्क होता है यह बात धार्मिक मुहावरे में मानी गई है किन्तु हमें यह भी मानना चाहिए कि ये जिन्न मनुष्य की छुपी हुई प्रकृति का एक अंश है।

मनोविज्ञान की भाषा में मानव-प्रकृति के इस छुपे हुए भाग को 'इड' या 'वासनात्मक अहं' कहा जाता है। 'जिन्न' ही की तरह 'इड' भी कायदे-कानून से बँधा नहीं होता। मानव-चेतना की तर्कबुद्धि का इस पर जोर नहीं चलता।

बाबा का कहना है कि हर आदमी के साथ उसका जिन्न रहता है। यह आदमी के साथ ही पैदा होता है और आजीवन उसके साथ रहता है। जब फरिश्ते किसी नेक आदमी के प्राण लेने उसके पास आते हैं तो वे उसके जिन्न को मार देते हैं। इसी कारण हम मुसलमान लोग शव को दफनाते हैं और तुम हिन्दू लोग लाश को जलाते हो। ऐसा करने से जिन्न का मरना सुनिश्चित हो जाता है। कभी-कभी ऐसा भी होता है—विशेषकर पापी आदमी के मरने पर—कि जिन्न उसके मलमूत्र के रास्ते से बाहर भाग जाता है। मल-मूत्र के ये अंग अशुद्ध होते हैं और फरिश्ते इन अंगों को नहीं छूते। भागा हुआ 'जिन्न' बला बन जाता है और अपने शिकार की ताक में रहता है ताकि उसके शरीर में घुसकर अपना घर बसाए तथा खून चूसे।

बाबा का कहना है कि ये बलाएँ हमारे चारों तरफ—जमीन पर, हवा में, पानी में—हर जगह हैं। ये 'इल्म' वाले व्यक्ति को छोड़कर अन्य किसी को दिखाई नहीं देतीं। 'इल्म' वाले लोगों में बाबा अपने 'गुरु' को तो शामिल करते हैं किन्तु स्वयं को 'इल्मवालों' में गिनने से बड़ी विनम्रतापूर्वक इनकार कर देते हैं। उनका कहना है कि इन बलाओं के अशुभ तथा विनाशकारी इरादों से कोई बच नहीं सकता। एक दिन जब मैंने अपने होंठों के सूजन की चर्चा की तो बाबा ने यह बात और जोर देकर कही। उन्होंने बात को बीच से काटते हुए बड़ी चिन्ता के साथ पूछा—"तुम्हें सपने में क्या दिखाई देता है ?"

मैं हँस पड़ा—"चिन्ता मत कीजिए बाबा। मुझे कोई बला छू नहीं सकती।"

बाबा ने धीरज के साथ कहा—"ऐसा क्यों सोचते हो कि कोई बला तुम्हें परेशान नहीं कर सकती ?"

"क्योंकि मैंने ऐसा कोई पाप नहीं किया है जिसकी अल्लाह मुझे ऐसी सजा दे।" मैंने जवाब दिया।

"देखो, बलाएँ केवल पापियों को ही नहीं पकड़तीं", बाबा ने धीरज के साथ समझाते हुए कहा—"दूध पीता बच्चा कौन सा पाप करता है कि बलाएँ उसको भी धर दबोचती हैं ? बलाएँ दो कारणों से पकड़ती हैं। यदि कोई ओझा अथवा चमत्कारी पुरुष अपने वश में आ चुके भूत को अपने शत्रु पर छोड़ दे तब अथवा जिस व्यक्ति ने उसे पैसा दिया है उसके शत्रु पर छोड़ दे तब। कभी-कभी अपने चहेते शिकार की खोज में भटकती बलाएँ किसी पसन्दीदा शरीर में प्रवेश कर जाती हैं।"

बलाएँ संयोगवश भी धर लेती हैं और अपनी इच्छा के अनुसार भी किसी को अपना शिकार बनाती हैं। ऐसा मान लेने पर यह समस्या ही समाप्त हो जाती है कि बलाएँ उसी को अपनी इच्छा-पूर्ति के लिए पकड़ेंगी जिसने पापकर्म किया हो। जिन्न स्वेच्छाचारी होते हैं और वे किसे पकड़ लेंगे इसे कह पाना मुश्किल है। मैंने बाबा को

बताया कि आपके मरीजों में कुँवारी लड़कियाँ अधिक हैं। लगता है बलाएँ कुँवारी लड़कियों को ज्यादा पसन्द करती हैं। बाबा तनिक सोच में पड़ गए और अपनी पहली बात को थोड़ा बदलते हुए कहा–

"बलाएँ किसी पर भी आक्रमण कर सकती हैं। लेकिन उन्हें ताजा खून बहुत पसन्द है और कुँवारी लड़कियों का खून तो बहुत ही ताजा होता है।"

"तो बाबा, शादी के बाद खून बासी कैसे हो जाता है ?" मैंने पूछा।

"जब पुरुष अपनी शक्ति नारी में उँड़ेल देता है तो वह नारी के खून में मिल जाती है और खून में मिलकर उसे बासी बना देती है।"

मैंने पूछा,"पुरुष की शक्ति नारी के खून में कैसे मिल जाती है ?"

"जानते हो !" बाबा बोले, "किसी चालीस बूँद खून से एक बूँद वीर्य बनता है। जब यह वीर्य स्त्री के शरीर में पहुँचता है तो उसके खून में मिल जाता है।"

एक बार बाबा ने यह भी बताया कि बलाएँ शरीर में कैसे प्रवेश करती हैं। "वह हमेशा खाने-पीने की किसी चीज जैसे दूध और मलाई में घुस जाती है और उसके साथ ही शरीर में प्रवेश कर जाती है। फिर, यह बला खून चूसना प्रारम्भ कर देती है। खून चूस लेने पर बला मांस और हड्डी को चूसना शुरू कर देती है। रोगी के मरने पर ही बला दम लेती है।"

मैंने कई बार बाबा से पूछा कि कितने प्रकार की बलाएँ होती हैं लेकिन बाबा ने यह कहकर टाल दिया कि, "कई प्रकार की हो सकती हैं लेकिन सबका काम एक ही है–आदमी का खून चूसना।"

स्पष्ट है कि बाबा भिन्न प्रकार की बलाओं में भेद नहीं मानते थे। उनके विचार से ऐसा भेद करने की जरूरत नहीं थी। शायद इसी कारण उनके पास जो रोगी आते थे उनके बारे में सबसे महत्त्वपूर्ण बात यह जानने की थी कि उन पर किसी बला का प्रभाव है कि नहीं। न कि यह जानना कि यह बला किस प्रकार की है। एक दिन वह बड़े प्रसन्न मुद्रा में थे। वे अपने बचपन तथा गुरुजी की बातें कर रहे थे। इसी बीच विभिन्न प्रकार की बलाओं का प्रसंग आया और बाबा ने बलाओं का वर्णन आरम्भ कर दिया–

"एक बला होती है 'जल-जोगिनी'। यह सुन्दर स्त्री का रूप बनाकर पायल खनकाती हुई पुरुषों के पास जाती है। मेरा एक चेला कुश्ती का बड़ा शौकीन था। वह रोज शाम को अपने मित्र के साथ, कुश्ती लड़ने फिरोजशाह कोटला जाया करता था। एक दिन कुश्ती लड़ने के बाद वे दोनों चले तो एक जल-जोगिनी सुन्दर युवती के रूप में चूतड़ मटकाती हुई उनके पास से गुजरी। मेरे चेले का मित्र उसके पीछे जाने को हुआ कि मेरे चेले ने उसे टोक दिया, "भइया, यह जल-जोगनी है और साथ में पिच्छल-पैरी भी है। इसके पीछे मत जाओ। लेकिन उस युवक के मन में कामवासना जाग चुकी थी। वह उस स्त्री के पीछे-पीछे एक तहखाने में उतर गया। जब वह बहुत देर तक नहीं लौटा तो मेरा चेला उसकी तलाश में गया। उसने जाकर देखा कि उसका

दोस्त मरा पड़ा है और उसकी लाश में खून की एक बूँद भी शेष नहीं है। उसका लिंग बीचोंबीच से फटा हुआ था। 'जल-जोगिनी' ने पहले तो उस पहलवान को अपने साथ बुरा काम करने दिया। फिर जब वह थककर चूर हो गया तो उसका लिंग चीरकर वह सारा खून पी गई।

मैं स्तम्भित होकर बाबा की बात सुन रहा था। वह भारतीय संस्कृति में रूढ़ उस मूल-संकल्पना की बात बता रहे थे जिसमें हिन्दू और मुसलमान दोनों का विश्वास है। यह कपोल-कल्पित धारणा एक ऐसी कामातुर स्त्री-शक्ति के बारे में है जो ताकतवर से ताकतवर मर्द को थकाकर चूरकर देती है और उसका वीर्य चूसकर मार डालती है। मैंने अपनी एक दूसरी पुस्तक में इस कपोल-कल्पना की विस्तृत चर्चा की है। इस कपोल-कल्पना को वहाँ एक ऐसे भारतीय लड़के के साथ जोड़ा गया है जिसे अपनी माँ की पाशविक कामेच्छा से डर लगता था। आगे चलकर जब इस लड़के जैसी मनोवृत्ति के लोग बीमार पड़ते हैं तथा उन्हें 'चिन्ता' करने की गम्भीर बीमारी हो जाती है तो सम्भोग जैसा प्रेमपूर्ण और आनन्ददायी काम भी उनके लिए भयावह हो उठता है। पहले तो वे इसे 'अल्पकालिक मृत्यु' सरीखा भयानक समझते हैं और बाद में यही भय-भावना इतनी बलवती हो जाती है कि वे 'सम्भोग-क्रीड़ा' को स्थायी रूप से 'मृत्यु' की तरफ ले जानेवाला काम मानकर उससे भयभीत रहते हैं। बाबा तो ऐसे मामलों में यही कहेंगे कि इन लोगों पर जल-जोगिनी का प्रकोप है। यहाँ ऐसा प्रतीत होता है कि जल-जोगिनी और पिच्छल-पैरी की धारणाओं के माध्यम से मुसलमानों में प्रचलित 'बला' हिन्दुओं में प्रचलित 'चुड़ैल' के साथ घुलमिल गई है। ये बलाएँ या चुड़ैलें सुन्दरियों के रूप में प्रकट होती हैं। इनके पैर पीछे की तरफ मुड़े होते हैं जिससे इन्हें पहचाना जा सकता है। जो भी इनके साथ सम्भोग करता है उसे ये नपुंसक बना देती हैं।

बाबा ने आगे बताया, ''एक और बला है—'सिरकटा'। एक बार एक पुलिसवाला रात के समय जामा-मस्जिद के समीप कुएँ से पानी पी रहा था कि पीछे से आवाज आई—'भइया ! जरा मुझे भी पानी पिलाना'। पुलिसवाला पानी से भरी बाल्टी हाथ में लिए मुड़ा और बोला, 'यह लो'। लेकिन यह देखकर उसके होश उड़ गए कि जो व्यक्ति उसके पास खड़ा है उसका सर कटा हुआ है और सिर्फ धड़ ही सामने है। पुलिसवाला बोला कि ''भइया, तुम्हारा तो सिर ही नदारद है, तुम पानी कैसे पिओगे ?'' सिरकटे ने जवाब दिया, ''पानी मेरी गर्दन में डाल दो।'' पुलिसवाले ने पूरी बाल्टी गर्दन में उँड़ेल दी लेकिन 'सिरकटे' की प्यास शान्त नहीं हुई। वह बाल्टी पर बाल्टी उँड़ेलता चला गया लेकिन 'सिरकटे' की प्यास नहीं बुझी। पुलिसवाले ने झुंझलाकर बाल्टी फेंक दी। 'सिरकटा' बोला, ''तुम्हें डर नहीं लगता कि मैं गुस्सा हो जाऊँगा ?'' पुलिसवाले ने कहा, ''मैं सारे दिन बदमाशों की चुटिया पकड़कर उनके सिर एक-दूसरे से भिड़ाता रहता हूँ तो ऐसे व्यक्ति से क्यों डरूँगा जिसको सिर ही नहीं है ?'' सिरकटा भाग गया लेकिन पुलिसवाला उसी रात बीमार पड़ गया। उसे मेरे बाबा ने ठीक किया।''

''एक और बला होती है, 'भुतना'। यह आग के रूप में प्रकट होती है। एक बार

की बात है। उस समय मैं चौदह वर्ष का था और घर की छत पर अपने दोस्तों के साथ खेल रहा था। देखता क्या हूँ कि जमीन से आग का बवंडर उठ रहा है ! मुझे उस समय बलाओं का ज्ञान नहीं था। मैं डर गया लेकिन वह आग का गोला मेरे पास पहुँचने से पहले ही गायब हो गया। रात को मेरे दादा के कमरे से ऐसी आवाजें आने लगीं मानो कोई उनका गला घोंट रहा हो। हमलोग उनके कमरे की तरफ दौड़े। उन्होंने कहा कि कुछ नहीं हुआ है। फिर उन्होंने मुझे पाँच कीलें दीं और बोले कि इसे 'आलिम' के पास ले जाओ और उनसे कहो कि इसे फूँक दें। 'आलिम साहब' पड़ोस के एक 'सियाने' को कहा जाता था। दादा ने कहा कि कीलों को फुँकवाने के बाद कमरे के चारों कोने में एक-एक कील गाड़ देना और बची हुई एक कील कमरे के बीचोबीच गाड़ना। यदि कोई बला होगी तो भाग जाएगी।' बहुत समय बाद उन्होंने मुझे बताया कि उस दिन सपने में उन्होंने आग का गोला देखा था और ऐसा महसूस किया था मानो कोई उनका गला घोंट रहा हो। वास्तव में उस 'भुतना' ने मुझे चुना था और मेरे पीछे पड़ गई थी। लेकिन अल्लाह ने मुझे आरम्भ से ही अपने काम के लिए चुना है इसलिए मैं अब तक बलाओं से बचा हुआ हूँ।

पीर साहब से हुई बातचीत और उस पर मेरी टिप्पणी से प्रकट होता है कि मनोरोगों के प्रति फ्रायड के मनोविज्ञान और मुसलमानों के इस भूत-प्रेतवाले दृष्टिकोण में थोड़ा-बहुत सादृश्य है। मैं मानता हूँ कि बलाएँ स्त्री-पुरुषों की अचेतन कल्पनाओं का प्रतिरूप होती हैं। लेकिन बाबा कहते हैं कि 'अचेतन कल्पनाएँ' तथा 'दमित मनोवेग' बलाओं के ही प्रतिरूप हैं और इन बलाओं से वे आजीवन जूझते रहे हैं। पश्चिमी मनोविश्लेषण और उत्तर भारत की झाड़-फूँकवाली पद्धति में जिन परिभाषाओं तथा मुहावरों का प्रयोग किया जाता है वे आपस में एकदम अलग हैं। इसके बावजूद माना जा सकता है कि मनोरोगों को जानने और उनका उपचार करने की ये दो अलग-अलग भाषाएँ हैं। इन्हें एक-दूसरे में बदला भी जा सकता है। हालाँकि एक भाषा का दूसरी भाषा में ऐसा बदलाव बहुत कठिन काम है क्योंकि 'बला' सिर्फ 'इड' अथवा 'वासनात्मक अहं' का प्रतिरूप भर नहीं है। इन दोनों भाषाओं के बीच संस्कृति और इतिहास की दूरी के कारण ऐसी अनेक संकल्पनाएँ हैं जिनका अनुवाद बहुधा कठिन और कभी-कभी असम्भव हो जाता है। उदाहरण के लिए बाबा यह कहते हैं कि जब कोई आदमी दूध अथवा दूध से बनी चीजों को खा अथवा पी रहा होता है तो बलाएँ मुँह के रास्ते उसके शरीर में घुस जाती हैं। यदि मनोविश्लेषण की भाषा को जानकर इस बात को परखा जाए तो कहना होगा कि बाबा यहाँ वही कह रहे हैं जो मेलीनी क्लीन (Melanie Kleen) ने कहा है। मेलीनी क्लीन ने माँ के स्तनों को लील जाने की इच्छा और इस काम के लिए दंडित किए जाने के भय की बात बताई थी। किसी एक संस्कृति की बात को दूसरी संस्कृति की बात बनाकर कहना गणित के फार्मूले की तरह एक संख्या को उसी परिमाण की दूसरी संख्या में बदलने जैसा आसान काम नहीं होता। यह बात अब प्रयोग के बतौर साबित हो चुकी है कि 'मुख' से जुड़ी हुई

कपोल-कल्पनाएँ भारतीय परिवेश में खूब पाई जाती हैं। इसके विपरीत दूसरी संस्कृति में मातृप्रेम की ग्रन्थि अथवा 'इंडिपस ग्रन्थि' से जुड़ी हुई 'कपोल-कल्पनाएँ, मिलती हैं। 'जल-जोगिनी' तो फिर भी समझ में आ जाती है किन्तु 'सिरकटे' का आप क्या करेंगे। इससे अलग 'भुतना' बचपन की चिन्ताओं का प्रतीक कम है वह भारतीय मुसलमानों के सामूहिक भय का प्रतीक ज्यादा है। 'भुतना' शब्द की उत्पत्ति 'भूत' से जुड़ी हुई है। हिन्दू किसी मृत व्यक्ति के प्रेत को 'भूत' कहते हैं। हिन्दुओं के देवी-देवता सरीखे अतिमानवीय शक्तियों के साथ-साथ इन भूतों को भी भारतीय मुसलमान एक शक्तिशाली आश्रयदाता (हिन्दू) का एक हिस्सा ही समझता है जो उसका विरोधी है। भूत को जादू टोने से भगाया जा सकता है—जैसे फर्श में कील ठोककर या किसी पीर की सहायता से। सबसे अच्छा उपाय जिसका वर्णन कैथरीन इर्विंग ने पाकिस्तान के पीरों और उनके चेलों के अध्ययन में किया है—यह है कि धर्मपरायण मुसलमान बनकर 'भुतना' से अपनी रक्षा की जा सकती है। यह विश्वास भी प्रचलित है कि यदि कोई मुसलमान धर्मभ्रष्ट हो जाए तो वह स्वयं भी 'भूत' बन सकता है। ऐसा लगता है कि यह विचार भारतीय मुसलमानों के मन में बैठे एक बुनियादी भय का प्रतीक है। वह भय यह है कि वे कहीं धर्मभ्रष्ट होकर काफिर न बन जाएँ। अगर ऐसा हुआ तो वे फिर से हिन्दू-समाज का अंग बन जाएँगे।

मनोरोगों से सम्बन्धित अलग-अलग शब्दावलियों को समझने में जो कठिनाई आती है उसका कारण हमेशा सांस्कृतिक-ऐतिहासिक दूरी और भिन्नता नहीं होती। इस बात को मैं उस दिन स्पष्ट रूप से समझ पाया जब बाबा अपने कमरे में नहीं थे। बूढ़ा हकीम पीपल की छाँव में चारपाई पर बैठा था। यह बूढ़ा हकीम नाड़ी देखकर उपचार करने में माहिर था। मैंने देखा कि उसने केवल नाड़ी देखकर कई जटिल रोगों का निदान किया। अन्य रोगों के अलावा उसने मेरे देखते-देखते थॉयराइड ग्रन्थि की खराबी, गर्भाशय की विकृति तथा हृदय-नलिका की चोट का उपचार किया। इन बीमारियों के निदान की पुष्टि बाद में डॉक्टरों ने भी की। मैंने इस हकीम से मनोरोगों के बारे में बातचीत की और पूछा कि यूनानी चिकित्सा-पद्धति में भूत-प्रेतों का क्या निदान है ? हकीम ने हँसते हुए उत्तर दिया, "भूत-प्रेत तो कल्पना की उपज हैं। मुझे कोई भूत क्यों नहीं चिपटता ? मैं तो अन्धा हूँ और अपने को भूत-प्रेत की चोट-चपेट में बचा भी नहीं सकता। यदि बलाओं को खून पीने का शौक है तो अब तक उन्हें मेरे हृष्ट-पुष्ट शरीर को देखकर मुझे लील जाने के लिए लालायित हो जाना चाहिए था। कुछ लोगों की कल्पना बहुत बढ़ी-चढ़ी होती है। वे अपनी कल्पना के बहाव में तर्कबुद्धि की सारी सीमाएँ लाँघ जाते हैं। ऐसे मामलों में मात्र इतना भर होता है कि मस्तिष्क के कुछ तन्तु तन जाते हैं। मैं अपनी दवाओं से ऐसे रोगियों का उपचार कर सकता हूँ।

बूढ़े हकीम की बात से मुझे याद आया कि उपचार की पद्धतियों तथा उपचारकों के बीच जो अन्तर पाया जाता है उसे महज 'पारम्परिक' और 'आधुनिक' अथवा 'पश्चिमी' और 'एशियाई' पद्धति का अन्तर कहकर नहीं टाला जा सकता। अलग-अलग

संस्कृतियों के अन्दर उपचार करनेवालों के बीच का यह सांस्कृतिक अन्तर भर नहीं है। उपचार की दो पद्धतियों के बीच एक बुनियादी अन्तर होता है। यह अन्तर हर संस्कृति और हर काल में समान रूप से विद्यमान रहा है। उपचार की दो पद्धतियों अथवा चिकित्सकों के बीच जो भेद दिखता है वह रोगों के प्रति दृष्टिकोण के अलगाव पर आधारित है। कुछ लोग विचारधारात्मक स्तर पर इस बात को मानते हैं कि बीमारियाँ शरीर की खराबी से पैदा होती हैं। ये लोग प्रत्यक्ष अनुभव के आधार पर औषधि द्वारा निदान करते हैं। कुछ अन्य लोगों का मानना है कि बीमारियों का आधार आधिभौतिक होता है तथा बीमारियाँ मनोवैज्ञानिक अथवा सामाजिक कारणों से पैदा होती हैं। ऐसे चिकित्सक अपने निदान में तर्कबुद्धि का सहारा नहीं लेते या कहें कि तर्कबुद्धि का वैसा इस्तेमाल नहीं करते जैसा पहली कोटि के चिकित्सक करते हैं। ये लोग चिकित्सक कम तथा पुजारी अथवा साधु-सन्त ज्यादा होते हैं। इस प्रकार का अन्तर चिकित्सा की पद्धतियों में आरम्भ से चले आ रहे वितंडावाद का परिणाम है। हम जानते हैं कि प्राचीन भारत में आयुर्वेद का विकास भी वितंडावाद की इसी प्रक्रिया से प्रभावित रहा है। मैं इस बात को भी आसानी से मान सकता हूँ कि पश्चिम का कोई मनोविश्लेषक पेशे की मान्यताओं के लिहाज से स्वयं को पत्तेशाह के पीर के ज्यादा निकट महसूस करेगा परन्तु अपने को एक स्नायुरोग-विशेषज्ञ से दूर अनुभव करेगा क्योंकि स्नायुरोग-विशेषज्ञ यह मानकर चलता है कि बीमारियाँ दिमाग की रासायनिक अभिक्रियाओं तथा विद्युतीय-क्रियाओं की गड़बड़ी से पैदा होती है। वह इसी आधार पर मनोरोगों की पहचान तथा उनका उपचार करता है।

चिकित्सा का आधार

बाबा की चिकित्सा-पद्धति पर विचार करने से पहले इस बात का उल्लेख करना आवश्यक है कि उनकी चिकित्सा-पद्धति ज्ञान की उस व्यवस्था पर आधारित है जिसे मुसलमान 'इल्मेरूहानी' अथवा आत्मज्ञान की संज्ञा देते हैं। सूफियों की रहस्यपूर्ण साधनाओं तथा जन्म-मरण और जीवन की व्याधियों के सम्बन्ध में इस्लाम के अन्तर्गत जो दार्शनिक-धार्मिक कारण बताए गए हैं—वे सब के सब इल्मेरूहानी के दायरे में आते हैं। इल्मेरूहानी का सम्बन्ध आध्यात्मिकता से भी है तथा आध्यात्मिकता की दोनों शाखाओं—सफेद जादू (उलवी और रहमानी) एवं काले जादू (सिफली, शैतानी, सेहर, टोना)—से भी। कुरान में इस तरह के जादू-टोने का निषेध है। इसके बावजूद मुसलमानों में ऐसे बहुत से लोग हैं जो जादू-टोना करते हैं। कुरान में कहा गया है—"जो कोई भी ऐसे जादूगरों के पास जाता है तथा रहस्य-साधना के बारे में पूछता है एवं इन लोगों की बताई हुई बातों पर विश्वास करता है उससे पैगम्बर मुहम्मद नाखुश रहते हैं तथा वह सच्चा मुसलमान नहीं है।" जादू-टोना जाननेवाले ऐसे लोगों को 'सियाना' कहा जाता है। ये 'सियाने' भूत-प्रेतों को भगाते भी हैं तथा जिन्नों और भूतों को बुलाने

का भी काम करते हैं ताकि उनकी सहायता से दो व्यक्तियों के बीच शत्रुता कराई जा सके, दुश्मन को मारा जा सके, धन-दौलत में वृद्धि की जा सके अथवा इहलौकिक-पारलौकिक इच्छाओं की पूर्ति की जा सके। बाबा तथा अन्य पीर जिस प्रकार की चिकित्सा करते हैं वह भी इल्मे-रूहानी का ही हिस्सा है। जिन्नों और भूतों को बुलाने के लिए जिस तरह का कर्मकांड किया जाता है, उसे देखकर यह बात एकदम स्पष्ट हो जाती है।

इस कर्मकांड की पहली बात तो यह है कि जादू-टोना करनेवाले व्यक्ति का मन और शरीर दोनों शुद्ध हों और वह ईमानदार तथा सच्चा आदमी हो। अपना काम करने से पहले सियाना अपने आपको एक सप्ताह के लिए कमरे में बन्द कर लेता है। उसके बाहर सिन्दूर पोत दिया जाता है और सियाना लाल रंग के मुसल्ले पर बैठकर अल्लाह का नाम जपता है। इसे 'इस्मेआज़म' की संज्ञा दी गई है। उसका भोजन बड़ा संयमित और चुना हुआ होता है। भोजन में खाए जानेवाले पदार्थ इस बात से तय होते हैं कि वह अल्लाह का जलाली (क्रोधवाला) नाम जप रहा है अथवा जमाली (दयावाला)।

इसके बाद वह चालीस दिन तक किसी एकान्त और निर्जन स्थान में बैठा जिन्न को बुलाता है। इसे 'तश्कीरे-जिन्न' कहा जाता है। 'तश्कीरे-जिन्न' का जाप एक लाख सैंतीस हजार छह सौ तेरह बार करना पड़ता है। जाप को चालीस हिस्सों में बाँट दिया जाता है तथा इसे चालीस दिनों की अवधि में पूरा किया जाता है। चालीस दिन के इस जाप को 'चिल्ला' कहते हैं। चिल्ले की इस जाप-अवधि में 'जब जप आरम्भ हो जाता है तो प्रत्येक रात अथवा सप्ताह कुछ-न-कुछ नई बातें दृष्टिगोचर होती हैं। अन्तिम सप्ताह जिन्न या भूत अपने नौकरों-चाकरों समेत उपस्थित हो जाता है।' मन और शरीर की शुद्धता पर बल देना, परहेजी भोजन करना, हर तरह की विषय-वासना और ऐन्द्रिक आनन्द से थोड़े दिनों के लिए कट जाना तथा किसी नाम को, सम्मोहित होकर बार-बार दोहराना—यह सब एकदम उच्च-साधना की क्रियाओं से मिलता-जुलता है। नाम-स्मरण बिल्कुल 'मन्त्र-पाठ' की तरह है। उच्च-साधना के द्वारा मनुष्य की चेतना उदात्त होती है।

बाबा जादू-टोने का विरोध करते हैं किन्तु रहस्य-साधना को अत्यन्त सम्मान की दृष्टि से देखते हैं। सच्चे मुसलमान की तरह उनका मानना है कि जादू-टोना अल्लाह को पसन्द नहीं और ऐसा करना अल्लाह की नजर में गुनाह है। उन्होंने मुझे बताया कि उन्हें किसी कब्रिस्तान में जाकर जादू-टोना सीखने की कभी भी इच्छा नहीं हुई। 'मेरे गुरु ने मुझे बताया है कि बलाओं और दूसरी बुरी शक्तियों से किस तरह लड़ना है। मैं उनका साथी नहीं हो सकता। जब भी किसी ने मुझसे यह कहा है कि किसी जिन्न को बुलाइए तो मैंने उसको यही उत्तर दिया है कि मैं ईश्वर का भक्त हूँ और ऐसे काम नहीं करता। मैं जिस इल्मेरूहानी का इस्तेमाल करता हूँ उसे हिन्दू लोग 'जन्तर' कहते हैं और हम मुसलमान इसे 'सन्तर' कहते हैं। वस्तुतः 'सन्तर' बड़ी सीधी-सादी चीज होती है। इसके द्वारा अल्लाह से कहा जाता है कि अगर किसी आदमी को 'बला' ने

पकड़ लिया है तो अल्लाह उसे बला की पकड़ से आजाद कर दें, अगर किसी को प्रेतबाधा का खतरा हो तो अल्लाह उसकी रक्षा करें।

अपने बारे में बाबा का मानना था कि वह तो अल्लाह की शक्ति का एक माध्यम भर हैं। रोगियों को वे नहीं बल्कि अल्लाह की शक्ति ठीक करती है। बाबा अपने को माध्यम मात्र मानते थे। वे न तो अपनी सफलता के लिए खुद की प्रशंसा करते थे न ही अपनी असफलता के लिए स्वयं को दोष देते थे। जब कोई रोगी उनसे पूछता था कि वह शीघ्र अच्छा होगा या नहीं तो उसके उत्तर में वे यही कहते थे—"मैं तो तुम्हारी ओर से अल्लाह का दरवाजा खटखटाता हूँ। वह तुम्हें उसमें घुसने देगा या नहीं यह उसकी मरजी पर है। यदि वह तुम्हारी बात सुन लेता है तो यह समझो कि तुम्हारी किस्मत अच्छी है। मैं तो केवल फरियाद करता हूँ। उसे वह सुनेगा या नहीं यह तो वही जाने।"

बाबा के पास उपचार के लिए आनेवाले सीधे-सादे धर्मभीरू लोग तथा स्वयं बाबा भी अपने बारे में यही सोचते थे कि उनके पास उपचार करने की कोई शक्तिशाली तकनीक अथवा विज्ञान नहीं है। उन्हें मात्र इसका 'इल्म' है कि किसी दीन-दुखी की आर्त्त पुकार अल्लाह तक कैसे पहुँचाई जाती है। अल्लाह इस पुकार को सुनकर अपनी शक्ति का कोई अंश सम्बन्धित मरीज की बलाओं से लड़ने के लिए भेजता है या नहीं, इस बात का उनके 'इल्म' से कोई ताल्लुक नहीं है। बाबा की उपचार-पद्धति इस बात को नहीं मानती कि रोगी की शारीरिक प्रकृति से उत्पन्न मूलावेगों तथा मानसिक विचारणा के बीच कोई संघर्ष चलता है। बल्कि इस उपचार-पद्धति में यह माना जाता है कि अच्छाई-बुराई का जो ब्रह्मांडव्यापी संघर्ष चलता है रोगी का शरीर उसी संघर्ष का युद्धस्थल बन गया है और बलाएँ इसका कारण हैं।

मैं इस बात की कल्पना कर सकता हूँ कि बाबा के अधिकांश मरीज जो शहरी जनसमूह के बीच रहते हुए अपनी पहचान खो चुके हैं और लगातार अपनी महत्त्वहीनता के बोध से त्रस्त रहते हैं—वे अपनी बीमारी के सम्बन्ध में इस तरह की बातों से बहुत प्रभावित होते होंगे। मुझे लगता है कि पश्चिमी चिकित्सा-पद्धतियों के विपरीत जिनका केन्द्रीय भाव है मनुष्य की स्वातन्त्र्य-चेतना को बढ़ावा देना; मुसलमानी तथा गैर-पश्चिमी चिकित्सा-पद्धतियों में एक अन्य मानवीय आवश्यकता को वरीयता दी गई है। इन चिकित्सा पद्धतियों में काल तथा स्थान के सन्दर्भ में 'केन्द्रीयता-बोध' को प्रमुख माना गया है। केन्द्रीयता का यह बोध पश्चिमी विश्वबोध से डार्विन तथा कोपरनिकस के सिद्धान्तों के कारण समाप्त हो गया। अल्लाह का आह्वान करनेवाली पीर की इस विधा 'सन्तर' के कई भाग हैं। सबसे पहली बात तो यह है कि पीर को कुरान की आयतों और अल्लाह के निन्यानवे नामों का ज्ञान होना चाहिए। उसे यह ज्ञान होना चाहिए कि किस कष्ट में कौन सा नाम जपना है। उदाहरण के लिए डर को दूर करने के लिए 'अलहफीज' (हिफाजत करनेवाला) नाम का जाप किया जाता है। 'प्रेत-बाधा' को दूर करने के लिए 'अल-मुहई' (जान-डालनेवाला) नाम का जाप किया जाता है और रोगी

को चिन्तामुक्त करना हो तो 'अल-कादिर' (कुदरतवाला) नाम का जाप करना होता है। दूसरी बात, पीर को यह ज्ञान होना चाहिए कि 'जन्तर' कैसा बनाना है; ताबीज को किस तरह लपेटना है। उसे रहस्यमय वर्गों (दोहरा वर्ग, तीन वर्गों, चार वर्गों की लपेटन) की जानकारी होनी चाहिए। उसे आकाश, आग, अग्नि और जल के वर्गों का ज्ञान होना चाहिए। अल्लाह के भिन्न-भिन्न नामों के सांख्यिक मान होते हैं। अरबी वर्णमाला के 28 वर्णों तथा 12 राशियों के जटिल आपसी सम्बन्ध के आधार पर इन नामों के सांख्यिक मूल्य को निकाला जाता है। पीर को इसका भी ज्ञान होना चाहिए। उसे सात ग्रहों तथा चार तत्त्वों से जुड़े वर्गों और किस जप के साथ कौन से रहस्यमय वर्ग का सम्बन्ध है—इसकी जानकारी होनी चाहिए। तीसरी बात, पीर को यह भी पता होना चाहिए वह जन्तर सबसे ज्यादा प्रभावी किस तरह होगा—उसे 'ताबीज' के रूप में गले में पहनाया जाए अथवा गंडे के रूप में बाँह पर लपेटा जाए। कई बार जन्तर को जलाकर रोगी को उसकी धूनी दी जाती है अथवा उसे पानी में घोलकर पिलाया जाता है। कभी-कभी उसे खुशबूदार तेल से भिंगोकर रुई में लपेटकर दीपक की बाती के समान जलाया जाता है। कभी-कभी रोगी साधारण जन्तर से नहीं ठीक होता। उसे दौरे पड़ते हैं और वह अचेतन-अवस्था में चला जाता है। ऐसे रोगी के उपचार के लिए पीर को जानकारी होनी चाहिए कि जिस 'जिन्न' ने रोगी को पकड़ा है उसे नियन्त्रित करने के लिए किस तरह की ज्यामितिक आकृतियों को खींचकर उसके बीच रोगी को बैठाया जाए। अनेक सुगन्धित जड़ी-बूटियों तथा विशेष प्रकार के जपों में दोहराए जानेवाले सही मन्त्रों की भी उसे जानकारी होनी चाहिए।

यद्यपि 'इल्मे-रूमानी' के कई वर्ग माने गए हैं किन्तु इस बात पर सभी सहमत हैं कि 'इल्मे-रूहानी' के किसी भी प्रकार का प्रयोग करनेवाला व्यक्ति यदि आत्मशक्ति से हीन है तो यह 'इल्म' बेकार है। माना जाता है कि आत्मशक्ति पीर में स्वयंमेव नहीं होती बल्कि गुरुकृपा से प्राप्त होती है। गुरुकृपा के बिना वह न तो इसे समझ सकता है और न इसका प्रयोग कर सकता है। बाबा के एक पूर्वज जाफर शरीफ को डेढ़ सौ वर्ष पहले ईस्ट इंडिया कम्पनी के एक सर्जन ने कहा था कि भारत के मुसलमानों के रीति-रिवाजों के बारे में लेख लिखकर दें। 'इल्मेरूहानी' को प्रभावकारी बनानेवाली बातों के सन्दर्भ में उन्होंने निम्नलिखित विचार व्यक्त किए हैं :

"मैं युवावस्था के दिनों से ही झाड़-फूँक की विधियों, गंडे-ताबीज बनाने की कला, जन्मकुंडली देखने तथा भविष्य बताने की विधा के अध्ययन से सुपरिचित हूँ। अनेकानेक बार प्रेतबाधा से ग्रस्त लोगों ने मुझ नाचीज़ से सम्पर्क किया तथा बहुधा किसी मन्त्र-जाप के द्वारा अथवा अपनी विशेष योग्यता से उन्हें ठीक कर दिया। इस तरह के प्रभावों के बारे में अक्सर मुझे शंका होती थी और मैं अक्सर खुद से पूछा करता था—"या अल्लाह ! जिन्न और मानव में क्या सम्बन्ध हो सकता है ? इंसानों पर उसका साया कैसे पड़ता है ? कैसे तेरा नाम लेते ही यह साया दूर हो जाता है ? इन सन्देहों के बावजूद मैंने अपना अध्ययन जारी रखकर और विद्वानों से तफसीर, हदीस आदि की

शिक्षा प्राप्त की ताकि इस विषय में ज्ञान हो जाए।" जाफर शरीफ का एक निष्कर्ष यह है कि अल्लाह के शक्तिमूलक नामों, उसके गुणों तथा कुरान की विशेष आयतों का जाप करना कोई भी सीख सकता है लेकिन इसका वास्तविक तो तभी प्राप्त हो सकता है जब इस फन के माहिर उस्ताद की कृपा प्राप्त हो। गुरु की कृपा तभी प्राप्त होती है जब शिष्य अपना सर्वस्व अर्पित कर दे। किताबों में लिखा तो सब कुछ होता है लेकिन इसकी समझ गुरु-कृपा से ही प्राप्त होती है।

बाबा का कहना है कि रोगों को दूर करने की शक्ति रूहानी ताकत से ही प्राप्त होती है। रूहानी ताकत सब ज्ञान से बढ़कर है। "गुरु और अल्लाह की लगतार कई वर्षों तक सेवा करने पर किसी आदमी को रूहानी ताकत प्राप्त होती है। इसके लिए कई वर्षों का प्रशिक्षण जरूरी होता है लेकिन जैसे ही एक बार यह शक्ति प्राप्त हो जाती है—आदमी अल्लाह की तरफ खिंचा चला जाता है। अल्लाह भी ऐसे बन्दे को अपनी तरफ बुलाता है। एक बार इनके बीच सम्बन्ध स्थापित हो जाए तो फिर अपने अन्दर रूहानी ताकत जगाने के लिए उसे मात्र ध्यान भर धरना पड़ता है। मरीज का इलाज करने से पहले मैं अल्लाह का नाम लेता हूँ, आँखें मूँदकर अपने गुरु की 'धारणा' करता हूँ। थोड़े प्रयासों के बाद गुरु प्रत्यक्ष दिखाई देने लगते हैं और इलाज के लिए क्या करना है—यह मुझे बता देते हैं।

"गुरु आपको क्या बताते हैं, बाबा ?" मैंने पूछा।

"मैं इन बातों का खुलासा नहीं कर सकता—गुरु और शिष्य के बीच ये बातें गुप्त रहती हैं।"

"क्या मृत्यु से पूर्व उन्होंने आपको कुछ विशेष निर्देश दिया था ?" मैंने जिद करके पूछा।

बाबा ने मुझे बेचारगी से देखा।

बाबा ने विनम्रता पूर्वक कहना जारी रखा—"मेरा ज्ञान असल में बहुत थोड़ा है। बीस वर्ष पहले गुरु ने मुझे यह गद्दी सौंपी थी। क्या-क्या करना है—यह बताया था। तब से मैंने उन्हीं निर्देशों का पालन करना जारी रखा है। उन्हें जरूर रूहानी-ताकत प्राप्त थी। उन्हें 'राज़े-फ़ना' का पता था। मैंने जिज्ञासापूर्वक पूछा कि आखिर यह 'राजे-फना' है क्या जिससे 'बाबा' और अन्य पीर रूहानी ताकत का मूर्तरूप बन जाते हैं ?" "यह जीवित रहते हुए मर जाने की रहस्य विद्या है। एक कहानी सुनो ! एक आदमी था। एक बार वह ऐसे आदमी की तलाश पर निकला जिसे राजे-फना का पता हो। उसे एक बूढ़े पीर का पता किसी ने बता दिया। 'पीर' से उसने भेंट की और अपनी इच्छा बताई। पीर ने उसे अगली सुबह आने को कहा। अगली सुबह आने पर उसने देखा कि पीर की मृत्यु हो चुकी है और उसकी मय्यत को नहलाया जा रहा है। वह आदमी सोचने लगा कि आखिर पीर ने झूठ क्यों बोला ? इतने में उसने देखा कि नकाब पहने एक घुड़सवार जनाजे की ओर आ रहा है। घुड़सवार ने घोड़े से उतरकर नमाज पढ़ी और उस आदमी को अपने पीछे आने का इशारा करके चला गया। जब वे किसी निर्जन-स्थल

पर पहुँचे तो घुड़सवार ने नकाब पलट दी। उस आदमी ने देखा कि यह तो वही पीर है। तो 'राजे-फ़ना' यह है कि आप खुद अपनी 'नमाजे-जनाज़ा' पढ़ें।''

''फिराद नाम के एक पीर चाँदनी चौक में रहते थे। एक दिन लोगों ने देखा कि वे अपने घर के बाहर बड़ी व्यग्रता से कोई चीज ढूँढ़ रहे हैं। लोगों ने पूछा कि आप क्या ढूँढ़ रहे हैं तो बोले कि फिराद खो गया है, उसी को ढूँढ़ रहा हूँ। यह भी 'राज़े-फ़ना' है।

''रूहानी ताकत प्राप्त करने के लिए कई साल तक तैयारी करनी पड़ती है। मैं पहले ही बता चुका हूँ कि इसके लिए गुरु की सेवा तथा ईश्वर-भक्ति की जरूरत पड़ती है। इसके साथ-साथ पवित्रता, सत्यता और वैराग्य भी जरूरी है। एक और कहानी सुनो। एक पीर साहब थे। उनमें इल्म और ताकत दोनों थी और वे विवाहित थे। एक बार एक युवक उनका चेला बनने आया। युवक ने उनसे पूछा—''मुझे कोई सेवा बताइए। पीर ने कहा—''मेरे घर जाओ और एक आदमी का खाना लेकर आओ।'' युवक ने ऐसा ही किया। पीर ने कहा—''अब जाओ और जाकर यह खाना मेरे साथी को दे दो जो अमुक स्थान पर बैठा है।'' युवक ने कहा, ''लेकिन गुरुजी, रास्ते में नदी पड़ती है। उस पर न तो पुल है और न ही वहाँ नाव का इन्तजाम है। मैं उसे पार कैसे करूँगा ?'' पीर कहने लगे—''नदी से कहना कि तुम्हें ऐसे आदमी ने भेजा है जिसने कभी किसी स्त्री का संग नहीं किया और नदी तुम्हें रास्ता दे देगी।'' युवक सोचने लगा कि उसे बेवकूफ बनाया जा रहा है क्योंकि पीर के पत्नी-बच्चे सभी थे। लेकिन फिर भी वह गया। नदी के पास जाकर उसने वही शब्द कहे जो पीर ने सिखाए थे। बात सुनकर नदी ने रास्ता दे दिया और वह उस पार पहुँचा जहाँ दूसरा पीर बैठा था। पीर के खा लेने के बाद उसने जूठे बर्तन उठाए और चलने को तैयार हुआ। लेकिन पुनः उसे चिन्ता ने आ घेरा कि नदी पार कैसे करेंगे। पीर ने उससे चिन्ता का कारण पूछा और कारण जान लेने पर बोला, ''अरे इतनी छोटी सी बात के लिए चिन्ता करने की क्या जरूरत है ? नदी से कहना कि तुम्हें ऐसे आदमी ने भेजा है जिसने आज तक कुछ नहीं खाया।'' युवक सोचने लगा कि पीर कहीं पागल तो नहीं हो गया है ? इतना खाना खा लेने के बाद कहता है कि उसने उम्र-भर कुछ नहीं खाया। फिर सोचा, चलो इसका भी कहा देख ही लेते हैं। नदी के पास पहुँचकर उसने पीर की बात दोहराई और नदी ने उसे फिर रास्ता दे दिया। वापस लौटकर उसने पीर से इस तरह की अनहोनी घटनाओं का कारण पूछा। पीर ने कहा—सवाल काम का नहीं बल्कि इस बात का है कि काम किस भावना से किया जा रहा है। मैं अपनी स्त्री का संसर्ग अपने लिए नहीं बल्कि उसकी आवश्यकता को देखकर करता हूँ। दूसरा पीर इसलिए नहीं खाता कि उसकी खाने की इच्छा है बल्कि इसलिए खाता है कि लोग चाहते हैं, वह जीवित रहे।' तो फकीरी का लक्ष्य यही वैराग्य है जिसमें अल्लाह और दुनिया दोनों हमारे साथ रहते हैं।''

नोवालिस ने एक बार कहा था कि प्रत्येक रोग संगीत की एक समस्या की तरह

है और उसका निदान भी एक संगीतमूलक समाधान होता है। रोगों के सम्बन्ध में संगीत का यह रूपक मुसलमानी मनोनिदान-चिकित्सा-प्रणाली पर ज्यादा बेहतर ढंग से लागू होता है बनिस्पत जीवविज्ञान, मनोविज्ञान अथवा सूचना-प्रसंस्करण से सम्बन्धित रूपक के जो समकालीन पश्चिमी मनोवैज्ञानिक चिकित्सा-प्रणाली के माकूल है। बाबा का व्यक्तित्व अथवा 'आत्म' एक वाद्य-यन्त्र के समान है। उसके विविध तार आवश्यकतानुरूप ध्वनिगत ऊँचाइयों के लिए कसे हुए हैं। बाबा जब उन तारों पर निदान का कोई राग छेड़ते हैं तो वे किसी विज्ञान का अनुपालन नहीं कर रहे होते। वे जो कुछ करते हैं उसे ऑडेन के शब्दों में 'प्रकृति को रिझाने की अन्तःप्रेरणागत कला' कहा जा सकता है। इसमें सफलता रिझानेवाले व्यक्तित्व पर ज्यादा निर्भर है उसकी ज्ञान की गहराई पर कम। बाबा का कहना है कि पीर तभी प्रकृति को रिझा सकता है या किसी रोग को दूर कर सकता है जब उसमें विशेष गुण हों। उसमें सर्वप्रथम मन और तन की शुद्धि होनी चाहिए। उसमें सच्चाई और वैराग्य-भावना का समावेश होना चाहिए। दूसरे उसे समाज के सीमान्त पर रहनेवाला व्यक्ति होना चाहिए अर्थात् ऐसा व्यक्ति जो समाज में रहते हुए भी 'समाज' से बाहर हो। तीसरी बात, उसके व्यक्तित्व का एक सीमा तक रूपान्तरण होना चाहिए ताकि सूफी रहस्य-साधना में जिसे 'रूहानी ताकत' कहा गया है उसको वह धारण करने योग्य बनकर उसे प्राप्त कर ले। यहाँ यह कहने की आवश्यकता नहीं है कि नैदानिक मनोविज्ञान अथवा मनोरोगों की चिकित्सा का प्रशिक्षण प्राप्त करनेवाले लोगों के लिए इन गुणों का होना जरूरी नहीं। दरअसल पश्चिमी मनोनिदान चिकित्सा प्रणाली में 'व्यक्तित्व के आन्तरिक रूपान्तरण' से मेल खानेवाली एकमात्र प्रक्रिया 'मनन-प्रविधि' है। इसमें लम्बे समय तक वैयक्तिक-विश्लेषण किया जाता है। इस कला में हर मनोविश्लेषक को पारंगत होना पड़ता है। हालाँकि अब यह बात भी पुरानी पड़ चुकी है क्योंकि पश्चिमी मनोविश्लेषक और मनोरोग-निदानकर्ता मानसिक रोगों से छुटकारा दिलाने के लिए अब किसी एक या एकाधिक 'तकनीकों' पर जोर देने लगे हैं।

मनोरोगों से पीड़ित अधिकतर भारतियों का विश्वास है कि रोग का निदान किसी ख़ास तकनीक अथवा अवधारणात्मक प्रणाली से नहीं होता बल्कि रोग के इलाज में निर्णायक भूमिका पीर या गुरु के व्यक्तित्व की होती है। बाबा का एक मरीज बाबा के पास आने से पहले एक वैद्य, एक मनोरोग विशेषज्ञ तथा एक सियाने और तान्त्रिक के पास अपने को दिखला चुका था। आखिर में वह 'बाबा' के पास आया था। मैंने उससे पूछा कि तुम्हारी बीमारी के कारणों की जो अलग-अलग व्याख्या इन विविध प्रणाली के चिकित्सकों ने की उसमें तुमने कैसे तालमेल बैठाया ? मुझे प्रतीत हुआ कि उपचार के लिए उसने जो विविध उपचार-पद्धतियाँ चुनीं वे आपस में अवधारणात्मक-स्तर पर एकदम भिन्न हैं। उसने मुसलमानी जादू-टोना, हिन्दू-परम्परा की तान्त्रिक-रहस्य-साधना तथा आयुर्वेद के साथ-ही-साथ सूफी-आध्यात्मिकता से जन्मी उपचार-पद्धतियों को अपनाया था और ऐसे चुनाव में उसे अवश्य ही कठिनाई आई होगी। मेरे पूछने पर उसने

मुझे ऐसे देखा मानो कुछ समझा ही नहीं हो। उसने कहा—"वास्तविक महत्त्व इस बात का है कि उपचार करनेवाले में रोगी का विश्वास है कि नहीं और उपचार करनेवाला रोगी में विश्वास जगा पाता है या नहीं।" उसने 'विश्वास' शब्द का इस्तेमाल किया था जिसमें 'भरोसा' और 'निष्ठा' दोनों का पुट है। मैंने पूछा कि 'विश्वास' कैसे होता है तो उसने झिझकते हुए बताया कि उपचार करनेवाला रोग के लक्षणों, कारणों और उसके उपचार तथा निदान की बात करता है तो रोगी और उसके बीच एक तदात्म्य स्थापित हो जाता है। इसी 'तदात्म्य' के सम्बन्ध-सूत्रों के बीच एक-दूसरे स्तर पर रोगी का मानस इस बात को तय करने में लगा रहता है कि सामनेवाले चिकित्सक का छवि-चित्र उसके मन में विराजमान आदर्श चिकित्सक के छविचित्र से मेल खाता है कि नहीं। अतः चिकित्सक का चुनाव इस बात पर निर्भर करता है कि रोगी के मन में विराजमान आदर्श चिकित्सक के छविचित्र से कोई उपचार करनेवाला कितना सादृश्य बैठा पाता है। यह बात भी स्पष्ट है कि न सिर्फ उपचार-प्रक्रिया बल्कि स्वयं उपचारकर्ता भी समाज के 'सीमान्त' पर समझा जाता है। जब तक उपचार जारी रहता है धार्मिक और सामाजिक प्रतिषेधों के लिए वहाँ कोई जगह नहीं रहती। उदाहरण के लिए, बाबा के पास बहुत से हिन्दू रोगी भी आते थे। उनमें अनेक तो उच्चवर्ण वाले ब्राह्मण थे जो अपने आम जीवन में बड़ी दृढ़ता से छुआछूत का पालन करते थे। फिर भी ये रोगी एक मुसलमान 'बाबा' के हाथ का छुआ हुआ पानी हँसी-खुशी पी जाते थे। हालाँकि उन्हें यह भी पता होता था कि इस पानी पर कुरान की आयतें पढ़कर फूँक मारी गई है।

रोगी और फरियादी

बाबा के पास जो लोग आते हैं उन्हें दो वर्गों में बाँटा जा सकता—रोगी और फरियादी। यहाँ 'रोगी' से मेरा आशय मुख्य रूप से उन लोगों से है जिनमें स्नायु-विकार के लक्षण मिलते हैं और जिन्हें मनोरोग विज्ञान की पुस्तकों में 'वैवाहिक समस्या से पीड़ित' व्यक्ति की संज्ञा दी गई है। फरियादी के वर्ग में ऐसे लोग आते हैं जो चाहते हैं कि बाबा मुकदमा जीतने, नौकरी पाने जैसी अनिश्चयात्मक बातों में अपनी रूहानी ताकत के जरिए उनकी मदद करें। इस कोटि में कुछ ऐसे लोग भी शामिल हैं जो चाहते थे कि वैद्यों, हकीमों द्वारा दी गई दवा को बाबा अल्लाह से प्रार्थना करके ज्यादा असरदार बना दें।

हालाँकि बाबा ने कभी भी स्पष्ट रूप से नहीं कहा किन्तु वे अपने रोगियों का वर्गीकरण दूसरे ढंग से करते हैं और जो उनकी आधार-मान्यताओं से तर्कतः मिलता भी है। उनके अनुसार एक वर्ग तो उन लोगों का है जिन्हें किसी बला ने परेशान कर रखा है। दूसरा वर्ग उन लोगों का है जिन पर किसी बला का साया पड़ने का खतरा है। तीसरे वर्ग में वैसे लोग आते हैं जो किसी रोग के उपचार के लिए नहीं बल्कि बाबा की आध्यात्मिक सहायता लेने के लिए आते हैं। उन्हें बाबा की उपचार-शक्ति से कुछ लेना-देना नहीं होता। पहले वर्ग में वे लोग शामिल हैं जिनके लक्षणों से लगता

है कि वे प्रेतबाधा-ग्रस्त हैं अथवा अपनी भाषा में कहूँ तो जिनमें स्नायुविकार के लक्षण पाए जाते हैं। बाबा के अनुसार वैवाहिक अनबन अथवा समस्याओं से पीड़ित व्यक्ति इस कोटि में शामिल नहीं हैं। उनका कहना है कि पति-पत्नी अथवा परिवार के बीच झगड़ा-टंटा खड़ा करना प्रेत का काम है। इस प्रेत को 'छलावा' कहते हैं। बाबा का कहना है कि पति-पत्नी के बीच के झगड़ों अथवा पारिवारिक तनातनी से जुड़े मसलों जिसमें पारिवारिक सदस्यों के बीच अदालती मुकदमे भी शामिल हैं—को दूसरे वर्ग में रखा जाना चाहिए अर्थात् उस वर्ग में जहाँ माना गया है कि लोगों पर किसी बला का साया पड़ने का खतरा है। तीसरे वर्ग में वे लोग आते हैं जिन्हें बाबा से कोई काम करवाना होता है। बाबा के पास रहते हुए मैंने उनके वर्गीकरण पर ध्यान दिया तो पाया कि मेरे साथ रहने की अवधि में बाबा के पास बीस व्यक्ति आए। बाबा के वर्गीकरण के अनुसार उनमें से दस पर बला का प्रभाव था। छह को 'बला' का खतरा था और चार लोग ऐसे थे जिन्हें कोई काम करवाना था। मनोरोग-चिकित्सा की दृष्टि से मैं इन्हें निम्नलिखित वर्गों में रखूँगा—चिन्ताजनित स्नायु-विकार—आठ; मनोन्माद जनित विकार—दो; वैवाहिक अनबन—पाँच तथा अन्य फरियादी—पाँच। मैं पहले ही बता चुका हूँ कि बाबा के पास आनेवाले अधिकांश मरीज निम्न आर्थिक-सामाजिक स्तर के थे और उनकी औपचारिक शिक्षा-दीक्षा न के बराबर थी।

वर्गीकरण का आधार चाहे मनोवैज्ञानिक हो अथवा भूत-प्रेतवाली चिन्तन-परम्परा का—इनके बीच व्यावहारिक अन्तर उतना नहीं है जितना सैद्धान्तिक स्तर पर प्रतीत होता है। प्रत्येक रोगी के रोग में कुछ ऐसे लक्षण होते हैं जिन्हें दोनों आधार पर किए गए वर्गीकरणों में रखा जा सकता है। उदाहरणार्थ एक दम्पत्ति अस्थामा के इलाज के लिए हकीम के पास गया। पति को बीमारी हो गई थी। फिर पति-पत्नी 'बाबा' के पास आए कि हकीम की दवा को 'बाबा' अपना आशीर्वाद देकर ज्यादा असरदार बना दें। इन लोगों ने बाबा से कहा कि पति को 'दमा' का दौरा एक स्कूटर-दुर्घटना के बाद पड़ा था तथा आश्चर्यजनक तौर पर स्कूटर की दुर्घटना थोड़े-थोड़े दिनों के अन्तराल पर लगातार हो रही थी। बाबा ने बिना झिझक के कह दिया कि ये दुर्घटनाएँ बलाओं के प्रभाववश हो रही हैं।

"हकीम साहब ने तुम्हारे दमे का उपचार किया होगा" बाबा ने ऐसे स्वर में कहा मानो 'हकीम' के इलाज के सही होने में उन्हें थोड़ी शंका हो। "लेकिन इस रोग में बला का भी हाथ है। जब तक बला का साया बना रहेगा, कोई दवा असर नहीं करेगी।" इसके बाद उन्होंने बलाओं की कारगुजारी पर एक छोटा सा भाषण दिया। दम्पत्ति ने इसे बड़े ध्यान से सुना मानो बाबा 'रोग' का कारण बता रहे हों तथा पति जो पहले 'फरियादी' बनकर आया था भाषण सुनने के बाद बाबा से इलाज करवाने को उद्धत हो गया।

मनोरोगों के व्यापक परिदृश्य का जायजा लें तो कहना पड़ेगा कि पश्चिमी मनोचिकित्सक अथवा मनोविश्लेषक की तुलना में उनकी 'विशेषज्ञता' कुछ ज्यादा है।

पश्चिमी मनोचिकित्सक अत्यधिक मनोविकारों का उपचार करते हैं जबकि बाबा विशेषतया उन्हीं मनोविकारों का इलाज करते हैं जो धार्मिक-आध्यात्मिक दायरे में आते हैं तथा जिनकी मनोचिकित्सा की पश्चिमी प्रणाली में उपेक्षा की जाती है। 'प्रेतबाधा-जनित रोगों से छुटकारा दिलानेवाले व्यक्ति' के रूप में बाबा की साख सन्तुष्ट मरीजों ने बनाई है। उन्होंने इस विषय में मुँहजबानी लोगों को बताया है। इस प्रकार उनके पास जो रोगी आते हैं उन्हें पहले से ही विश्वास होता है कि उनका इलाज हो जाएगा। इस विश्वास के कारण इलाज में सहायता मिलती है। एरना होक (ERNA HOCKS) ने कश्मीर के परम्परागत चिकित्सकों तथा ओब्सेकर (OBEYESEkERE) ने श्रीलंका के झाड़-फूँक करनेवालों का अध्ययन किया है। इससे प्रमाणित होता है कि चिकित्सक और मरीज दोनों चिकित्सक के विशेष गुणों और सीमाओं से परिचित होते हैं और उन्हें यह भी पता होता है प्रेतबाधा-जनित रोगों के विभिन्न प्रकारों के बीच गुणात्मक रूप से क्या अन्तर है। यदि प्रेतबाधा-जनित रोग गम्भीर हो तथा इससे छुटकारा पाने के तरीके ज्यादा जटिल एवं खर्चीले हों तो रोगी 'बाबा' के पास न जाकर इस तरह की प्रेतबाधा के विशेषज्ञ के पास जाएगा अथवा वह किसी प्रसिद्ध मन्दिर में जाता है जैसे मेंहदीपुरवाले बालाजी मन्दिर में। इसका वर्णन मैंने अगले अध्याय में किया है।

जब संस्कृति-विशेष भूत-प्रेतवाली विचारणा में विश्वास करती हो तथा मरीज, उसके सगे-सम्बन्धी एवं दोस्त सभी रोग के कारणों तथा उपचार के तरीकों पर एकमत हों तों इससे उपचार-पद्धति ज्यादा प्रभावशाली हो जाती है। पहली बात तो यह कि सभी रोगी के रोग का मतलब समझ सकते हैं, इसके निदान के बारे में साधारणतया सहमत हो सकते हैं तथा रोगी का चिकित्सक कौन हो—इस बारे में एकमत हो सकते हैं। इससे रोगी को सांत्वना मिलती है कि उसके इलाज की प्रक्रिया आरम्भ हो चुकी है। दूसरी बात यह कि अब चिकित्सा या बीमारी के बारे में प्रयुक्त शब्दावली सबके समझ में आती हो तो चिकित्सक और रोगी के बीच सहयोग बढ़ जाता है। इससे इलाज और प्रभावशाली हो जाता है। इसकी तुलना में मनोविज्ञान की चिकित्सा-शब्दावली अधिक गोपनीय होती है और सम्भवतः रहस्यमयी भी। मनोविज्ञान की भाषा पश्चिम के नगर-केन्द्रित समाजों तथा उच्चशिक्षा प्राप्त वर्ग में अधिक प्रचलित है। इससे माना जा सकता है कि ये वर्ग ही इस प्रकार की चिकित्सा-पद्धति का ज्यादा कारगर लाभ उठा सकते हैं।

उपचार के दृष्टान्त

अब तक अध्ययन में मैंने मनोरोगों से सम्बन्धित मनोवैज्ञानिक तथा भूत-प्रेतवाली विचारणा-पद्धति और उससे जुड़ी हुई उपचार-प्रणालियों के बारे में कमोबेश अमूर्त ढंग से चर्चा की है। अब हम सुन्दर नाम के एक व्यक्ति के मामले के माध्यम से इन दो

प्रणालियों पर थोड़ा मूर्त ढंग से विचार करेंगे। सुन्दर की उम्र 26 साल थी और वह दोनों प्रकार के चिकित्सकों के पास जा चुका था। मनोचिकित्सक के रूप में मैंने ही उसका इलाज किया था। उसने जब बताया कि वह मुझसे आगे इलाज नहीं कराना चाहता तो मैंने उसे पत्तेशाहवाले दरगाह के पीर के पास जाने की सलाह दी। दोनों ही जगह कुछेक दिनों तक मनोयोगपूर्वक इलाज करवाने के बाद उसने इरादा जाहिर किया कि वह किसी परम्परागत चिकित्सक के पास जाना चाहता है जो उसका भूत अच्छी तरह उतार देगा। जहाँ तक उसके रोग के दूर होने का सम्बन्ध है मनोचिकित्सा से उसे विशेष फायदा नहीं हुआ जबकि झाड़-फूँक से उसे थोड़ा आराम पहुँचा। मनोचिकित्सा तथा झाड़-फूँक से होनेवाले लाभ का अनुपात उसके मामले में 0 : 1 का रहा।

मनोरोग हो जाने की दशा में, भारत में, चिकित्सक का चुनाव रोगी नहीं बल्कि उसका परिवार करता है। बहुधा रोगी के बारे में परिवार के सदस्य ही चिकित्सक को बताते हैं। परिवार के सदस्यों को सुन लेने के बाद ही चिकित्सक का सामना रोगी से होता है। सुन्दर के मामले में भी यही हुआ। उसका पिता मेरे पास आया और उसने बताया कि सुन्दर को मिर्गी जैसे दौरे पड़ते हैं। दौरे से पहले उसका निचला होंठ अनायास काँपने लगता था। इसके बाद उसके जबड़े का निचला हिस्सा सुन्न पड़ जाता था। धीरे-धीरे उसकी बाहें सुन्न पड़ने लगती थीं और फिर पूरा शरीर ही सुन्न हो जाता था। सुन्दर इस अवस्था तक आते-आते बेहोश हो जाता था। उसका पिता जब मुझसे इस सिलसिले में मिलने आया तब से तीन माह पहले सुन्दर को पहला दौरा पड़ा था। सुन्दर का सारा शरीर ऐंठ गया था और वह कुछ क्षणों के लिए बेहोश हो गया था। इसके बाद के दौरे इतने तीव्र नहीं थे। अमूमन दौरा पड़ते ही अगर सुन्दर लेटकर अपने जबड़े भींच लेता था तो दौरा एक सीमा तक नियन्त्रित हो जाता था। इस डर से कि दौरा घर के बाहर न पड़ जाए, सुन्दर घर ही में रहता था। वह घूमने-फिरने का शौकीन नौजवान था और उसका इस तरह असहाय होकर घर में पड़े रहना सचमुच दयनीय बात थी।

पहले दौरे के बाद उसके पिता ने सोचा कि उस पर किसी भूत-प्रेत की छाया है अतः वह अपने बेटे को झाड़-फूँक के लिए नजदीक के ओझा के पास ले गया। उसने यह सोचकर कि हो सकता है बेटे के दिमाग में किसी तरह की खराबी आ गई हो उसकी खोपड़ी का एक्स-रे तथा ई.ई.जी. भी कराया। इन जाँच-परिणामों से यह पता चल गया कि उसके मस्तिष्क को किसी किस्म की क्षति नहीं पहुँची है। सुन्दर के पिता को विश्वास हो गया कि बेटे पर भूत-प्रेत का साया है लेकिन झाड़-फूँक का उस पर अब तक मनचाहा असर नहीं हुआ था अतः वह उसे तान्त्रिक के पास ले गया। तान्त्रिक भूत-बाधा को दूर करने के मामले में बहुत प्रसिद्ध था। तान्त्रिक ने कहा कि सुन्दर के पिता अथवा सुन्दर के किसी शत्रु ने सुन्दर पर जादू कर-करवा दिया है। इसी कारण उसके दिमाग की कोई नस खिंच गई है। अपने नाटकीय कर्मकांड से निपट लेने के बाद तान्त्रिक ने सुन्दर को राख की तीन पुड़िया दी। एक पुड़िया उसे जेब में रखनी थी,

एक घर में किसी सुरक्षित स्थान पर तथा एक को पानी में घोलकर पी लेना था। तान्त्रिक ने सुन्दर से कहा कि वह न- तो दूध पिए और न ही दूध से बनी हुई चीज खाए। सुन्दर को कहा गया कि वह छह हफ्ते घर ही में रहे। इस दौरान वह प्रति सप्ताह तान्त्रिक से मिलने आए तथा पवित्र राख की नई पुड़िया ले जाए। उसके पिता ने मुझे बताया कि उसकी हालत में उल्लेखनीय ढंग से सुधार हुआ किन्तु उसे फिर भी कभी-कभार दौरे पड़ ही जाते थे। जहाँ मेरा कार्यालय है वहीं सुन्दर का पिता चौकीदार था। उसने सुन रखा था कि मैं 'दिमाग का डॉक्टर' हूँ। इसलिए उसने सोचा कि मुझसे भी दिखा लेने में कोई हर्ज नहीं है।

सुन्दर ऊँची जाति के ब्राह्मण-परिवार से था। उसके परिवार ने गरीबी से तंग आकर गढ़वाल की पहाड़ियों में बसे अपने गाँव को छोड़कर दिल्ली में रहना शुरू कर दिया था। सुन्दर उस समय बच्चा ही था जब उसका परिवार दिल्ली बसने चला आया था। सुन्दर के पिता कम वेतनवाला काम करते थे और उन्हें परिवार के भरण-पोषण में काफी कठिनाई का सामना करना पड़ता था। सुन्दर के अलावा परिवार में एक भाई और एक बहन थी। भाई सुन्दर से पाँच वर्ष छोटा था और बहन सात वर्ष छोटी थी। इसके अलावा सुन्दर की माँ को मिलाकर परिवार में कुल पाँच लोग थे। सुन्दर के पिता ने तय कर रखा था कि चाहे जो हो जाए वे सुन्दर को स्कूल और कॉलेज तक पढ़ाएँगे। उनका मानना था कि पढ़-लिखकर ही परिवार की दशा सुधारी जा सकती है अन्यथा परिवार निर्धनता के दुष्चक्र में फँसा रहेगा। अकेले सुन्दर के पिता को ही यह भय हो ऐसी बात नहीं थी। अपने चारों तरफ गरीबी के दानवाकार मुँह को फैला देखकर शहर में रहनेवाला अमूमन हर व्यक्ति यही सोचता है कि कहीं उसे इस दुर्दशा का सामना न करना पड़े, कहीं उसकी भी इतनी दयनीय दशा न हो जाए।

सुन्दर मेधावी लड़का था लेकिन तनिक जिद्दी था। पढ़ाई में उसका मन उतना नहीं लगता था जितना उसके पिता चाहते थे। उसे डाँट पड़ती थी और कभी-कभी उसकी पिटाई भी होती थी। सुन्दर मन मारकर सह लेता था और माँ चुपचाप देखती रहती थीं। परिवार में पढ़ा-लिखा आदमी बनने का पिता का सपना लिए वह किसी तरह बी.ए. में तो पहुँच गया लेकिन अन्तिम परीक्षा वह पास नहीं कर पाया। सुन्दर के पिता ने परीक्षा-शुल्क के लिए दो बार रुपए उधार लिए ताकि वह किसी तरह यह अन्तिम बाधा पारकर जाए किन्तु दोनों बार सुन्दर ने इन पैसों को 'दोस्तों के साथ खाने-पीने में उड़ा' दिया। पढ़ाई बिलकुल नहीं की। उसके पिता ने बड़ी ललक से बताया कि यदि सुन्दर परीक्षा में उत्तीर्ण हो जाता तो वह अपने गाँव का पहला ऐसा लड़का होता जिसने बी.ए. पास किया हो। सुन्दर इसके बाद काम पर जाने लगा किन्तु अक्सर उसका मालिकों से झगड़ा हो जाता और उसे काम से निकाल दिया जाता। पिछले पाँच वर्षों में उसने चार नौकरियाँ बदली थीं। कहीं कुछ हफ्तों तक काम करता था वह तो कहीं कुछ माह तक। इस मुद्दे को लेकर परिवार में काफी तनाव भी रहता था। लेकिन इसका मतलब यह बिल्कुल नहीं है कि सुन्दर के मन में अपने पिता के लिए सम्मान नहीं था।

उसके पिता अक्सर उसके घर से दिन-रात बाहर रहने तथा परिवार के प्रति जिम्मेदारियाँ न निभाने के लिए डाँटते थे। इस डाँट-फटकार को वह चुपचाप सुन लेता था। उसकी आयु इतनी हो चली थी कि उसका विवाह हो जाए और बाल-बच्चे भी हो जाएँ। लेकिन ऐसा हुआ नहीं। उसके पिता को फिलहाल यही चिन्ता थी कि वह किसी तरह ठीक हो जाए। पुत्र के प्रति बहुत सारी शिकायतों के बावजूद मैंने महसूस किया कि पिता के मन में अपने पढ़े-लिखे पुत्र के प्रति गर्व और प्रशंसा का भाव था। वे मानते थे कि वही परिवार की आशा का एकमात्र केन्द्र था और एक दिन परिवार को निम्न मध्यवर्गीय दर्जे की साँसत से निजात दिलाएगा।

अगले सप्ताह मैं सुन्दर से मिला। उसने अपनी बीमारी के बारे में अपने पिता की सभी बातों का समर्थन किया। उसे अपने रोग-लक्षणों की अधिक चिन्ता नहीं थी। रोग के बारे में वह इस तरह चर्चा कर रहा था मानो रोगी कोई और हो तथा हम दोनों साथ काम करनेवाले चिकित्सक (जिसमें वह बहुत कनिष्ठ तथा भिन्न प्रकार का हो) जो आपस में सलाह-मशविरा करके किसी उपयुक्त निदान को तलाश रहे हों। वह बहुत सुन्दर था। पश्चिमी तर्ज के कपड़े उसने बड़े सलीके से पहन रखे थे। वह अपने को सजा-सँवारकर रखने में विश्वास करता था। एक आज्ञाकारी तथा सुसंस्कृत बालक के समान उसने मुझे बताया कि उसके पिता परिवार पर बोझ बने रहने के लिए डाँटते हैं। लेकिन वह उनका सम्मान करता है। वह जानता है कि उसके पिता दिल से उसका भला चाहने के कारण ही डाँटते हैं। कभी-कभी उसके पिता अपना 'बैलेंस' खो देते हैं (सुन्दर ने मानसिक सन्तुलन के लिए बैलेंस शब्द का प्रयोग किया था) तब वह नहीं चाहता कि उसका भी मानसिक सन्तुलन बिगड़ जाए। ऐसी स्थिति में वह उठकर घर से बाहर चला जाता है। उसका मानना था कि मालिकों के साथ झगड़ा दुर्भाग्यवश ही होता है। मालिक लोग अक्सर उससे खार खाए रहते थे, ऐसा उसका सोचना था। दौरा शुरू होने से पहले उसका मालिक उत्तर प्रदेश के एक गाँव में उसे 'सेल्समैन' बनाकर भेजना चाहता था। वह जाना नहीं चाहता था क्योंकि यहाँ दिल्ली में वह बतौर सेल्समैन ठीक-ठाक काम कर रहा था। दूसरे उत्तर प्रदेश के इन गाँवों में महामारी फैलने की खबरें भी आ रही थीं। जिस गाँव में उसे भेजा जा रहा था वहाँ मस्तिष्क ज्वर का प्रकोप था। बीमारी के कारण उसे बाध्य होकर नौकरी छोड़नी पड़ी थी। हालाँकि उसके मालिक ने कहा था कि लम्बी छुट्टी लेकर वह स्वस्थ होने तक आवश्यकतानुसार आराम करे।

सुन्दर ने अपने बारे में बताया कि वह भी महत्त्वाकांक्षी है और अपनी हालत सुधारना चाहता है। उसने बताया कि मैं इस गर्मी में फिर परीक्षा देना चाहता था लेकिन बीमारी ने आ घेरा और एक बार फिर मेरी योजना धरी-की-धरी रह गई। कम-से-कम एक साल तो टल ही गई। सुन्दर को पता था कि पिता उसकी शादी करना चाहते हैं। वे चाहते हैं कि उसका घर-परिवार बस जाए। किन्तु ये सारी योजनाएँ फिलहाल टल गई हैं। उसने इस बात की तरफ इशारा किया कि कई लड़कियों ने उससे सम्बन्ध बनाना चाहा था किन्तु उसने उन्हें बढ़ावा नहीं दिया। वह लड़कियों से मात्र मानसिक

धरातल पर जुड़ना चाहता था।

दौरा पड़ने से पहले उसका सामना एक भयंकर ट्रक-दुर्घटना से हुआ था। इस दुर्घटना में उसके दो मित्र मर गए थे। सौभाग्य से वह बच गया था किन्तु उसे दाएँ हाथ का अँगूठा खोना पड़ा था। ट्रक दुर्घटना की चर्चा करते समय उसने मुझे एक सपने के बारे में बताया। यह सपना उसे बचपन से ही बार-बार दिखता था। "मैं बिस्तर पर लेटा हूँ और एक छाया मुझ पर आक्रमण करती है। मैं उस छाया से लड़ते-लड़ते बिस्तर से गिर पड़ता हूँ फिर माँ आकर मुझे उठा लेती है। अब मेरी नींद खुलती थी तो मुझे काफी तनाव महसूस होता था। ऐसा लगता था मानो किसी से लड़ाई हुई हो।" मैंने उससे कहा कि मुझे सपने के बारे में जरा विस्तार से बताओ। सुन्दर इतना सुनते ही अचानक पीला पड़ गया। उसकी साँसें तेज हो गईं और उसने दोनों हाथों से निचले जबड़े को कसकर थाम लिया। वह बड़े संयत स्वर में बोला, "मुझे दौरा पड़नेवाला है, कृपया थोड़ा पानी पिलाइए !" वह कुर्सी से उठकर सोफे पर लेट गया और लेटे हुए भी उसने अपने जबड़े को थाम रखा था। मैं पानी लेने गया तो उसका पिता जो बाहर बैठा प्रतीक्षा कर रहा था मेरे साथ ही कमरे में आ गया। उसने बड़े प्यार से अपने बेटे के सिर को दोनों हाथों से थाम लिया और पानी का गिलास उसके होंठों से लगा दिया। ऐसा करने के बाद वह बोल पड़ा, "देखिए डॉक्टर साहब ! ऐसा होता है ! शायद तान्त्रिक के कहने के विपरीत यहाँ आकर हमने गलती की है।" कुछ मिनट बाद वह कुछ ठीक हुआ और फिर कुर्सी पर बैठकर बड़े संयत स्वर में बोला, "अब मैं ठीक हूँ, आप जो चाहें मुझसे पूछ सकते हैं।" लेकिन हम दोनों ही को पता था कि यह मुलाकात अब आगे नहीं चलेगी। उसने मेरे मन में भी अपराध और संरक्षण का मिला-जुला भाव पैदा कर दिया था। सम्भवतः उसके पिता और मालिकों के अन्दर भी ऐसे ही भाव जागे होंगे। इस तरह एक प्रकार से आगे पूछताछ की सम्भावना उसने समाप्त कर दी। सम्भवतः अपने पिता और मालिकों के साथ भी उसका यही व्यवहार रहा होगा।

जिन लोगों को बीमारी के बारे में मनोवैज्ञानिक व्याख्याओं का थोड़ा सा भी परिचय है उन्हें उपुर्यक्त बातों से पता चल जाएगा कि सुन्दर बीमारी के इन लक्षणों के जरिए अपनी जिम्मेदारियों से मुक्त हो जाता था और उसे स्नेह तथा संरक्षण मिलने लगता था। उसके लक्षणों में एक किस्म की तटस्थता का भाव था, वे बदलती हुई परिस्थितियों के अनुरूप प्रकट और लुप्त होते थे। उसमें यौनगत भावों के लिए एक किस्म की निस्पृहता थी और इन बातों से संकेत मिलता है कि उसका रोग हिस्टीरियाजनित है। हमें उसके मनोगत भावों की अन्दरूनी प्रकृति पर भी विचार करना चाहिए। साक्षात्कार के दौरान मेरे प्रति तथा सामान्यतया अपने पिता के प्रति उसके मनोभाव वैसे नहीं थे जैसा कि वह स्वयं प्रकट करता था। उसके मनोभावों के पीछे उसका क्रोध छुपा रहता था। ऊपरी तौर पर उसके मनोभाव आदर के थे। सपने में यही क्रोध नाटकीय ढंग से 'छाया' बनकर उस पर हमला करता था। हम मान सकते हैं कि उसके जबड़े इसलिए

सुन्न पड़ जाते थे ताकि यह क्रोध अपशब्द बनकर बाहर न निकले। उसकी बाँहें इसलिए सुन्न पड़ जाती थीं ताकि क्रोध में इन बाँहों से वह किसी पर आक्रमण न कर दे। शत्रुता के छुपे हुए इन मनोभावों से उसके अन्दर अपराध-बोध तथा चिन्ता की भावना घर कर गई थी। साथ ही माता के प्रति उसके अन्दर 'मातृरति की मनोग्रन्थि' भी गहरे तौर पर विद्यमान थी। इन दोनों बातों के मिले-जुले असर से वह बीमार पड़ा था और ये ही उसकी बीमारी के मूल कारण थे।

बाबा के पास पहुँचने पर न तो बाबा ने उससे उसके विगत जीवन अथवा अनुभव के बारे में सवाल किया और न ही उसने खुद-ब-खुद कुछ कहा। रोग के लक्षणों के बारे में बड़े चलताऊ ढंग से थोड़े में पूछकर बाबा ने सन्तोष कर लिया।

"तुम्हें सपने में क्या दिखाई देता है ?" बाबा ने अपना बना-बनाया शुरुआती सवाल पूछा।

उत्तर देने में सुन्दर पहले थोड़ा हिचकिचाया फिर उसने बताया कि उसे कई तरह के सपने आते हैं।

बाबा ने थोड़ा स्पष्ट करते हुए पूछा, "क्या तुम्हें सपने में कोई स्त्री, कोई पुरुष, कोई बच्चा, साँप, बन्दर अथवा जंगली जानवर नजर आता है ?" बाबा अमूमन यही प्रश्न पूछते थे और जब कोई रोगी यह कहे कि वह सपने में बार-बार किसी आदमी अथवा जानवर को देखता है तो बाबा फिर पूछते थे कि वह आदमी अथवा जानवर सपने में क्या करता है। आमतौर पर पहले ही प्रश्न से मरीजों का संकोच दूर हो जाता था (विशेषकर स्त्रियों का) और वे स्वप्न में नजर आनेवाली आकृति तथा उसकी हरकतों को विस्तारपूर्वक बताना शुरू कर देते थे। बाबा चिन्ता का भाव लिए मरीज की बात सुनते जाते थे और बीच-बीच में सिर हिलाते थे मानो संकेत दे रहे हों कि उनका शक ठीक निकला और मरीज जो कुछ बता रहा है उससे उनके सन्देह की पुष्टि हो रही है। सारी बात सुन लेने के बाद वे अपना अन्तिम निर्णय सुना देते थे, "तुम पर किसी बला का साया है।"

इस तरह की आरम्भिक बातचीत पहली नजर में घिसी-पिटी लग सकती है किन्तु इससे मरीज को एक अवसर जरूर मिलता है कि वह स्वप्न-प्रतीकों के माध्यम से अपने मन का मुख्य अन्तर्द्वन्द्व कह सके। इतिहास गवाह है कि साहित्य, कला, कर्मकांड, पुराण, दन्तकथा तथा लोककथाओं में सम्प्रेषण के माध्यम के रूप में इसे स्वीकार किया गया है। रोजमर्रा के जीवन में भी स्वप्न-प्रतीकों के माध्यम से लोग-बाग अपनी बातें कहते हैं। यद्यपि बाबा जिन प्रतीकों की बात करते हैं मसलन स्त्री, पुरुष, बच्चा, साँप, बन्दर और जंगली जानवर और इन प्रतीकों का सन्दर्भ कि वे कर क्या रहे थे—अत्यन्त सीमित है परन्तु ऐसा लगता है कि प्रतीकों का यह छोटा सा संसार बाबा के मरीजों के लिए अपना अन्तर्द्वन्द्व कह सुनाने के मामले में पर्याप्त साबित होता है। उदाहरण के लिए उन स्त्रियों पर विचार करें जो बाबा को बताती हैं कि उनके सपने में एक अजनबी पुरुष आता है जो उनसे जबर्दस्ती 'सम्भोग' करना चाहता है। यह एक विशिष्ट प्रकार

का सपना है जो अधिकांश मामलों में एक ही रंग-ढंग लिए बार-बार उपस्थित होता है। मैं इस सपने के पीछे दो कारण देखता हूँ। इन कारणों का सांस्कृतिक आधार है—एक तो यह कि भारत के शहरी क्षेत्रों में कोई युवती अपनी कामेच्छा व्यक्त नहीं कर सकती। इस बात पर सामाजिक निषेध है। हिन्दू और मुसलमान दोनों ही समुदाय के लिए यह निषेध है और इस निषेध का बन्धन दोनों समुदाय की स्त्रियों के लिए मजबूत है। कामेच्छा का कोई अंश अगर इस निषेध से बच निकलता है तो उसकी अभिव्यक्ति पारिवारिक दायरे में ही होती है (इसके विपरीत क्रोध की अभिव्यक्ति हमेशा परिवार से बाहर होती है)। सपनों की यह डिजाइन जानी-पहचानी है। मन में अपराध-भावना उत्पन्न करनेवाली इन कामेच्छाओं को युवती सपने के जरिए थोड़ा सहन करने लायक बना लेती है क्योंकि सपने में दिखाई देनेवाला पुरुष हमेशा अजनबी होता है।

मनोगत घटनाओं का सम्प्रेषण, जिसमें मानसिक अवसाद भी शामिल है, स्वप्न-वर्णन के जरिए करना एक जाना-पहचाना तरीका है और भारतीय उपमहाद्वीप में खूब प्रचलित है। हमें इसे स्मरण रखना चाहिए। हिन्दू और इस्लाम दोनों धर्मों में यह मान्यता है कि स्वप्नों के जरिए महत्त्वपूर्ण सन्देश प्राप्त होते हैं और इसलिए यहाँ सपनों की व्याख्या करने की एक सक्रिय परम्परा रही है। सपनों का अर्थ बतानेवाली लोकप्रिय किताबें करोड़ों लोग पढ़ते हैं। अरबी में एक पुस्तक है 'अल-कादरी-फित-ताबीर'। यह पुस्तक 1006 ई. में लिखी गई। मुसलमानों द्वारा सपनों का अर्थ बतानेवाली जो लोकप्रिय पुस्तकें लिखी गई हैं उनका आधार अरबी का यही ग्रन्थ है। इस पुस्तक में सपने में नजर आनेवाली हजारों वस्तुओं तथा उनकी सैकड़ों स्थितियों का जिक्र है तथा प्रत्येक का एक विशिष्ट अर्थ बताया गया है। जो भी हो, पंजाबी मुसलमानों पर किए गए अध्ययन के सिलसिले में कैथरीन ईविंग ने पाया कि पंजाबी मुसलमान सपनों में आए प्रतीकों के 'विशिष्ट अर्थ' को मात्र संकेत भर मानते हैं। सपने की समुचित व्याख्या बहुत जटिल काम है। इसके लिए यह जानना जरूरी होता है कि स्वप्न देखनेवाला सपने से क्या भाव ग्रहण करता है, उसके अपने चारित्रिक गुण क्या हैं तथा उसकी उम्र कितनी है, वह स्त्री है या पुरुष, उसकी आदतें क्या हैं, किन चीजों में उसकी रुचि है तथा वह काम कौन सा करता है आदि। ईविंग के अनुसार पंजाबी मुसलमानों के बीच अगर कोई सपना देखनेवाला उसे महत्त्वपूर्ण मानता है तो उसकी व्याख्या के लिए 'पीर' के पास जाता है। पीर उस आदमी से पूछताछ करके तनाव के उस स्रोत का पता करता है जिसके कारण सपना दिखाई पड़ा। वह बहुधा व्यक्ति के वैवाहिक-सम्बन्ध तथा पारिवारिक समस्याओं के बारे में पूछता है। कहने का मतलब यह कि मरीज सांस्कृतिक कारणों से इस बात के प्रति आश्वस्त रहता है कि पीर सपनों के जरिए व्यक्त होनेवाली उसकी समस्याओं की तट तक पहुँच जाएगा।

बाबा सपनों के बारे में अन्य पीरों की तरह नहीं सोचते। उनका मानना है कि सपने में आनेवाले स्त्री, पुरुष, बच्चा, साँप अथवा बन्दर आदि बलाएँ हैं जो व्यक्ति का खून चूस लेती हैं। वे रोग-निदान के लिए ही सपनों के बारे में पूछताछ करते हैं

ताकि यह फैसला कर सकें कि इस व्यक्ति पर बला का साया है या नहीं। किन्तु सपना बताने का एक चिकित्सीय फायदा यह होता है कि मरीज अपनी मनोव्यथा को प्रतीक रूप में कह देता है और इस प्रकार उसके गहरे मनोभावों की उत्कटता कुछ कम हो जाती है।

मैं निश्चित रूप से तो नहीं कह सकता किन्तु मेरी धारणा है कि सपनों के प्रतीकार्थ का सहज ज्ञान बाबा को हो जाता है और वास्तव में मुझसे बातचीत के दौरान उन्होंने जितना बताया था उससे कहीं ज्यादा ज्ञान उन्हें सपनों के बारे में था। एक बार एक रोगी ने बताया कि उसे सपने में साफ पानी की झील दिखाई देती है। बाबा ने मुझे बताया कि यह बड़ा शुभ लक्षण है तथा कीचड़ या दलदल में धँसे होने का सपना अशुभ माना जाता है। मैंने सहमति में सिर हिलाया तो इसका कारण यह नहीं था कि मैं विनम्रतावश ऐसा कर रहा था बल्कि मैंने ऐसा प्रशंसा-भाव से किया था क्योंकि मैं जानता हूँ अनेक संस्कृतियों में 'पानी' मन का दर्पण समझा जाता है। इसी कारण हिन्दू-जन अचेतन चित्त की तुलना गन्दे पानी से करते हैं और कहते हैं कि आत्मज्ञान के द्वारा ही इसे निर्मल किया जा सकता है। असापुरम के अपने ज्ञानोपदेश में भगवान् बुद्ध ने पहाड़ी झील से मुक्ति-पथ की तुलना की थी और कहा था कि इसके स्वच्छ जल में तली पर बैठी हुई रेत, कौड़ियाँ तथा मछलियाँ साफ नजर आती हैं। मनोचिकित्सा में (बपतिस्मा-संस्कार के सामान ही) पानी को अक्सर नवजीवन का प्रतीक माना जाता है और आशा प्रकट की जाती है कि निदान-प्रक्रिया के द्वारा मन की गहराइयों तक शुद्धि हो जाएगी।

सुन्दर ने कहा था कि वह सपने में किसी छाया से जूझता है और एक सपना अन्य सपनों की एक सामान्य-श्रेणी में नहीं रखा जा सकता। बाबा ने बड़े विश्वासपूर्वक कहा था, "अहा, बला तुम पर हमला कर रही है।" इसके बाद बाबा ने पानी की वह बोतल माँगी जो सुन्दर अपने साथ लाया था और कुछ क्षणों के लिए ध्यानमग्न होकर अपनी आँखें मूँद लीं। वह मन-ही-मन कुरान की आयतें पढ़ रहे थे और उनके होंठ धीरे-धीरे हिल रहे थे। थोड़ी-थोड़ी देर पर वे आँखें खोलकर पानी की बोतल पर फूँक मारते और फिर आँखें बन्दकर के आयत पढ़ने लगते। जब वे अपना जाप समाप्त कर चुके तो सुन्दर से कहा, "इसमें से थोड़ा पानी रोजाना पी लिया करो। अगले सप्ताह आओगे तो फिर पानी पढ़कर दूँगा।"

सुन्दर ने उनका शुक्रिया अदा किया तथा चारपाई पर दो रुपए का नोट रखकर चला गया। बाबा कभी भी किसी से फीस के तौर पर कुछ माँगते नहीं थे। बाबा तो किसी ऊँची दैवी शक्ति के दूत के रूप में काम कर रहे थे और माना जाता है कि अगर उन्होंने रुपया माँग लिया तो रोगियों को भला-चंगा करने की उसकी ताकत समाप्त हो जाएगी।

बाबा कभी-कभी चीनी भी पढ़कर देते थे परन्तु प्रेतबाधा के कारण हुई बीमारियों के मामले में पानी पढ़कर देना उन्हें ज्यादा पसन्द था। पानी फूँकने के अतिरिक्त वे

कभी-कभी 'झाड़ा' करते थे। इसमें आयत पढ़कर रोगी के मुख पर फूँक मारते हैं। रोगी के जाने पर, अगर बाबा को याद रह जाए, तो वे प्रार्थना भी करते हैं–"अल्लाह, इन गरीबों पर रहम कर। ये स्वस्थ हो जाएँ और भला-चंगा रहें।"

फूँके हुए पानी में बलाओं को दूर करने की ताकत क्यों होती है इसके बारे में बाबा बड़ा सीधा सा उत्तर देते हैं। उनका कहना है कि पानी रोगी के खून को शुद्ध कर देता है और ऐसे खून को बला पी नहीं सकती। इसलिए, वह सम्बन्धित व्यक्ति की देह छोड़कर चली जाती है। किसी सूफी सन्त की मजार पर फूँककर दिए हुए पानी अथवा ताबीज में, माना जाता है कि वही दैवीय अंश चला आता है जो उस सूफी सन्त में विद्यमान था। इस मान्यता में संकेत रूप से यह धारणा व्यक्त की गई है कि पानी अत्यन्त शुद्धिकारक होता है और उसमें शुद्ध करने की शक्ति अल्लाह उत्पन्न करता है। बाबा बहुधा रोगियों से कहते हैं कि 'बोतल को किसी पाक जगह पर रखना। अल्लाह-पाक की मेहरबानी से यह पानी तुम्हारे अन्तरतम् को पाक-साफ कर देगा। इस तरह के बरकत भरे पानी को न तो फर्श पर गिराया जाता है और न ही नाली में बहाया जाता है। इसे हमेशा पीना चाहिए।

जैसा कि मैंने पहले कहा बाबा के मरीजों की चिन्ता अपनी कामेच्छा तथा क्रोधमूलक इच्छाओं के प्रति अचेतन-अपराध-बोध से जन्मी होती है। इस कामेच्छा अथवा क्रोध-मूलक इच्छा का सम्बन्ध अक्सर परिवार के सदस्यों से होता है। बाबा जब कहते हैं कि यह पानी तुम्हारे मन को शुद्ध कर देगा, तुम्हारे अन्तरतम् को पवित्र कर देगा तो इस बात का तत्काल मनोवैज्ञानिक प्रभाव पड़ता है। बाबा जिस प्रभावकारी तरीके से किसी व्यक्ति को 'बला' से छुटकारा दिलाते हैं उससे इस बात का संकेत मिलता है कि भारतीय मरीज अपने 'अपराध-बोध' को अपवित्र मानस के रूप में अनुभव करता है। यहाँ इस बात पर भी विचार किया जा सकता है कि क्यों भारतीय मानस वैयक्तिक और सामाजिक-स्तर पर शुद्धि-अशुद्धि के विचार से ज्यादा जुड़ा हुआ है जबकि इसके ठीक विपरीत हम यहूदी-ईसाई समाज को 'पाप' और 'नैतिकता' के प्रत्यय से ज्यादा जुड़ा हुआ पाते हैं। दरअसल भारतीय मानस अपराध-बोध का अनुभव शुद्ध-अशुद्ध की धारणा के अन्तर्गत करता है जबकि पश्चिमी समाज अपने अपराध-बोध को 'नैतिक-अनैतिक' की भाषा में अनुभव करता है।

मैं पहले बता चुका हूँ कि जहाँ मामला 'बला से उत्पन्न खतरे' का हो अर्थात् वैवाहिक-झंझटों और पारिवारिक झगड़े का हो वहाँ बाबा ताबीज बनाकर देते हैं। मामला अगर पति-पत्नी के बीच झगड़े का हो तो बाबा ताबीज के साथ-साथ चीनी पढ़कर भी देते हैं। इस चीनी को चाय में मिलाकर पति-पत्नी दोनों में से जो भी नाराज हो उसे पिलाना पड़ता है। वैवाहिक अनबन के कारण पश्चिम में बहुत से लोग मनोचिकित्सकों के पास सहायता लेने आते हैं। भारत में भी स्थिति भिन्न नहीं है। विवाह-सम्बन्ध के वास्तव में टूटने अथवा टूटने का खतरा पैदा होने पर सहायता माँगने के लिए बाबा के पास आनेवाले लोगों की संख्या बहुत ज्यादा है। इसी तरह पत्नी को पीटने अथवा पत्नी

के भाग जाने, पति द्वारा पत्नी को छोड़कर चले जाने की शिकायत लेकर बहुत से लोग बाबा के पास आते हैं। बाबा के पास आनेवालों में दूसरी सबसे बड़ी संख्या ऐसे ही मरीजों की है। पश्चिम के समाज की तरह यहाँ भी विवाहित जोड़ों की अपने चिकित्सक से मुलाकात दुखद तथा नाटकीय साबित होती है।

एक दिन एक तीस वर्षीय पुरुष बाबा के पास आया और उसने बाबा को बताया कि उसकी पत्नी कुछ महीने पहले घर छोड़कर भाग गई थी किन्तु हाल ही में लौट आई है। वह अपने साथ एक बीस वर्षीय युवक को लेकर लौटी है और इस बात पर जोर दे रही है कि यह युवक उनके साथ ही रहेगा। वह युवक से प्यार करती है परन्तु उसका दावा है कि वे आपस में प्रेमी-प्रेमिका नहीं हैं। बाबा ने उस आदमी से कहा कि 'यहाँ भूत-प्रेत का कोई चक्कर नहीं है। तुम अगले दिन अपनी पत्नी के साथ आओ। मैं तुम दोनों को ताबीज बनाकर दूँगा और तुम्हारी पत्नी को समझाने की कोशिश करूँगा।'' लेकिन इसके साथ ही बाबा ने उस आदमी को चेतावनी के स्वर में कहा, ''तुम अपनी मर्दानगी की चिन्ता करो क्योंकि अक्सर औरतें घर से तभी भागती हैं जब मर्द उनकी कामेच्छा को सन्तुष्ट नहीं कर पाता।''

उस आदमी ने जोर देकर कहा कि जहाँ तक 'इस बात' का सवाल है वह एकदम 'मर्द' है लेकिन बाबा को विश्वास नहीं हुआ। जब वह चला गया तो बाबा ने कहा, ''मुझे उसके कहे पर विश्वास नहीं है। देखो उसे, सूखकर कैसे काँटा हो गया है। एक बार मेरे पास एक आदमी आया था। उसकी दो बीवियाँ थीं। वह रोजना उनको पीटा करता था। लड़कियों के माँ-बाप उन्हें अपने पास ले जाना चाहते थे। लड़कियाँ उनके साथ जाना नहीं चाहती थीं। वे उस आदमी के साथ ही रहना चाहती थीं क्योंकि पीटने के बावजूद वह उनको पूर्णरूपेण 'सन्तुष्ट' करता था। तुम तो जानते ही हो किसी औरत की भलाई के लिए उसकी यौन-तुष्टि अनिवार्य है—पुरुष के लिए कामेच्छा का सन्तुष्ट होना शायद उतना जरूरी नहीं जितना स्त्री के लिए।—मैंने सहमति में सिर हिला दिया किन्तु मैं सहमत नहीं था।

अगले दिन सुबह जब पति-पत्नी आए तो बाबा को इस बात पर बड़ा सन्तोष हुआ कि पत्नी ने उनके सन्देह की पुष्टि कर दी। पति के सामने ही उसने बाबा को साफ-साफ बता दिया कि उसका पति उसकी कामेच्छा को सन्तुष्ट नहीं कर पाता और वह बहुत दुखी है। इस बात को बिल्कुल सुनिश्चित करने के लिए कि यहाँ भूत-प्रेत का चक्कर नहीं है, बाबा ने उससे पूछा कि तुम्हें सपने में क्या दिखाई देता है। अपने पति की ओर आँखें तरेरकर देखते हुए उस औरत ने उद्वेगपूर्वक बतलाया कि सपने में मुझे अपना पति दिखाई देता है और मैं उसका सिर फोड़ रही होती हूँ। मुझे इस काम में जरा भी भय नहीं लगता। उसने बाबा को यह भी बताया कि जिस युवक को वह अपने साथ लाई है उसके साथ उसका पति गुदा-मैथुन करना चाहता है। इस कारण भी उनके बीच तकरार होती है। पति ने पत्नी की इस बात का जमकर प्रतिवाद किया। इस बात पर उनके बीच खूब झगड़ा हुआ। बाबा ने उन दोनों को समझा-बुझाकर

शान्त किया और एक ताबीज तैयार करके दिया। उन्होंने थोड़ी चीनी भी 'फूँककर' दी और कहा कि ईश्वर से डरो और यौन-विकृति के काम मत करो। उन दोनों के चले जाने के बाद बाबा अपने उपचार-प्रयत्नों के परिणाम को लेकर निराश लगे। यद्यपि ताबीज और चीनी पति-पत्नी की भलाई के लिए ईश्वरीय-शक्ति को संचालित करेंगी परन्तु मुझे लगा कि बाबा का ख्याल है कि पति-पत्नी दोनों में काम-पिपासा बड़ी प्रबल है और उसे आसानी से शान्त नहीं किया जा सकता। यह भी जान पड़ता है कि पति-पत्नी के बीच के झगड़ों को निपटाने में स्त्री के 'आन्तरिक चरित्र' का बड़ा हाथ है। बाबा ने 'आन्तरिक-चरित्र' के आधार पर स्त्रियों को इलाज के असर के मामले में निम्नलिखित क्रम से रखा :

"एक होती है 'यार-मरानी'। पति कैसा भी हो और उसके साथ कितना भी बुरा बर्ताव क्यों न करे ऐसी स्त्री कभी भी परपुरुष का मुँह नहीं देखती। दूसरी होती है—'पेट मरानी'। उसे पेट की भूख बहुत सताती है और जो कोई भी भोजन की उसकी लालसा सन्तुष्ट कर दे वह उसके साथ सम्भोग करने को तैयार हो जाती है। तीसरी होती हैं—'हिर्स-मरानी'। वह अपने पड़ोसी की नकल करती है। पड़ोसन जैसे कपड़े पहनेगी, जैसा फैशन करेगी और जिस तरह के प्रेमी रखेगी वह वैसा ही नकल करती है। चौथी होती है—'कुस-मरानी'। उसे एक समय में तीन-चार मर्दों की जरूरत होती है। वह उतने ही समय तक 'सन्तुष्ट' रहती है जब तक उसकी योनि में लिंग समाया रहे। अभी जो औरत गई है वह 'कुस-मरानी' थी और सम्भवतः इलाज का उस पर असर न हो। इसके बाद हम मित्रवत् चुपचाप बैठे रहे और अपनी-अपनी चिकित्सा-पद्धति की सीमाओं के बारे में मन-ही-मन सोचते रहे।

प्रेत-जगत का स्वामी

बालाजी का मन्दिर दिल्ली से डेढ़ सौ किलोमीटर दक्षिण में स्थित है। नजदीक के शहर भरतपुर से बस में यहाँ तक आसानी से जाया जा सकता है। भरतपुर शहर को पर्यटकों के लिए तैयार की गई पुस्तिका में राजस्थान का पूर्वी 'प्रवेशद्वार' कहा गया है। जाट राजा सूरजमल ने भरतपुर को बसाया था। सूरजमल ने 18वीं सदी में, जब मुगलिया-सल्तनत छिन्न-भिन्न हो रही थी, अपना राज कायम किया था। भरतपुर उत्तर भारत के अन्य शहरों की ही तरह है। अन्तर है तो केवल इतना कि यहाँ सूरजमल का टूटा-फूटा किला विद्यमान है तथा कुछेक महल हैं जिन्हें सूरजमल के वंशजों ने बड़ी चतुराई से होटलों में तब्दील कर दिया है। भरतपुर के बाजार की दशा-दिशा वैसी ही है जैसी अमूमन हमारे यहाँ बाजारों की हुआ करती है। गर्मी के दिनों में यहाँ मक्खियों की भरमार रहती है जो पके हुए फलों तथा मिठाइयों पर भिनभिनाया करती हैं। इन फलों और मिठाइयों पर धूल उड़ती है तथा बारिश के मौसम में वातावरण में फैली हुई गर्द से घोड़े के पेशाब जैसी बदबू आती है। ताँगेवाले अपनी तल्ख जबान में घोड़े को कोसते सुनाई देते हैं तथा

बैलगाड़ियाँ भीड़-भरे बाजार से धीमे-धीमे टहलकर गुजरती हैं। गन्दे पटके की पकड़ से छूटे बालों को बिखराए हुए कुछ सिख-ड्राईवर दोनों पाँव एक्सीलेटर पर तथा दोनों हाथ हॉर्न पर जमाए हुए नजर आते हैं। उनके बाबा-आदम के जमाने के ट्रक पर लोहा-लक्कड़ से लेकर घास-फूस तक कुछ भी ठूँस-ठूँसकर लदा रहता है। नगर में जगह-जगह ढाबे दिखाई देते हैं। वहाँ मिट्टी से बनी हुई लाल तन्दूर दहकती रहती है; रेडियो से नई फिल्मों के बोल फूटते रहते हैं तथा भुने हुए प्याज और मसालों की छौंक नथुनों को छेदने की ताकत के साथ हवा में घुली रहती है।

भरतपुर के बारे में जो बातें अभी मैंने कही है उससे अगर आपको थोड़ी बेचैनी हो रही है तो मैं जल्दी ही इस बचैनी को शान्त कर देता हूँ। बात को थोड़ा सुधारते हुए मुझे कहना पड़ेगा कि जाड़े के चार या पाँच महीनों में भरतपुर बदला-बदला नजर आता है। इन दिनों शोख रंगों तथा तेज खुशबू की बहार से भरतपुर नहाया होता है। वोगनवेलिया के फूल झुंड के झुंड खिले रहते हैं तथा जाड़े की नर्म धूप में लाल मिर्च सूख रहे होते हैं। भरतपुर में जाड़े का मौसम ताजे मसालों का मौसम होता है। बाजार में लाल-पीली हल्दी तथा भूरी-भूरी इमली के ढेर दुकानों के आगे सिर ताने रहते हैं। हवा खुश्क होती है और गर्द की हिम्मत नहीं होती कि वह आसमान की साफगोई से अपनी गन्दी ज़बान लड़ा सके। आकाश की नीलिमा गर्द की लाचारी पर मुस्कुराती हुई हर जगह झाँक रही होती है। यहाँ से तीन मील दूर घाना पक्षी-अभ्यारण्य है। यहाँ उत्तरी तथा मध्य एशिया से पक्षी अपने वासस्थल की ठंढक से उकताकर झुंड के झुंड चले आते हैं। इन पक्षियों में साईबेरियाई सारस तथा भूरी टाँगोंवाली बत्तखें होती हैं। और भी बहुत से पक्षी यहाँ आते हैं और किसी पक्षी-विज्ञानी के लिए यह जगह हाथ आए स्वर्ग से कम नहीं है। नवम्बर के मध्य में पहली बार हम भरतपुर गए थे और सच कहूँ तो भरतपुर से बाहर देहातों में तरह-तरह के पक्षियों को देखकर मैं बहुत प्रभावित हुआ था। झुंड के झुंड मोर खेतों के बीच से अपना रास्ता तय करते हुए मिले। सड़क के समानान्तर टेलीफोन के तारों पर बैठने के लिए बड़ी शालीनता से उतरते नीले पक्षी तथा तोते और सुग्गे की परवाज यह सब हर जगह नजर आया।

भरतपुर के बाहर कुछ मील तक जब बस गाँव के नजदीक से घरघराती हुई गुजरती है तो दृश्य वैसे ही दिखाई पड़ते हैं जैसा हम गंगा-सिन्धु के मैदानी भागों में देखने के अभ्यस्त हैं। इस दृश्य को हम छोटे-छोटे कई चित्रों में सोच सकते हैं, मसलन—हरी शैवाल की परत से ढँके हुए तालाब में गले तक पैठी हुई भैंस जो कभी-कभी अपना सिर हिलाती है अन्यथा गतिहीन पड़ी रहती है, पीली चादर में लिपटी हुई एक छोटी लड़की जो एक अड़ियल बैल को उसका 'नाथ' पकड़कर खींच रही है, एक झोंपड़ी जिसकी दीवाल मिट्टी से लीप दी गई है और जिस पर गोबर से बने हुए चपटे-चपटे ऊपले सूख रहे हैं। ज्यों-ज्यों हम बालाजी मन्दिर की ओर बढ़ते हैं और राजस्थान के भीतरी भाग में हमारा प्रवेश होता है परिदृश्य बदलता जाता है। पथरीली पहाड़ियों पर कँटीली झाड़ियाँ नजर आती हैं और पहाड़ियों की ऊपरी परत के झड़ जाने से चट्टानें

साफ नजर आती हैं। कुछ पहाड़ियों की चोटी पर टूटे-फूटे किले हैं जो सड़क पर झूलते नजर आते हैं। कभी इन किलों ने मध्यकालीन राजपूत रजवाड़ों को आक्रमण से बचाया होगा। गाँवों में आबादी घनी नहीं है। मीलों तक बंजर भूमि फैली है।

बालाजी का मन्दिर इस बंजर क्षेत्र के मध्य में दो पहाड़ियों के बीच है। वहाँ से जयपुर जानेवाली मुख्य सड़क तीन मील दूर छूट जाती है। मन्दिर तक पहुँचने के लिए ताँगे में बैठकर जाना पड़ता है और जब आप पहुँचते हैं तो एक शोर-सा सुनाई देता है। मेरी कल्पना थी कि यह मन्दिर शायद भुवनेश्वर अथवा पुरी के मन्दिरों सा प्राचीन होगा। सोचा था कि इसे पुराने कारीगरों ने पत्थर तराशकर बनाया होगा। यह भी कल्पना की थी कि काँटेदार झाड़ियों से ढँकी पहाड़ियों के बीच में यह मन्दिर बसा होगा। लेकिन ऐसी बात नहीं है। एक लम्बी गली के अन्त में चपटी छतवाला दो मंजिल का मन्दिर है। इसके दोनों तरफ दुकानें और कई धर्मशालाएँ हैं। दानी महानुभावों ने इन धर्मशालाओं को यात्रियों के लिए बनाया है। मन्दिर आसपास के मकानों से अलग नजर आता है लेकिन मात्र इस कारण कि इस पर गहरे रंग से पुताई की गई है, इसके पत्थर के खम्भे, छोटी-छोटी मेहराबदार खिड़कियाँ और पत्थर की जालियाँ राजस्थान की वास्तु-कला की याद दिलाती हैं। लेकिन कहीं-कहीं से पुताई उखड़ गई है और उसके नीचे से पत्थर झाँकते मिलते हैं। मन्दिर के अन्दर और बाहर वैसा वातावरण नहीं है जैसा आमतौर पर पवित्र-स्थलों पर पाया जाता है। मन्दिर की सीढ़ियों पर केले और नांरगी के छिलके, गेंदे के पाँवों तले कुचले हुए फूल और अन्य कई तरह का कूड़ा दिखाई देता है। मन्दिर के दोनों ओर ढाबे, किराने की दुकान तथा पटरी डालकर बैठे हुए दुकानदार मिलते हैं। वे मिट्टी मूर्तियाँ, माला, पूजा की पोथियाँ, फल और सब्जी तथा तरह-तरह के पोस्टर बेचते हैं। मन्दिर की दाहिनी तरफ जो दुकान है उस पर एक रजिस्टर्ड डॉक्टर का साईनबोर्ड लगा है। डॉक्टर एक खाट पर बैठा नाखून सँवारता हुआ मरीजों का इन्तजार करता रहता है। सम्भवतः उसे आशा रहती है कि मन्दिर के देवता की चमत्कारिक शक्ति से निराश होकर कोई-न-कोई मरीज उसके पास आएगा ही। उसकी दाढ़ी बढ़ी हुई थी और पायजामे के बारे में तथा बनियान के निचले छोर के पास से उसकी तोंद बाहर निकली हुई नजर आ रही थी। बालाजी के सामने दवाइयों को तुच्छ समझा जाता था और उसकी जरा भी कद्र नहीं थी।

बालाजी का मन्दिर प्राचीन यूनान के मन्दिरों के समान इस बात के लिए प्रसिद्ध हो चुका है कि यहाँ आनेवाला रोगी भला-चंगा होकर जाएगा। उत्तर भारत से आनेवाले अधिकांश मरीज यहाँ गहरी आस्था तथा भक्ति-भावना के साथ आते हैं। उन्हें विश्वास होता है कि भूत-प्रेत से प्रभावित रोगी, पागल, मिरगी के मरीज, क्षय रोग से ग्रस्त व्यक्ति और बाँझ औरतें यहाँ आते ही स्वस्थ हो जाएँगी। मैंने जिन रोगियों से बातचीत की उनमें अधिकांश ऐसे थे जिनके शारीरिक-मानसिक व्यवहार में बदलाव आ गया था और आस-पड़ोस के सियानों अथवा परिवार-समाज के बड़े बुजुर्गों ने उन्हें समझा दिया था कि यह सब प्रेत-बाधा के कारण हो रहा है। मन्दिर की प्रसिद्धि का मुख्य कारण यह

बताया जाता है कि यहाँ प्रेत-बाधा से ग्रस्त रोगी तथा ऐसे मरीज जिन्हें अच्छे-अच्छे डॉक्टर तथा वैध-हकीम ठीक नहीं कर पाए स्वास्थ्य-लाभ करके जाते हैं।

मैं यहाँ जिन अनिष्टकारी प्रेतात्माओं की बात कर रहा हूँ उन्हें सामूहिक रूप से भूत-प्रेत की संज्ञा दी जाती है। हालाँकि हिन्दू प्रेतविद्या के अनुसार इन्हें कई कोटियों में बाँटा गया है मसलन 'भूत' उन व्यक्तियों की आत्मा को कहते हैं जिनकी अकाल-मृत्यु हुई हो अथवा जिनकी मौत हिंसक तरीके से हुई हो। 'प्रेत' उस व्यक्ति की आत्मा को कहते हैं जिसकी मृत्यु बचपन में हो गई हो अथवा जो विकलांग पैदा हुआ हो। एक वर्ग पिशाचों का है। इन पिशाचों में मृतात्मा का चारित्रिक गुण होता है। पिशाच सामान्यतया ऐसे व्यक्ति का भूत होता है जो पागल, लम्पट अथवा गुस्सैल रहे हों। एक वर्ग चुड़ैलों का है। यह किसी ऐसी स्त्री का भूत होता है जो विधवा हो गई हो, बाँझ रह गई हो अथवा जिसकी कोई भी इच्छा अपने जीवन में पूरी नहीं हुई हो। जनसाधारण में इस बात पर आम सहमति है कि भूत-प्रेत वैसे मनुष्यों की आत्माएँ हैं जिनका जीवन भरा-पूरा हो सकता था लेकिन था नहीं। दूसरे शब्दों में वे सभी अतृप्त आत्माएँ हैं। इसी कारण झाड़-फूँक करनेवालों के साथ-साथ इनमें मनोविश्लेषक की भी रुचि रहती है।

कहा जाता है कि भूत-प्रेत का वासस्थान इहलोक और पितृलोक के बीच है। जब तक उनके कर्मों का हिसाब नहीं हो जाता और उन्हें परलोक में प्रवेश करने की अनुमति नहीं मिलती तब तक ये अतृप्त आत्माएँ इस कोशिश में रहती हैं कि किसी जीवित व्यक्ति के शरीर में प्रवेश कर जाएँ। मैं यह देखकर दंग रह गया कि लोग-बाग इन भूत-प्रेतों से भयभीत रहते हैं। परन्तु अपने पुरखों की आत्माओं से मार्ग-दर्शन पाने के लिए तरसते रहते हैं। इन दुष्टात्माओं को लेकर लोग-बाग उतना भी भयभीत नहीं होते जितना कि स्थानीय देवी-देवताओं से। इनके प्रति वैसी श्रद्धा उनके मन में बिलकुल नहीं होती जैसी गणेश अथवा हनुमान के प्रति होती है। बड़े देवी-देवताओं तथा उनके अवतारों के प्रति जैसी भक्तिभावना लोगों में पाई जाती है उसका अंशमात्र भी इन दुष्टात्माओं के लिए नहीं होता। कारण चाहे जो भी हो अधिकतर लोग भूत-प्रेतों तथा पितर को यथार्थ मानते हैं। इनका अस्तित्व लोगों के मन में होता है और मन का यह हिस्सा सामान्य चेतना के बिल्कुल समीप होता है। सामान्य चेतना के इस अंश से आदमी रोजमर्रा की दौड़-भाग करता है। बहुत से लोगों का इन आत्माओं से साक्षात्कार भी होता है और वे इन्हें विभ्रम अथवा मनोविकार से उत्पन्न छल भी नहीं मानते।

देवी-चिकित्सा की दन्तकथा

मन्दिर के प्रमुख देवता 'बालाजी' कहलाते हैं। पूरे भारतवर्ष में इन्हें हनुमान के नाम से जाना जाता है। राम-रावण के युद्ध में इसी वानरदेव ने सर्वाधिक सहायता की थी। कथा है कि बालाजी का जन्म 'अंजना' नाम की अप्सरा से हुआ था। इस अप्सरा ने

एक वानर सरदार से विवाह कर लिया था। उसे देवताओं का शाप था। एक दिन अंजना पहाड़ की चोटी पर आनन्दमग्न खड़ी थी कि वायु देवता ने उसके साथ सम्भोग कर लिया। बालाजी इसी सम्भोग के फलस्वरूप उत्पन्न हुए। वायुदेव के एक अन्य पुत्र, महाभारत के महान योद्धा भीम के समान बालाजी भी बचपन से अतुलित बलशाली थे तथा उन्हें भूख भी बहुत जोर की लगती थी। बचपन में ही एक बार उन्हें जोर से भूख लगी। पेट की आग बुझाने के लिए वे सूरज के पीछे दौड़े ताकि उसको उदरस्थ कर लें। इससे देवताओं को बड़ी घबराहट हुई। राहु ने कड़ा विरोध किया। उसका कहना था कि सूरज को निगलने का हक मात्र उसका है। वही समय-समय पर सूरज को निगलकर 'सूर्यग्रहण' उत्पन्न करता है। इन्द्र ने क्रोधित होकर अपना बज्र फेंका और बालाजी की हनु इससे टूट गई। इसी कारण उन्हें हनुमान भी कहा जाता है। वायुदेवता इस बात से बहुत कुपित हुए। वे अपने मूर्छित पुत्र को लेकर गुफा में चले गए तथा अपना काम करना बन्द कर दिया। परिणामस्वरूप दस प्रकार की वायु (प्राण, अपान, समान आदि) का चलना बन्द हो गया। इससे सृष्टि में साँस लेने, शयन करने, पाचन करने जैसी क्रियाएँ बन्द हो गईं। घबड़ाकर देवतागण भागे-भागे वायुदेवता के पास गुफा में आए और क्षमा माँगने लगे। क्षमा-याचना करते हुए प्रत्येक देवता ने बालाजी को विशिष्ट शक्ति प्रदान की। इस प्रक्रिया में बालाजी न सिर्फ अमर और अजर हो गए बल्कि हर तरह की शारीरिक-मानसिक दैवी-शक्तियों का उनमें संचार हो गया। ब्रह्मा ने उन्हें 'अभयदान' दिया। प्रेतबाधा दूर करने की दृष्टि से यह वरदान सर्वाधिक महत्त्वपूर्ण है। ब्रह्म सृष्टि के देवता हैं। राम की सहायता करते समय 'शक्ति' और 'अभय' ये दो गुण बालाजी के बहुत काम आए।

इसके बाद की कथा समूचे भारतवर्ष में प्रचलित बालाजी की कथा न रहकर मेंहदीपुर के बालाजी की कथा हो जाती है। स्थानीय कथा में वैदिक देवताओं तथा 'शक्ति' और 'अभय' की अनदेखी कर दी गई है और सारी कथा बालाजी की माँ पर केन्द्रित है। कथा है कि जब बड़े-बड़े देव इस शिशु में अपनी शक्ति डाल रहे थे तो अंजना दो पहाड़ियों के बीच उसी स्थान पर अपने पुत्र की प्रतीक्षा कर रही थी जहाँ यह मन्दिर बना है। बालाजी को जब उसने अपने गोद में उठा लिया तो उसके आनन्द की सीमा न रही। माता ने शिशु को वक्ष से लगा लिया और शिशु दुग्धपान करने लगा। स्थानीय कथा में मूलकथा की जो काट-छाँट की गई है और उसका अलग तरीके से विस्तार किया गया है उसमें एक गहरा संकेत निहित है। इस कथा में यह मानकर चली गई है कि 'शक्ति' और 'अभय' के पौरुषयुक्त गुण धारण कर लेने मात्र से बालाजी दैवीय-चिकित्सक की भूमिका निभाने लायक नहीं हो जाते। यूनानी कथाओं में आता है कि स्वास्थ्य लाभ के लिए एस्पीलस के परिवार की स्त्री देवियों की प्रार्थना करनी पड़ती थी। इस कथा में भी बालाजी को स्त्रीत्व-मातृत्व के घेरे में रखा गया है और उनके अन्दर पोषण, वात्सल्य, आत्मीयता, अन्तःप्रेरणात्मक समझ जैसे स्त्री-गुणों को प्रतिष्ठित किया गया है। अधिकांश मनोवैज्ञानिकों का कहना है कि चिकित्सा के सफल होने के

लिए इन गुणों का होना महत्त्वपूर्ण हो जाता है।

आगे की कथा यह है कि युगों-युगों तक बालाजी अपनी माता की गोद में बैठे रहे और देवी-देवता अपने कष्टों के निवारण के लिए उनके पास आते रहे। तब तक मात्र देवता ही उनके पास कष्ट-निवारण के लिए आ सकते थे। हजारों वर्ष पूर्व, एक दिन एक राजकुमार की हत्या उसी जगह हुई जहाँ यह मन्दिर खड़ा है। उसकी आत्मा प्रेत बन गई और न्याय की पुकार करने लगी। वह पितृलोक में जाने के लिए बन्धन-मुक्ति की गुहार करने लगी। राजकुमार के प्रेत की पीड़ा से द्रवित होकर तथा यह जानकर कि भूत-प्रेत मानवता के लिए बड़े घातक सिद्ध हो सकते हैं बालाजी ने अपने दरबार के दरवाजे मानवों के लिए खोल दिए। मेंहदीपुर के युवा पुरोहित को स्वप्न-दर्शन देकर उन्होंने अपना फैसला सुनाया और कहा कि एक मन्दिर बनवाओ। इस पुजारी के वंशज आज भी इस मन्दिर के पुरोहित हैं।

भूत-प्रेत के जगत की अराजकता को दूर करने के लिए तथा मानवों और प्रेतों के बीच सम्बन्धों को नियमित करने के लिए बालाजी ने दो अन्य देवताओं को भी मन्दिर में स्थान ग्रहण के लिए आमन्त्रित किया। प्रेतराज ने यह आमन्त्रण सबसे पहले स्वीकार किया और अपने दरबार के साथ मन्दिर में आ बसा। 'प्रेतराज' धर्मराज का दूसरा नाम है। धर्मराज धर्म का संरक्षक और मृत्यु का देवता है। प्रेतराज प्रेतों के स्वामी के रूप में प्रेतों की समस्याओं तथा कठिनाइयों पर विचार करता है और तब जाकर उसके भाग्य का फैसला करता है। वह प्रेत के लिए उचित दंड का प्रावधान करता है और इस बात का निर्णय करता है कि प्रेतयोनि से उसकी मुक्ति कब होगी। बालाजी के आमन्त्रण को स्वीकार करनेवाले दूसरे देवता थे महाकाल भैरव। ये शिव के अवतार कहे जाते हैं। इनका काम है दंड-व्यवस्था का संचालन करना।

नौकरशाही के नियम मानवों पर ही नहीं, देवताओं पर भी सम्भवतः लागू होते हैं। कम-से-कम इस कथा से तो यही लगता है। देवों की इस त्रयी से देवी-देवताओं की भरमार हो गई। इन तीन मुख्य देवताओं के बहुत से सहायक चले आए। इनका काम था भूत-प्रेत के कार्य-विशेष को देखना। फिर इन सहायकों के भी सहायक चले आए। इन छोटे-छोटे देवताओं की उत्पत्ति कैसे हुई और मन्दिर में इनका पहुँचना कैसे सम्भव हुआ यह बात अज्ञात है। पुजारी भी इस बात को नहीं जानता। यह बात तय है कि इन छोटे-छोटे देवताओं की मूर्तियाँ लोगों ने मन्दिर में स्थापित कर रखी हैं और ये देवता उनके कर्मकांड से जुड़ गए हैं। अब ये देवतागण मन्दिर के क्रिया-कलाप का अभिन्न हिस्सा बन गए हैं तथा रोगियों को चंगा करने में इनकी अहम भूमिका होती है। वास्तविकता यह है कि अनेक रोगियों की पूर्ण चिकित्सा इनके बगैर सम्भव ही नहीं। इन परामानवीय शक्तियों की सहायता से ही कुछेक रोगियों की चिकित्सा पूरी होती है। मैं यहाँ विशेष रूप से 'भंगीवारा' नामक देवता की चर्चा करना चाहता हूँ। 'भंगीवारा' प्रेतराज के दरबार के देवता हैं। इनका काम मुसलमान भूतों तथा अछूत जाति के भूतों से मुक्ति दिलाना है। इस तरह के भूतों से ग्रस्त व्यक्ति जब भंगीवारा के चरणों को

छूकर भूत से मुक्त होता है तो उसके लिए विधान है कि वह स्पर्शदोष से मुक्त होने के लिए स्नान करे अन्यथा भंगीवारा के स्पर्श में आया व्यक्ति अगर किसी को बिना स्नान किए छू लेगा तो वही भूत उक्त व्यक्ति को पकड़ लेगा।

मन्दिर तथा झाड़-फूँक सम्बन्धी कर्मकांड

मन्दिर के आसपास गन्दगी है और इसकी वास्तुकला भी नितान्त अनाकर्षक है परन्तु जैसे ही आप मन्दिर के अन्दर प्रवेश करते हैं आपका ध्यान इस तरफ से हट जाता हैं। जैसे ही आप कक्ष के अन्दर प्रवेश करते हैं तथा बालाजीवाले प्रकोष्ठ में कदम रखते हैं आपको फुर्सत ही नहीं मिलती की सौन्दर्य सम्बन्धी बातों पर विचार करें। विचित्र दृश्यों, अद्‌भुत् आवाजों तथा अजब तरह के गन्ध से आपकी इन्द्रियाँ चक्करघिन्नी खाने लगती हैं। तरह-तरह के तीर्थयात्री, मरीज और उनके परिवारवालों के बीच से उठनेवाली यह गन्ध, आवाज और उनका करतब आपको हत्‌प्रभ कर देता है। पहले पहल मुझ पर इन बातों ने जो प्रभाव डाला था उसे आज याद करता हूँ तो लगता है उस समय मेरे होश ही उड़ गए थे। बाद में मैं भी इन दृश्यों का अभ्यस्त हो गया था परन्तु पहली बार इस बात को देखकर मैं हत्‌प्रभ रह गया था कि घर में जिस तरह के आचार-व्यवहार की इजाजत हम सबको दी जाती है यहाँ उससे एकदम अलग तरह के आचार-व्यवहार को लोग बड़ी आसानी से स्वीकार कर ले रहे थे। प्रेतजगत के स्वामी के इस आँगन में जिस तरह का व्यवहार करते लोग नजर आए वैसा लोग-बाग अपने घर के आँगन में सोच भी नहीं सकते। मेरे एक साथी ने मन्दिर जाने के बाद अपने प्रथम अनुभव के बारे में डायरी में जो कुछ लिखा है उसके एक अंश से मेरी बात पूरी तरह से स्पष्ट हो जाएगी।

"सीढ़ियाँ चढ़कर जैसे ही मैं मन्दिर के बाहरी दालान में पहुँचा एक अजीब सी गन्ध ने मेरे नथुनों का स्वागत किया। इस गन्ध को पहचानने में मुझे कुछ क्षण लगे। यह मीठी और धुएँ से भरी हुई गन्ध मुख्य-कक्ष की तरफ से आ रही थी। मरीजों को बालाजी पर चावल, अनाज, चीनी के दाने, नारियल तथा अन्य वस्तुओं को चढ़ाना होता है। इनके जलने से यह गन्ध उठ रही थी। दालान लोगों से अटा पड़ा था। अधिकांश उसमें युवतियाँ थीं। उनमें से अधिकतर बैठी हुई थीं तथा कुछ विभिन्न मुद्राओं में फर्श पर लेटी हुई थीं। एक युवती जिसकी उम्र 18 वर्ष होगी और जो अपने चेहरे के पीलेपन के बावजूद बहुत आकर्षक लग रही थी, पीठ के बल लेटी हुई थी। उसके खुले हुए बाल सिर के चारों तरफ बिखरे हुए थे और वह अपने सिर को इधर-से-उधर पीड़ा में पटक रही थी। चेहरे पर दर्द के भाव थे। वह होंठों में अस्फुट स्वर में कुछ-कुछ बुदबुदा रही थी तथा बीच-बीच में पूरी ताकत से चिल्ला उठती थी—"बाबा, बाबा, मैं नहीं जाऊँगा।" आवाज की तीव्रता तथा भाषागत लिंग-प्रयोग से लगता था कि उसे किसी पुरुष के भूत ने पकड़ा है। वह भूत युवती के शरीर को छोड़ने से इनकार कर रहा था। मेरा ध्यान

एक अन्य लड़की की तरफ गया। वह घुटनों के बल बैठी थी। उसके नितम्ब बाहर की तरफ निकले हुए थे और वह अपने कमर के आसपास के भाग को जोर से आगे-पीछे करते हुए मानो एक ही समय किसी को आमन्त्रण भी दे रही हो तथा उसे दुरदुरा भी रही हो, चिल्ला रही थी, "छोड़ दो, मुझे छोड़ दो, भाग जाओ"। इसके बाद वह कराहने लगती, "हाय बाबा, हाय बाबा ! उसकी आँखें बन्द थी मानो वह अपने अन्तर्जगत में किसी प्रेत से लड़ रही हो और संसार को यह संघर्ष दिखलाना नहीं चाहती हो। एक किशोरी दीवार के सहारे सिर के बल खड़ी थी। मैंने महसूस किया कि मेरी टाँगों पर पीछे से किसी की बाँह का दबाव पड़ा और सरसराहट की आवाज आई। पीछे मुड़कर देखा कि एक लड़की कलाबाजियाँ खाती हुई दालान के एक कोने से दूसरे कोने तक आ-जा रही है।

"बाहरी दालान पार करके मैंने मन्दिर के मुख्य कक्ष में प्रवेश किया। यह काफी बड़ा और हवादार कमरा है। इसकी शक्ल वर्गाकार है तथा छत से जाली लगी होने के कारण इसमें रोशनी तथा हवा की पर्याप्त गुंजाइश थी। बाईं ओर मन्दिर के खम्भों से परे एक सँकरा, अँधेरा गलियारा है। यहाँ से मुख्य कक्ष स्पष्ट दिखाई पड़ता है। जब मेरी आँखें अँधेरे में देखने की अभ्यस्त हुईं तो मुझे लगा कि यहाँ मेरे सिवा कोई और भी है। एक बुढ़िया मेरे पास ही पालथी मारे बैठी थी। उसके चारों तरफ कर्मकांड का सामान बिखरा पड़ा था। उसके सामने ताँबे के दो पानी भरे बर्तन थे। वह अपनी गोद में रखी हुई माला के मनके गिन रही थी तथा एक मनका गिनकर दोनों में से एक बर्तन में चम्मच डुबाती, एक चम्मच पानी निकालकर दूसरे बर्तन में डाल देती थी। काले रंग की एक और बुढ़िया थी। उसके रंग का कालापन लगभग हुए अँधेरे से एकमेक हो जाता था। मैं उसके पास गया तो यह देखकर दंग रह गया कि उसकी असामान्य तौर पर लम्बी जीभ मुँह से बाहर निकली हुई थी। मैंने सोचा सम्भवतः यह 'काली माता' बनने की कोशिश कर रही है। मैंने उसे झुककर प्रणाम किया तो उसने आशीर्वाद की मुद्रा में अपना झुर्रियों भरा हाथ उठा दिया। मैं यह देखकर भौंचक रह गया कि उसने अपनी जीभ और आगे की ओर निकाल ली है। कुछ घबड़ाकर मैं मुख्य कक्ष की तरफ मुड़ गया। रास्ते में एक कुत्ता मिला जिसने मुझे देखकर मुँह फेर लिया। कुत्ता तेजी से कक्ष के सामने की तरफ जा रहा था। सामने भारी भीड़ थी और भीड़ के आगे लोहे की छड़ें खड़ी थीं। इन छड़ों के पीछे चढ़ावे का ढेर लगा हुआ था। चढ़ावा का कुछ अंश बड़े से पीतल के दीपक से पुजारी जला रहा था। मन्दिर में घुसते समय जो गन्ध मेरे नथुनों से टकराई थी वह यहीं से आ रही थी। चढ़ावे के जलने से 'पवित्र भस्म' गिर रही थी। धुएँ, लोहे की छड़ तथा लोगों के सिर के ऊपर से नजर दौड़ाते हुए मैं बालाजी की मूर्ति देख सका। यह पत्थर का तिकोना टुकड़ा है। इसको देखकर गुमान होता है मानो आदमी की खोपड़ी हो। इस पर सिन्दूर पुता हुआ था तथा काले रंग से दो आँखें बनाई गई थीं।

"मुख्य कक्ष से दाईं ओर एक और बरामदा है। इस तरफ महाकाल भैरव का मन्दिर

है। इसकी मूर्ति भी बालाजी जैसी ही है। इस पर भी सिन्दूर पुता हुआ है। मूर्ति के बाहर लोहे का जंगला है। जंगले के पास फर्श पर गोलाकार गड्ढा बना हुआ है जो छह इंच गहरा होगा। एक बूढ़े ने मुझे गड्ढे की तरफ रुचिपूर्वक देखता हुआ पाकर बताया कि यहाँ लोगों को लटकाया जाता है। अगर तुम कुछ दिन और रुको तो खुद ही देख लोगे। उसी दिन शाम को मैंने देखा की जो बुढ़िया काली बनी बैठी थी उसने गड्ढे में अपना सिर डाल दिया और उसकी साथिन ने उसका पाँव थाम लिया। वह बुढ़िया आधे घंटे तक इस प्रकार सिर के बल खड़ी रही। वह कराह रही थी। इससे पता चल रहा था कि जिस भूत ने उसे पकड़ा है वह कष्ट में है तथा स्वयं बुढ़िया को भी कष्ट हो रहा है। वह चिल्ला रही थी, "बस करो बाबा, मुझे क्षमा कर दो।" उसकी साथिन अलग चिल्ला रही थी, "इसे जाने ना देना बाबा। इसका गला घोंटकर मार दो।"

"दालान में मैंने देखा कि एक बूढ़ा पाँच स्त्रियों तथा एक लड़के से घिरा बैठा है। बूढ़े की आँखें बन्द थीं और होंठों पर हल्की मुस्कुराहट। पूरे वातावरण में लगता था आनन्द व्याप्त है। मनोचिकित्सक के कमरे में ऐसा वातावरण नहीं होता। वहाँ एक पवित्रता व्याप्त रहती है जो बिल्कुल भावहीन होती है। बूढ़े को सभी पंडितजी कहकर पुकार रहे थे और वह समाधिस्थ था। स्त्रियाँ उसके भूत से बात कर रही थीं। उनमें से एक कह रही थी—अरे मुसलमान ! बता तो सही कि तू आया कहाँ से है ?" पंडितजी उत्तर में कुछ फुसफुसा रहे थे और वह औरत ऊँचे स्वर में कह उठती थी, "कहता है, मैं सैयद हूँ।" फिर वह पंडितजी की ओर मुड़कर बोली, "तुम अभी कह रहे थे कि कबाब खाओगे। जानते नहीं हो कि जब तक इस पंडितजी की देह पर हो तुम्हें कबाब खाने को नहीं मिलेंगे ? समझते नहीं हो ? भाग जाओ ?"

पंडितजी उत्तेजित दिखाई देने लगे। उनका सिर ऊपर-नीचे हिलने लगा। वह बच्चों के समान चिल्लाकर बोले, "मैं कबाब खाऊँगा। कबाब ही खाऊँगा। मैं तीन साल से भूखा हूँ। इस मूर्ख पंडित ने न खुद कबाब खाए हैं न मुझे खाने दिए।" पास बैठी पंडित की पत्नी को इस बात पर गुस्सा आ गया। वह भूत को फटकारने लगी। लेकिन मेरी दिलचस्पी दूसरी औरत की बातों में थी। वह बोली, "इन मुसलमानों ने हमारा धर्म भ्रष्ट कर दिया है। पता नहीं कहाँ से चले आते हैं।" एक अन्य औरत बोली, "पहले यह तो पता लगा लो कि वह मुसलमान है भी या नहीं।" एक अन्य ने कहा, "यह हमें मूर्ख बनाने की कोशिश कर रहा है। कभी कहता है, मैं राजपूत हूँ और कभी मुसलमान होने का दावा करता है।" मुझे यह सोचकर आश्चर्य होता है कि मुसलमान के भूत को सबसे मजबूत तथा सर्वाधिक दुष्ट माना जाता है। इससे संकेत मिलता है कि मनोवैज्ञानिक तौर पर हिन्दू-मुसलमान के बीच वैमनस्य के भाव कितने गहरे हैं। मैंने पंडितजी को कहते सुना, "मैं मुसलमान हूँ। इस्लाऊद्दीन की मजार पर मेरा निवास है। वहाँ मेरे नाम रोज दीपक जलाओ नहीं तो मैं इसे नहीं छोड़ूँगा। मैंने एक औरत से पंडितजी की समस्या के बारे में पूछा तो उसने बताया कि, "पंडितजी हमारे सराय में रहते हैं। सारे परिवार पर संकट आया हुआ है। जब कभी मुसलमान का भूत आता

है और कबाब खाने को कहता है, हम इन्हें यहाँ ले आते हैं।" किसी भूत-प्रेत से पीड़ित होने को बालाजी के मन्दिर में 'संकट आना' कहते हैं।

"लगभग तीन बजे का समय होगा जब मैं यहाँ से उठकर दूसरी मंजिल पर पहुँचा जहाँ प्रेतराज का दरबार है। भूत-प्रेत से प्रेतराज का बड़ा घनिष्ठ सम्बन्ध है और इस कारण उनका दरबार खचाखच भरा रहता है। अधिकतर लोग पंक्ति बाँधे बैठे थे। प्रार्थना की पुस्तिका उनके सामने खुली पड़ी थी और वे प्रेतराज का स्तुतिगान कर रहे थे। प्रेतराज की मूर्ति के आगे पुजारी बैठा था। पुजारी के सामने एक लड़का कीर्तन करवा रहा था। कीर्तन करते-करते लोग श्रद्धा से ओत-प्रोत होकर उत्तेजित हो जाते थे और उनमें से जो रोगी थे वे दीवार के साथ अपनी पीठ पटक रहे थे। हॉल के पीछे लोहे के तीन दरवाजे हैं। ठीक उसी तरह के जैसे जेलों में हुआ करते हैं। मैं एक दरवाजे से पीठ टिकाकर खड़ा हो गया। मैंने देखा कि बाकी के दो दरवाज़ों के आगे दो लड़कियाँ बैठी हैं, जिनके पैरों में बँधी जंजीरें जंगले से बाँध दी गई हैं। मेरी दाईं ओर लगभग दो गज की दूरी पर एक औरत औंधी लेटी हुई थी और उसकी पीठ पर पत्थर रखे हुए थे। उसने सिर उठाकर मेरी ओर देखा और कहने लगी कि एक पत्थर उठा दो, मुझे बहुत पीड़ा हो रही है। मैंने बड़ी मुश्किल से पत्थर उठाकर फर्श पर रखा। इस पर उसे क्रोध आ गया। बोली, "तुम्हें पत्थर हटाने के लिए किसने कहा ? उसे वापस रख दो।" उसके परिवार के दो पुरुष और एक स्त्री मुझे फटकारने लगे। एक पुरुष तो मुझसे बहुत नाराज था और बड़बड़ा रहा था, "पता नहीं कहाँ से चले आते हैं।" मैंने उसे समझाने की कोशिश की लेकिन उसने एक न मानी। मुझे हतप्रभ देखकर एक सहृदय व्यक्ति ने मुझे सारी स्थिति समझाते हुए कहा, "दरअसल जब लड़की ने आपको पुकारा था उस समय भूत को बहुत कष्ट हो रहा था। यदि आपने पत्थर न हटाया होता तो सम्भवतया वह बता देता कि कौन है तथा क्या चाहता है। परिवार यहाँ तीन महीने से यही जानने के लिए बैठा है।" मैंने चुपके से खिसक लिया और कसम खाई कि आगे से न तो कोई दखलंदाजी करूँगा और न ही ऐसे मामलों में सहानुभूति जैसी कोई भावना पालूँगा।

"मेरे पास जो जंजीर से बँधी लड़की पड़ी थी उसकी मैं बहुत देर से अनदेखी कर रहा था। वह अब चिल्लाने लगी थी। वह जोर-जोर से जंजीर हिला रही थी और बैठी हुई आवाज में चिल्लाने लगी, 'रुक जाओ ! बकवास बन्द करो नहीं तो तुम्हें जलाकर खाक़ कर दूँगा।' भीड़ से जिन लोगों ने उसकी आवाज सुनी थी उनमें से कुछ उसकी तरफ मुखातिब हुए किन्तु जल्दी उन्होंने अपना मुँह फेर लिया क्योंकि वह उनकी तरफ देखकर भद्दे इशारे कर रही थी और मुँह चिढ़ा रही थी। फिर उसने अपने पति को पुकारा जो कीर्तन में मग्न था और बड़े प्रयत्नपूर्वक उसकी अनदेखी कर रहा था। उसने अपने पति से चिल्लाकर कहा कि आओ मेरे साथ सम्भोग करो तथा उसने अपनी साड़ी ऊपर उठाने का प्रयत्न किया। पति उसकी इच्छा के अनुकूल दौड़कर उसके पास पहुँचा ताकि उसको निर्वस्त्र होने से रोक सके। औरत ने उसकी बाँह पकड़ ली तथा उसके

हाथ पर दाँत गड़ा दिए मानो वह उसके पास आने का ही इन्तजार कर रही हो। पति ने उसको जोर का थप्पड़ मारा। वह दरवाजे के पास जाकर गिरी। वह खुद-ब-खुद बड़बड़ाया—'मैं तंग आ चुका हूँ। मुझे नहीं पता इसे क्या हो जाता है ? मेरी बला से यहीं सड़ती रहो ! लोगों को अपनी नौटंकी दिखलाओ, मैं तो घर चला।' औरत उठकर बैठ गई और जोर-जोर से हँसने लगी।

"मन्दिर के आसपास ऊँची-ऊँची चोटियाँ हैं। मन्दिर भी वस्तुतः पहाड़ी को काटकर ही बनाया गया है। मन्दिर से चोटी तक सीढ़ियाँ बनी हैं और उन सीढ़ियों पर जिन प्रेतों की मुक्ति हो गई है उनके नाम खुदे हुए हैं। ऐसे प्रेत अब 'प्रेतराज' की सहायता करते हैं। पहली सीढ़ी के पास चबूतरा बना है। इस पर श्रद्धालु जन उबले चावल, दाल तथा अन्य किस्म के अनाज चढ़ाते हैं। इस चढ़ावे के पास अवारा कुत्ते तथा लड़के मँडराते रहते हैं। चढ़ी हुई बर्फी और लड्डू उठाने के लिए वे झपट पड़ते हैं। मुझे बताया गया कि महाकाल भैरव का वाहन कुत्ता है और इसलिए मन्दिर में कुत्तों को भी पवित्र माना जाता है। चबूतरे के पानी का एक कुंड है। कहा जाता है कि इसमें 'कुंडवाले बाबा' का वास है। कुत्ते इस पानी में नहाते रहते हैं अतः इसका पानी बहुत गन्दा है। जिन मरीजों के भूत ज्यादा हठी होते हैं उन्हें यह पानी पीने को कहा जाता है। प्रेतों से छुटकारा पाने के लिए मन्दिर में कई तरह के कर्मकांड किए जाते हैं। यह कर्मकांड अदालती कार्रवाई के समान है। रोगी सबसे पहले अर्जी देता है। इस प्रक्रिया के अन्तर्गत सवा रुपए का दाल-चावल चढ़ाया जाता है और प्रतिदिन पूजा शुरू होने से पहले वहाँ के प्रहरी को दो लड्डे दिए जाते हैं। पूजा के दौरान पुजारी बालाजी की मूर्ति से लड्डुओं का स्पर्श कराता है। इसके बाद वह मरीज के खाने के लिए उन्हें लौटा देता है। माना जाता है कि लड्डू खाने से बालाजी की शक्ति का मरीज में प्रवेश होता है और यह शक्ति भूत को प्रकट होने के लिए बाध्य करती है। भूत के प्रकट होने को पेशी कहते हैं। यह कर्मकांड का सर्वाधिक नाटकीय भाग है। यदि अर्जी मंजूर नहीं हो और भूत प्रकट होने से इनकार कर दे तो रोगी को दोबारा अर्जी लगानी पड़ती है। इसके लिए सवा सत्रह रुपए का लड्डू बालाजी को चढ़ाना पड़ता है तथा प्रेतराज पर उबला हुआ चावल एवं काल भैरव पर उबली हुई उड़द चढ़ाई जाती है। यह चढ़ावा बालाजी पर शाम अथवा सवेरे की पूजा में चढ़ाना होता है तथा प्रेतराज इस पर भी प्रकट होने से इनकार कर दे तो सवा इक्कीस रुपए का प्रसाद चढ़ाना होता है। इसके अतिरिक्त मरीज से कहा जाता है कि वह अन्य देवताओं मसलन भंगीवारा आदि पर मिठाई वगैरह चढ़ाए। इस बीच मरीज के परिवार के कुछ सदस्य भी सक्रिय हो जाते हैं। उनमें से कइयों को कोई विशेष मन्त्र अथवा 'रामचरित मानस' या 'हनुमान-चलीसा' का पाठ करने को कहा जाता है। ये लोग मन्दिर में मन्त्र-पाठ करते हैं तथा सामने रखे हुए बर्तन में से एक-एक चम्मच पानी निकालकर दूसरे में डालते जाते हैं। माना जाता है कि मन्त्रपाठ से जल में दैवी-शक्ति आ जाती है और रोगी इसे पी लेता है तो भूत का उसके शरीर में रहना और ज्यादा कठिन हो जाता है। जब इतने छोरों से आक्रमण हो रहे हों

तो समझा जा सकता है कि भूत का रोगी को पकड़े रहना कितना कठिन हो जाएगा। सर्वसाधारण की भाषा में कहा जा सकता है कि दरख्वास्तों और अर्जियों के जरिए रोगी के मन में यह बात बैठाई जाती है कि उसे 'पेशी' की अवस्था में तन्त्र की दशा में आना होगा। इस बात को परिवार के सदस्यों तथा पुजारी की माँग के जरिए और ज्यादा बल प्रदान किया जाता है। अन्य रोगियों को उसी अवस्था में देखकर भी मरीज 'पेशी' के लिए प्रोत्साहन पाता है।

पेशी के प्रारम्भ में कुछ लक्षण स्पष्ट रूप से दिखाई देते हैं। रोगी का शरीर झूमने लगता है। उसका सिर दाएँ-बाएँ झटके खाने लगता है। यह इस बात का प्रमाण है कि भूत प्रकट हो गया है। फर्श पर हाथ पटकना, दीवार से पीठ पटकना और फर्श पर औंधे लेटकर पीठ पर पत्थर रखवाना भी पेशी के ही लक्षण हैं। वास्तव में पेशी 'तन्त्र' की अवस्था है। इसमें चेतना की दशा में परिवर्तन हो जाता है किन्तु यह अचेतनावस्था नहीं है। इस अवस्था में रोगी का अपने परिवेश के प्रति ज्ञान एकदम संकीर्ण हो जाता है परन्तु परिवेश की चेतना पूर्णतया समाप्त नहीं होती। इस दशा में रोगी अपने आसपास खड़े लोगों से बातचीत कर लेता है किन्तु बाद में उसे कुछ भी याद नहीं रहता। जब वह हाथ-पाँव पटकता है तो इस बात का ध्यान रखता है कि कहीं घायल न हो जाए। पूजा की समाप्ति के साथ ही 'पेशी' भी बन्द हो जाती है। यदि 'पेशी' को किसी कारण बाधा पहुँची हो तो रोगी को ऐसा लगता है मानो उसका "दम घुट रहा हो, गला फँस गया हो और कोई चीज बाहर आने के लिए छटपटा रही हो।"

पेशी के अगले चरण में मन्दिर के देवता तथा भूत का संघर्ष होता है। हो सकता है भूत देवता को चुनौती दे डाले, "तुमने मुझे यहाँ बुला लिया ! हिम्मत होती तो मेरे पास आते, तब मैं दिखाता कि मेरी शक्ति क्या है !" रोगी के आसपास खड़े लोग इस दशा में देवता का जय-जयकार करते हैं और भूत को और ज्यादा क्रोध दिलाने की कोशिश करते हैं। भूत, क्रोध में लोगों को गालियाँ बकने लगता है तथा देवताओं पर गन्दी-गन्दी गालियों की बौछार कर देता है तथा देखनेवालों की बेचारगी का मजाक उड़ाता है। इस प्रकार की गन्दी गालियों को जब हम किसी युवती अथवा स्त्री के मुँह से सुनते हैं तो इस बात में कोई सन्देह नहीं रह जाता कि यह अन्तर्मन में छुपे गहरे क्रोध की अभिव्यक्ति है। यह क्रोध रूढ़िवादी हिन्दू-समाज की निषेधकारी नैतिकता के विरुद्ध एक विद्रोह है और देवताओं को गाली इसलिए दी जा रही है क्योंकि वे इस नैतिकता के प्रतीक हैं। कई रोगी तो हिन्दू-समाज से ही बाहर जाने की कोशिश करते हैं। उनका 'भूत' दावा करता है कि वह मुस्लिम सैयद है और बालाजी जितना ही शक्तिशाली है। वह कभी उनसे परास्त नहीं हो सकता। इस अवस्था में समाज उस पर अपनी पूरी शक्ति लगा देता है और उसके विद्रोह को दबाने की कोशिश करता है। आसपास के लोग भूत द्वारा गाली बके जाने पर चिल्लाते हैं, "तुम बाबा से लड़ोगे ? बाबा ! इस बदमाश को खूब मारो नहीं तो यह मानेगा नहीं।" इसके साथ ही भूत की चिंघाड़ और तेज हो जाती है, "मैं नहीं मानूँगा ! तुम्हें और इन सबको (अर्थात् आसपास

खड़े लोगों को) नर्क में भेजूँगा। कुछ देर में रोगी थककर अपने को मारना बन्द कर देता है और हार मान लेता है–"अच्छा भई ! तुम जीते और मैं हारा। तुमने मुझे भूखों मार दिया और मारा-पीटा भी लेकिन तुम तो मेरे बाप हो–जो कहोगे, करूँगा !" यह सुनकर आसपास के लोग चैन की साँस लेते हैं। सृष्टि का क्रम पूर्ववत् चलने लगता है और मरीज पुराने मूल्यों, स्थापनाओं को मान लेता है। बहुत से लोग हँस पड़ते हैं–देखा बाबा ! कितना चालाक है ! आपका दंड पाकर आपको बाप कह रहा है।" इसके बाद कर्मकांड का अगला चरण आरम्भ होता है। इस चरण में भूत क्षमा-याचना करता है और भीड़ को अपना नाम बताता है। इसे 'बयान' देना कहते हैं। इसके बाद भूत वादा करता है कि वह रोगी का पिंड छोड़ देगा और देवता से माफी माँगता है। कई बार देवता रोगी के साथ किसी सुधरे हुए शुभकारी भूत को दूत के रूप में भेजते हैं ताकि अन्य दुष्टात्माओं के आक्रमण से वह बचा रहे। दूत के आने का लक्षण यह है कि रोगी थोड़ी देर के लिए तन्द्रा में चला जाता है। इस अवस्था में वह देवमूर्ति को बारम्बार प्रणाम करता है।

मरीज और उनके रोग

जब मैंने रोगियों के अन्तर्जगत में प्रवेश करने की कोशिश की, उनके जीवन के इतिहास पर विचार किया तथा उन पर आक्रमण करनेवाले भूतों के करतूत की करीब से जाँच-परख की तो प्रतीत हुआ कि इनमें से अधिकांश रोग वही हैं जिनसे मनोचिकित्सा में वास्ता पड़ता रहता है। पहली बार जो घटनाएँ रहस्यमय लगी थीं वे विचित्र नहीं रहीं और उनका आशय प्रकट हो गया। कुछ रोगियों का इतिहास यहाँ दिया जा रहा है। इससे मनोविश्लेषण की दृष्टि से उनके रोग की प्रकृति समझ में आ जाएगी। दूसरे लेखकों के मनोविश्लेषणात्मक तथा समाजशास्त्रीय अथवा सांस्कृतिक दृष्टिकोण से यह वर्णन थोड़ा अलग है। इस इतिहास से सांस्कृतिक रूप से अस्वीकृत कुछ व्यवहारों और भारतीय समाज के किसी व्यक्ति के मन के ऊपर पड़नेवाले दबावों पर भी प्रकाश पड़ेगा।

1. शकुन की ताई

शकुन उन्नीस वर्ष की युवती थी। वह बिहार के एक छोटे से कस्बे से अपनी माँ तथा तीन भाइयों के साथ बालाजी मन्दिर आई थी। वह सुन्दर और संकोची थी। सोलह वर्ष की अवस्था में उस पर भूत का प्रकोप हुआ। एक दिन दोपहर में वह आँगन के कोने में पेशाब करने गई। उसने अपने हाथों में मेंहदी लगा रखी थी इसलिए माँ को पुकारा कि उसका नाड़ा खोल दे। उसी रात जब सब सो गए तो शकुन डर के मारे जोर-जोर से चीखने लगी। ऐसा लगता है कि सोने से थोड़ा पहले अर्धतन्द्रा की दशा में शकुन ने देखा कि एक स्त्री हँसती हुई उसकी तरफ आ रही है। शकुन डर गई और उसका

कहना था कि वह स्त्री उसके सिर पर नाचने लगी। इससे उसके सिर में भयंकर पीड़ा हुई। पिछले तीन सालों से वह औरत उसके सिर पर नाचती है और जब भी ऐसा होता है शकुन के सिर में भयंकर दर्द उठता है एवं शकुन चिन्ताग्रस्त हो जाती है। परिवार के लोगों तथा झाड़-फूँक के लिए बुलाए गए ओझा-गुनिया का एक स्वर से मानना था कि शकुन को प्रेतनी ने पकड़ लिया है। झाड़-फूँक का शकुन पर कोई असर नहीं हुआ। हालाँकि झाड़-फूँक के दौरान भूत ने स्वीकार किया कि वह शकुन की ताई का प्रेत है। इसके बाद शकुन को बालाजी मन्दिर लाने का फैसला किया गया।

शकुन अत्यन्त खिन्न तथा संकोच की मनोदशा में थी। इसके विपरीत शकुन की माँ ने स्वेच्छा से उसकी बीमारी का ब्यौरा दिया। शकुन की प्रेतनी अर्थात् शकुन की मृत ताई ने आत्महत्या की थी। शकुन उस समय मात्र तीन साल की थी। "शकुन इतनी छोटी थी कि उसे अपनी ताई की याद भी न होगी।" उसकी माँ ने बताया। शकुन के पिता के बड़े भाई के साथ शकुन की ताई का ब्याह हुआ था और वे शकुन के माता-पिता के साथ एक ही घर में रहते थे। शकुन की ताई की मौत बड़ी रहस्यपूर्ण परिस्थितियों में हुई थी और इसके बारे में बताते हुए उसकी माँ को बड़ा मजा आ रहा था। ब्यौरे से लगता है कि शकुन की ताई बहुत व्यभिचारी थी और घर आनेवाले सभी लोगों के साथ उसका याराना था। यहाँ तक कि घर में काम करनेवाले नीची जाति के मजदूरों से भी उसे परहेज नहीं था। हालाँकि घर के सभी लोगों को इस बात का पता था और वे इस मामले को अच्छा नहीं समझते थे। शकुन के पिता ने तो उस औरत से बोलना तक छोड़ दिया था किन्तु शकुन के ताऊजी पत्नी के कारनामों से आखिर-आखिर तक अनजान रहे। एक दिन, अन्ततः उन्होंने एक मजूदर के साथ नग्नावस्था में अपनी पत्नी को काम-क्रीड़ा करते हुए देख लिया। पति-पत्नी में इस बात को लेकर भयंकर झगड़ा हुआ। शकुन की ताई ने उसी रात आत्महत्या कर ली। "लेकिन शकुन अपनी ताई के बारे में कुछ भी नहीं जानती। उसके सामने हम उसकी ताई का नाम तक नहीं लेते।" शकुन की माँ ने फिर इस बात को जोर देकर कहा।

इस बात से मैं सहमत नहीं हूँ। मैं सोच भी नहीं सकता कि तीन वर्ष की अवस्था में जब जिज्ञासा अपने चरम पर होती है, शकुन अपनी ताई के बारे में अनजान तथा अप्रभावित रही। ताई रहस्यमय स्थिति में मरी थी और परिवारों में उसका विरोध होता था ! इस हालत में शकुन का अपनी ताई के बारे में अनजान रहना ठीक नहीं जान पड़ता। उस समय तथा उसके बाद भी शकुन के माता-पिता तथा परिवारवालों के बीच ताई के सम्बन्धों को लेकर काना-फूसी होती होगी। उस कानाफूसी में कामगत उत्तेजना तथा निन्दा का भाव रहता होगा। शकुन जैसे ही उनके पास तक आती होगी, वे सुनने के डर से इस बारे में बातचीत बन्द कर देते होंगे। परिवार में घटी इस दुर्घटना के बारे में लोगों से शकुन ने कई तरह की बातें सुनी होंगी। हो सकता है शकुन को साथी बच्चों ने ताने कसे हों कि तुम्हारी ताई कुल्टा थी और इसी कारण उसकी मौत हुई। शकुन के अचेतन मन में ताई की स्मृति बिल्कुल स्पष्ट होगी और उसके साथ ही सर्वाधिक

प्रतिबन्धित परन्तु अत्यन्त उत्तेजक 'जीवन का गुप्त रहस्य' अर्थात् कामक्रीड़ा की बात भी घुली-मिली होगी। बच्चे इस गुप्त रहस्य को जानने की सर्वाधिक चेष्टा करते हैं।

मुझे लगता है कि धीरे-धीरे ताई ने शकुन के मन में उसके 'नकारात्मक व्यक्तित्व' का रूप धारण कर लिया। शकुन जानती थी कि उसे वैसा नहीं बनना है किन्तु उसे यह भी डर था कि कहीं वह ताई की तरह न बन जाए। किशोरावस्था में काम-आवेग जोर मारने लगते होंगे। यह भय और ज्यादा गहरा हुआ होगा। इरिकसन की शब्दावली के स्थान पर युंग की शब्दावली को अपनाकर यह भी कहा जा सकता है कि 'ताई' एक छाया है—वह व्यक्तित्व की हीनतर और अँधेरी परछाई है। यह अचेतन में दबा रहता है और इसमें वे सारी दमित इच्छाएँ भरी रहती हैं जिनकी पूर्ति समाज के निषेधों के कारण नहीं की जा सकती तथा जिनका मेल समाज-स्वीकृत मूल्यों से नहीं है। इस प्रकार शकुन का प्रेत उसके अपने ही अचेतन की प्रतिकृति थी जिसने 'ताई' का रूप ग्रहण कर लिया है। यह प्रतिकृति शकुन की दबी हुई कामेच्छा की है। समाज की मान्यताओं तथा विशेषकर ताई का भयावह परिणाम देखकर जिसने अपनी कामेच्छा को खुली छुट दे रखी थी—शकुन बराबर अपनी कामेच्छा को प्रकट होने से रोकने के लिए संघर्ष कर रही थी। मेरा यही मानना है। सोलह वर्ष की अवस्था में यौनावेग अपने चरम पर होते हैं। यौनेच्छा को दबाने का यह संघर्ष इस उम्र में असफल रहा। इसी अवस्था में शकुन के मन पर 'ताई' छा गई क्योंकि लड़की को लगा कि दबी हुई वही कामेच्छाएँ उस पर छा गई हैं जिनसे उसका अहं बराबर लड़ रहा था। भय की इसी भावना ने उसके अन्दर मनोविकार पैदा किया था।

2. आशा का प्रेत

आशा दिल्ली के एक निम्नमध्यवर्गीय परिवार की छब्बीस वर्षीया युवती थी। वह अपने मामा और माता के साथ बालाजी मन्दिर आई थी। इस दुबली-पतली आकर्षक युवती के नयन-नक्श तीखे तथा रंग साँवला था। वह अपनी आयु से कुछ छोटी लगती थी। उसे समय-समय पर सिर में दर्द होता था। पिछले ढाई वर्षों से उसका कष्ट बढ़ गया था और उसमें विचित्र प्रकार के लक्षण पैदा हो गए थे। रोग का एक लक्षण यह था कि उसके पेट में तेज दर्द उठता था। इस दर्द से उसका शरीर ऐंठ जाता था और दर्द समाप्त होने पर वह निर्जीव के समान पड़ जाती थी। कभी-कभी उसे लगता था कि उसके शरीर पर चीटियाँ रेंग रही है। चीटियाँ रेंगने की यह संवेदना सबसे ज्यादा सिर में होती थी। इससे उसे इतनी बेचैनी होती थी कि वह अपना सिर तक नहीं छूना चाहती थी। कभी-कभी वह क्षुधातुर होकर खाने पर टूट पड़ती थी। यदा-कदा उस पर गुस्से का इतना तेज दौरा पड़ता था कि वह जो कुछ भी सामने दिखाई देता उसे उठाकर पटक देती थी और पास खड़े व्यक्ति पर थप्पड़ चला देती थी। आशा ने इस बारे में कहा, 'एक बार मैंने गुस्से में पिताजी को थप्पड़ मार दिया। क्या आप कल्पना कर सकते हैं कि कोई पुत्री अपने पिता को थप्पड़ मारे वह भी उस स्थिति में जब मैं अपने पिता

को संसार में सबसे ज्यादा प्यार करती हूँ।"

दवाइयों के जरिए इलाज करने से और झाड़-फूँक करवाने से उसे कुछ फायदा नहीं हुआ। उसके चाचा डॉक्टर थे और उन्होंने दवा से इलाज किया था। पिता की मृत्यु के छह महीने बाद अचानक उसकी चमड़ी का रंग काला पड़ गया। इसी कारण वह बालाजी-मन्दिर आई थी। रंग काला पड़ जाने का उसे बेहद अफसोस था क्योंकि उसे अपने गोरे रंग पर बहुत गुमान था। आशा सोचती थी कि वह अब बिल्कुल अनाकर्षक हो गई है। उसे इस कारण कभी-कभी आत्महत्या करने का विचार तक आता था।

बालाजी-मन्दिर आने के तुरन्त बाद ही आशा की पेशी हो गई। उसने बालाजी-मन्दिर के महज दो लड्डू खाए होंगे कि वह फर्श पर गिर पड़ी और बताया कि उस पर दो भूतों का साया है। जिस भूत के कारण पेट में दर्द उठता था वह आशा की भाभी का भूत था। इस भूत का नाम 'मसान' था। 'मसान' ऐसे प्रेतों को कहते हैं जो श्मशान-भूमि अथवा कब्रिस्तान में रहते हैं। ये कोख में पल रहे बच्चे को खा जाते हैं। दूसरे प्रेत ने स्वीकार किया कि उसी के कारण चींटी रेंगने की संवेदना होती है और उसी के प्रभाव के कारण आशा को गुस्सा आता है। उसने भेद खोलते हुए कहा कि उसे आशा के मंगेतर के बड़े भाई ने भेजा है। अपनी स्वीकारोक्ति के बाद दोनों ही प्रेत चुप हो गए और आगे फिर कोई बात नहीं कही। अगली बार जब आशा की पेशी हुई तो वह नींद की सी दशा में दाएँ-बाएँ झूमती रही। आँख खुलने पर आशा ने अपने को भला-चंगा महसूस किया। उसे यह भी विश्वास हो गया कि उसका रंग थोड़ा साफ हो गया है। लगता था आशा को पेशी की आदत पड़ गई थी। वह भूत को मिलनेवाले दंड को लेकर ज्यादा चिन्तित नहीं थी और अपने ठीक होने को लेकर भी उसे ज्यादा फिक्र नहीं थी। दो या तीन दिन तक अगर किसी कारण से पेशी नहीं होती थी तो आशा की आँखें भिंच जाती थीं, उन पर पतली-पतली धारियाँ बन जाती थीं। सिर में भयंकर पीड़ा होने लगती थी और क्रोध के दौरे पड़ने लगते थे। सैद्धान्तिक दृष्टि से देखा जाए तो आशा अपने रोग के लक्षणों को, जो व्यक्तिगत संघर्ष की मनोवैज्ञानिक प्रतिक्रिया है, पेशी के कर्मकांड में बदलना चाह रही थी। 'पेशी' को सामाजिक अनुमोदन प्राप्त था और वह इसे ढाल की तरह इस्तेमाल कर रही थी।

यद्यपि आशा अपने जीवन और समस्याओं के बारे में कोई बात छुपाती नहीं थी तथापि उसकी बातें बिखरी-बिखरी होती थीं और उन बातों का कोई एक विषय नहीं होता था। वह एक के बाद दूसरे अनुभव की बातें करने लगती थी, अतीत से लेकर वर्तमान तक के अनुभव सुनाने लग जाती थी। अतीत और वर्तमान के अनुभवों को वह इस उलट-फेर के साथ सुनाती थी कि उसके जीवन के इतिहास को क्रमबद्ध तरीके से समझना कठिन हो जाता था। वह बड़े नाटकीय अन्दाज में पूरे हाव-भाव के साथ पुरानी यादों को तेजी से दोहराती थी और बताती जाती थी कि इसका उसके मन पर क्या प्रभाव पड़ा। इस नाटकीयता और वर्णन-विस्तार के कारण यह निर्णय करना कठिन हो जाता था कि इसमें यथार्थ कहाँ-कहाँ है और कल्पना का पुट कितना है।

वह अपने परिवार में सबसे छोटी थी। लगातार पाँच भाइयों के बाद उसका जन्म हुआ था। इस कारण वह अपने बाप की लाडली बेटी थी। अपने बचपन के बारे में उसने जो बातें बताईं उससे पिता-पुत्री के निकट स्नेह का चित्र उभरता है और पता चलता है कि पिता-पुत्री दोनों आपस में बहुत खुश रहते थे। वह इस प्रकरण में परिवार के किसी अन्य सदस्य की चर्चा नहीं करती थी। पिता दफ्तर से शाम को घर लौटते ही सबसे पहले अपनी बेटी के बारे में पूछते थे और रात के भोजन के समय तक उसके साथ खेलते रहते थे। आशा की उम्र बीस वर्ष की हो गई थी तब भी पिताजी उसके लिए मिठाई लाते और कन्धे पर बैठाकर सारे घर में घूमते हुए कहते थे, "मेरी प्यारी बिटिया जब ब्याहकर ससुराल चली जाएगी तो मेरा जीवन कितना सूना हो जाएगा।"

पिता-पुत्री के इस सम्बन्ध में पहली बाधा तब पड़ी जब वह पन्द्रह वर्ष की थी। उसे कॉलेज के एक युवक से प्यार हो गया। वह उसे पढ़ाने आता था। जब पिता को उसके इस नए-नए प्रेम की जानकारी हुई तो वे आग-बबूला हो गए। उन्होंने आशा को उसकी मामी के पास सहारनपुर भेज दिया। यहाँ भी उस पर कड़ी निगाह रखी जाती थी। वह न तो चिट्ठी भेज सकती थी, न ही प्राप्त कर सकती थी। एक साल तक वह वहाँ कैदियों की तरह पड़ी रही और तभी दिल्ली आई जब उसके पिता बीमार पड़ गए और कहने लगे कि मेरी सेवा कोई करेगा तो मेरी बिटिया ही। आशा ने बड़ी मेहनत और लगन से उनकी सेवा की और वे पुनः स्वस्थ हो गए। दोनों में से किसी ने ट्यूशन पढ़ानेवाले उस युवक की चर्चा नहीं की। इस घटना के बाद पिता-पुत्री और ज्यादा निकट आ गए।

आशा पर दोनों भूतों की छाया किस प्रकार पड़ी वह घटना-चक्र कुछ यूँ प्रारम्भ हुआ। तीन वर्ष पहले आशा के भाई का विवाह हुआ। आशा का कहना है कि विवाह के बाद उसका भाई अपनी पत्नी के गिरफ्त में आ गया और उसने बहन की उपेक्षा शुरू कर दी। आशा को भाई के इस 'विश्वासघात' से बहुत चोट पहुँची किन्तु उसने बहन का कर्त्तव्य निभाना जारी रखा। एक बार थोड़े दिनों के लिए वह अपने भाई के घर गई। उसकी भाभी उस वक्त गर्भवती थी। उसने भाभी की आलमारी में अपने कुछ कपड़े देखे। उसे इस बात का बड़ा धक्का लगा कि उसकी भाभी चोर है और उसने ननद के कपड़े चुराए हैं। इस घटना के कुछ ही दिनों बाद उसे पेट-दर्द शुरू हुआ।

इन्हीं दिनों पड़ोस का एक युवक आशा पर जान छिड़कने लगा। वह युवक प्रतिदिन आशा के चाचा के दवाखाने चला आता था। आशा यहाँ काम में चाचा का हाथ बँटाती थी। वह आशा से घंटों बात करता रहता था। आशा को उस युवक में तनिक भी रुचि नहीं थी किन्तु वह युवक इस बात से जरा भी निरुत्साहित नहीं हुआ। बातचीत के दौरान एक बार तो उसने स्पष्ट कह दिया कि मैं तुमसे प्यार करता हूँ। आशा के पिता को जब युवक की कारस्तानी का पता चला तो वे फिर क्रोधित हो गए। अपने दो बेटों को साथ लेकर वे उस युवक के घर उलाहना देने गए। युवक की माता ने आशा के पिता

और भाइयों को इस बात के लिए राजी कर लिया कि आशा उसके घर की बहू बने। इसी क्रम में निर्णय हुआ कि आशा का ब्याह उस युवक से तो नहीं परन्तु उसके छोटे भाई से होगा। यह स्पष्ट नहीं है कि ऐसा निर्णय किसने और कैसे लिया। आशा को इस बात से बहुत दुःख हुआ लेकिन उसने अपनी बात प्रकट नहीं की। पिता बीमार पड़ गए थे और आशा नहीं चाहती थी कि वह कुछ ऐसा कह दे जिससे पिता की हालत और ज्यादा खराब हो जाए। एक बार फिर उसने अपने पिता की सेवा की। उसी के शब्दों में "उसने उस अंग को भी साफ किया जिसे लड़कियाँ कभी अपने हाथ से छूती तक नहीं।"

उसके मंगेतर का भाई अब और ज्यादा उद्धत हो गया था। वह अपनी यौवनता के साथ उसकी तरफ आगे बढ़ने लगा था। आशा ने उससे बार-बार विनती की कि वह जल्दी ही उसकी भावज बन जाएगी। अतः एक अच्छे हिन्दू के समान वह अपनी हरकत से बाज आए तथा उस पर निगाह न डाले। इसी समय आशा पर दूसरे भूत का प्रकोप हुआ और उसे चींटियों के रेंगने की संवेदना होने लगी। वह अपने होनेवाली सास के घर भेंट-मुलाकात के लिए गई थी। उसने देखा कि घर में उस स्वघोषित प्रेमी के अलावा और कोई नहीं है। युवक ने उससे कमरे में चलने को कहा और वह बेहोश हो गई। चींटियों के रेंगने की घंटना, सिर दर्द तथा क्रोध का दौरा इसी के बाद आना शुरू हुआ।

क्षण-भर को एक मनोवैज्ञानिक की तरह आशा की बीमारी के मूलभूत मनोवैज्ञानिक कारणों पर विचार करते हुए और आशा के व्यवहार और उसके लक्षण के सांस्कृतिक महत्त्व को थोड़ी देर के लिए छोड़ते हुए मेरा कहना है कि आशा का मामला, पंजाबी परिवेश तथा मध्यमवर्गीय वातावरण को छोड़ दें तो वैसा ही है जैसा आमतौर पर किसी बड़े-बुजुर्ग की सेवा करते हुए बीमार पड़ जानेवाली युवतियों के बारे में लिखे गए मनोवैज्ञानिक साहित्य में पाया जाता है। एक ओर उसके मन में अपने पिता के प्रति कर्त्तव्य और स्नेह की भावना थी और दूसरी ओर किसी दूसरे पुरुष के प्रति कामेच्छा का भाव। इन दो भावनाओं का संघर्ष उसके मन में बराबर चल रहा था। उन्नीसवीं सदी के पूर्वार्द्धवाले यूरोपीय बुर्जुआ समाज की एक ऐसी ही युवती एलिजाबेथ वॉन की चर्चा फ्रायड ने की है। वह फ्रायड के पास इलाज के लिए आई थी। आशा अपने पिता से अत्यन्त निकट थी परन्तु उसके मन में पिता के प्रति क्रोध भी था। पिता के ही कारण उसका प्रथम-प्रेम काल-कवलित हुआ था। चूँकि पिता के सान्निध्य की उसे बहुत ज्यादा जरूरत थी अतः उसे अपने क्रोध को दबाना पड़ा। जरा बदली हुई स्थिति पर गौर करें। उसका पिता बीमार था, उसकी सगाई हो चुकी थी और जेठ उसके साथ सम्भोग करना चाहता था। यह बड़ी तनावपूर्ण स्थिति थी। यहाँ आशा के लिए अपना क्रोध तथा अपनी कामेच्छा दबाना भर सन्तोषजनक साबित नहीं हुआ। ये भावनाएँ उसके चेतन मन से निकलकर किसी भूत पर आरोपित हो गईं। उसका यह कहना स्वाभाविक ही था कि प्रेत को उसके प्रेमी ने भेजा है। इस प्रकार आशा अपने

मन में उठनेवाली परस्पर विरोधी भावनाओं द्वारा जकड़ जाने के लिए युवक को जिम्मेदार ठहरा रही थी। जहाँ तक आशा की चमड़ी के काले पड़ जाने का सवाल है, मेरा मानना है कि ऐसा आशा द्वारा स्वयं को पिता का प्रतीक मान लेने से हुआ। हमें बताया गया कि मरने से तुरन्त पहले उसके पिता की चमड़ी का रंग काला पड़ गया था। अपने को पिता का प्रतीक मानकर वह न सिर्फ अपने प्रिय पिता की क्षतिपूर्ति कर रही थी बल्कि पिता से स्वयं को मुक्त करने की असफल चेष्टा भी कर रही थी। आशा का दूसरा भूत—भ्रूणभक्षक मसान—भी इसी प्रकार कामेच्छा तथा विध्वंसक भावनाओं का सम्मिलित रूप है। मेरा मानना है कि उसका पेट दर्द उसके गर्भवती होने की फैंटेसी की अभिव्यक्ति है। उसने स्वयं को अपनी प्रतिद्वन्द्वी भाभी का प्रतीक मान लिया। भ्रूण भक्षक मसान इस प्रकार इस विचार का प्रतीक बन जाता है—"अपने भाभी के अजन्मे बच्चे को मैं नहीं मारना चाहती बल्कि वही मेरे अजन्मे बच्चे (कल्पना में सोचे हुए) को मार देना चाहती है।" आशा को पेटुओं की तरह खाने के जो दौरे पड़ते थे उससे मेरी व्याख्या को बल मिलता है। बहुत से सृजनशील लेखकों का मानना है कि खाने की अत्यधिक लालसा मात्र भोजन की जरूरत का प्रतिबिम्ब नहीं है बल्कि यह उन अचेतन इच्छाओं का प्रतीक है जिनकी पूर्ति सम्भव नहीं। उदाहरणार्थ बाल्ज़ाक ने अपने उपन्यास 'टु वुमन' में एक ऐसी गर्भवती महिला का चित्रण किया है जो सड़ी हुई नारंगियाँ खाने को लालायित रहती है। उसका कहना है कि उसकी यह इच्छा अपने अजात शिशु के भक्षण की इच्छा का प्रतीक है।

मैं ऊपर कह चुका हूँ कि आशा और शकुन वियना के बुर्जुआ समाज की बहुत सी उन युवतियों के समान है जो अपने मनोविकारों के इलाज के लिए फ्रायड के पास आया करती थीं। आशा और शकुन के रोग के लक्षण उनके रोग के लक्षण से भले नहीं मिलते हैं किन्तु इन सबका व्यक्तित्व हिस्टीरिया के रोगियों जैसा है। हिस्टीरियाई व्यक्तित्व के सर्वसामान्य लक्षण हैं—पिता के प्रति काम-भावना की हद तक स्नेह-भावना, पितृरति की जटिल मनोभावना, यौनाकांक्षा के प्रति डर किन्तु उसमें गहरी रुचि का सम्मिश्रण जो छुपा रहे, परम्परागत मान-मूल्यों और सामाजिक मर्यादाओं में विश्वास, संसार को समझने की संवेदनवादी दृष्टि, नाटकीय तथा अतिशयतायुक्त व्यवहार, अपने को कई तरह का व्यक्ति मानना आदि। सच तो यह है कि बालाजी के मन्दिर में मैंने जिन 28 रोगियों से साक्षात्कार किया उनमें 15 (इसमें ग्यारह तो स्त्रियाँ ही थीं) का व्यक्तित्व हिस्टीरियाई था। मजे की बात यह है कि बहुत से अन्य रोगियों की मन्दिर में पेशी नहीं हुई और उनके भूतों ने प्रकट होकर मन्दिर में बयान भी नहीं दिया। लेकिन इन पन्द्रहों रोगियों की 'पेशी' हुई और इनके भूतों ने प्रकट होकर बयान भी दिया। यह तो माना जा सकता है कि प्रेतबाधा से ग्रस्त होना हिस्टीरिया से ज्यादा बड़ा मनोविकार है परन्तु ऐसा प्रतीत होता है कि हिस्टीरिया-ग्रस्त व्यक्तित्व प्रेतबाधा-ग्रस्त होने की स्थिति का सबसे ज्यादा फायदा उठाते हैं।

आशा तथा हिस्टीरिया-ग्रस्त अन्य भारतीय रोगी भूतों का वर्णन और उनका

प्रकटन बड़े मूर्त्त तथा नाटकीय ढंग से करते हैं। इस बात में वे अपनी तरह के यूरोपीय रोगियों से भिन्न हैं। हालाँकि उनसे मिलती जरूर है किन्तु थोड़े भिन्न रूप में। दरअसल ऐसा संस्कृति की भिन्नता के कारण होता है। भारत का एक भरापूरा पौराणिक संसार है। उसमें नाना-तरह के देवी-देवता तथा पारलौकिक अस्तित्वों का वास है और इसी संसार में भारतीय शिशु पलता-बढ़ता है। उसके पालन-पोषण में इन नाना प्रकार की मनोगत उपस्थितियों का योगदान होता है। ये सब मिलकर प्रेतबाधा ग्रस्त होने की दशा में कल्पना की सामग्री बन जाते हैं। एलन क्रोहन ने बताया है कि हिस्टीरिया एक तरह का स्नायुविकार है जो विशिष्ट ऐतिहासिक-सांस्कृतिक रंग को धारण कर लेता है। पश्चिम में, महारानी विक्टोरिया के युग में हिस्टीरिया के ऐसे रोगियों का वर्णन मिलता है जो अचानक मूर्छित होकर गिर पड़ते थे, थोड़ी देर को जिन्हें लकवा मार जाता था। मध्ययुग में कुछेक रोगियों के बारे में कहा जाता था कि उन्हें किसी शैतान अथवा चुड़ैल ने पकड़ लिया है। क्रोहन ने ठीक ही लिखा है कि हिस्टीरिया ग्रस्त व्यक्तित्व में एक अनूठी विशेषता यह होती है कि वह अपनी कर्मण्यता पर विश्वास करने लगता है। वह मानता है कि 'मैं तो एक निष्क्रिय साधन हूँ', मुझे शैतान, चुड़ैल अथवा भूत आदि ऐसा करने के लिए बाध्य करते हैं। अपनी इच्छा से मैं यह सब नहीं करता।"

सम्भव है कि हिस्टीरियाजनित व्यक्तित्व पश्चिम में अभी बड़े पैमाने पर समाप्त नहीं हुए हों और अपने को वर्तमान संस्कृति में प्रचलित मूल्यों की निष्क्रियता के रंग में ढाल लिया हो। अब वे अपने को समाज का प्रताड़ित व्यक्ति, ग्रह चाल में पड़ा हुआ लाचार आदमी, अपने अचेतन का सताया हुआ व्यक्ति अथवा मनोरोग का मारा हुआ समझते हों जैसा कि क्रोहन ने इशारा किया है। जो भी हो, फ्रायड का कामेच्छा सम्बन्धी सिद्धान्त जो फ्रायड ने हिस्टीरिया सम्बन्धी अनेक मामलों का अध्ययन करके दिया आज भी भारतीय मनोचिकित्सकों के लिए केन्द्रीय महत्त्व का है। हमने देखा है कि बालाजी मन्दिर में जो व्यक्ति इलाज के लिए पहुँचते हैं उनमें अधिकांश हिस्टीरिया-पीड़ित होते हैं। इनमें बहुतेरी युवा स्त्रियाँ होती हैं। यदि पारम्परिक भाषा में कहें तो उन पर प्रतिबन्धित कामेच्छा तथा आक्रामकता के भूतों का साया होता है। हालाँकि चिकित्सीय दृष्टि से इन रोगियों के लक्षण में पर्याप्त भिन्नता होती है किन्तु भारतीय समाज में हिस्टीरिया-ग्रस्त व्यक्तित्व के रूप में महिलाओं की व्यापक उपस्थिति तथा उनका अपनी संस्कृति के दायरे में 'निष्क्रियता' की धारणा का इस्तेमाल करना समाज में प्रचलित बहुत सी स्थितियों का प्रतिबिम्बन भी है। दूसरे शब्दों में, कोई भी वैयक्तिक चिन्ता ऐसी नहीं जो समुदाय या समाज के किसी खास सरोकार से नहीं जुड़ी हो। इस बात की तरफ इरिक इरिक्सन ने बहुत पहले ही इशारा कर दिया था किन्तु हम चिकित्सक इस बात पर ज्यादा ध्यान न देकर रोगी के व्यक्तिगत इतिहास की अद्वितीयता पर ही ज्यादा ध्यान देते रहे। बालाजी मन्दिर में आई महिलाओं विशेषकर ग्रामीण स्त्रियों से अपने साक्षात्कार के दौरान मैं इस बात से अचम्भित रह गया कि उनके अन्दर वर्षों-वर्षों से दबा क्रोध

पड़ा था। अबला युवतियों का दबा हुआ क्रोध सामाजिक प्रतिबन्ध के कारण निकल नहीं पाता है और इस अवस्था में वह एक फलक का रूप धारण कर लेता है जिस पर हिस्टीरियाजनित मनोविकार के वैयक्तिक चित्र उभरते हैं।

3. उर्मिला का क्रोध

उर्मिला राजस्थान के गाँव की रहनेवाली 18 वर्षीया आकर्षक युवती है। वह अपने पति के साथ बालाजी मन्दिर आई थी। दो वर्ष पहले, शादी के तुरन्त बाद उसे शरीर में दर्द होने लगा और साँस लेने में कठिनाई होने लगी। कुछ ही दिनों बाद उसे क्रोध के दौरे पड़ने लगे। क्रोध के इस दौरे के दौरान जो भी उसके पास आता उस पर गालियों की बौछार कर देती थी। अपने पति को देखकर वह क्रोध से पागल हो जाती है, उसका व्यवहार हिंसक हो उठता था और वह उसे चुन-चुनकर गाली देती थी। उसके पति ने बताया—"दौरे के दौरान इसके अन्दर इतनी शक्ति आ जाती है कि दो या तीन मजबूत आदमी ही एक साथ मिलकर उसे रोक पाते हैं। उसे भूख भी इस कदर लगती है कि सारे घर के लिए बना भोजन अकेले खा जाती है और प्यास का हाल यह है कि बाल्टी भर पानी अकेले पी जाती है।" उर्मिला ने अपने युवा पति की बात का समर्थन करते हुए कहा, "ये ठीक कहते हैं, डॉक्टर साहब। शादी से पहले मुझे कभी गुस्सा नहीं आता था, लेकिन भूत चढ़ने पर पता नहीं मुझे क्या हो जाता है ? बाद में मुझे लोग बताते हैं कि मैंने अपने पति को भद्दी-भद्दी गालियाँ दी हैं, लेकिन ऐसी शर्मनाक बात मुझे याद तक नहीं रहती।"

उर्मिला पर एक दुष्टात्मा प्रेत की छाया तो थी ही उस पर उसके पिता की 'सदात्मा' का भी साया था। जब दुष्टात्मा प्रेत के क्रोध से किसी अनिष्ट की आशंका होती थी तो पिता की आत्मा उसे बचाने आती थी। उर्मिला जब पाँच साल की थी तभी उसके पिता की मृत्यु हो गई थी। वे क्रोधी व्यक्ति के रूप में प्रसिद्ध थे। उर्मिला अपने पिता से, उनके क्रोधी स्वभाव के बावजूद, मार्गदर्शन प्राप्त करती थी और जानती थी कि पिता की आत्मा उसका परित्राण करेगी। उनकी आत्मा के कहने पर ही पति-पत्नी बालाजी-मन्दिर आए थे। उनके बालाजी-मन्दिर आए बहुत दिन हो गए थे। 'भूत' आता तो था लेकिन अपना नाम-पता नहीं बताता था। पति का धैर्य खत्म हो चुका था लेकिन उर्मिला का कहना था कि वह तब तक नहीं जाएगी जब तक ऐसा करने के लिए उसके पिता की आत्मा कह न दे। पति ने जब घर जाने की जिद की तो पिता की आत्मा उर्मिला में प्रवेश कर गई। उर्मिला ने पति को इस अवस्था में जमकर गालियाँ दी और कहा कि मेरी बेटी को छोड़कर गए तो तुम्हारी टाँगें तोड़ दी जाएँगी। पति-पत्नी जिस सराय में ठहरे हुए थे वहाँ के सभी लोगों से भूत ने बताया कि यह आदमी सम्भवतः दूसरी शादी करना चाहता है और मैं (उर्मिला के पिता) उसे कठोर दंड दूँगा। कभी-कभी उर्मिला पर उसकी सास का भूत आ जाता था। सास की आत्मा का कहना था कि उसकी आत्मा की मुक्ति के लिए घरवालों ने ठीक से श्राद्ध-कर्म नहीं किया है और

उसका आदेश होता था कि श्राद्ध-कर्म ठीक से कराया जाए।

कुछ दिनों से उर्मिला को महसूस हो रहा था कि भूत उसका पिंड छोड़ रहा है। एक दिन उसने कहा कि सभी लोग पास के गाँव में स्थित वैष्णव देवी के मन्दिर चलें। यह मन्दिर बालाजी से दो मील दूर है। वहाँ वैष्णव माता उसके शरीर में प्रवेश कर जाएगी तथा बताएँगी कि भूत भाग गया अथवा जाने का नाटक भर कर रहा है। अगले दिन उर्मिला, उसका पति तथा पड़ोस के गाँव का एक दम्पत्ति—सभी मन्दिर गए। वहाँ वे माता के प्रकट होने की प्रतीक्षा करने लगे। उर्मिला टकटकी बाँधकर माँ की मूर्ति को निहारने लगी। बाकी लोग 'माता की जय हो' पुकारने लगे। उर्मिला की साँस तेज-तेज चलने लगी और उसके चेहरे पर कभी पीड़ा तथा कभी कष्ट के लक्षण झलकने लगे। अचानक उसका चेहरा बिल्कुल भावशून्य हो गया। माँ उसमें प्रवेश कर गईं। ऊँची आवाज और विश्वास भरे लहजे में उर्मिला ने बोलना शुरू किया, "क्या चाहती हो तुम ? बोलो, क्या चाहती हो ? तुमने मुझे क्यों बुलाया है ?"

पति ने बड़े आदर के साथ धीमी आवाज में पूछा, "यह बताइए कि हम शनिवार को चले जाएँ ?"

उर्मिला के मुँह से निकला, "हाँ, चले जाओ।"

पति ने पूछा, "माँ, यह बताओ कि इसका संकट टला या नहीं। कभी तो यह भली-चंगी हो जाती है और कभी फिर गुस्सा करने लगती है।"

उर्मिला ने उत्तेजित स्वर में उत्तर दिया, "मैंने कह दिया न कि चले जाओ। हम यहाँ इस लड़की की रक्षा करेंगे। विश्वास रखो, हम इसके साथ हैं।"

पति ने कहा, "एक कृपा और कीजिए...भूत का नाम...अभी यह वाक्य पूरा भी नहीं हुआ था कि उर्मिला गरजी, "अरे बदमाश ! तू नाम क्यों जानना चाहता है। हम तुम्हें तब नाम बताएँगे जब हमारा जाना होगा। सारा परिवार इस बेचारी लड़की पर कहर ढा रहा है। तुम कितने नाम जानना चाहते हो ?"

पति डर गया और उसने हामी भर ली। उर्मिला ने उसे जमीन पर नाक रगड़ने को कहा ताकि सिद्ध हो सके कि उसने उर्मिला का प्रभुत्व स्वीकार कर लिया है। जमीन पर नाक रगड़ना पूर्ण समर्पण का प्रतीक है। पति ने अपने कान पकड़े तथा मूर्ति के आगे झुकते हुए तीन बार जमीन पर अपनी नाक रगड़ी। दूसरी औरत जो अभी तक हाथ बाँधे बैठी थी, उर्मिला से बोली, "माताजी, अब थोड़ा सा मेरे बारे में भी बताइए।"

उर्मिला ने बड़ी तेजी से कहा, "बदमाश कोख में ही बच्चे को खा जाता है। हरामी ने इस बेचारी को बर्बाद कर दिया है। लेकिन सब ठीक हो जाएगा। माता की जय बोलो। मैं इस मुसलमान से निपट लूँगी।"

स्त्री ने झुककर उर्मिला को नमस्कार किया। दो मिनट के बाद उर्मिला तन्द्रा की अवस्था से बाहर निकल आई। वह थकी हुई दिखाई दे रही थी लेकिन उसके चेहरे पर सन्तोष का भाव था। सराय की तरफ लौटते समय उर्मिला ने हमें बताया कि वे दोनों

शनिवार को घर लौट जाएँगे। उसका कहना था कि भूत के लौटने का कोई भय नहीं है क्योंकि 'माँ' उसके साथ रहेंगी और पिता की आत्मा से भी ज्यादा रक्षा करेंगी।

इस बात के पर्याप्त प्रमाण हैं कि उर्मिला के मन में क्रोध बहुत दिनों से सुलग रहा था किन्तु विवाह तक उसने इसे दबाए रखा। क्रोध को दबाने में जब वह असफल हो गई तो उसके शरीर में रहस्यमय ढंग से पीड़ा होने लगी। क्रोध ने अपने को भूत-प्रेत के रूप में अभिव्यक्त किया। इस अवस्था में वह अपने क्रोध को व्यक्त भी कर लेती थी तथा उसे इस बात की सन्तुष्टि भी होती थी कि वह क्रोध का शिकार नहीं है। यह सब भूत-बाधा का परिणाम है जो उसके माध्यम से क्रोध व्यक्त करता है। इस बहाने से कि वह स्वयं क्रोध नहीं करती, क्रोध को अपना निजी क्रोध मानने से इनकार कर देती थी और इस प्रकार अपने 'आत्म' के अन्य रूपों—भूत, पिता की आत्मा, सास की आत्मा तथा वैष्णो माता से अपने को अलगा लेती थी। प्रश्न यह उठता है कि उर्मिला के क्रोध का कारण क्या था ? यह क्रोध किसके प्रति था ? यह क्रोध न केवल वास्तविक व्यक्तियों के प्रति हो सकता है बल्कि इसका निशाना माता-पिता की छवियाँ अथवा बचपन के आन्तरिक संसार की कुछ अन्य आकृतियाँ भी हो सकती हैं। मेरे पास उर्मिला के अतीत की पर्याप्त जानकारी नहीं है। मैं मात्र उसकी वर्तमान परिस्थिति पर विचार कर सकता हूँ। इस आधार पर मैं मात्र इतना कह सकता हूँ यह क्रोध उर्मिला अपने पति तथा उसके परिवारवालों के प्रति व्यक्त करती है तथा अपनी असमर्थता के विरुद्ध भी। यह बात सचमुच आश्चर्यजनक है कि उसने अपने को शक्तिशाली लोगों के भूतों से जोड़ा है मसलन अपने पिता, सास तथा वैष्णो माँ से। राजपूतों के ग्राम-समुदाय में बहू से अपेक्षा होती है कि वह एकदम विनयी और आज्ञाकारी बनकर रहे तथा पति और उसके परिवारवालों के प्रति रोषभरी बातें सोचे तक नहीं। ऐसे में असहाय लड़की के लिए भूत-प्रेत के माध्यम से क्रोध व्यक्त करना ही एकमात्र रास्ता रह जाता है। इस प्रकार वह अपना क्रोध व्यक्त भी कर लेती है और यह भी स्वीकार करने से बच जाती है कि अपनी असहाय अवस्था के प्रति उसके मन में कोई रोष है। परिवार के बड़े सदस्यों के प्रति रोष प्रकट करना विशेष रूप से कठिन है। जैसे आशा का ही मामला याद कीजिए। वहाँ आशा के लिए यह तक कहना कि 'भाभी मुझसे घृणा करती है' मुश्किल काम है। यह कहने के लिए कि "मैं उससे घृणा करती हूँ" अवश्य ही भयंकर रूप से बीमार पड़कर भूत-प्रेत का सहारा लेना पड़ेगा। तभी ऐसा कहना सम्भव हो सकता है। 'भारतीय नारी' नाम के सिक्के का एक पहलू यह है वह एक तरफ सती-साध्वी और धैर्यवाली हो तो दूसरी तरफ अपने मन के अन्दर छुपे राक्षसों से लड़ती भी रहे।

4. सुशील का मामला

औरतों के मामले में हिस्टीरियाग्रस्त होने का लक्षण हम सामाजिक रूप से उनका असहाय होना पाते हैं। कमोबेश भारतीय नारियाँ इससे सामान्य रूप से पीड़ित हैं। दूसरी

तरफ पुरुषों में हिस्टीरिया का लक्षण है स्वायत्त होने की माँग तथा व्यक्ति के रूप में अकेले हो जाने की चिन्ता। इस बात की पुष्टि के लिए विस्तृत केस-हिस्ट्री देने के बजाय मैं एक छोटा सा उदाहरण देना ही ठीक समझता हूँ।

सुशील की आयु 27 वर्ष थी और 22 वर्ष की अवस्था में उस पर भूत-प्रेत का प्रकोप हुआ था। आगरा से सुशील ने बी.ए. किया था और उसके स्नातक होने से एक वर्ष पहले ही उसके पिता ने दवाइयों की दुकान खोल दी थी। उनका सोचना था कि सुशील दवाई की दुकान चलाएगा। दो माह तक सब ठीक चलता रहा। दो माह बाद सुशील की शादी हुई और अचानक ही उसे महसूस हुआ कि कारोबार में उसकी रुचि नहीं रही। सवेरे दुकान पर जाने के बजाय वह निरुद्देश्य बाजार में घूमता था। एक दिन अर्धनिद्रा की अवस्था में सुशील ने अपने छोटे भाई को देखा। छोटा भाई, जब सुशील दस वर्ष का था, तब मर चुका था। उसने देखा कि उसका छोटा भाई अपने दुबले-पतले कन्धे पर स्कूल-बैग लटकाए हुए उसकी तरफ चला आ रहा है। इस दिन के बाद से सुशील के अन्दर उसके छोटे भाई की आत्मा प्रवेश कर गई। भूत चढ़ने की अवस्था को वह नाखुशगवार नहीं मानता था किन्तु इस अवस्था में उसकी आवाज बच्चों जैसी हो जाती थी और उसका शब्दकोश आठ वर्ष के बच्चे के शब्द-भंडार जितना हो जाता था। वह पूर्णतया बच्चा बन जाता था मानो उसने अपने वयस्क-व्यक्तित्व का त्याग कर दिया हो।

सुशील के प्रेत-बाधा ग्रस्त होने का समय अन्य प्रेत-बाधा ग्रस्त पुरुषों से मिलता है। वे भी शादी के तुरन्त बाद बीमार पड़े और भूत-प्रेत का उन पर प्रकोप हुआ। ऐसा प्रतीत होता है कि एक अनजान औरत से निकट भावनात्मक सम्बन्ध तथा शारीरिक-सम्पर्क बनाने को उन्होंने पहला ऐसा निजी काम समझ लिया जिसमें परिवार उनकी सहायता को नहीं आ सकता था। इससे उनके अन्दर भय पैदा हो गया कि वे अपने परिवार तथा समूह के भावनात्मक सम्बन्ध-जाल से अलग-थलग पड़ जाएँगे।

बालाजी मन्दिर में चिकित्सा : मनोचिकित्सीय परिदृश्य

विगत सदी के दौरान पश्चिमी देशों मे मनोरोगों की चिकित्सा के मामले में एक बड़ा कदम उठाया गया। इसके पीछे यह समझ काम कर रही थी कि हिस्टीरिया जनित बीमारी कुछेक निश्चित भावनाओं की प्रतीकवत अभिव्यक्ति है। इस बीमारी के दौरान मरीज के अन्दर जो शारीरिक लक्षण प्रकट होते हैं, उनका उद्देश्य एक सन्देश देना होता है। इस बात को सामने लाने का मुख्य श्रेय शार्को (charcot) तथा फ्रायड (Freud) को है। दूसरे शब्दों में, हिस्टीरिया जनित बीमारी की एक अनिवार्य तथा ख़ास विशेषता यह है कि इसमें व्यक्तिगत समस्या शारीरिक लक्षण के रूप में प्रकट होती है। इससे मरीज व्यक्तिगत समस्या से उत्पन्न चिन्ता से पलायन कर जाता है और उसकी अनदेखी कर पाता है। फ्रायड ने सप्रमाण दिखलाया कि किसी व्यक्ति की निजी और भावनात्मक

समस्या की जड़ें भूतकाल में होती हैं परन्तु वह इससे अनजान होता है। मनोविश्लेषक का काम यह है कि वह मरीज के अन्दर आत्मनिरीक्षण की भावना जगाए ताकि रोगी अपने शारीरिक लक्षणों का अर्थ समझ सके। रोगी आत्मनिरीक्षण के जरिए अपने रोग के लक्षणों का अर्थ साधारण भाषा में समझ पाता है। थॉमस जॉर्ज ने सही कहा है कि जो व्यक्ति हिस्टीरिया के रोगियों का इलाज करना चाहते हैं उनके लिए यह जानना जरूरी नहीं है कि इलाज कैसे किया जाए और निदान क्या सुझाया जाए बल्कि मरीज की विशिष्ट भाषा को समझना जरूरी होता है और इस भाषा का मतलब सर्वसाधारण भाषा में प्रकट करना जरूरी होता है। मनोविश्लेषण की आधारभूत मान्यता यह है कि यदि किसी मरीज को उसके शारीरिक लक्षणों का अर्थ खोलकर समझाया जाए तथा उसे इस बात की अनुभूति कराई जाए कि अतीत की किन घटनाओं ने इन लक्षणों को जन्म दिया है तो भविष्य में इन लक्षणों के प्रभाव को दूर किया जा सकता है और बुनियादी रूप में उन्हें बदला जा सकता है।

हिस्टीरिया जनित मनोरोगों की चिकित्सा की यह विधि बाद में अन्य मनोविकारों की चिकित्सा के लिए प्रतिमान बन गई। संक्षेप में, मैं यह कहूँगा कि मनोविश्लेषण की इस विधि से प्रभावित होकर पश्चिमी मनोचिकित्सा में इस बात पर विशेष जोर दिया गया कि रोग को समझा जाए, उसके विशिष्ट अर्थ का अनुवाद सर्वसाधारण भाषा में किया जाए तथा उसकी उत्पत्ति की तह में जाया जाए। इसके विपरीत बालाजी-मन्दिर में जिस ढंग से चिकित्सा की जाती है वह बिल्कुल अलग सिद्धान्तों पर आधारित है। वहाँ इस बात की विशेष चिन्ता की जाती है कि रोग का सन्दर्भ क्या है ? परम्परागत चिकित्सा के अन्तर्गत शकुन की ताई, आशा को तंग करनेवाले प्रेत और उर्मिला को पड़नेवाले क्रोध के दौरों का विशिष्ट अर्थ समझने की चेष्टा नहीं की जाती। उन्हें प्रतीकार्थ में ही अछूता छोड़ दिया जाता है। उनका सर्वसाधारण भाषा में अनुवाद नहीं किया जाता। इसकी जगह चिकित्सीय प्रयास यह होता है कि समस्या का सन्दर्भ बदल दिया जाए। इसके लिए कोशिश यह की जाती है कि सम्बन्धित मरीज अपने बारे में पहले से भिन्न प्रकार से सोचने लगे। मूलतः यहाँ चिकित्सीय विधि-विधान का उद्देश्य मरीज का सम्बन्ध उसकी जीवनगत परिस्थितियों में उपलब्ध मनोवैज्ञानिक शक्ति-स्रोतों से स्थापित / पुनर्स्थापित करना होता है ताकि मरीज निराशा, अपराध, हीनभाव, भ्रम और पृथकता की भावनाओं को दूर कर सके जो उसकी बीमारी के मूल कारण हैं। सन्दर्भमूलक इस चिकित्सा पद्धति की कतिपय आधारभूत बातों को यहाँ मैं बालाजी-मन्दिर में की जानेवाली चिकित्सा की प्रक्रिया को विश्लेषण द्वारा समझाना चाहता हूँ।

अमूमन जिस मरीज का रोग परेशान कर देनेवाले शारीरिक-मानसिक लक्षणों के साथ शुरू होता है वह अपने को स्थानीय डॉक्टरों, ओझा, वैद्य-हकीम आदि से तो दिखाता ही है। इन सबसे तंग आकर वह अन्ततः बालाजी-मन्दिर आने का निश्चय करता है। बालाजी आने का निर्णय इस बात का प्रतीक है कि रोगी और उसका परिवार

स्वीकार करने लगा है कि रोग अत्यन्त विकट है और सम्भवतः बालाजी-मन्दिर में ही इसका उपचार सम्भव हो सकता है। इस प्रकार बालाजी तक की यात्रा का भावनात्मक महत्त्व बढ़ जाता है और रोगी तथा उसके परिवारवाले यहाँ ऐसे पहुँचते हैं मानो यह कोई तीर्थस्थल हो। इस प्रक्रिया में बीमारी को चिकित्सीय शब्दावली में समझने की प्रक्रिया उसको धार्मिक-आध्यात्मिक शब्दावली में समझने की हो जाती है। रोगी तथा परिवारवाले बड़ी श्रद्धा से अपनी इस तीर्थयात्रा के सफल होने की कामना करते हैं। कई रोगियों को तो मन्दिर पहुँचने से पहले ही सपने में देवी-देवता या एकाधिक वानर (जो हनुमान के प्रतीक हैं) दिखाई पड़ते हैं और उनसे बालाजी आने को कहते हैं। बालाजी पहुँचने से पहले ही कई रोगी, इस प्रकार अपने अचेतन मन की गहराइयों से स्वयं को आश्वासन देने लगते हैं। उनकी आशा और उनका आत्मविश्वास बढ़ने लगता है कि रोग ठीक हो जाएगा। कई रोगियों ने बताया कि जैसे ही बालाजी जाने का फैसला लिया गया, उत्पाती भूत ने अपना अन्त निकट जानकर बाधाएँ खड़ी करनी शुरू कर दी। मरीज ने बालाजी आने से पहले इन बाधाओं को सफलतापूर्वक पार किया। स्पष्ट है कि ऐसा रोगी अपने को मात्र इलाज-प्रक्रिया में निष्क्रिय ग्रहणकर्त्ता भर नहीं समझता और अपने इलाज की प्रक्रिया में स्वयं सक्रिय हो जाता है।

बालाजी-मन्दिर के परिवेश में जिस तरह की संस्कृति प्रचलित है उसमें रोगी की आशा और अपेक्षा बहुत ज्यादा मजबूत हो जाती है। मरीज और उसके परिवारवाले निरन्तर दैवीय-चिकित्सा की शक्ति की बात करते हैं और एक-दूसरे को कथा सुनाते हैं कि कैसे विगत वर्षों में यहाँ लोग चमत्कारिक ढंग से ठीक होते रहे हैं। बहुत से पुराने रोगी जो अब ठीक हो चुके हैं विशेष-विशेष अवसरों पर बालाजी-मन्दिर आते रहते हैं ताकि उनका जुड़ाव देवता से बना रहे। अनेक लोग 'सवामणि' की अपनी प्रतिज्ञा को पूरी करने के लिए आते हैं। उन्होंने प्रतिज्ञा की होती है कि ठीक हो जाने पर वे गरीबों को पचास किलो अनाज का भोजन खिलाएँगे। ये लोग दैवीय-चिकित्सा के चमत्कार को सुनी-सफाई बात भर नहीं रहने देते बल्कि उसका जीता-जागता प्रमाण होते हैं। भूतकाल में रोगग्रस्त रह चुके ये लोग मरीज के मन में इस आशा का संचार करते हैं कि मन्दिर की चिकित्सा सचमुच 'काम' करती है।

मन्दिर की चिकित्सा-संस्कृति का दूसरा महत्त्वपूर्ण लक्षण यह है कि रोगी के परिजन चिकित्सा-प्रक्रिया के अभिन्न अंग बन जाते हैं। मन्दिर का नियम यह है कि रोगी तभी सराय में ठहर सकता है जब उसके साथ कोई व्यक्ति हो। वस्तुतः प्रत्येक रोगी के साथ उसके परिवार के तीन या चार सदस्य होते हैं। मन्दिर में जो विधि-विधान कराए जाते हैं उसमें परिवार के सदस्यों की सक्रिय भागदारी जरूरी होती है। वे सवेरे से शाम तक चलनेवाली विविध तरह की इलाज-प्रक्रिया में रोगी के साथ ही रहते हैं। साथ ही वहाँ उपस्थित जनसमुदाय की चिन्ता का मुख्य विषय होता है—'प्रेतसंकट'। ऐसे परिवेश में रहते हुए बीमार और स्वस्थ व्यक्ति के बीच का अन्तर धीरे-धीरे धुँधला पड़ने लगता है। ऐसे बहुत से मामले देखने को मिले कि कोई व्यक्ति अपने साथ प्रेतबाधा ग्रस्त

व्यक्ति को लेकर इलाज के लिए आया तथा धीरे-धीरे उसने पाया कि वह भी प्रेतबाधा ग्रस्त हो गया है एवं उसे भी सहायता की जरूरत है। मरीज और स्वस्थ व्यक्ति को जोड़नेवाला दूसरा सेतु है 'संकट का हस्तान्तरण'। इस मान्यता के अनुसार यदि मरीज का कोई सम्बन्धी बालाजी से यह प्रार्थना करे कि मरीज का रोग उसे लग जाए और बदले में मरीज ठीक हो जाए तो भूत मरीज को छोड़कर उसे पकड़ लेता है। हालाँकि 'संकट के हस्तान्तरण' के जो तीन मामले मैंने देखे उसमें परिवार के सदस्यों पर तो भूत का प्रकोप हो गया किन्तु मरीज को भूत ने नहीं छोड़ा। उसे किसी तरह का आराम नहीं पहुँचा।

'मरीज' और 'स्वस्थ' तथा 'सामान्य' और 'प्रेतबाधा ग्रस्त' व्यक्ति के बीच अन्तर के धुँधला पड़ने का महत्त्व इस कारण बढ़ जाता है कि इसके द्वारा मरीज को यह समझने में मदद मिलती है कि वह अकेला नहीं है और न ही नैतिक रूप से तुच्छ है। भूत-प्रेत की छाया पड़ना किसी रोगी के लिए नई बात नहीं होती। उसने सुन रखा होता है कि लोगों पर भूत-प्रेत का प्रकोप होता है किन्तु जब उस पर प्रेत की छाया पड़ती है तो वह अपने को अकेला पाता है तथा समुदाय की सामूहिक शक्ति से कट जाता है। यह भावना इस कारण भी घर कर जाती है कि भूत-प्रेत का प्रकोप एक प्रकार का कलंक माना जाता है। इसके कारण व्यक्ति अपने परिवार तथा समुदाय से अलग-थलग पड़ जाता है। यह बात तब और भी स्पष्ट हो जाती है जब पता चलता है कि हिन्दू-संस्कृति कुछ खास तरह के लोगों मसलन—नपुंसक, व्यभिचारी, विधवाओं, दिवालिये लोगों, वेश्या के बेटे तथा भाई, अपराधी, निठल्लों, पेटू और भूखे रहनेवालों को प्रेत-बाधा से ग्रस्त हो सकनेवाली कोटि में रखती है। माना जाता है कि पढ़े-लिखे तथा मेधावी लोगों एवं स्वस्थ अथवा तेज स्त्रियों पर प्रेत की छाया नहीं पड़ती।

बालाजी-मन्दिर की नियमावली एक छपी हुई पुस्तिका पर मिलती है। पुजारी स्वयं भी वहाँ आनेवाले लोगों को यह सूचना अपने मुँह से देता है। इन नियमों में इस बात पर जोर दिया गया है कि रोगी स्वयं को शुद्ध कर ले तभी बालाजी उसकी बात सुनेंगे। बालाजी मन्दिर में रहते समय ब्रह्मचर्य का पालन करना पड़ता है, मिर्च-मसाले, प्याज-लहसुन तथा अन्य अशुद्ध पदार्थों का निषेध है। प्रतिदिन स्नान करके कपड़े बदलना आवश्यक होता है। मैंने अन्यत्र यह बात बताई है कि भारतीय मानस जब स्वयं को अपराधबोध से घिरा हुआ पाता है तो इसको 'गन्दा' और 'अशुद्ध' होने की भावना द्वारा व्यक्त करता है अर्थात् 'गन्दा' और 'अशुद्ध' होना एक तरीका है स्वयं को अपराधी महसूस करने का। नहाना इस प्रकार से अन्तर्मन की 'गन्दगी' को साफ करने का प्रतीक बन जाता है और 'अपराध' की भावना से मुक्त होने के लिए रोगी इसे आवश्यक मानने लगता है। चेतना के स्तर पर रोगी यह सोचता है कि इस शुद्धि के बाद ही वह दैवीय शक्ति का प्रसाद पा सकता है।

बालाजी की सामुदायिक-संस्कृति की एक और विशेषता है। यहाँ 'संकट' पर खुलकर चर्चा होती है। रोगी और उनके परिवार के सदस्य मन्दिर-परिसर में तथा उसके

बाहर भी एक-दूसरे के 'संकट' के बारे में बड़े विस्तार से चर्चा करते हैं। जब दो रोगियों की आते-जाते भेंट हो जाती है तो वे एक-दूसरे से पूछते हैं, "तुम्हारे 'संकट' की आजकल क्या स्थिति है ?" यह हाल-चाल पूछने और कुशल-क्षेम जानने का वहाँ स्वीकृत तरीका है। ऐसे प्रश्नों का अक्सर मिलनेवाला जवाब होता है, "कुछ खास बदलाव नहीं आया है" अथवा "पहले से थोड़ा ठीक है।" बातचीत कुछ-कुछ उसी विश्वास के साथ होती है मानो भौतिकशास्त्र के दो स्नातक-कक्षा के विद्यार्थी अपने-अपने प्रयोगों की प्रगति के बारे में विचार-विनिमय कर रहे हों। यह बताने से मेरा तात्पर्य यह है कि 'भूत-प्रेत' से पीड़ित होने की बात स्पष्ट रूप में स्वीकार कर ली गई होती हैं। सरायों में जब रात के समय फाटक बन्द हो जाते हैं तो रोगी और उनके परिवार-जन छोटे-छोटे समूहों में इकट्ठे होकर एक-दूसरे के 'संकट' की चर्चा करते हैं। इस तरह की चिकित्सीय-बातचीत में रोगी के रोग के सर्वाधिक अन्तरंग ब्यौरों पर चर्चा होती है। रोग की उत्पत्ति के सम्भावित कारणों का अनुमान लगाया जाता है तथा रोग से छुटकारा दिलानेवाले कर्मकांड के सम्भावित परिणाम की चर्चा होती है। इसके परिणामस्वरूप किसी भी रोगी को लज्जा का अनुभव नहीं होता तथा रोगी व्यक्ति का रोग के सम्बन्ध में निजी डर समाप्त हो जाता है। रोगी अप्रकट भूत-प्रेत के बारे में बड़े स्पष्ट तौर पर बात करते हैं और 'भूत-प्रेत' से सम्बन्धित भय और चिन्ता की भावनाएँ स्पष्टतया समाप्त होने लगती हैं। रोगी एक-दूसरे को बताते हैं कि मन्दिर में चिकित्सा के अमुक कर्मकांड के दौरान भूत ने अमुक दिन क्या किया। रोगी भूत की चर्चा इस तरह करते हैं मानो भूत कोई नटखट बच्चा हो। इस कारण अपने रोग के प्रति उनके रवैए में स्पष्ट परिवर्तन होता है, 'भूत' उन पर हावी नहीं रहता बल्कि वे सोचते हैं कि इसको सहन करना ही पड़ेगा। मनोचिकित्सा के अपने अनुभवों के आधार पर मैं कह सकता हूँ कि जब रोगी यह महसूस करने लगे कि उसे चिन्ता का रोग है न कि 'चिन्ता' नामक रोग ने उसे धर रखा है तो यह स्वास्थ्य-लाभ की दिशा में बड़ा कदम होता है। ओडेसेकर ने श्रीलंका में 'झाड़-फूँक' से सम्बन्धित एक बड़ा महत्त्वपूर्ण अध्ययन प्रस्तुत किया है। उसने बताया है कि 'मानक कर्मकांड' विभिन्न प्रकार के मनोरोगों से ग्रस्त मरीजों के इलाज में सहायक सिद्ध होते हैं। श्रीलंका में 'झाड़-फूँक' के दौरान कर्मकांडों को एक विशेष रीति से कराया जाता है। हम यहाँ भी ऐसी ही स्थिति को सच होता देखते हैं। यहाँ रोग से सम्बन्धित विविध बातों पर ध्यान नहीं दिया जाता, रोग का ब्यौरा महत्त्वपूर्ण नहीं होता बल्कि वह सन्दर्भ महत्त्वपूर्ण होता है जिसमें बीमारी-जनित भावनाएँ उत्पन्न होती हैं। 'मानक कर्मकांड' द्वारा की जानेवाली चिकित्सा अपना असर दिखाती है क्योंकि 'सन्दर्भ' का सूत्र कहीं-न-कहीं सार्वभौम मानवीय शक्तिमत्ता से जुड़ा होता है और इस शक्तिमत्ता का रोगी के अन्दर आह्वान उसे अपनी 'सम्पूर्णता' की भावना से जोड़कर नीरोग बनाता है।

मनोरोगों के बारे में कई तरह के दृष्टिकोण हैं। मनोरोगों को शारीरिक-व्यवस्था से अलगाव की स्थिति के रूप में देखा जाता है। इसे अपने 'आत्म' से अलगाव के रूप

में तथा सामाजिक-व्यवस्था से अलगाव के रूप में भी देखा जाता है। उपरोक्त बातों से पता चलता है कि बालाजी-मन्दिर में इलाज के दौरान इस बात की कोशिश की जाती है कि व्यक्ति समाज-व्यवस्था से अलगाव की भावना को परास्त कर दे। वहाँ देवता की कचहरी में दो पक्ष होते हैं। एक तरफ भूत होता है जो रोगी पर अख्तियार बनाए रखना चाहता है और दूसरी तरफ परिवार के सदस्य होते हैं जो रोगी को पुनः स्वस्थ व्यक्ति के रूप में अपने समाज में पाना चाहते हैं। 'भूत' रोगी का अपना ही कटा हुआ 'आत्म' होता है। देवता का प्रयत्न यहाँ रोगी के विच्छिन्न 'आत्मा' को उससे जोड़ना ही नहीं होता बल्कि उसको उसके समाज का अंग बनाना भी होता है जबकि पश्चिमी तर्ज की मनोचिकित्सा में 'रोगी' को समाज से अलग माना जाता है और उसे इलाज के दौरान वैज्ञानिक सिद्धान्तों के आलोक में एक विच्छिन्न परिवेश में ही रखा जाता है। ऐसी चिकित्सा का उद्‌देश्य रोगी का विच्छिन्न 'आत्म' उसे लौटाना मात्र होता है। बालाजी-मन्दिर में चिकित्सा के दौरान एक बहुत बड़ा सामाजिक परिवेश निर्मित होता है जिसमें न सिर्फ रोगी के साथ संवाद किया जाता है बल्कि इस संवाद में परिवार के लोग भी शामिल होते हैं। परिवार-जन रोगी के साथ ही 'कर्मकांड' में भाग लेते हैं और इस बात की इच्छा प्रकट करते हैं कि रोगी का 'संकट' उन पर आ जाए। इस प्रकार रोगी की समस्याओं के लिए स्वयं को भी जिम्मेदार मानते हैं।

जहाँ तक रोगी के विच्छिन्न आत्म का सवाल है, चिकित्सा दो प्रविधियों को अपनाती है। भूत-प्रेत के डर को कम करके इस बात की चेष्टा की जाती है कि जिस व्यक्ति पर भूत की छाया है वह उसे सहन कर सके और भूत के स्थान पर देवता के अपने शुभकारी 'दूत' को स्थापित करने की चेष्टा की जाती है। इस बात पर बल दिया जाता है कि दुरात्माएँ तो पितृपक्ष की अभागी आत्माएँ होती हैं और इन 'आत्माओं' पर दया की जरूरत है, चिन्तातुर होकर कठोर प्रतिक्रिया जताने की नहीं। मनोविज्ञान की भाषा में कहें तो मानस का अचेतन भाग न तो अपरिवर्तनीय माना जाता है न ही अचर और दुराशय तथा भयावह। मनोविश्लेषण के अन्तर्गत 'इड' को 'अचर' अपरिवर्तनीय माना जाता है। जबकि चिकित्सा की इस प्रविधि में 'अचेतन' को शुभकारी बनने की क्षमता से युक्त माना जाता है। इस बात को भी ध्यान रखना चाहिए कि 'भूत-प्रेत' बालाजी के दरबार में अपराधी के रूप में खड़े होते हैं और समाज से इन्हें बहिष्कृत नहीं माना जाता है। प्रेतराज को सफाई पक्ष का वकील ही मानना चाहिए जो 'भूत-प्रेत' के हितों का खयाल रखते हैं और निर्णायक के रूप में सजा तजबीज करते हैं। दूसरी बात यह है कि बालाजी के दरबार में 'पेशी' की प्रक्रिया के अन्तर्गत रोगी की यह धारणा धीरे-धीरे विश्वास में परिवर्तित हो जाती है कि उसके दुर्गुण और मनोवेग स्वयं उसमें अन्तर्निहित नहीं बल्कि बाहर के हैं और इनका सम्बन्ध भूत से है। 28 रोगियों में से 15 पर मुसलमान प्रेत की छाया थी जो इस बात को प्रकट करता है कि हिन्दू-मानस का अचेतन हिस्सा मुसलमान को विदेशी का प्रतीक मानता है। किसी मुसलमान भूत द्वारा प्रभावित होने का अर्थ है कि रोगी अपने को तथा दूसरों को यह

विश्वास दिलाने की चेष्टा कर रहा है कि निषिद्ध खाद्य-पदार्थों, कामेच्छा की पूर्ति और अनियन्त्रित क्रोध का मूल कारण वह मुसलमान भूत है। वही सामाजिक निषेधों को तोड़ने के लिए बाध्य कर रहा है तथा ये गर्हित इच्छाएँ स्वयं रोगी के हिन्दू 'आत्म' से उत्पन्न नहीं हैं।

चिकित्सा की पद्धति चाहे पूर्वी हो या पश्चिमी उसका फायदा सबको समान रूप से नहीं पहुँचता। इसी तरह बालाजी मन्दिर में आनेवाले सभी रोगी ठीक होकर ही जाते हों ऐसी बात नहीं। हालाँकि दावा ऐसा ही किया जाता है। कभी-कभी ऐसा होता है कि रोगी दरबार में 'अर्जी' दे ! उसकी 'पेशी' भी हो और 'भूत' अपना बयान भी दर्ज कराए परन्तु रोग के लक्षण समाप्त नहीं होते। ऐसे मामलों में कहा जाता है कि रोगी को कई 'संकटों' ने घेर रखा था। उस पर विभिन्न प्रकार के भूतों की छाया थी। कहा जाता है कि रोगी पर जितने तरह के भूत हैं उतनी बार उसकी 'पेशी' हो। एक ऐसा ही रोगी वहाँ आया था। उस पर भूतों की छाया थी। कभी-कभी ऐसा होता है कि रोगी मन्दिर में एकदम ठीक हो जाता है किन्तु घर पहुँचने के तुरन्त बाद रोग के वही लक्षण उभर आते हैं। ऐसे मामलों में कहा जाता है कि भूत बहुत धोखेबाज है। उसने बालाजी को वचन दिया था कि रोगी को छोड़ देगा किन्तु अपने वचन से मुकर गया। कुछ मामलों में रोग बहुत गम्भीर साबित होता है। 'पेशी' के बावजूद रोगी का शरीर मात्र झूलकर रह जाता है। भूत प्रकट नहीं होता और इस तरह अच्छाई-बुराई का संघर्ष भी प्रकट नहीं होता। भूत ऐसे मामलों में अपना 'बयान' भी नहीं देता। इस तरह के मामलों में कैद की सज़ा तजबीज की जाती है। इसका मतलब होता है कि रोगी को वर्ष-दो वर्ष मन्दिर में ही रहना होगा। ऐसे मामलों में रोगी अपने कामकाज पर जा सकता है किन्तु साल समाप्त होने से पहले उसे मन्दिर लौटकर चिकित्सीय कर्मकांड करने पड़ते हैं। 'कैद' का उपाय एक तरह से आखिरी उपाय है। इसमें अप्रत्यक्ष तौर पर रोगी को कहा जाता है कि कम-से-कम वह एक साल तक ठीक रहे। यह उपाय सफल भी कम होता है।

मन्दिर की चिकित्सा पद्धति तथा आधुनिक मनोचिकित्सा में से कौन ज्यादा असरदार है इसकी तुलना किए बिना मैं निष्कर्ष के तौर पर इतना कहना चाहूँगा कि इन दोनों चिकित्सा-पद्धतियों की मूल धारणाओं में मूलगामी अन्तर है। आधुनिक पश्चिमी मनोचिकित्सा की मूल धारणाएँ आधुनिक व्यक्तिवाद के सर्वोच्च मूल्यों के रूप में भी प्रतिष्ठित हैं। मनोविश्लेषण में ये मूल्य व्यक्त होते हैं। क्रेनेथ केनिस्टन ने इसको स्पष्ट करते हुए कहा है कि मनोचिकित्सा में "व्यक्ति को अन्तिम रूप से आदर प्राप्त है। इसमें विश्वास किया जाता है व्यक्ति भ्रम में रहने के बजाय समझदारी विकसित करे। हमारे अन्तर्मन के कोने-अँतरे में बहुत से रहस्य छुपे रहते हैं। हम इन्हें प्रकट करने की बात नहीं सोच पाते। मनोविश्लेषण इसके लिए बहुत ज्यादा आशान्वित भी नहीं करता तथा जीवन को त्रासदी तथा जटिलताओं का एक पुलन्दा मानता है।" दूसरी तरफ मन्दिर की परम्परागत चिकित्सा पद्धति इस बात को मानती है कि रोग से छुटकारा

पाने के लिए व्यक्तिगत तौर पर संघर्ष करने के बजाय अपने से इतर किसी 'परासत्ता' में विश्वास करना एवं उसके आगे समर्पण करना जरूरी है। मानव की शक्ति का स्रोत है अपने समूह के साथ समन्वय तथा सामुदायिक मूल्यों की स्वीकृति, सामुदायिक-व्यवस्था की स्वीकृति, समुदाय के देवों के प्रति आज्ञाकारिता और परम्परा का पालन।

अन्य सयाने

पश्चिम के लोकप्रिय साहित्य में, गैर-पश्चिमी ऐसे पेशेवर लोगों को जो समाज में निराशा तथा चिन्ताजनित रोगों का इलाज करते हैं—कई नामों से पुकारा जाता है। इनमें से कोई भी नाम सम्मानसूचक नहीं है। उन्हें विच डॉक्टर, देहाती डॉक्टर अथवा कठवैद्य इत्यादि कहा जाता है। भूलकर भी इन्हें मात्र 'डॉक्टर' नहीं कहा जाता। कोई-न-कोई अभद्र विशेषण लगा ही रहता है। ऐसे पेशेवर लोग विश्व-भर में पाए जाते हैं। पश्चिमोत्तर एशिया में ऐसे पेशेवर लोगों को 'शमन' (सयाना) कहा जाता है। इसी शब्द को सर्वाधिक स्वीकृति प्राप्त हुई है। इसका अर्थ होता है 'उद्वेलित', 'उत्थित' अथवा 'उत्तेजित'। इन्हें 'भूत-प्रेत' के इलाज का विशेषज्ञ माना जाता है। इन विशेषज्ञों की एक प्रमुख खासियत यह है कि रोग का निदान करते समय ये तन्द्रावस्था में चले जाते हैं। तन्द्रावस्था में जाने की इस क्रिया पर इनका नियन्त्रण होता है।

इस शताब्दी के प्रारम्भ से ही मानव-विज्ञान के विशेषज्ञों की इस विषय में बड़ी दिलचस्पी रही है और इस पर जो साहित्य उपलब्ध है उसका सार प्रस्तुत करते हुए ज़िलेक (JILEK) नामक विद्वान ने बताया है कि पश्चिम में 'सयानों' के बारे में धारणाएँ विरोधाभासी हैं। एक तरफ इन्हें मनोरोग से ग्रस्त व्यक्ति माना जाता है और इन पर तरह-तरह के मनोरोगों के नाम चस्पाँ किए जाते हैं। कुछ लोग इन्हें नीम-पागल बताते हैं, कुछ 'धोखेबाज' तो कुछ 'मिरगी का मरीज'। कुछेक विद्वानों ने इन्हें हिस्टीरिया जनित रोगों का मरीज बताया है। मनोविश्लेषण के विशेषज्ञों में से कई इन्हें वास्तविक रूप से रोगी मानते हैं। जार्ज डेवोरेकस (GEORGE DEVEREUX) ने 'मोहवे' सयानों के बारे में कहा है कि इनमें निसन्देह मनोविकृति होती है। एल. ब्राइस बायर (L. BRYCE BOYER) ने मेसकलरीयो नामक सयाने के अध्ययन के बाद कहा था कि वह निश्चित ही मिरगी के लक्षणों से पीड़ित है उसके अन्दर व्यक्तित्व विषयक गड़बड़ियाँ हैं और उसमें मनोन्माद के भी लक्षण हैं। उसके अन्दर पुरुषोचित व्यक्तित्व का पूर्णतया अभाव है और छुपी हुई समलैंगिकता की समस्याओं से ग्रस्त है।

दूसरी तरफ सयानों को धर्म का विशेषज्ञ भी माना जाता है। उसे ऐसा विशेषज्ञ माना जाता है जो जीवन को सार्थक बनानेवाली तथा सभी पवित्र चीजों से अपने समुदाय को जोड़ता है। माना जाता है कि वह इहलोक और परलोक के बीच सम्बन्ध-सूत्र का काम करता है। हाल के मानव-विज्ञान विषयक साहित्य में सयानों के सामाजिक-राजनीतिक प्रभाव की चर्चा की गई है। उसकी मनोचिकित्सा के कौशल को

स्वीकार किया गया है। उसके बौद्धिक गुणों की इस साहित्य में प्रशंसा की गई है तथा उसकी सृजनात्मक पहल नवाचार की क्षमता को सम्मान दिया गया है।

अन्यान्य विद्वानों के साथ जिलेक ने भी इस बात का उल्लेख किया है कि आरम्भिक नृतत्त्व-विज्ञानी-साहित्य में सयानों की जो नकारात्मक छवि मिलती है वह अपने समय की माँग के अनुरूप है। तब पश्चिमी-जगत में यह धारणा प्रचलित थी कि जो संस्कृतियाँ और संस्थाएँ तर्कसंगत मापदंडों पर खरी नहीं उतरती वे अज्ञान पर आधारित हैं। गैर-पश्चिमी व्यवस्थागत व्याख्याओं को जो यूरोप-केन्द्रित विधेयात्मक मानकों से अलग थीं, असामान्य तथा अज्ञान और भ्रान्ति पर आधारित माना जाता था। मनोचिकित्सा की भाषा में कहें तो इन्हें 'वास्तविकता के अल्पज्ञान' पर आधारित व्याख्या की संज्ञा दी जाती थी। ऐसी धारणा का व्यापक प्रभाव नृतत्त्व-विज्ञान तथा मनोचिकित्सा पर भी था। मनोविशेषज्ञों ने बहुत देर बाद इस बात को महसूस किया कि मनोचिकित्सकों को सयानों का यह व्यवहार भले ही मनोन्मादग्रस्त अथवा मनोविकारजनित प्रतीत हो किन्तु यह बहुत समय से सम्मानित 'कर्मकांड' से जुड़ा व्यवहार है। इसके माध्यम से सयाने मनोरोगियों का इलाज करते हैं अथवा भविष्य को दिव्य बनाने का प्रयास करते हैं। इस प्रकार सयानों के जो लक्षण मनोविकार जनित लगते हैं वे उनकी शिक्षा तथा चिकित्सीय-व्यवहार का परिणाम हो सकते हैं।

सयानों के बारे में जो नया ज्ञान हमें प्राप्त हुआ है वह मुख्यतः क्लाद लेवीस्ट्रास के अध्ययन का परिणाम है। लेवीस्ट्रास ने बताया कि सयाने अपने समाज के मनोरोगियों को वह भाषा प्रदान करते हैं जिसके जरिए अव्यक्त तथा अभिव्यक्त न की जा सकनेवाली मनोरुग्णता की दशाओं को तुरन्त वाणी मिल जाती है। लेवीस्ट्रास ने सयानों को मनोविश्लेषकों के समान्तर दर्जा देते हुए बताया कि दोनों की भूमिकाओं में कितना सादृश्य है। हालाँकि उसने यह भी कहा कि अपनी-अपनी व्यक्तिगत अथवा सामूहिक अभिमुखता के कारण उनकी भूमिकाओं में अन्तर होता है। मनोविश्लेषक तथा 'सयाना' दोनों ही रोगी के चेतन मानस से प्रत्यक्ष तथा अचेतन मानस से अप्रत्यक्ष सम्बन्ध स्थापित करते हैं। मनोविश्लेषक यह कार्य मरीज की बातों को सुनने के माध्यम से करता है तथा 'सयाना' स्वयं उपदेश देकर। दोनों को रोगी अपनी समस्याओं को स्थानान्तरित करने का माध्यम बनाता है और मरीज के मानस में जो भाव ये जगाते हैं उससे मरीज अपने संघर्ष का साक्षी इन्हें बना लेता है। जहाँ तक मनोविश्लेषक का सवाल है रोगी उसके मुँह से अपनी बातें कहता है। हाँ ! ऐसा चेतन-अचेतन स्तर पर सम्बन्ध स्थापित हो जाने के बाद ही होता है। रोगी मनोविश्लेषक पर अपनी भावनाएँ आरोपित करता है। दूसरी तरफ, सयाना स्वयं रोगी के हवाले से बोलता है तथा मरीज की दशाओं से मेल खाती व्याख्याओं के जरिए मरीज के प्रश्नों का समाधान करता है। लेवीस्ट्रास ने मनोविश्लेषक तथा सयाने की इस समानान्तर उपस्थिति को पर्याप्त महत्त्वपूर्ण मानते हुए कहा है कि मनोविश्लेषक को अपनी वैद्यता की सिद्धि के लिए तथा अपने सिद्धान्तगत निरूपणों को मजबूत और प्रभावकारी बनाने के लिए तथा उन्हें बेहतर ढंग से समझने

के लिए ओझा-गुनिया तथा सयानों की उपचार पद्धति एवं लक्ष्यों से तुलना करनी चाहिए।

सयानों के बारे में पश्चिम में जो सकारात्मक धारणा बनी है वह हाल की परिघटना है। उपनिवेशवाद की समाप्ति के बाद ही सयानों की सकारात्मक छवि को स्वीकृति मिली है तथा तद्नुकूल विचारधारागत परिवर्तनों के आलोक में गैर-पश्चिमी संस्कृतियों को सम्मान प्राप्त हुआ है। विज्ञान विषयक धारणा का विस्तार हुआ है और वह विधेयकवाद से आगे बढ़ी है। पश्चिम की अपनी महिमामंडित आत्म-छवि में भी थोड़ी विनम्रता का पुट आया है। इन सबने ओझाई और ओझा के बारे में पुनर्विचार तथा पुनर्परिभाषा के लिए जगह बनाई है। वस्तुतः साठ और सत्तर के दशक में जो तथाकथित प्रतिसंस्कृति का आन्दोलन चला उसने पश्चिमी जगत के अधिसंख्य युवाजनों को मूलगामी सांस्कृतिक-आत्मनिरीक्षण के लिए प्रेरित किया। इस आलोक में ओझा-गुनिया अथवा सयानों को एक रोमानी छवि मिली। उन्हें अद्‌भुत रूप से विद्वान व्यक्ति माना गया। माना गया कि सयाने एक-दूसरे 'अलग यथार्थ' को जानते हैं। इन युवाजनों का विश्वास था कि प्रति-संस्कृति का उनका अपना राजनीतिक यूटोपिया सुदूरवर्ती स्थानों मसलन चीन में वास्तविक रूप ग्रहण कर रहा है। उस वक्त तक पीकिंग में कोका-कोला ने अपने पाँव नहीं रखे थे। ठीक इसी तरह मनोचिकित्सीय यूटोपिया को भी संसार के किसी दूर-दराज के कोने में सच होता माना गया। सयानों को इस यूटोपिया का अधिराज माना गया। जिस संस्कृति में 'सयाना' रोजमर्रा की जिन्दगी का अंग हो और ओझाई को हाजमे की खराबी की चिकित्सा के समान ही सहज-सरल माना जाता हो, उस संस्कृति के निवासी को पश्चिम में उदित 'ओझा' की इस रोमानी छवि को समझने में बड़ी कठिनाई होगी। ओझा की इस रोमानी छवि का सम्बन्ध पश्चिमी जगत द्वारा खोजे जा रहे 'यूटोपिया' से है। जो बाद के परिबर्तनों से उपजा है जबकि पहले ओझा-सयानों की जातीय दृष्टि से अवमानना की जाती थी। मैं सयानों के जिस यथार्थ से परिचित हूँ उसका पश्चिमी साहित्य में वर्णित सयानों से दूर का भी सम्बन्ध नहीं है। पश्चिम अपनी संस्कृति की बदलती हुई जरूरतों के अनुसार सयानों के बारे में शायद ऐसे ही विचार बदलता रहेगा और उनके बारे में भिन्न धारणाएँ स्वीकारता जाएगा।

ओराँव जनजाति का ओझा

ओराँव द्रविड़ जनजाति है। ओराँव जनजाति की संख्या लगभग दस लाख है। ये लोग पूर्वी भारत के छोटानागपुर पठारी इलाके में रहते हैं। इस क्षेत्र की औसत ऊँचाई समुद्र तल से दो हजार फुट है। यहाँ छोटी-छोटी पहाड़ियाँ तथा चट्टानी चोटियाँ दिखाई देती हैं। छोटी-छोटी नदियों का यहाँ जाल फैला है। ये नदियाँ वर्ष-भर सूखी रहती हैं किन्तु बरसात में उफान मारने लगती हैं। यहाँ जंगलों से ढकी पहाड़ियों का उत्तर से दक्षिण तक एक लम्बा सिलसिला चला गया है। इससे इस भूभाग में पहुँचना थोड़ा दुर्गम है।

सत्रहवीं शताब्दी तक ओराँव इलाके पर मुगल-प्रभुत्व नाम मात्र को ही स्थापित हो पाया था। मैदानी इलाकों के हिन्दुओं-मुसलमानों-बनिये-व्यवसायियों ने उन्नीसवीं सदी से यहाँ आकर बड़ी संख्या में बसना आरम्भ किया।

ओराँव खेतिहर जनजाति है। स्त्री-पुरुष दोनों मिलकर खेती करते हैं। मर्द भारी-भारी काम करते हैं जैसे—जोतना-कोड़ना, बुवाई करना, दँवनी-ओसवनी करना। औरतें रोपनी-कटनी और कूटनी-पीसनी का काम करती हैं। औराँव जनजाति में बहुत से ऐसे उत्सव मनाए जाते हैं जिनका सम्बन्ध शिकार से है। यह उस अतीत की याद दिलाता है जब जंगल घने थे और जंगल अपने विविध क्रीड़ा-व्यापारों और वनदेवों-वनदेवियों के साथ ओराँव जनजाति के लिए एक चुनौती भरी वास्तविकता हुआ करता था। छोटानागपुर के मध्य भाग का जंगल कट चुका है लोकिन यहाँ की जमीन बंजर है। कुछ कुएँ और तालाब भी हैं किन्तु ओराँव जनजाति के किसान को सिंचाई सम्बन्धी जरूरतों के लिए मानसून की मर्जी पर ही निर्भर रहना पड़ता है। खेती से कुछ ज्यादा उपज नहीं होती और अपनी जरूरत भर की कमी भी कभी पूरी नहीं हो पाती है, इस गरीब देश के लिहाज से भी ओराँव बहुत गरीब हैं। उनकी झोंपड़ियाँ मिट्टी की बनी होती हैं जिनकी छत खपरैल होती है। इनमें छोटी-छोटी चौकोर खिड़कियाँ होती हैं। ऊँची जमीन पर गाँव बसा होता है और झोंपड़ियाँ बड़ी बेतरतीबी में आसपास खड़ी होती हैं। ओराँव लोगों के घरों में भी कुछ अधिक साज-सामान नहीं होता। सामान के नाम पर एक-दो चारपाई, हाथ से बुनी हुई चटाई और मिट्टी का घड़ा होता है। इसके अतिरिक्त कुछ पीतल के बर्तन होते हैं जिसे ओराँव घरों में बड़े साज-सँभाल के साथ रखा जाता है। भोजनोपरान्त हर बार इसे मिट्टी से माँजा जाता है। अक्सर राख रगड़कर इसे चमकाने की कोशिश की जाती है। ओराँव जनजाति के जीवन में समय गुजरने के साथ बहुत परिवर्तन आए हैं किन्तु ओराँव जनजाति के गाँव, मैदानी गाँवों से एकदम भिन्न होते हैं। इन्हें दूर से ही पहचाना जा सकता है। इन गाँवों में वनदेवी का एक लताकुंज होता है। यहाँ पूजा की जाती है और उत्सव-त्योहारों के समय बलि चढ़ाई जाती है। कुछ पवित्र तालाब अथवा कुंड होते हैं जहाँ वर्ष के किसी खास माह में जनजाति के मृतकों की अस्थियाँ विधि-विधान के साथ प्रवाहित की जाती हैं। प्रत्येक गाँव का अपना एक झंडा और निशान होता है। इसे मंगलकारी माना जाता है। गाँव का एक हिस्सा नृत्य आदि समारोहों के लिए अलग रखा जाता है। यहाँ समूह-नृत्य तथा जात्रा-उत्सव मनाए जाते हैं। इस अवसर पर गुजर रही ऋतु के साथ ही आनेवाली ऋतु के भी सम्मान में गीत-नृत्य होता है। वर्ष में तीन बार इस जाति के पुरुष इकट्ठे होकर आखेट को जाते हैं। इसमें अलग-अलग गाँवों के पुरुष इकट्ठा होते हैं। मैदानों में रहनेवालों की तुलना में ओराँव जाति के लोग मद्यपान तथा आमोद-प्रमोद के बड़े प्रेमी होते हैं। इनके बीच स्त्री-पुरुष समागम और शारीरिक-मिलन भी बड़े सहज भाव से होता है। आसपास की हिन्दू-जनता इसे जनजातीय अनैतिकता कहकर उपहास उड़ाती है किन्तु छुपे तौर पर इससे ईर्ष्या भी करती है। औराँव गाँवों की एक विशेषता धुमकुरिया

है। यहाँ आठ वर्ष से सभी लड़कों को रहना पड़ता है। जब तक शादी नहीं हो जाती प्रत्येक लड़का यहीं अपनी रात बिताता है। लड़कियों के लिए भी अलग से 'धुमकुरिया' होती है। लड़के मात्र सबेरे ही घर जा सकते हैं। धुमकुरिया में लड़कों को जनजातीय जीवन में पुरुषोचित भूमिका का प्रशिक्षण दिया जाता है, उन्हें विविध कर्मकांडों में हिस्सा लेना होता है और वयस्क का दर्जा पाने से पहले अनेक परीक्षाएँ देनी पड़ती हैं। धुमकुरिया में बड़े-बूढ़े उन्हें लोक-कथाओं, जादू-टोने, गीत-नृत्य का प्रशिक्षण देते हैं और जनजातीय जीवन की सामूहिकता के लिए तैयार करते हैं।

जिला मुख्यालय राँची में है। वहाँ से बीस मील दूर पलामू गाँव में एक सयाना रहता है। इसका नाम अयाता है। ओराँव लोग उसे भगत कहकर पुकारते हैं। 'भगत' का मकान अन्य मकानों से बड़ा है जिससे पता चलता है कि 'भगत' अन्य लोगों की अपेक्षा समृद्ध है। मकान के बाहर बाँस पर रंग-बिरंगी झंडियाँ लटकी थीं। हर भगत के मकान के बाहर ऐसा ही देखने को मिलता है। ये झंडियाँ उन देवी-देवताओं का प्रतीक है जिनकी पूजा 'भगत' करता है। इसमें एक ध्वजा उसके इष्टदेव की होती है। इष्ट देवता का वाहन स्वयं 'भगत' होता है। इष्टदेव की प्रेरणा से भगत 'तन्द्रावस्था' में चला जाता है। अयाता के छह देवी-देवताओं में से मैं केवल 'राम' को पहचान पाया। अन्य पाँच जनजातियों की देवियाँ हैं। इनमें से एक मन्दरी महारानी थीं जो अयाता के गाँव की देवी हैं। मकान के आँगन के एक कोने में बनी छोटी सी अँधेरी कोठरी में अयाता अपने मरीजों को देखता है। इस कोठरी में अयाता ने तीन और देवों की मूर्तियाँ स्थापित कर रखी हैं। इसमें मैं केवल शिवलिंग को पहचान पाया। इतने सारे देवी-देवताओं को देखकर मुझे याद आया कि कुछ शहरी हिन्दू-मन्दिरों में भी एक के बजाय बहुत से देवी-देवताओं की मूर्तियाँ रखी जाने लगी हैं और अब वे एक देवता के मन्दिर नहीं रहे बल्कि वहाँ देवताओं का जमघट लग गया है।

अयाता की आयु पैंतीस से चालीस के बीच होगी। वह ठिगने कद का साँवला आदमी है। अयाता पिछले बारह वर्षों से 'भगत' है। इससे पहले अयाता के पिता भगत थे। वस्तुतः अयाता ने पिता की मृत्यु के बाद उनका पद सँभाला था। अयाता चार भाइयों और दो बहनों के बीच सबसे छोटा है। उसके दो भाइयों और एक बहन की मृत्यु उसके बचपन में ही हो गई थी। केवल एक ही बच्चे को चाहे वह लड़का हो या लड़की, भगत बनने का अधिकार प्राप्त है। अयाता को स्वयं इस बात का पता नहीं है कि उसके पिता ने अन्य भाई-बहनों के बजाय उसे ही भगत बनने के लिए क्यों चुना। उसका विचार है कि पिता ने उसकी परछाईं में कुछ खास बात देखकर उसे भगत बनाने का निर्णय किया था। ओराँव भगत किसी को चेला बनाने से पहले यह देखता है कि उसकी परछाईं 'मोटी' है या 'पतली'। मोटी परछाईंवाले व्यक्ति क्रोधी स्वभाव का होगा और उसमें जिद तथा दूसरों पर रौब गाँठने के अलावा अन्य अवगुण भी होंगे। इन अवगुणों को लेकर कोई 'भगत' नहीं बन सकता। मोटी और पतली परछाईं का शरीर के आकार से सम्बन्ध न होकर पूरे व्यक्तित्व से सम्बन्ध होता है—ऐसी यहाँ मान्यता

है। अयाता केवल इतना बता सका कि भगत ऐसी परछाईं को देख सकता है और यह परछाईं व्यक्ति से जुड़ी होती है, साथ-ही-साथ उसकी शक्ति से भी। अयाता के दो सहायक हैं लेकिन उसने अपने तीन बेटों और दो बेटियों में से किसी की परछाईं नहीं देखी है। उसने अभी यह निर्णय नहीं किया है कि उसके बाद कौन 'भगत' बनेगा।

अपने पिता का चेला बनने से पहले अयाता मांस खाने का बहुत शौकीन था। जब भी अवसर मिलता वह मांस खाने से चूकता न था। चावल से बनी शराब 'हाँड़ी' भी वह बहुत ज्यादा पिया करता था। पिता द्वारा भगत बनने के प्रशिक्षण हेतु चुन लिए जाने के बाद उसकी जीवनशैली बदल गई। उसे भगत के लिए निर्धारित आचरणों और नियमों के अनुसार अपने जीवन को ढालना पड़ा। उदाहरणार्थ, अयाता प्रतिदिन अपने कुलदेवों की पूजा करने लगा तथा समय-समय पर व्रत और उपवास भी करने लगा। खाने-पीने के मामले में ओराँव्र जनजाति के भगत का रवैया अपने कुनबे के लोगों से आश्चर्यजनक तौर पर भिन्न होता है। ओराँव लोग बहुधा क्षुधातुर रहते हैं। भोजन का उनके जीवन में बड़ा महत्त्व है। ओराँव खाने-पीने के मामले में ऐसी ज्यादती और हड़बड़ी दिखाते हैं कि जिन लोगों को भूख ने नहीं सताया वे इस पर विश्वास ही नहीं कर सकते। भगत समय-समय पर स्वेच्छा से भोजन त्याग देता है। भूख-प्यास की उपेक्षा करने के कारण उसे सम्मान के साथ देखा जाता है। लोग उसे अपने से श्रेष्ठ मानते हैं। भगत मांस नहीं खाता और घर के बाहर कभी खाना नहीं खाता। समझा जाता है कि भगत ने पेट-पूजा की दुर्निवार आदत पर विजय प्राप्त कर ली है। ओराँव गाँव के सामाजिक-आर्थिक सन्दर्भ में क्षुधातुरता का उतना ही महत्त्व है जितना खाए-पिए-मुटाए हुए लोगों के लिए कामातुरता का।

अयाता में विशिष्टता-बोध से उपजा आत्मविश्वास कूट-कूटकर भरा है। वह बड़े शान्त और धीरज भरे स्वर में अधिकारपूर्वक बातें करता है। पिता द्वारा दी गई शाबासी और स्वीकृति के सहारे अयाता अपने समाज के सीमान्त पर जी ही लेता, उसे दूसरों के सहारे की जरूरत नहीं पड़ती। उसने कई बाधाओं के बावजूद अपने चुने हुए रास्ते पर चलना जारी रखा। उसने बताया कि, "पिताजी के मरने के बाद हमने बड़े दुर्दिन देखे। कई बार तो दो-दो हफ्ते तक दाना नसीब नहीं होता था। मेरे भाई मुझसे लड़ते थे और चाहते थे कि मैं घर छोड़कर चला जाऊँ। कई बार उन्होंने मुझे चेतावनी दी कि भगत बनने में कुछ नहीं रखा है—तुम्हें भूखों मरना पड़ेगा। मैंने उन्हें समझाने की चेष्टा की कि मैं पिता की परम्परा को आगे बढ़ा रहा हूँ और उस ज्ञान को व्यर्थ गँवाना नहीं चाहता जो मुझे पिता से प्राप्त हुआ है। लेकिन उन्होंने मेरी एक न सुनी। आज भगवान की मर्जी से मेरी स्थिति अच्छी है। मेरे पास एक साइकिल, एक गाय और कुछ बकरियाँ हैं। मैं भूखों को दो जून की रोटी दे सकता हूँ। मेरे घर से खाए बिना कोई नहीं लौटता। ईश्वर ने हमें यही सिखाया है कि अपने शरीर जैसा दूसरों का शरीर समझो।"

पिता द्वारा चुना जाना (जैसे कि अयाता) अथवा अल्लाह द्वारा चुना जाना

(जैसे—पीर साहब) सयानों के जीवन की एक आम बात है। ओराँव जाति में पिता द्वारा चुना जाना (कुछ लड़कियाँ भी भगत चुनी जाती हैं) सयाना बनने का एक रास्ता है। भगत बनने का दूसरा रास्ता है देवता द्वारा इस काम के लिए चुना जाना। इसमें देवता किसी मनुष्य को अपना माध्यम बनाकर अपनी इच्छा प्रकट करता है। अयाता के गाँव से दस मील दूर के गाँव में एक 'बुधा' नाम का आदमी रहता है। वह देवता द्वारा सीधे 'भगत' चुना गया है। कहा जाता है कि जब वह बारह वर्ष का था तो भगवान शिव ने उसको सपने में दर्शन दिए थे और भगतई की दीक्षा दी थी। अगले दिन उसकी टाँगें काँपने लगीं जबकि शेष शरीर स्थिर था। बुधा का कहना है, "देवता ने मुझे आदेश दिया कि खम्बा महाराज के मन्दिर में जाओ और पूजा के लिए कुछ चावल तथा बाँस लेते जाओ। मन्दिर 33 मील दूर है। मैं उपवास रखकर पैदल चलता हुआ दो दिन में वहाँ पहुँचा। मन्दिर में कुछ लोग थे। मैं अन्दर जाने में झिझक रहा था क्योंकि मुझे पता नहीं था कि देवता सबके सामने मुझसे बात करेंगे अथवा अकेले में। शाम के समय जब सब लोग चले गए तो मैंने अन्दर जाकर पूजा की। देवता ने मुझे बताया कि मन्दिर में स्थापित शिवलिंग उठाकर घर ले जाओ क्योंकि मैं तुम्हारे साथ तुम्हारे घर में निवास करना चाहता हूँ। मैं डर रहा था कि यदि किसी ने देख लिया तो मुझ पर चोरी का इल्जाम लगेगा। मैं बिना शिवलिंग उठाए घर चला आया। लेकिन मुझसे बहुत बड़ी गलती हो गई थी। इस तरह का अवसर जीवन में बार-बार नहीं आता। छह हफ्ते तक मैं भूखा-प्यासा अपने घर में बैठा रहा और देवता से प्रार्थना करता रहा कि मुझे एक अवसर और दें। अन्त में भगवान शिव प्रसन्न हुए और मुझसे कहा कि ग्यारह वर्ष तक मेरी भक्ति करो तब जाकर तुम्हें 'शक्ति' प्रदान करूँगा। यदि मैं पहले ही दिन शिवलिंग उठाकर ले आता तो मुझे इतनी कड़ी मेहनत नहीं करनी पड़ती।"

अयाता तथा अन्य भगत 'सयाना' होने के साथ-साथ परिश्रमी किसान भी हैं। अमूमन सवेरे सात बजे से दिन के बारह बजे तक अयाता मरीजों को देखता है। बुआई और कटाई के दिनों में वह सवेरे ही खेतों की तरफ निकल जाता है तथा रात गए लौटता है। ऐसे अवसर पर उसके सहायक मरीजों को देखते हैं। कभी-कभी गम्भीर रूप से बीमार व्यक्ति उसके पास खेत में ही आ धमकते हैं अथवा किसी और दिन का समय नियत कर लेते हैं। सौभाग्य से दुरात्माओं द्वारा उत्पन्न शैतानी रोग गर्मी के दिनों में अथवा वर्षान्त में उत्पात मचाते हैं। इस समय खेतों में काम नहीं होता और अयाता ऐसे 'शैतानी रोगों' का विशेषज्ञ है। कोई भी भगत इस प्रश्न का ठीक-ठीक उत्तर नहीं दे सका कि ऐसा क्यों होता है। सम्भवतः अयाता ने ही इस प्रश्न का ठीक-ठाक उत्तर दिया। उसने दाँत निपोरते हुए कहा कि, "शायद शैतान भी हमारा उतना ही ख़्याल रखता है जितना भगवान।"

ओराँव-भगत मनरोगों को दो भागों में बाँटते हैं। एक है 'अप्रोपी' विकार जो अत्यधिक चिन्ता, सोच-फिक्र अथवा शारीरिक रोग से उत्पन्न होता है। दूसरा है, "शैतानी' विकार जो दुष्टात्माओं अथवा भूत-प्रेतों के कारण उत्पन्न होता है। जहाँ तक

'अप्रोपी' विकारों का सम्बन्ध है, भगत इसकी जिम्मेदारी रोगी पर ही डालता है और ऐसे रोगों का इलाज नहीं करता। केवल इतनी भर सलाह देता है कि चिन्ता करना छोड़ दो और डरो मत। शैतानी विकारों के मामले में रोगी को निर्दोष माना जाता है। भगतों का कहना है कि 'शैतानी' रोगों से ग्रस्त व्यक्ति अपने रोग के उपचार और निदान के लिए तुरन्त आ जाए तो यह रोग ज्यादा दिनों तक नहीं टिकता। रोग 'शैतानी' है या नहीं, इसका फैसला बड़ी सावधानी के साथ किया जाता है। एक बार एक स्त्री अपने एक वर्ष के बच्चे को लेकर अयाता के पास आई और बोली कि उसे खाने में कष्ट हो रहा है और मुझे सन्देह है कि उसे कोई 'शैतानी' विकार है। अयाता ने उस स्त्री से कहा कि बच्चे के पेट में कीड़े हैं और इसे किसी वैध के पास ले जाओ। अयाता ने बताया, "जिस बीमारी को मैं ठीक नहीं कर सकता उसके बारे में मैं किसी रोगी को कोई आश्वासन नहीं देता। उस बच्चे को पेट की बीमारी थी तो मुझे क्या जरूरत थी कि मैं उसे शैतानी विकार बता देता ?" अयाता ऐसे मामलों में 'भगत' की हैसियत से लोगों को वैध अथवा डॉक्टरों के पास भेजने में तनिक भी नहीं झिझकता। उसने बताया कि, "कुछ दिन पहले एक व्यक्ति मेरे पास आया और कहने लगा कि मेरे पेट में लगातार बड़े जोर की पीड़ा हो रही है। मैंने उसे तुरन्त बता दिया कि उसके पेट में फोड़ा है जो किसी भी समय फट सकता है। रोगी इस पर भी नहीं माना और झाड़-फूँक के लिए अड़ा रहा। मैंने उसका कहा कर दिया किन्तु साथ में यह चेतावनी भी दे दी कि वह तुरन्त किसी डॉक्टर के पास चला जाए नहीं तो 'शैतान' उसे बराबर कष्ट देता रहेगा।

दूसरी तरफ अगर अयाता को लगे कि मामला 'भूत-प्रेत' का है और 'झाड़-फूँक' ही यहाँ काम करेगा अथवा इस रोग के निदान के लिए कुछ ख़ास तरह के भगतई से सम्बन्धित कर्मकांड करने होंगे तो वह रोगी से ऐसा करने को कहता है और इस बात पर बल देता है। भले ही रोगी को अयाता के बताए निदान में सन्देह हो और वह अपने रोग का कारण 'भूत-प्रेत' को मानने में संकोच कर रहा हो। अन्य लोगों की तरह, ओराँव जनजाति का हर आदमी 'भगत' की बातों और दावों पर यकीन नहीं करता। एक बार एक गुस्सैल रोगी उसके पास आया था। उसे गुस्से का दौरा पड़ता था और वह जरा सी बात पर लोगों को मार-पीट बैठता था। इस रोगी का कहना था कि 'भगत' ने तो मेरे रोग का कारण 'शैतानी' ही बताया है लेकिन मुझे उसकी बात का विश्वास नहीं है और मैंने राँची के पागलखाने में अपना इलाज करवाया है। उसने कहा, "डॉक्टरों ने कुछ दवाइयाँ दीं और भगत ने कुछ मन्त्र पढ़े थे। अब मैं ठीक हूँ लेकिन मुझे पता नहीं कि मुझे डॉक्टरों की दवा ने ठीक किया अथवा भगत के मन्त्र ने।" अयाता का कहना है कि भूत-प्रेत के प्रकोपवाला रोगी 'भगत' के पास आने के बजाय अगर डॉक्टर के पास जाता है तो इसका कारण मात्र यह है कि 'भूत' ऐसा करने के लिए उसे उकसा रहा है। ऐसे मामलों में (और साँप के काटने पर भी) वह रोगी को डॉक्टरी इलाज के लिए अनुमति दे देता है किन्तु उसका पूरा विश्वास है कि रोगी झाड़-फूँक, पूजा, बलि

या किसी अन्य कर्मकांड के जरिए ठीक होता है और डॉक्टर की दवाई तो उसके अपने सन्तोष के लिए है। मनोरोगों के मामले में चाहे वे 'अप्रोपी' हों या 'शैतानी' अयाता का विश्वास है कि 'रोगी मनोचिकित्सक के इलाज से मात्र इस कारण ठीक हो जाता है क्योंकि उसमें उसका विश्वास रहता है। रोगी थोड़े ही दिनों के लिए भला-चंगा होता है क्योंकि मनोचिकित्सक रोग की जड़ तक कभी नहीं पहुँचता।''

'शैतान' कई प्रकार के होते हैं। एक तो है 'भूला-भूत'। यह ऐसे व्यक्तियों का प्रेत होता है जो अकाल-मत्यु को प्राप्त हुए हों।'' जो पुरखों को भेज देने की मन्नत मान ले परन्तु अपना वादा पूरा किए बिना मर जाए वह आदमी भी 'भूला-भूत' का शिकार होता है। पुरखों की आत्माएँ व्यक्ति की इस वादाखिलाफी का बुरा मान जाती हैं और 'भूला-भूत' बनकर उसे पकड़ लेती हैं ताकि उसे अपनी 'प्रतिज्ञा' याद दिला सकें। 'भूला-भूत' आधी रात को या साँझ के समय किसी व्यक्ति को पकड़ता है। भूतों की दूसरी किस्म है—'अनेर-शैतान'। यह घटिया दर्जे का प्रेत होता है। एक और वर्ग है जिसे 'दयान' कहा जाता है। यह 'स्त्री-भूत' होता है और किसी गर्भिणी स्त्री की मृत्यु से इसका जन्म होता है। 'भगत' का काम यह पता लगाने का होता है कि भूत किस प्रकार का है। इसके लिए शाल-वृक्ष के पत्तों की सहायता ली जाती है जो मरीज अपने साथ ही ले आता है। भूत अगर घटिया दर्जे का हो तो मन्त्र पढ़कर अथवा 'झाड़-फूँक' करके उसे भगाया जा सकता है। परन्तु यदि 'शैतान' ऊँचे दर्जे का हो तो उसकी शक्ति ज्यादा होती है। उसे प्रसन्न करने की चेष्टा की जाती है। उससे पूछा जाता है कि उसे क्या 'पूजा' चाहिए अथवा वह कैसी 'बलि' अथवा 'कर्मकांड' का इच्छुक है। इसके बाद प्रेतात्मा की इच्छा पूरी की जाती है।

'भगत' से चिकित्सा करवाने के दौरान मरीज 'क्वारी' की दशा में पहुँच जाता है। 'क्वारी' मरीज की तन्द्रावस्था को कहते हैं। 'भूत' इसी दशा में अपनी इच्छाएँ बतलाता है। इस आधार पर अपने अनुभवों के सहारे भगत निर्णय करता है कि कौन सा 'कर्मकांड' करके शैतान को भगाया जा सकता है। ऐसे मामलों में सबसे ज्यादा 'पक्षी पालने' का कर्मकांड किया जाता है। भूत से कहा जाता है कि वह किसी मुर्गे अथवा कबूतर में प्रवेश कर जाए तो उसे नियमित रूप से दाना-पानी मिलता रहेगा। ऐसे पक्षी को मरीज के घर में रखा जाता है और उसकी भली-भाँति देखभाल की जाती है। यदि रोगी अच्छा हो जाए और उसे फिर रोग नहीं हो तो छह माह बाद पक्षी को काटकर उसका मांस आमन्त्रित अतिथियों को खिलाया जाता है। 'भगत' ने यह नहीं बताया कि मांस खाने के बाद 'शैतान' अथवा अतिथियों पर क्या गुजरती है ! किसी व्यक्ति से चिपटनेवाले भूत को भोजन देकर सन्तुष्ट करना अधिकतर कर्मकांडों का अभिन्न अंग है। 'शैतान' की भूख को सन्तुष्ट करना भगत की मुख्य चिन्ता होती है। एक 'भगत' ने बतलाया कि 'शैतान को अक्सर भोजन मिलता है परन्तु कभी-कभी नहीं भी मिलता। ऐसी दशा में वह रोगी को परेशान करता है। हमारी चिन्ता यह होती है कि हम उसे सन्तुष्ट रखें और उसकी भूख को शान्त रखें। यदि किसी मुर्गी या बकरी की बलि दे

दी जाए तो 'शैतान' सामान्यतया पिंड छोड़ देता है। 'शैतान' बहुत लालची होता है और हो भी क्यों न ? उसके भी तो हमारे जैसा पेट है। इससे पता चलता है कि जिन्होंने पेट की भूख देखी है वे प्रेतात्माओं को भी भूखा ही मानते हैं और भूख के इस 'शैतान' से उन्हें बराबर लड़ना पड़ता है।

सारे 'भगत' इस बात पर एकमत हैं कि अगर कोई ढंग से खा-पी रहा है तो पड़ोसी ईर्ष्या करते हैं तथा भूत इसी कारण पकड़ता है। जिस व्यक्ति की दशा अच्छी हो उस पर लोगों की ईर्ष्या भरी आँखें टिक जाती हैं और वह व्यक्ति 'शैतान' की चपेट में आ जाता है। मैंने अयाता से पूछा कि ईर्ष्या और शैतान के प्रकोप के बीच क्या सम्बन्ध है तो वह 'तन्द्रावस्था' में चला गया। उसका शरीर दाएँ-बाएँ झूलने लगा और उसने गा-गाकर कहना शुरू किया, "मैं तुम्हें समझाऊँगा। तुम शीघ्र ही समझ जाओगे। वह जो ऊपर बैठा है, हमें बताता है। मैं सच कहता हूँ, झूठ नहीं। मेरे मुँह में सूर्य की वाणी है। डरो मत, डर से भूत पैदा होता है। डर ईर्ष्या से पैदा होती है। जिसे भरपूर खाने को मिलता है वह डरता है। लोग-बाग पूछते हैं उसके पास इतना (खाना) कहाँ से आता है ? उनकी दृष्टि ईर्ष्या भरी होती है और आँखों में डर होता है। तभी भूत आता है।"

ईर्ष्या अहम पर पाले की तरह बैठ जाती है क्योंकि हम देखते हैं कि जो-जो हमें चाहिए वह सब दूसरे लोग पा रहे हैं, खा-गा रहे हैं। समृद्ध समाज में धन-दौलत, पद-प्रतिष्ठा और शक्ति-सम्मान ईर्ष्या का विषय है। लेकिन ओराँव-जैसे निर्धन समाज में भोजन भी ईर्ष्या का विषय बन जाता है। ओराँव समाज की निर्धन स्थिति को देखते हुए 'भोजन' एक प्रमुख स्थिति प्राप्त कर लेता है। बाल्यावस्था में अपने भाई-बहनों में से किसी को अधिक लाड़-प्यार और भोजन पाता देखकर ओराँव बच्चा ईर्ष्या करता है। वह भोजन और लाड़-प्यार पाने के लिए संघर्ष करता है। बयस्क होने पर भी बाल्यावस्था की यह स्मृति उसके अचेतन में बनी रहती है। वयस्क होने पर दूसरे को अच्छा खाता-पीता देखकर यह स्मृति पुनः ईर्ष्या भावना के रूप में उभर आती है। बचपन में दूसरे भाई-बहन को अधिक लाड़-प्यार और भोजन पाता देखकर ओराँव-बच्चा सोचता है कि उसके साथ अन्याय हो रहा है। वयस्क होने पर अचेतन में बसी यह स्मृति दूसरे को अधिक पाता देखकर पुनः जाग्रत हो जाती है। दिलचस्प बात यह है कि 'भगत' भी इस बात का पता लगा लेते हैं कि ईर्ष्या की यह भावना बचपन से ही शुरू हो जाती है। हालाँकि 'भगत' उस गहराई तक नहीं पहुँच पाते जहाँ तक मेलीन क्लीन ने इशारा किया है। क्लीन ने बताया है कि शिशु माता के स्तन को जीवन का स्रोत तथा सारे अच्छे अनुभवों का प्राथमिक केन्द्र मानता है। उसे ईर्ष्या इस बात से होती है कि वह स्वयं ऐसी पूर्णता का स्रोत नहीं है। ओराँव अपने मुहावरे में इसे दूसरी तरह व्यक्त करते हैं। ओराँव अपनी भाषा में ईर्ष्या को समझाते हुए कहते हैं कि "बच्चा, शैशवावस्था में जो मल खा लेता है वही ईर्ष्या का रूप धारण कर लेता है।" अयाता ने इस बात को समझाते हुए कहा, "बुरी नजर तो सबके दिमाग में होती है। बच्चा खाता है, मल

त्याग करता है, अपना हाथ उस गन्दगी में डालकर अपने मुँह में ले जाता है। यह गन्दगी उसके मुँह और शरीर से होकर दिमाग में जा बसती है। बच्चा बड़ा होकर जब किसी व्यक्ति को भोजन करते देखता है तो यह गन्दगी उसकी दृष्टि को कुदृष्टि बना देती है।"

जॉर्ज फास्टर ने बताया है कि बड़े समाजों में ईर्ष्या की भावना को छोटे समाजों की अपेक्षा ज्यादा आसानी से छिपाया जा सकता है। बड़े समाज में कई उप-समाज होते हैं। सामाजिक, मनोवैज्ञानिक, सांस्कृतिक तथा भौतिक सीमाओं के कारण ये उप-समाज आपस में बँटे होते हैं। ऐसे उपसमाजों में जो व्यक्ति ईर्ष्या का विषय बन सकता है वह स्पष्ट नजर नहीं आता और फिर एक उप-समाज का व्यक्ति दूसरे उप-समाज के व्यक्ति से ईर्ष्या रखे भी तो उसकी इस तुलना को बुरा माना जाता है। ईर्ष्या की भावना में ऐसी बाधा ओराँव समाज में नहीं है क्योंकि ओराँव लोग अपना ज्यादा समय इसी प्रयास में बिताते हैं कि वे दूसरे की ईर्ष्या का विषय न बनें। हेल्मुट शोएक (HELMUT SCHOECK) ने बताया है कि ईर्ष्या सबसे ज्यादा वहाँ पनपती है जहाँ सामाजिक निकटता अधिक हो और लोग अधिक निकट हों। नजदीकी रिश्तेदारों में भी इसी कारण ईर्ष्या-भावना प्रबल होती है। ओराँव समाज में नैकट्य अधिक होता है। जनजाति के सदस्य लगभग पारिवारिक सदस्यों की सी निकटता के साथ रहते हैं और एक का दूसरे की नजर से कुछ भी छुपा पाना मुश्किल होता है। ईर्ष्या की भावना के दुष्परिणामों के कारण जातीय एकता की माँग होती है कि जितनी जल्दी हो सके लोगों की ईर्ष्या-भावना समाप्त कर दी जाए और विभेदों को कम रखते हुए समता स्थापित की जाए। ओराँव-जाति के अन्दर धुमकुरिया की संस्था यही काम करती है। उसका मुख्य उद्देश्य यही है कि सभी बच्चे-बच्चियों तथा युवाओं को सांस्कृतिक रूप से एक समान दर्जे में ढालकर ईर्ष्या भावना से मुक्त किया जाए। हालाँकि ऐसा प्रयास बहुत कम ही सफल हो पाता है।

जैसा कि हम पहले देख चुके हैं, भगत स्वेच्छा से समय-समय पर उपवास करते हैं। यह एक प्रकार का मनोवैज्ञानिक प्रतिरक्षण है अपने ईर्ष्या के आवेगों को नियन्त्रित करने का, ओराँव-समाज में जो चीज ईर्ष्या का विषय हो सकती है अर्थात् भोजन उसे भगत अपने उपवास द्वारा 'तुच्छ' ठहराते हैं। लेकिन ईर्ष्या-भावना से निबटने की जिनकी तैयारी इतनी मजबूत नहीं है वे मामूली सी बात पर ईर्ष्या का शिकार हो जाते हैं। मेरा विचार यह है कि जब ओराँव जाति का कोई व्यक्ति ईर्ष्या का विषय बन जाता है तो उसके अन्दर अपराध-बोध की भावना घर कर जाती है क्योंकि ईर्ष्या उसकी जातिगत नैतिकता के विरुद्ध है। साथ ही उसके इस अपराध-बोध में स्वयं उसकी ईर्ष्या-भावना के आवेग-तन्तु रचे-बँधे होते हैं और एक जटिल मनोग्रन्थि जन्म लेती है। ऐसी स्थिति में किसी 'शैतानी शक्ति' का शिकार हो जाना उसे अपने अन्तर्द्वन्द्वों से छुटकारा दिलाने का काम करता है। 'शैतान' से मुक्त होने का मतलब है कि लालच और ईर्ष्या की भावना पर काबू पा लिया गया है जो कि 'शैतानी' इच्छाओं के प्रतीक हैं। मरीज अपने

को एक बार फिर भला-चंगा तथा नेक महसूस करता है और अपने को दूसरों के प्यार का पात्र माननने लगता है। शैतान का स्वरूप क्या है, इसकी चर्चा करते हुए अयाता ने अच्छाई और बुराई के बीच संघर्ष की चर्चा की और बताया कि व्यक्ति के मन में 'शैतान' भी होता है तथा 'भगवान' भी। अच्छाई और बुराई के बीच की अन्तर्निहित एकता को उसने मनोविज्ञान की भाषा में न समझाकर धर्मभाषा में समझाया और कहा कि, ''भगवान का ही एक रूप शैतान का भी है ठीक उसी तरह जैसे एक ही माँ की कोख से भिन्न-भिन्न चरित्र के बच्चे पैदा होते हैं। धान की भी इसी तरह दो किस्में होती हैं। जब उत्तर से हवा चलती है तो हरे रंग का मीठा चावल उत्पन्न होता है और जब दक्षिण से हवा चलती है तो लाल रंग का चावल पैदा होता है। इसी तरह भगवान के भी दो रूप हैं। जब बुराई की हवा बहती है तो भगवान अपने को 'शैतान' के रूप में प्रकट करते हैं। भगवान, शैतान क्यों बन जाता है ? हमें अपने कुकर्मों का दंड कौन देगा ? कौन हमें यह याद दिलाएगा कि कोई ऐसी शक्ति भी है जो हमसे ज्यादा बड़ी है ?''

अयाता सवेरे सात बजे पूजा करके उठता है और इस वक़्त तक लगभग एक दर्जन आदमी उसकी प्रतीक्षा के लिए आ चुके होते हैं। ये लोग आँगन में पालथी मारकर बैठे रहते हैं अथवा छोटे-छोटे समूहों में इधर-उधर टहल रहे होते हैं। इनको देखकर यह बताना आसान नहीं होता कि इनमें मरीज कौन है तथा दूसरे प्रयोजनों से आनेवाले कौन-कौन हैं ? इनमें से एक-दो पुराने मरीज भी हो सकते हैं जो अयाता से मिलने आ जाते हैं। अयाता अपने पुराने मरीजों से सम्पर्क बनाए रखता है। प्रति वर्ष ऐसे आठ-दस व्यक्तियों को लेकर वह एक सप्ताह की तीर्थयात्रा पर जाता है। कुछ लोग तो मात्र तमाशा देखने के लिए आते हैं। वे देखना चाहते हैं कि अयाता रोगियों को कैसे ठीक करता है। कोई-कोई ताबीज लेने के लिए आता है जिससे कि उसे भविष्य में 'प्रेत-बाधा' का खतरा न रहे। कोई-कोई अपने घर में हुई चोरी के बारे में पूछने के लिए आता है। ओराँव जनजाति के भगत मात्र मनोरोगों का ही इलाज नहीं करते बल्कि वे लोगों को सान्त्वना और विश्वास भी देते हैं। लोगों की उनमें श्रद्धा होती है। अयाता अपने मरीजों तथा दूसरे लोगों से कहता है कि वे साल वृक्ष का जो पत्ता अपने साथ लाए हैं उसे अपनी दाईं हथेली पर रखकर आगे आ जाएँ। इसके बाद वह अपने छह देवी-देवताओं के नाम का उच्चारण ऊँची आवाज में करता है तथा लम्बी-लम्बी साँसें लेता है। उसका गला तुम्बी के समान फूल जाता है जिससे उसकी नसें साफ नजर आती हैं। वह जब फूले हुए नथुनों से साँस छोड़ता है तो भौंकने की सी आवाज आती है। उसका सिर तथा शरीर का ऊपरला हिस्सा हिलने लगता है। इस अवस्था में 'देवी' का उसमें प्रवेश होता है और अयाता पत्ता लेकर मरीज की समस्याओं को 'पढ़ना' शुरू कर देता है।

तीस से ऊपर आयुवाली एक स्त्री से वह कहता है, 'पूर्वज ! नहीं। धरती पर, नहीं। सोना और चाँदी, नहीं। चार टाँगें, नहीं। कभी वह अच्छी रहती है और कभी बीमार।

परिवारवालों ने 'दयान' भेजा है। वह डर गई है।" स्त्री के बगल में खड़े आदमी से कहा, "वह शत्रुओं से डरा हुआ है। क्या शत्रु है ? ईश्वर ही जानता है। तीन-चार प्रकार के रोग हैं, जरा भी शान्ति नहीं। एक बीमारी जाती है तो दूसरी चली आती है। रोग पत्ते पर है, क्या है ? गर्भपात है, यह उसका दोष नहीं है। सिर्फ भगवान मदद कर सकता है। भगवान, तुम अन्धे नहीं हो, मैं हूँ। दूध में नहाओ, मेरे ईश्वर ! शैतान को मिट्टी में मिला दो।"

तन्द्रावस्था के दौरान अयाता में देवी का प्रवेश होता है। जिस समय अयाता चिकित्सा करता है उस समय रोगी में भी देवी का प्रवेश हो सकता है। अयाता में देवी का प्रवेश तन्द्रावस्था में होता है और यह उसकी इच्छा पर निर्भर करता है। इसको वह अपने नियन्त्रण में भी रखता है। रोगी की तन्द्रावस्था घटती-बढ़ती रहती है। तन्द्रावस्था की घट-बढ़ उसकी मानसिक दशा को प्रकट करती है। तन्द्रा में रोगी का शरीर मात्र काँपता है जबकि गहरे आवेग में उसका सिर झटके खाने लगता है और वह हाथ-पैर भी पटकने लगता है। रोगी के शरीर पर देवी आने का एक ऐसा ही मामला मुझे देखने को मिला। एक बार एक सोलह-वर्षीया युवती आई जिसे झाड़-फूँक कराने की सलाह दी गई थी। एक दिन वह अकेले बाग के पास टहल रही थी कि उसे एक बूढ़ा अपनी ओर आता दिखाई दिया। वह बुरी तरह डर गई। इस घटना के बाद वैसे तो कुछ खास नहीं हुआ लेकिन उस लड़की का खाना-पीना छूट गया और उसे नींद भी नहीं आती थी। भगत ने उसे भूमि पर बैठने को कहा और पूछने लगा कि उस बूढ़े की जाति क्या थी ? "कहीं वह मुंडा' जाति का तो नहीं था ?" लड़की ने सिर हिलाकर हामी भरी लेकिन मुँह से कुछ न बोली। अयाता ने उसे अपनी टाँगें फैलाने को कहा। लड़की ने टाँगें फैला दीं। वह उसके सामने बैठ गया और मन्त्र पढ़ने लगा। किसी व्यक्ति से बातचीत करते समय वह ओराँव-जनजाति की भाषा बोलता था किन्तु मन्त्र या प्रार्थना वह 'हिन्दी' में पढ़ता था। उसने अपना बायाँ हाथ लड़की के माथे पर रखा। उसकी तर्जनी आकाश की ओर उठी हुई थी। उसका दायाँ हाथ लड़की के घुटने से लगभग दो इंच ऊपर लहरा रहा था। वह मन्त्र पढ़ता जा रहा था और उसका दायाँ हाथ लड़की के पावों की ओर आ रहा था। पाँव के अँगूठे के पास हाथ लाकर उसने हाथ को झटका दिया मानो कोई चीज खींचकर निकाल रहा हो। उसने ऐसा कई बार किया। लड़की का शरीर काँप रहा था और जब भी अयाता का हाथ अपने अँगूठे के ऊपर महसूस करती उसका अँगूठा जोर-जोर से काँपने लगता। कुछ समय बाद जब वह अपना दायाँ हाथ झटककर पीछे की ओर खींचता था तो बायाँ हाथ जमीन पर पटककर चिल्लाता था, "चले जाओ, चले जाओ"। कई बार ऐसा करने के बाद उसने बड़े संयत स्वर में लड़की से कहा कि "वह तुम्हारे पैर के अँगूठे से चला गया है। अब वह लौटकर नहीं आएगा।" लड़की ने सिर हिलाकर हामी भरी। वह थकी हुई लगती थी और उसकी साँवली त्वचा पर पसीने की बूँदें चमक रही थीं।

जैसा कि मैं पहले कह चुका हूँ, झाड़-फूँक उन्हीं मामलों में की जाती है जब

निचले-दर्जे के भूत ने पकड़ा हो। ऐसे भूतों को मन्त्र पढ़कर भगाया जा सकता है। मनोविज्ञान की भाषा में कहें तो भगत की अपनी निजी प्रतिष्ठा तथा सांस्कृतिक विशिष्टता के कारण उसका 'कहना' मात्र ऐसे भूतों को भगाने के लिए काफी होता है। ऊँची जाति के भूतों के मामले में मन्त्र पढ़ना काफी नहीं होता है। उन्हें 'पूजा' दी जाती है। इस कर्मकांड के दौरान 'भगत' और 'रोगी' दोनों में देवी का प्रवेश होता है। रोगी को तन्द्रावस्था में लाने के लिए कई तरीकों का इस्तेमाल किया जाता है। इसमें एक तरीका है लय के साथ पीतल की थाली बजाना। नीचे एक घटना का ब्यौरा दिया जा रहा है। इसमें 'स्त्री' और 'भगत' दोनों पर देवी का प्रवेश हुआ था। औरत थोड़ा ज्यादा आवेशित थी। उनकी बातचीत से कई मनोवैज्ञानिक गहराइयों का पता चलता है। बातचीत निम्नलिखित है :

स्त्री : शैतान आ गया है। शत्रु आ गया है। बच्चे, गुरु के सामने आओ।

भगत : कौन शत्रु ? उसका नाम बताओ ?

स्त्री : अरे हाँ ! यह बुद्धन शैतान है। किसी और जाति का है। बोलो, बच्चे बोलोगे नहीं ? क्या अपने को गुरु से ऊँचा समझते हो ? शैतान ! कहाँ तक चलोगे ?

भगत : भूमि से, धूल से। तो, मेरे घर में शैतान आ गया। क्या तुम पालने तक जाओगे ? मैं तुम्हें काले बकरे का मांस खिलाऊँगा !

स्त्री की आँखें बन्द थीं। उसके चेहरे को देखकर लगता था कि वह आनन्द की अवस्था में है। वह अपने साथ बर्तन ले आई थी। उसे उसने हाथ में उठा रखा था। उसमें चूड़ियाँ, पत्ते, फूल और मिट्टी थी। उसी में शैतान को बन्द करना था। वह उस बर्तन को मिट्टी के एक दीये के पास ले गई। इस दीये को पहले से जलाकर रखा गया था। "शैतान का कलेजा जल रहा है" उसने बड़े आनन्द से कहा, "अरे शैतान ! तुम्हारा जबड़ा टूट जाएगा, तुम्हारे दाँत टूट जाएँगे, तुम्हारा अंग-प्रत्यंग टूट जाएगा।

भगत : (हड़बड़ी में) पकड़ लो, इसे जाने मत दो।

स्त्री : अब क्या करोगे तुम ? जवाब दो। कोई गलती नहीं हुई थी, एक भी गलती नहीं हुई थी। वह भली-भाँति चल रही थी। वह दूध और पानी ठीक ढंग से दे रही थी। वह बिल्ली के समान आया। तुम औरों से ज्यादा ऊँची छलाँग लगाना चाहते हो ?

भगत ने रोगिणी के सिर पर हाथ रखकर धमकी दी, "यदि तुम यहाँ रहोगे तो तुम्हें मूत्र पीना होगा। सभी दिशाओं के देवता आएँगे और तुम्हें मिट्टी में मिला देंगे।" स्त्री के गले से ऐसी आवाज आने लगी मानो उसका दम घुट रहा हो। इसके बाद अचानक दोनों स्तब्ध हो गए मानो पहले से ऐसा संकेत कर दिया गया हो। उनकी आँखों की बेतरतीब निगाही थम गई और वे थके-माँदे दिखाई देने लगे।

उपरोक्त उल्लेख से स्पष्ट है कि इस तरह के कर्मकांड में भगत मात्र सुझाव भर नहीं देता। अयाता और स्त्री के बीच हुई बातचीत फिस्टर (PFISTER) की उस बात की याद दिलाती है जो उसने नवोहो (Navoho) जाति में प्रचलित कर्मकांड के बारे में कही है। उसने बताया है कि इस जाति का ओझा अपने चिकित्सीय कर्मकांड के दौरान

अपने अचेतन मानस का सम्बन्ध मरीज के अचेतन मानस से जोड़ता है। इस प्रक्रिया के द्वारा वह रोगी के मूल अन्तर्द्वन्द्व तक पहुँच जाता है और उस प्रतिरोध के लिए कोई गुंजाइश नहीं रह जाती जो मरीज के चेतन मानस से सम्पर्क करने पर उठ खड़ी होती। यहाँ औरत यह स्पष्ट रूप से कहती है कि शैतान दूर भाग गया है और सबकुछ समुचित तरीके से करनेवाली मैंने (औरत) कुछ भी अनुचित नहीं किया। औरत का यह कथन इस दिशा में पर्याप्त सुझाव देता है कि यहाँ चेतन मानस का प्रतिरोध अनुपस्थित है। हालाँकि अयाता के रोगियों के बारे में बगैर विस्तार से जाने यह कहना अनुचित ही होगा कि अयाता अपने मरीजों के उपचार में 'अन्तःप्रेरणात्मक मनोविश्लेषण' की पद्धति अपनाता है। भगतई की ऐसी प्रविधि को समझने के लिए किन्हीं दूसरी मनोचिकित्सागत उपचार-विधियों पर दृष्टिपात करना ज्यादा उपयोगी सिद्ध हो सकता है। रेमंड प्रिंस नामक विद्वान ने बताया है कि प्रेताविष्ट अवस्था के दौरान जो तन्द्रावस्था प्रकट होती है वह चेतना की दशा में परिवर्तन का सूचक है। इससे तकनीकी शब्दावली में वियोजन कहा जाता है। इसमें दूसरा 'अहम्' चेतनदशा पर हावी हो जाता है और यही 'अहम्' उपचार में ज्यादा कारगर सिद्ध होता होगा। रेमंड प्रिंस ने यह बात कई रोगियों के अध्ययन के पश्चात कही। हालाँकि 'वियोजन' को पश्चिम में परम्परागत तौर पर मनोरोग-परीक्षण से जोड़ा जाता है किन्तु कई संस्कृतियों में इसका प्रयोग मनोरोग-निदान से जोड़ा गया है। घाना के धर्म-सम्प्रदायों से लेकर जापान के गाँवों तक, उहोमी और नाइजीरिया में प्रचलित झाड़-फूँक से लेकर माइक्रोनेशिया के पालो-द्वीपवासियों तक, मध्यपूर्व में प्रचलित जार-पंथ से लेकर दक्षिणी-पश्चिमी अमरीका के सर्पमोहन पंथ तक—'वियोजन' को मनोरोगों की नैदानिकी का ही हिस्सा समझा जाता है। सम्भवतः यह मनोरोग-निदान की सर्वाधिक विश्व-प्रचलित तकनीक है। चेतना की वियोजनावस्था अर्थात् तन्द्रावस्था को जगाने के लिए भिन्न-भिन्न तरीके अपनाए जाते हैं जैसे—नृत्य, संगीत, गहरी और तेज-तेज साँस लेना, तेजी से सिर हिलाना आदि। लेकिन जैसा कि प्रिंस ने इशारा किया है इस अवस्था की कई विशेषताएँ हैं जो एक जैसी तान्त्रिक चिकित्सा पद्धति का संकेत करती हैं। 'वियोजन' की यह पद्धति मनोरोगों को दूर करने में कैसे सहायक होती है—यह बात अभी रहस्य बनी हुई है। उदाहरण के लिए सार्जेंट नामक विद्वान ने कहा है कि तन्द्रावस्था में मनोवेग अत्यधिक संवेदनशील हो जाते हैं और मरीज में स्नायुकायिक परिवर्तन आ जाता है। इस परिवर्तन के कारण रोगी की पहलीवाली मनसगत आचार-रूढ़ि टूटती है और इस अवस्था में चिकित्सक अथवा पुजारी जो कुछ भी कहता है वह रोगी के मन को जँच जाती है। ब्रेनवाशिंग अथवा बिजली के झटके देकर जिस तरह उपचार किया जाता है कुछ-कुछ वैसी ही उपचार-विधि यह भी है। दूसरी तरफ फ्रायड ने अपने एक रोगी के इलाज के अध्ययन के सिलसिले में बताया है कि अत्यधिक अड़ियल 'अहम्' को विखंडित करना चिकित्सा की एक अन्तर्जात प्रवृत्ति होती है। इसी आधार पर प्रिंस का कहना है कि तन्द्रावस्था में रोगी का पुराना अहम् सो जाता है और एक नया अहम् जो चिकित्सक की बातों को स्वीकार

कर जाग उठता है अथवा उसे जगाया जाता है। यहाँ मैं एक बात और जोड़ना चाहूँगा कि मात्र ओझा-गुनिया ही वियोजन की इस तकनीक का प्रयोग नहीं करते बल्कि इस युग के एक 'गुरु' 'भगवान रजनीश' ने भी इसी प्रक्रिया का सहारा लिया था। उनके पूना-आश्रम में ढेर सारे मनोवैज्ञानिक प्रयोगानुभवों का उपयोग किया जाता था। इनमें से दो प्रयोगानुभव तो 'वियोजन-विधि' पर पूर्णतया आश्रित थे। इसमें एक प्रयोग 'पुनर्जन्म' के नाम से जाना जाता है। इसमें शिष्य को खूब गहरी-गहरी साँसें लेनी पड़ती थीं। दूसरा प्रयोग 'ऊर्जा-दर्शन' का होता था। सम्प्रदाय में दीक्षित करने का यह कर्मकांड था। इसमें नृत्य, लयपूर्ण संगीत तथा प्रकाश की तीव्रता के घट-बढ़ द्वारा बड़े कारगर तरीके से 'वियोजन' किया जाता था।

मैकलोडगंज का लामा

ओराँव जनजाति के वास-स्थान से पन्द्रह सौ मील उत्तर-पूर्व हिमालय की तलहटी में एक और समुदाय रहता है जो ओराँव जनजाति के समान ही भारतीय समाज में 'हाशिए का समुदाय' जैसी हैसियत रखते हुए कायम है। ये तिब्बती हैं जो तिब्बत पर चीन के आक्रमण के बाद, दलाईलामा के ल्हासा छोड़ भारत आ जाने के कारण उन्हीं के साथ भारत आ बसे हैं। ये लोग धर्मशाला नगर और उसके आसपास रहते हैं। दलाईलामा मैकलोडगंज में रहते हैं। दलाईलामा के वहाँ रहने के कारण तिब्बतियों के लिए यह आध्यात्मिक केन्द्र बन गया है। बौद्ध-साधुओं को 'लामा' कहा जाता है। 'लामा' गहरे लाल रंग का चोगा पहने सड़कों पर इधर-उधर दिखाई देते हैं। इनके साथ-साथ पश्चिमी देशों के युवक-युवती भी यहाँ 'पराविद्या' की तलाश में भटकते रहते हैं। इन्हें 'हिप्पी' कहा जाता है। ये 'हिप्पी' पहले की अपेक्षा ज्यादा चालाक हैं और 'हिप्पी आन्दोलन' के उभारवाले दिनों में जैसी निर्दोषिता हिप्पियों में नजर आती थी उसका रंचमात्र भी इनमें नहीं मिलता। लामाओं में कुछ ओझा हैं और कुछ तिब्बती चिकित्सा-विद्या के वैद्य। तिब्बत के लोग इन्हें अलग-अलग नहीं मानते। तिब्बतियों का मानना है कि इनका कार्य-क्षेत्र एक ही है। किसी ने एक काम में विशेषज्ञता हासिल कर ली है तो किसी ने दूसरे काम में। इन बातों की जानकारी हमें 'नागपल्ला' नामक लामा से मिली। उसकी आयु 35 वर्ष के लगभग थी। वह 'ओझाई' की विद्या सीख रहा था और इसके अन्तिम चरण में था। लामा-समुदाय के एक अत्यन्त प्रतिष्ठित 'लामा' का वह चेला था।

तिब्बती ओझा-गुनिया की दुनिया में प्रवेश करना अत्यन्त दुष्कर है। इसके लिए विविध शास्त्रों की मीमांसा से परिचित होना जरूरी है जो एक मनोविश्लेषक के लिए मुहाल है—यहाँ तक कि एक भारतीय मनोचिकित्सक भी इस मामले में कठिनाई का अनुभव करेगा हालाँकि उसकी अपनी संस्कृति, तिब्बती-संस्कृति से बहुत मेल खाती है। उत्तर-पूर्वी एशिया में प्रचलित 'झाड़-फूँक' वाले धर्म 'बॉन' का तिब्बती विश्वबोध पर गहरा प्रभाव है। बौद्धधर्म के महायान सम्प्रदाय तथा तान्त्रिक-विचारों का भी तिब्बती-

विश्वबोध पर प्रभाव पड़ा है। इन प्रभावों के कारण तिब्बती विश्वदृष्टि परिघटनात्मक वास्तविकता की तरलता पर जोर देती है। वह मानकर चलती है कि 'यथार्थ' उतना 'यथार्थ' नहीं है जितना वह प्रतीत होता है। पश्चिमी-दर्शन में 'वास्तविक' और 'आभासी' को लेकर काफी बहस हुई है लेकिन तिब्बत में इस बात को बहुत पहले ही मान लिया गया है कि जो कुछ दिखता है वह 'यथार्थ' नहीं है, एक परिघटनात्मक 'आभास' है। 'स्तांग पई नईद' (शून्य) के सन्दर्भ में ही तिब्बती जीवन की बहुत सारी गुत्थियों को सुलझाने की चेष्टा करते हैं। 'स्तांग पई नईद' तिब्बती जनता का रोजमर्रा का मुहावरा है। तिब्बती विश्वबोध के अनुसार जो कुछ अस्तित्ववान दिखता है वह मन की माया मात्र है। यथार्थ पर पर्दा पड़ा हुआ है और इस पर्दे पर यथार्थ की अपूर्ण छवियाँ दृष्टिगोचर होती हैं। यथार्थ की प्रतीति तो मात्र मोक्षावस्था में ही हो सकती है। इस प्रकार विश्व में वर्तमान वस्तुओं-घटनाओं का वास्तविक अर्थ कुछ दूसरा है। वह नहीं है जो हमें प्रतीत होता है। विश्व प्रतीकों और चिह्नों से भरा पड़ा है तथा इनकी व्याख्या हर कोई नहीं कर सकता। कल्पना का साम्राज्य सर्वोपरि है और कल्पित भी उतना ही 'यथार्थ' है जितना वास्तविक यथार्थ। इस संसार में कोई भी वस्तु पारलौकिक नहीं है। लोग-बाग मनमाने ढंग से ही यह निर्णय करते हैं कि कौन सी बात सामान्य है और कौन सी चमत्कार का परिणाम। डेविड नील (DAVID-NEEL) ने इस बात पर प्रकाश डालते हुए लिखा है, "तिब्बत में कोई भी इस बात से इनकार नहीं करता कि ऐसी घटनाएँ (चमत्कारिक घटनाएँ) हो सकती हैं लेकिन कोई भी इन्हें 'चमत्कार' की संज्ञा नहीं देता...तिब्बती किसी को भी अलौकिक नहीं मानते। उनकी मान्यता है कि जिन घटनाओं को हम चमत्कार समझते हैं वे उतनी ही स्वाभाविक हैं जितनी 'यथार्थ' की बातें और यह इस बात पर निर्भर है कि 'अल्पज्ञात नियमों और शक्तियों' का प्रयोग किस दक्षता से किया जा रहा है।" परिघटनात्मक यथार्थ मन की ही कृति है और इसे नियन्त्रित किया जा सकता है। यथार्थ के विभिन्न तत्त्वों के बीच के सम्बन्ध को बदला जा सकता है और नए परिघटनात्मक यथार्थ की सृष्टि की जा सकती है। एकाग्रध्यान, कर्मकांड तथा मन्त्रशक्ति के जरिए मन की सारी शक्तियों को केन्द्रित करके नई परिघटनाओं को जन्म दिया जा सकता है।

जहाँ तक रोगों और उनके उपचार का सम्बन्ध है—तिब्बती विश्वदृष्टि यह मानकर चलती है कि शारीरिक तथा मानसिक रोगों का जन्म 'मन के दोषों' से होता है। इनके बीच उत्पत्ति के आधार पर कोई अन्तर नहीं है। 'यथार्थ' के प्रति अज्ञानता के कारण क्रोध, काम और मनोन्धकार की उत्पत्ति होती है। ये तीन प्रकार के विष मन को विषाक्त कर देते हैं। मन को विषाक्त करनेवाले इन तत्त्वों के कारण कफ, पित्त और वायु का सन्तुलन बिगड़ जाता है। इनमें से किसी एक तत्त्व के आधिक्य के कारण रोग उत्पन्न होता है। इस कारण सभी रोगों के उपचार के लिए मानसिक-भावनात्मक शुद्धि जरूरी है।

चिकित्सकों और 'सयानों' के सामने तो रोगी और उसके रोग के लक्षण होते हैं

और रोगी अपने कष्ट से मुक्त होने के लिए शीघ्रातिशीघ्र इच्छुक होता है इसलिए बौद्ध-दर्शन की यह मान्यता कि यथार्थ के सही स्वरूप को जानकर ही रोग से मुक्ति हो सकती है व्यावहारिक रूप से कारगर साबित नहीं होती। तिब्बती वैध इसी कारण 'अज्ञान' को रोग की पृष्ठभूमि तथा दूरगामी कारण मानकर अपना ध्यान उसके तात्कालिक लक्षणों पर ही केन्द्रित करते हैं। उनके विचार से रोग चार तात्कालिक कारणों से उत्पन्न होता है—ऋतु (मौसम), भोजन, स्वभाव और आचरण। इसके अतिरिक्त 360 प्रकार के प्रेत हैं जो रोग पैदा कर सकते हैं। इनमें से किसी भी कारण से वात, पित्त या कफ का आधिक्य हो जाता है तो रोग की उत्पत्ति होती है। तिब्बत में वैद्यों को यह सिखाया जाता है कि रोग के लक्षण कैसे पहचानें और उनका निदान कैसे किया जाए। यह भी बताया जाता है कि कौन सी औषधियों के प्रयोग से रोग दूर होगा।

नागपल्ला भी अन्य सयानों के समान प्रेत-विशेषज्ञ है। प्रेत को भी रोग-उत्पत्ति के मूल चार कारणों में से एक माना गया है। मान्यता है कि देवात्माएँ (इहा) जो देवलोकवासी हैं और सर्पात्माएँ जो पाताल लोकवासी हैं—मानवों के साथ-साथ रहती हैं। सर्पात्माओं को 'क्लू' कहा जाता है। इन दोनों को 360 प्रकारों में बाँटा गया है। इन प्रेतात्माओं को तीन, पाँच, आठ, नौ, दस, बारह, तेरह, सोलह, अठारह और ऐसी ही समूह-श्रेणियों में रखा गया है। इनका विभाजन कर्मों के आधार पर किया गया है और कर्मानुसार ही इनकी अधोगति अथवा उन्नति होती है। कर्मानुसार इनकी श्रेणियाँ बदलती रहती हैं। ये प्रेतात्माएँ आकाश, पाताल तथा भूमि सभी जगह होती हैं। इनमें कुछ शुभकारी होती हैं कुछ अशुभकारी। नागपल्ला का कहना है कि 360 प्रेतों में से, जिनका धर्मग्रन्थों में उल्लेख है, मात्र 18 ऐसे हैं जिनके प्रकोप से व्यक्ति रुग्ण हो जाता है और अपना मानसिक-सन्तुलन खो बैठता है। यहाँ यह बात ध्यान देने योग्य है कि तिब्बत में 'पागलपन' और 'प्रेतप्रकोप' को एक नहीं माना जाता। तिब्बतियों की गान्यता है कि प्रेत के कारण शारीरिक विकार भी हो सकते हैं और मानसिक भी। दूसरी तरफ यह भी माना जाता है कि मनोरोग प्रेत-प्रकोप से उत्पन्न हो सकते हैं और अन्य कारणों से भी। मनोरोग के अन्यान्य कारणों में—सम्पत्तिनाश, प्रियजन की मृत्यु, बहुत दिनों से चला आ रहा वायुरोग तथा मन्त्रशक्ति शामिल है। इस मन्त्रशक्ति का प्रयोग कोई शत्रु करता है। नागपल्ला का कहना है, "अचानक व्यक्ति कुछ खो बैठता है तो उसे इतना विषाद होता है कि जीने की इच्छा ही नहीं रहती। ऐसे मामले में हम प्रयास करते हैं कि उस व्यक्ति का ध्यान उन लोगों पर केन्द्रित करें जिनके पास अपना कहने को कुछ नहीं था। हम उसे इस बात की याद दिलाते हैं कि वह सौभाग्यशाली था जो इतने दिनों तक भगवान ने उसे इतना कुछ भोगने को दिया। हम उसमें यह महत्वाकांक्षा फिर से जगाना चाहते हैं कि मानव-जीवन का अन्तिम लक्ष्य यथार्थ-ज्ञान और मोक्ष की प्राप्ति है। हम उससे कहते हैं कि भगवान बुद्ध को भी धक्का लगा था लेकिन उसी धक्के ने उन्हें 'बुद्धत्व' दिया।

"कुछ मन्त्रों के उच्चारण से, जो मन पर बुरा प्रभाव डालते हैं किसी व्यक्ति को

पागल किया जा सकता है लेकिन उस पागलपन का प्रकोप अधिक गम्भीर नहीं होता। हमने देखा है कि भारत में बहुधा जादू-टोना करनेवाले लोग मन्त्रशक्ति के जरिए किसी व्यक्ति के दिमाग पर प्रभाव डालते हैं।''

मनोरोग भूत-प्रेत के कारण उत्पन्न हुआ है अथवा किसी अन्य कारण से—इसे जानने के कई तरीके हैं। प्रेत-बाधा का पता अमूमन सपने में दिखाई पड़नेवाले कुछ शकुनों से चल जाता है। प्रेतबाधाग्रस्त व्यक्तियों के सिर चकराने तथा डरावने सपने देखने के भी बहुत से उदाहरण मिलते हैं। नागपल्ला का कहना है, ''व्यक्ति बहुधा अपने सपने में बच्चा बन जाता है। बचपन में उसने जिस वस्तु की कामना की हो, उसे प्राप्त करने की चेष्टा की जाती है। उदाहरण के लिए, यदि किसी ने बचपन में बढ़ई बनने की कल्पना की हो तो वह बसूला माँगने लगता है। संक्षेप में इतना कहा जा सकता है कि पागलपन में आदमी अपनी बाल्यावस्था में पुनः पहुँच जाता है। प्रेतबाधा तथा प्रेत के प्रकार को निर्धारित करने की विधि 'मो' कहलाती है। इससे पता चल जाता है कि रोग प्रेत-बाधा के कारण है या नहीं तथा इस बात का भी ज्ञान हो जाता है कि प्रेत किस किस्म का है। इसमें रोगी की आँखों की पुतलियों को ध्यान से देखा जाता है। यदि उसकी पुतली बाईं ओर नीचे की तरफ घूमे तो इसका मतलब है कि उस पर भूत का प्रकोप है। यदि रोगी पर 'डाकिनी' का प्रकोप है तो पुतलियाँ दाईं ओर ऊपर की तरफ घूम जाती हैं। 'डाकिनी' को बहुधा 'माँ' कहकर सम्बोधित किया जाता है। मान्यता है कि जिसने डाकिनी को सिद्ध कर लिया उसे अपार ज्ञान और शक्ति की प्राप्ति होती है।

नागपल्ला का कहना है कि 'भूत-प्रेत का प्रकोप किन्हीं विशेष कारणों से नहीं होता। यह तो कर्मों पर निर्भर करता है। जीवन में ऐसे अनेक अवसर आते हैं जब व्यक्ति की जान, शरीर, सम्मान और किस्मत के लिए खतरे उत्पन्न हो जाते हैं। जब ये चारों तत्त्व विपरीत हों तो प्रेतबाधा अवश्य होती है। लेकिन इसका उपचार भी है। यदि जीवन खतरे में हो तो हम उस व्यक्ति से कहते हैं कि 'दीक्षा' का कर्मकांड कराए। यदि उसके शरीर को खतरा हो तो कहा जाता है कि वह अपने कपड़े और नाम बदल ले। सम्मान और सौभाग्य को खतरा हो तो हम उसके घर के बाहर कुछ झंडियाँ टाँग देते हैं। इन झंडियों पर प्रार्थना के मन्त्र लिखे होते हैं। आपने इन झंडियों पर घोड़े का चित्र देखा होगा। इसे लुंग-डा अर्थात् वायु का घोड़ा कहा जाता है। यह सौभाग्य का प्रतीक है। हम प्रेतबाधा के सभी मामलों में पूजा पर बल देते हैं। पूजा से आध्यात्मिक शक्ति बढ़ती है और जिस व्यक्ति पर प्रेत-बाधा होने की आशंका हो वह इस शक्ति के कारण 'प्रेत-बाधा' सहन करने योग्य हो जाता है। पूजा के अतिरिक्त याचना के मन्त्र पढ़े जाते हैं जो प्रेत को रोकते हैं।' नागपल्ला और अन्य लामाओं की बातचीत से पता चला कि पूजा के कर्मकांड में मन्त्र का बहुत अधिक महत्त्व है। मन्त्रों की प्रकृति और उनके बारे में प्रचलित विश्वासों के बारे में पहले भी चर्चा की जा चुकी है। यहाँ इस बात को रेखांकित करना आवश्यक है कि भारतीयों के समान तिब्बती

भी मन्त्रों में विश्वास करते हैं। जब कोई लामा मन्त्र पढ़ता है तो वह शब्द मात्र का उच्चारण नहीं कर रहा होता बल्कि अपनी नजर में स्वास्थ्यकर शक्तियों का आह्वान कर रहा होता है।

नागपल्ला का एक मरीज था। वह बीस वर्ष से कुछ अधिक आयु का बौद्ध-भिक्षु था जिस पर हाल ही में भूत का प्रकोप हुआ था। उस दिन वह भिक्षु अपने मठ से निकलकर कुछ मील दूर पहाड़ियों में बसे एक गाँव जा रहा था। वहाँ उसे बच्चों के एक समारोह में भाग लेना था। लौटते समय बूढ़े भिक्षु तो जीप में सवार हो गए लेकिन युवा भिक्षु, जिसमें नगापल्ला का मरीज भी शामिल था, पैदल ही चल पड़े। पहाड़ी रास्तों पर चलते-चलते उनमें परस्पर होड़ लगी कि देखें कौन पहले पहुँचता है। नागपल्ला का मरीज इस चक्कर में बहुत आगे निकल गया और जब उसने अपनी चाल धीमी करनी चाही तो पाया कि ऐसा नहीं कर पा रहा है। उसने बताया : पता नहीं मुझे क्या हो गया था। मैं अचानक बेसुध होकर पगडंडी पर गिर पड़ा।'' कुछ समय बाद उसकी बेहोशी टूटी तो उसने देखा कि साथी आसपास जमा हैं और पूछ रहे हैं कि 'क्या हुआ' ? भिक्षु उन्हें कोई सन्तोषजनक उत्तर नहीं दे पाया। उसके शरीर पर खरोचें थीं तथा हथेलियों और कुहनियों से खून बह रहा था। लेकिन उसे पीड़ा महसूस नहीं हो रही थी। अपने दो साथियों के सहारे वह धीरे-धीरे मठ की ओर बढ़ा तो रास्ते में एक झरना आया। उसने अपने साथियों से कहा कि तुम लोग आगे बढ़ो, मैं हाथ-मुँह धोकर आता हूँ। दो 'हिप्पी' उस झरने के पानी में अपने गन्दे कपड़े तथा बर्तन धो रहे थे। उन्होंने उसके घावों पर मरहम-पट्टी बाँधी। वापस मठ पहुँचकर उस भिक्षु ने अपने मित्र से घाव पर लगाने के लिए दवा लाने को कहा। दवा से कुछ लाभ नहीं हुआ। उसका मुँह इतना सूज गया था कि उसकी आँखें मुँद गई थीं। वह दूसरों की सहायता से किसी तरह अपनी दिनचर्या पूरी कर पा रहा था। तीसरे दिन उसे अपने सूजे हुए चेहरे को देखकर बहुत ग्लानि हुई। उसने अपने मित्रों से कहा कि लामा से उसके लिए पूजा करने को कहें। लामा ने 'मो' का प्रयोग किया और कहा कि उस पर किसी भूत का प्रकोप है। लामा ने यह भी पूछा कि क्या वह किसी झरने में नहाया है ? भिक्षु के मित्र को पता नहीं था कि उसने झरने में हाथ-मुँह धोया था। लामा को विश्वास था कि ऐसा जरूर हुआ होगा। लामा ने उससे लौटकर भिक्षु से सारी बात पूछने का अनुरोध किया। ''लामा के कहने पर मुझे याद आया कि मैंने उस झरने के पानी में अपने घाव धोए थे। मुझे इस बात का भी ख़्याल आया कि लोगों का विश्वास है कि इस झरने में 'नाग' अथवा लू' (वायु) नामक 'प्रेत' रहता है। मैंने अपनी सारी गन्दगी झरने में डालकर उसे कुपित कर दिया है। 'लू' और 'नाग' शुद्धि का बहुत ध्यान रखते हैं।''

'लू' और 'नाग' निम्न कोटि के प्रेत हैं। वे तब तक किसी मानव पर आक्रमण नहीं करते जब तक उन्हें कुपित न कर दिया जाए। कुपित होने पर ये अपने कोप-भाजन के शरीर में प्रवेश कर जाते हैं। इन भूतों की एक विशेषता यह है कि इन्हें अक्ल थोड़ी

कम होती है। ये इतने समझदार नहीं होते कि जान सकें कि किसी ने जान-बूझकर इन्हें कुपित किया है या अनजाने में। तिब्बत-वासी जब कोई नया मकान बनाने लगते हैं तो मकान बनाने की जगह पर दो-तीन दिन पहले पहुँच जाते हैं। नींव खोदने से पहले वहाँ पर रहनेवाले प्रेत से प्रार्थना करते हैं कि 'महाराज अब आप यह स्थान छोड़ दीजिए तथा अपने लिए कोई और जगह ढूँढ़ लीजिए। हमें खेद है कि हम आपको कष्ट दे रहे हैं लेकिन इस पर हमारा कोई वश नहीं है क्योंकि ग्रन्थों में लिखा है कि यही जगह हमारे मकान के लिए उपयुक्त है। इसलिए दलाईलामा की इच्छानुसार दो दिन में यहाँ से चले जाइए।'

हम अपनी कहानी जारी रखते हैं। बौद्ध-भिक्षु ने अपने मित्र के माध्यम से लामा को कहलवाया कि उसने झरने के पानी में सचमुच अपने घाव धोए थे। इस बात को सुनकर लामा ने फिर 'मो' का प्रयोग किया और पाया कि उस पर 'लू' वर्ग के प्रेत का प्रकोप है। लामा ने आवश्यकतानुसार पूजा की और रोगी को प्रसाद लेकर उसी झरने के पास भेजा। रोगी ने बताया–"प्रसाद देते समय मुझे 'लू' के सामने अकेले ही जाना था। मैंने तिब्बती-भाषा, हिन्दी और अंग्रेजी तीनों भाषाओं में 'लू' से बात की क्योंकि मुझे इस बात का पता नहीं था कि 'लू' किस समुदाय का है। हमारे धर्मग्रन्थों में लिखा है कि प्रेत से उसी भाषा में बात करनी चाहिए जो भाषा वह समझता हो। मैंने प्रेत से कहा–"अरे लू ! उस दिन जो कुछ हुआ उसे भूल जाओ। तुम्हें मालूम है कि गिरने से मुझे चोट आ गई थी। उस वक्त मैं बिल्कुल इस बात को भूल गया था कि झरने में तुम्हारा निवास है। मुझसे जो भी अपराध हुआ है, उसकी क्षमा माँगने आया हूँ और प्रायश्चित करना चाहता हूँ। उसी प्रायश्चित के रूप में मैं यह प्रसाद चढ़ाना चाहता हूँ। अतः जो कुछ हुआ है उसे भूल जाओ। मुझे उम्मीद है कि मेरी पूजा और यह प्रसाद तुम स्वीकार करोगे।" ऐसा लगता है कि उसका प्रायश्चित स्वीकार हो गया क्योंकि उसके चेहरे की सूजन दूर हो गई और वह मठ में फिर व्यस्त हो गया।

'लू' ने हिप्पियों पर आक्रमण क्यों नहीं किया इसका कारण बताते हुए उस भिक्षु ने कहा, "थोड़ा अन्तर है। लहू एक प्रकार की गन्दगी है जो शरीर के अन्दर से उत्पन्न होती है। हिप्पी तो बाहर की गन्दगी धो रहे थे। हमारे धर्मग्रन्थों के अनुसार अन्दर की गन्दगी बाहर की गन्दगी से अधिक बुरी है। यह भी हो सकता है कि उनका 'लुंग-डा' मुझसे अधिक ऊँची श्रेणी का रहा हो। दूसरा कारण यह भी है कि जो लोग भूत-प्रेतों में विश्वास करते हैं उन पर उनका प्रकोप होने की ज्यादा सम्भावना रहती है। 'लू' सोचता है कि यह आदमी मुझसे डर रहा है और उस पर आक्रमण कर देता है। जहाँ तक हिप्पियों का सवाल है वे भूत-प्रेतों में विश्वास नहीं करते और 'लू' इस विश्वास को बदल नहीं सकता अतः 'लू' उन पर आक्रमण नहीं करता।

अन्य तिब्बतियों के समान ही भिक्षु ने 'लू' के आक्रमण का कोई विशेष कारण नहीं बताया। उसका कहना था, "कौन जानता है ? सम्भवतया मेरा 'लुंग-डा' दुर्बल था। कभी-कभी 'लुंग-डा' अन्य वक्तों की तरह शक्तिशाली नहीं होता। ऐसा हरेक के साथ

होता है। यह आपके साथ भी हो सकता है। शायद आजकल मेरा 'लुंग-डा' कमजोर चल रहा है और मुझ पर पुनः प्रेत का प्रकोप हो सकता है। उस दिन दौड़ते समय भी मुझे ऐसा लग रहा था कि कोई प्रेत मेरा पीछा कर रहा है। मेरा ख्याल है कि वह मेरे शरीर में प्रवेश कर गया था नहीं तो इस बात का क्या कारण है कि मैं चाहते हुए भी अपनी गति धीमी नहीं कर पा रहा था। लोग कहते हैं 'लुंग-डा' के कमजोर होने का एक लक्षण यह है कि समझदार आदमी भी मूर्खों जैसा व्यवहार करने लगता है अथवा भिक्षु खेल-कूद में मग्न रहने लगता है।

ऐसा लगता है कि जब उस बौद्ध भिक्षु ने कहा कि उस पर अब भी प्रेतबाधा का खतरा है और उसे ऐसा लगा कि 'लू' को कुपित करने से पहले ही प्रेत उससे चिपट गया था तो इसका मतलब था कि उसे अपने रोग के बारे में लामा के निदान-उपचार के प्रति सन्देह था। दूसरे शब्दों में, स्वास्थ्य-लाभ के बावजूद भिक्षु के अचेतन मन में अपने रोग के प्रति जो धारणा थी वह लामा द्वारा प्रयुक्त उपलब्ध सांस्कृतिक कारणों से मेल नहीं खाती थी। मेरा मानना है कि जब सयानों द्वारा सामूहिक परम्परा से प्राप्त सांस्कृतिक पुराकथा और कर्मकांड (जैसा कि लेवीस्ट्रास ने सयानों की चिकित्सा के बारे में कहा है) का उपयोग रोगी को उसके अपने अन्तर्द्वन्द्व सुलझाने में कोई समाधान नहीं देता तो वह एकदम बे[illegible] हो जाता है अथवा उसका खास प्रभाव नहीं पड़ता।

उस भिक्षु पर 'लू' का प्रकोप मनोविज्ञान की भाषा में 'चिन्ता-रोग' कहलाएगा। इस बात का पता उसके इस कथन से लगता है कि लुंग-डा के कमजोर होने की स्थिति में भिक्षु बच्चों के समान खेल-कूद में लग जाता है। सम्भवतः यही वह वास्तविक तथ्य है जिसके कारण रोग उत्पन्न हुआ। मेरी संकल्पना यह है कि जैसे ही उसने दौड़ना शुरू किया युवा भिक्षु की पूर्ववर्ती खेल भावना ने गम्भीर रूप धारण कर लिया और उसका 'अहम्' इस पर नियन्त्रण नहीं रख पाया। वयोवृद्ध भिक्षुओं से पहले पहुँचने की होड़ से उसके अचेतन मन में छुपी बड़े-बुजुर्गों के प्रति शत्रुता जाग उठी। इसका उसकी संस्कृति में निषेध है। अपने साथी भिक्षुओं से दौड़कर आगे निकल जाने की प्रक्रिया ने उसकी प्रतियोगिता भावना को और जगाया और उसे ऐसा लगा कि वह औरों से अधिक 'अच्छा' है। वह होड़ और शत्रुता की भावना तथा डर और अपराध की भावनाओं (जो ईर्ष्या के कारण उत्पन्न हुई थी) के परस्पर द्वन्द्व को सह नहीं पाया। इस अन्तर्द्वन्द्व से बचने के लिए वह बेसुध हो गया। लामा ने उसका उपचार इस प्रकार किया कि उसकी अस्थिर मानसिक दशा को संस्कृति के साँचे में ढाला जा सके तथा उसके अहम् को पूजा और कर्मकांड के माध्यम से शक्ति प्रदान की जा सके। इस प्रकार उस बौद्ध-भिक्षु के अन्दर संस्कृति-निषेधों को तोड़ने से जन्मी अपराध-भावना कम हो गई। यहाँ हम स्पष्ट देखते हैं कि लामा ने यहाँ अपने सरलीकृत निदान के जरिए रोग को दूर करने की कोशिश की और वह भिक्षु के अतीत में जाकर रोग की जड़ों को तलाश करने से बचा रहा। अतः उसका निदान भिक्षु के अपने निदान से मेल नहीं खा सका।

यहाँ समस्या यह नहीं थी लामा नियतत्त्ववाद की भाषा में सोच रहा था। लामा को जीवन के अन्य क्षेत्रों में लागू कार्य-कारण सिद्धान्त में पूरा विश्वास था। लामा इस बात पर हतप्रभ था कि भिक्षु अपने रोग का व्यक्तिगत कारण बता रहा था।

लेवीस्ट्रास नामक विद्वान ने सयानों और मनोविश्लेषकों द्वारा प्रयुक्त उपचार-प्रक्रिया के बीच सादृश्य दर्शाने के क्रम में बताया है कि मनोविश्लेषण पर आधारित चिकित्सा में इलाज वैयक्तिक मिथ की पुनर्स्थापना के जरिए होता है। वैयक्तिक मिथ व्यक्ति के अतीत के तत्त्वों से बना होता है जबकि सयानों की उपचार-प्रक्रिया में व्यक्ति सामूहिक मिथ' से अपने को जोड़ता है। यह सामाजिक मिथ उसे परम्परा से प्राप्त होता है। सयाने जिस परम्परा-प्राप्त मिथ का उपयोग करते हैं वह रोगी की वैयक्तिक मानसिक-दशा से मेल नहीं खाता परन्तु रोग के कारण अलगाव की जो भावना उसके अन्दर पैदा हो गई है उसे जरूर दूर कर देता है। मिथ चाहे वैयक्तिक हो अथवा परम्परा-प्राप्त, मरीज को स्वास्थ्यलाभ के लिए पुनः प्राप्त करना पड़ता है। लेवीस्ट्रास ने आगे बताया है कि ये दोनों प्रकार के मिथ अलग-अलग उपचार की सांकेतिक प्रक्रिया द्वारा अपना काम करती है—एक जैसी होती है। भारत में सयानों द्वारा मनोविकारों के उपचार का हमने जो अध्ययन किया है उसके आधार पर हम यह नहीं कह सकते कि उसमें रूप प्रधान है अथवा अन्तर्वस्तु। चिकित्सा-प्रक्रिया में सामूहिक अथवा वैयक्तिक मिथ के उपयोग का आपसी अन्तर मूलगामी नहीं है। बीमारी के सामूहिक अथवा वैयक्तिक पक्ष में से किसी एक पर अपेक्षाकृत ज्यादा बल देने के कारण ही इनमें से किसी एक का उपयोग होता है। सयानों द्वारा उपचार-प्रक्रिया में जिस सामूहिक मिथ का उपयोग किया जाता है उसमें यह गुंजाइश हमेशा बनी रहनी चाहिए कि रोगी अपने अन्तर्द्वन्द्व को निजी धरातल पर व्यक्त कर सके। 'पीर' वाले मामले में हमने देखा कि यह अभिव्यक्ति सपने के माध्यम से होती है। बालाजी-मन्दिर वाले मामले में हमने देखा कि यह अभिव्यक्ति रोगी के शरीर में प्रविष्ट प्रेत के मुँह से होती है। कई बार, जैसा कि अयाता और अन्य भगतों का अनुभव बतलाता है, रोगी तन्द्रावस्था में वैयक्तिक अर्न्तद्वन्द्व की अभिव्यक्ति प्रेत की वाणी में करता है। सयानों का सफल कर्मकांड मात्र समुदाय द्वारा प्रदत्त सामूहिक मिथ का उपचारकारी प्रयोग भर नहीं होता बल्कि उसमें बीमारी के निजी पक्षों पर भी ध्यान दिया जाता है। कुछेक मामलों में सयाने जिस सामूहिक मिथ का इस्तेमाल करते हैं वह समुदाय के प्रभावी वैयक्तिक अन्तर्द्वन्द्व को सम्बोधित करता है। उदाहरणार्थ, पीर के पास आनेवाली मुस्लिम स्त्रियों की यौन-चिन्ताओं के मामले में हम यही बात देखते हैं। अयाता के पास आनेवाले रोगियों के बारे में भी यही बात सच है परन्तु वहाँ मामला 'भूख' का है।

साधु-सन्तों का मार्ग

भारत की सांस्कृतिक और धार्मिक-परम्परा की मूल-धारा में निहित किसी सम्प्रदाय के सिद्धान्तों-व्यवहारों का अध्ययन एक कठिन कार्य है। इस कठिनाई का कारण यह नहीं है कि मैं राधा-स्वामी सत्संग द्वारा प्रचारित 'सन्त-मत' का अध्ययन चिकित्सा के परिप्रेक्ष्य में करना चाहता हूँ। आडवुस हक्सले (ALDOUS HUXLEY) ने कहा है 'सन्तई आत्मा की एक बड़ी भूख है'। राधास्वामी सम्प्रदाय भी मूलतः आत्मचेतस अहंमन्यता के इसी दायरे से आदमी को ऊपर उठाने का कार्य करता है परन्तु इसके साथ-ही-साथ इस सम्प्रदाय के आकर्षण का मुख्य कारण है शारीरिक-मानसिक कष्टों से मुक्त करने का इसका दावा। हजारों लोग इस आशा से भी इसका अनुगमन करते हैं। लोग मानते हैं कि इस सम्प्रदाय के अनुसरण से उन्हें मानसिक-शारीरिक कष्टों से मुक्ति मिलेगी और उनका जीवन शान्ति की ओर उन्मुख होगा।

कठिनाई मुख्य रूप से इस कारण है कि फ्रायड ने जिस मनोविश्लेषण की बात की है वह भारत के उन मनोदार्शनिक-सम्प्रदायों से भिन्न है जो 'आत्मविकास' तथा 'आत्म-योजन' की बात करते हैं। इसे सामूहिक रूप से 'रहस्यवाद' की संज्ञा दी जाती है। कठिनाई इस कारण भी है कि मैं मनोविश्लेषक होने के साथ-साथ भारतीय भी हूँ। अपने पश्चिमी हमपेशा लोगों के विपरीत भारतीय मनोचिकित्सक को अपनी बौद्धिक-अभिमुखता अर्थात् मनोविश्लेषण और ऐतिहासिक नियति अर्थात् 'रहस्यवाद' के द्वन्द्व से कभी-न-कभी उलझना पड़ता है। 'रहस्यवाद' भारत की सांस्कृतिक परम्परा का अभिन्न अंग है। 'रहस्यवाद' इस प्रकार भारतीय मनोचिकित्सक की सामुदायिक पहचान का अंश है और बौद्धिक धरातल पर उसके पेशे अर्थात् 'मनोविश्लेषण' से भिन्न भी। इस द्वन्द्व के कुछ निश्चित परिणाम सामने आते हैं और इन पर विस्तारपूर्वक चर्चा की जरूरत है।

मनोविश्लेषण मनुष्य द्वारा विकसित विज्ञानों में से एक अग्रगामी विज्ञान है और इसमें मानव-स्वभाव के बारे में एक अन्तर्भूत मान्यता निहित है जो मानती है कि मानव-स्वभाव का एक सीमा तक अध्ययन किया जा सकता है। किन्तु मनोविश्लेषण की अपनी आधार मान्यताएँ भारतीय रहस्यवाद की मान्यताओं से मेल नहीं खातीं। मनोविश्लेषण का 'मनुष्य' और 'यथार्थ' विषयक दृष्टिकोण भारतीय रहस्यवाद की अवधारणाओं से मेल नहीं खाता। यह टकराव बहुधा आध्यात्मिक दृष्टिकोण की निन्दा

की ओर ले जाता है और तर्क के झीने पर्दे के पीछे 'रहस्यवाद' के प्रति शत्रुता झाँकती रहती है। जिन दिनों फ्रायड ने अध्यात्मवाद की भावना को शैशवावस्था की स्मृतियों के रूप में प्रदर्शित किया उन दिनों इन भावनाओं के बारे में यूरोप के लोगों का ज्ञान सीमित था। लेकिन बाद के मनोविश्लेषकों ने भी यही रुख अपनाया। उदाहरण के लिए, फ्रैंज अलेक्जेंडर ने कहा कि बौद्ध-ध्यान-प्रक्रिया अपने वीर्य के प्रति आत्म-मोह से पैदा हुई है। इससे पता चलता है कि बाद के मनोविश्लेषक भी अपने विज्ञान के घेरे में खोए रहे और दो धाराओं के बीच ताल-मेल बढ़ाने का काम नहीं हो सका।

रहस्यवादी विचारणा-पद्धति को मनोविश्लेषकों ने मनोरोग के मुहावरे देकर परास्त करने की कोशिश की है। लेकिन जब मनोविश्लेषक चिकित्सा के क्षेत्र से आगे बढ़कर सामाजिक-ऐतिहासिक आधार पर भी मानव के 'रहस्यवादी स्वरूप' की निन्दा करते हैं तो यह संघर्ष कुछ ज्यादा तीखा हो जाता है। उदाहरण के लिए, एक मनोविश्लेषक के कथन पर गौर कीजिए, "मुझे इस बात की आशंका है कि हिन्दुओं के द्वारा मोक्ष-प्राप्ति की कोशिश दरअसल उनकी संस्कृति की असफलता और क्रूरता से जुड़ी हुई है। इन असफलताओं और क्रूरताओं में भीषण गरीबी, उच्च शिशु मृत्यु-दर, भयंकर जातिप्रथा, छुआछूत की भावना और बढ़ती हुई आबादी के नाम गिनाए जा सकते हैं। कहा जा सकता है कि अध्यात्मवाद की धारणा के माध्यम से वे जीवन की यथार्थता से पलायन करते हैं। ऐसा लगता है कि वे मोक्ष की लालसा यथार्थ को भूलने के लिए करते हैं।" इस तरह के सतही मूल्यांकन से तो तीसरे विश्व के उन बुद्धिजीवियों के कथन को ही बल मिलता है कि पश्चिमी विज्ञान जिसमें मनोविश्लेषण भी शामिल है दरअसल संस्कृति-आधारित जातीयता का विज्ञान है और उसकी सार्वभौमिकता का दावा केवल इस कारण किया जाता है क्योंकि पश्चिमी देशों का पूरे विश्व पर राजनीतिक-आर्थिक प्रभुत्व है। मानव-विज्ञानों के मामले में पश्चिम की यह अन्धदृष्टि ही है कि वह 'रहस्यवाद' को गैर-पश्चिमी अवधारणा मानकर मनुष्य की 'रहस्यवादी' विचार-पद्धति को फालतू की चीज मानकर खारिज करता है जबकि खुद पश्चिम में 'रहस्यवाद' की एक शानदार परम्परा रही है। पश्चिम 'रहस्यवाद' की उत्पत्ति हिन्दू-बौद्ध तथा सूफी परम्पराओं में सिद्ध करने में लगा रहता है।

दूसरी तरफ, यदि कुछ मनोविश्लेषकों की जातीय-केन्द्रिक दृष्टि और गैर-पश्चिमी संस्कृति को मनोरोग-जनित मानने के उनके दुराग्रह के कारण अगर गैर-पश्चिमी विद्वान मनोविज्ञान को ही खारिज करने लगें तो यह बहुत बड़ी गलती होगी। गैर-पश्चिमी बुद्धिजीवी जब अपने इतिहास तथा समाज के अनुरूप व्यक्ति अथवा उसके आदर्श गढ़ने का मुक्तिकारी प्रयास करें तो उन्हें इस बात का ध्यान रखना चाहिए कि फ्रायड ने मानव को अनावश्यक निषेधों तथा बन्धनकारी विचारधाराओं से मुक्त करने की जिस प्रक्रिया का सूत्रपात किया था—वह उनके हाथ से न निकल जाए।

दो विचार-पद्धतियों के इस टकराव में, रहस्यवादी अपनी परम्पराओं की प्राचीनता के कारण आश्वस्त होकर अपने रास्ते पर चलते रहे हैं। वे मनोविश्लेषण द्वारा मनुष्य

की उनकी धारणा को दी जा रही चुनौती के प्रति अनजान रहे हैं और उन्होंने मनोविश्लेषण के इस दावे की उपेक्षा की है कि उसी के माध्यम से रहस्यवादी लक्ष्यों और व्यवहारों का अचेतन अर्थ जाना जा सकता है। कोई सन्त अथवा रहस्यवादी व्यक्ति कहेगा कि मानव ज्ञान के चार स्तर होते हैं। एक स्तर तो सामान्य समझ-बूझ का है, दूसरा स्तर वैज्ञानिक ज्ञान का होता है जो तर्क पर आधारित होता है। ज्ञान का तीसरा स्तर कल्पना-शक्ति का होता है जो कलाकार में विद्यमान होती है। ज्ञान का चौथा स्तर आध्यात्मिक-ज्ञान का है जो सन्त में पाया जाता है। ज्ञान के किसी एक स्तर पर रहकर दूसरे ज्ञान-स्तर के बारे में बयान जारी करना मूर्खता की बात नहीं तो व्यर्थ जरूर है। मनोविश्लेषक तो निश्चय ही इस बात में सन्देह प्रकट करेगा कि 'आध्यात्मिक ज्ञान' जैसी कोई वस्तु होती है। वह मात्र भाव-संवेगों के रूपान्तरण की बात स्वीकार करता है।

मनोविश्लेषकों के समान ही कुछ प्रमुख रहस्यवादी अपनी विरोधी परम्पराओं और विचार-पद्धतियों के प्रति तिरस्कार प्रकट करने के लालच से बच नहीं पाए हैं। एक योगी को मानवीय आवेगों विशेषकर क्रोध पर पूरा नियन्त्रण होना चाहिए किन्तु महर्षि अरविन्द इसका शिकार हो गए हैं और तनिक खीझ के साथ कहते हैं कि मैं मनोविश्लेषण को गम्भीरता से नहीं लेता क्योंकि जिस कीचड़ से कमल उगता है उस कीचड़ का रहस्य विश्लेषित करके कोई कमल को नहीं जान सकता। उन्होंने यह भी कहा कि मनोविश्लेषण अभी अपनी शैशवावस्था में है। अभी इसका पूरा विकास नहीं हुआ है। यह अभी एक हद तक ओझल और नगण्य है। मनोविश्लेषण के प्रति व्यक्त अन्य विचार इतने तीखे तो नहीं हैं किन्तु उनमें मनोविश्लेषण के प्रति थोड़ा उपेक्षा-भाव जरूर है। साथ ही यह भी लगता है कि ये विचार मनोविश्लेषण के उद्देश्य और व्यवहार से अनजान रहकर दिए गए हैं। व्यास के राधास्वामी सत्संग के प्रमुख तथा 'जीवित गुरु' महाराज चरणसिंह ने अपने एक अमरीकी शिष्य को लिखा, "जहाँ तक मनोविश्लेषण का सम्बन्ध है हमें उसके प्रति कोई पूर्वाग्रह नहीं है किन्तु समुचित रीति से लगातार श्रद्धापूर्वक ध्यान करने पर, तुमने ठीक ही सम्भावना व्यक्त की है कि वही परिणाम प्राप्त किया जा सकता है। सैकड़ों व्यक्ति अपनी अन्दरुनी समस्याएँ लेकर महाराज से मिलने आते हैं और महाराज की बात सुनकर तथा सत्संग-लाभ करके उनकी कठिनाइयाँ दूर हो जाती हैं। इस प्रकार उन्हें मनोविश्लेषण से कहीं ज्यादा लाभ होता है। तुम जब तक चाहो मनोविश्लेषण के जरिए अपना निदान कराते रहो परन्तु इस पर अधिक निर्भर मत रहना। सम्भवतया हम बड़े-बूढ़े को सर्वज्ञ और पूर्ण मानकर चलते हैं और इस कारण जब हमें पता चलता है कि सन्त अथवा रहस्यदर्शी पुरुष भी आध्यात्मिक ज्ञान का ही विशेषज्ञ होता है तो हमें हैरानी होती है। सम्भव है कि सन्त जन ज्ञानी हों परन्तु जरूरी नहीं कि उन्हें सांसारिक ज्ञान में भी महारत हासिल हो। अतोहानन्द भारती स्वयं पेशेवर रहस्यवादी हैं और नृ-विज्ञान के विशेषज्ञ है। उन्होंने भारतीय सन्तों और रहस्यवाद की परम्पराओं का बड़ी गहराई से अध्ययन किया है।

उन्होंने भी रहस्यदर्शी पुरुष को सर्वज्ञान-सम्पन्न नहीं माना है। उन्होंने कहा है कि रहस्यवाद एक कौशल है जिसे सीखा जा सकता है। रहस्यवाद की साधना से 'रहस्यपूर्ण अनुभव' होते हैं परन्तु इससे न तो अलोकिक शक्ति प्राप्त होती है और न ही वह व्यक्ति अन्य व्यक्तियों से ऊँचा उठता है। उन्होंने यह भी कहा कि रहस्यदर्शी में सर्वोत्कृष्ट नैतिकता का भी संचार तब तक नहीं होता जब तक वह इसके लिए बौद्धिक, नैतिक तथा कलात्मक प्रयास नहीं करे। इस बात का कोई प्रमाण नहीं मिलता कि रहस्यदर्शी होकर कोई व्यक्ति सामान्य मानवों से ज्यादा बेहतर हो गया। हाँ, भारत में ऐसी मान्यता जरूर है। सच तो यह है कि कुछ प्रसिद्ध सन्त डींग हाँकते रहते हैं और स्वयंभू बनकर घोषणाएँ करते रहते हैं। वे स्त्रियों से घृणा करते हैं तथा राजनीतिक रूप से फासिस्ट हैं। अगेहानन्द भारती के ही शब्दों में, "ब्रह्मज्ञानी होने का मतलब है 'ब्रह्म' को जानना। इसके अतिरिक्त ब्रह्मज्ञानी को कुछ पता नहीं होता। उसे न तो भौतिक-विज्ञान और गणित का पता होता है और न ही शेयर-बाजार का। अगर ऐसा होता तो बहुत से साधु-सन्त लखपति होते। यह दृष्टि गलत है कि योग-दृष्टि प्राप्त हो जाने से सभी चीजों का ज्ञान हो जाता है। यह एक बकवास है। निष्कर्ष स्पष्ट है कि ब्रह्मज्ञान या शून्यदर्शन अपने आप में महत्त्वपूर्ण ज्ञान है और इसका ज्ञान होने से मनुष्य अन्य चीजों का ज्ञाता नहीं हो जाता।"

राधास्वामी सम्प्रदाय

राधास्वामी सम्प्रदाय की शुरुआत 1861 में हुई। सन्त शिवदयाल सिंह ने, जिन्हें सभी सत्संगी 'स्वामीजी' कहकर बुलाते हैं, राधास्वामी सत्संग के नाम से आगरा में एक संस्था स्थापित की। स्वामीजी का परिवार भी अत्यन्त आध्यात्मिक भाव-संसार वाला परिवार था और उस पर हाथरस के सन्त तुलसी साहब का बहुत प्रभाव था। स्वामीजी द्वारा स्थापित नया सम्प्रदाय, मूल भारतीय भक्ति-धारा जिसका प्रतिपादन कबीर, नानक आदि सन्तों ने अपनी वाणी और कविताओं में किया है, के अनुसार ही था। स्वामीजी के प्रवचनों के संग्रह का नाम 'सरबचन' है। इसमें सम्प्रदाय के दो मुख्य आधार-स्तम्भ—'गुरुभक्ति' तथा 'सुरत-शब्द-योग' बताए गए हैं। 'सुरत शब्द योग' एक विशेष प्रकार का रहस्यवादी अनुशासन है। राधास्वामी सम्प्रदाय में जिस 'गुरु भक्ति' की अपेक्षा की गई तथा जिस 'गुरुभक्ति' का वर्णन मध्यकालीन रहस्यवाद में मिलता है वह मात्र गुरु को मार्ग-दर्शक के रूप स्वीकार करने तथा उसमें श्रद्धा निवेदित करने तक सीमित नहीं है। गुरु का अर्थ यहाँ 'सतगुरु' है। 'सतगुरु' का अर्थ है कि गुरु स्वयं सत्यस्वरूप ईश्वर का मूर्तिमान रूप है। भारत में सभी वस्तुओं को—चाहे पौधा हो या मानव—एक सोपान क्रम में रखने की प्रथा है और इसी प्रथा का अनुसरण करते हुए राधास्वामी सम्प्रदाय में सन्तों और गुरुओं को भी एक सोपान क्रम में रखा गया है। किसी गुरु का दर्जा इस बात पर निर्भर करता है कि उसकी चेतना अध्यात्म

की किस ऊँचाई तक पहुँची है। वह अभी अध्यात्म के निचले स्तर पर है या शिखर तक पहुँच गया है ? माना जाता है कि गुरु की 'सिद्धि' का जो स्तर है उसी पर शिष्यों का सुधार निर्भर करता है। जो गुरु 'अध्यात्म' के क्षेत्र में जितनी ऊँचाई पर होगा उसके शिष्यों के अन्तर्जगत में उतना ही परिष्कार होगा। 'सतगुरु' अपने शिष्यों को अध्यात्म की पराकाष्ठा तक ले जा सकता है। यहाँ पहुँचकर 'आत्मा' परमात्मा में विलीन हो जाती है और जन्म-मरण के चक्र से मुक्ति मिल जाती है। सतगुरु को जीवितावस्था में होना चाहिए। प्राचीनकाल के सतगुरुओं में 'बुद्ध' और ईसा मसीह का नाम लिया जा सकता है। हालाँकि ईसा ने स्वयं यह बात कभी नहीं कही कि मैं और मेरा पिता दोनों एक हैं। ये सतगुरु अपने समय के शिष्यों-भक्तों के लिए, मुक्तिदाता, मोक्षदाता अथवा पार-उतारनहार आप जो भी कह लें, थे न कि भविष्य में बननेवाले शिष्यों-भक्तों के। राधास्वामी सम्प्रदाय के अनुयायियों का कहना है कि सत्यार्थी को अपने युग का ही 'सतगुरु' ढूँढ़ना पड़ेगा। उसके सामने नतमस्तक होकर उसमें श्रद्धा रखनी पड़ेगी तभी उस पर गुरु की कृपादृष्टि होगी और वह मोक्ष के रास्ते पर चल सकेगा।

सतगुरु और उसके प्रति पूर्ण समर्पण एवं अगाध प्यार मुख्यतः मध्यकालीन सन्तों की देन है। विशेषकर कबीर, नानक तथा कुछ मुसलमान सूफी-सन्तों ने शरणागत शिष्य की अगाध श्रद्धा और गुरु के प्रति आत्मसमर्पण की भावना पर जोर दिया। राधास्वामी सम्प्रदाय में सतगुरु के साथ-साथ सत्संग पर भी बड़ा जोर दिया जाता है। सत्संग में शिष्यजन एकत्र होकर सतगुरु का प्रवचन सुनते हैं, सतगुरु का 'दर्शन' करते हैं। इस बात की भी सम्भावना रहती है कि शिष्यों में से किसी को 'सतगुरु' अपना उत्तराधिकारी नियुक्त कर दे। इस प्रकार 'गद्‍दी' की परम्परा चल पड़ती है। इससे पता चलता है कि इस सम्प्रदाय पर सिख-मत का बहुत ज्यादा प्रभाव है।

राधास्वामी सम्प्रदाय की दूसरी मुख्य विशेषता—'सुरत-शब्द-योग' है। यहाँ 'सुरत' का अर्थ है 'आत्मा' और योग का अर्थ है 'मिलन'। सुरत-शब्द-योग का अर्थ होता है देवशब्द अथवा परमशब्द से आत्मा का मिलन। इस 'योग' के रूपक के अनुसार सृष्टि के उच्चतम स्तर से जहाँ परमात्मा का वास है एक आध्यात्मिक गूँज निरन्तर निकलती है और प्रत्येक मानव में अनवरत गूँजती रहती है। गुरुभक्ति तथा समुचित रीति से सुरत-शब्द-योग की साधना करने पर व्यक्ति का सम्बन्ध इस ध्वनि से स्थापित हो जाता है और आत्मा क्रमशः चेतना के उच्च स्तरों की ओर अग्रसर होती है। जहाँ पहुँचकर 'शब्द' सुना जा सकता है। उस द्वार की कुंजी सतगुरु के पास होती है। सतगुरु ही अध्यात्म के क्षेत्र में अपने शिष्य का मार्गदर्शन करता है। सुरत-शब्द-योग का वर्णन हम बाद में करेंगे। यहाँ इतना कह देना पर्याप्त होगा कि राधास्वामी सम्प्रदाय में इसे सभी योगों से सरल और प्रभावशाली माना गया है। इसके लिए न तो कठोर मानसिक परिश्रम की जरूरत है और न संन्यासियों जैसा जीवन अपनाने की। सुतर-शब्द-योग की साधना बच्चे, बूढ़े, गृहस्थ, संन्यासी, पुरुष, स्त्री सभी कर सकते हैं। सत्संगियों का दावा है कि

उनका योग हठयोगियों के प्राणायाम और अन्य शारीरिक अभ्यासों से कहीं अधिक श्रेष्ठ है। उनका कहना है कि सुरत-शब्द-योग सूफियों के 'शगल-ए-आवाज' तथा मध्यकालीन सन्तों के 'सहजयोग' से भी बेहतर है।

अन्य आध्यात्मिक-धार्मिक आन्दोलनों के समान राधास्वामी सत्संग का संगठन भी अपने संस्थापक की मृत्यु के बाद बहुत दिनों तक नहीं चला। उसमें फूट पड़ गई और बीसवीं शताब्दी के प्रारम्भ में ही सत्संग तीन बड़े समूहों और लगभग एक दर्जन छोटे समूहों में बँट गया। ऊपर से देखने पर तो यही लगता है कि यह विभाजन 'स्वामीजी' के धर्मज्ञान की अलग-अलग व्याख्याओं के कारण पैदा हुआ और इस कारण भी कि एक समूह 'स्वामीजी' की एक शिक्षा को महत्त्व देता था तो दूसरा समूह किसी दूसरी शिक्षा को। लेकिन इस बात के पर्याप्त प्रमाण हैं कि संगठन में फूट व्यक्तिगत स्पर्धा तथा सत्ता-प्राप्ति की होड़ के कारण पड़ी। संगठन के अन्दर सत्ता-प्राप्ति की और संगठन के बाहर सम्मान हासिल करने की होड़ लगी थी। आजकल इसके समूहों के अपने-अपने गुरु हैं और 'सतगुरु के दावेदार भी बहुत हैं। जिज्ञासु के लिए यह पता लगाना बहुत मुश्किल है कि वास्तविक 'सतगुरु' कौन है। मनोविश्लेषक होने के नाते मैं जानता हूँ कि मेरे अनुशासन की भी एक ऐतिहासिक विरासत है और मेरे अनुशासन में भी इस तरह के मतभेद रहे हैं। मैं इन मतभेदों को तिरस्कार की दृष्टि से नहीं देखता। मैं यह बात समझता हूँ कि विभिन्न समूहों के बीच मतभेद अधिक होते हैं। साझी बातें कम, परन्तु मतभेदों के कारण साझी बातों का महत्त्व कम नहीं हो जाता। गुरुओं के बीच में अपने को भले ही संस्थापक गुरु का सीधा उत्तराधिकारी सिद्ध करने की होड़ लगी हो तथा उनके बीच प्रतिस्पर्धा हो परन्तु इससे राधास्वामी-सम्प्रदाय के मूल 'सत्य' अथवा उसके आचार-व्यवहार की प्रासंगिकता कम नहीं हो जाती।

अन्य आध्यात्मिक सम्प्रदायों के अनुयायियों के समान राधास्वामी सम्प्रदाय के अनुयायी भी इस बात में दृढ़ विश्वास रखते हैं कि किसी सम्प्रदाय का इतिहास अगर दैवीय-उत्पत्ति पर आधारित नहीं है तो वह झूठा है। वे यह भी मानते हैं गुरु का आत्मचरित यदि 'सन्तचरित्र' की दिव्यता से भरपूर नहीं है तो वह अनिवार्यतः झूठा है। इनका मानना है कि ऐतिहासिक विवरण भ्रान्ति फैलाते हैं क्योंकि वे 'शाश्वत' को 'अस्थायी' तथा 'सार्वभौम' को 'क्षेत्रीय' बना डालते हैं। उनका कहना है कि राधास्वामी सम्प्रदाय का आध्यात्मिक आधार और रहस्यवादी आचार व्यक्तियों अथवा ऐतिहासिक आन्दोलन की उपज नहीं है तथा इनकी व्याख्या मनोवैज्ञानिक अथवा सामाजिक विचार-पद्धतियों से नहीं की जा सकती। राधास्वामी सम्प्रदाय के अनुयायियों का स्पष्ट मानना है कि इतिहास के सभी युगों में सभी सन्तों ने एक ही बात कही है और उनके सम्प्रदाय की मूल बात भी वही है। उनका कहना है कि ईसा, बुद्ध, कृष्ण, कबीर, सूफी, सन्तों तथा सिख-गुरुओं—सबने आत्म-साक्षात्कार की बात कही है और आत्मोपलब्धि का रास्ता बताया है और यही रास्ता तथा लक्ष्य राधास्वामी सम्प्रदाय का भी है।

इनका मानना है कि सभी धर्मों का सार-तत्त्व एक ही है। अगर धर्म-ग्रन्थों की तह तक पहुँचा जाए, बाद में बलात् उन पर लादी गई व्याख्याओं को हटा दिया जाए तथा परस्पर बिखरे हुए धर्म-सूत्रों को कायदे से जोड़कर देखा जाए तो सभी धर्मों का बीज रूप एक-सा मिलेगा। इन धर्मों की जो आधारभूत शिक्षा है वही राधास्वामी-सम्प्रदाय की भी शिक्षा है।

रहस्यवादी चिन्तन-परम्परा मानती है कि मनुष्य के अन्दर कुछ ऐसा है जो कभी नहीं बदलता और स्थायी रहता है। वही मनुष्य का केन्द्रीय-भाव है। इस दृष्टि से रहस्यवादी चिन्तन परम्परा पारम्परिक मनोविश्लेषण के ज्यादा निकट है क्योंकि पारम्परिक मनोविश्लेषण यह मानता है कि मानवीय-स्वभाव में अनिवार्य रूप से एक स्थायी तत्त्व होता है। हाँ, इन दोनों धाराओं में अन्तर इस बात का है कि एक इस स्थायी तत्त्व को आध्यात्मिक मानता है तो दूसरा मूलावेगात्मक। लेकिन अध्यात्मवाद अथवा रहस्यवादी चिन्तन-परम्परा मनोविश्लेषण से ज्यादा मूलगामी है क्योंकि वह मानव के दूसरे पक्ष अर्थात् उसके सामयिक और ऐतिहासिक-सांस्कृतिक पक्ष को खारिज करके चलता है और मानता है कि यह तो मानवीय अस्तित्व की ऊपरी परत मात्र है।

सम्प्रदाय के सिद्धान्तों और आचारों को सार्वभौम तथा शाश्वत बताने के पीछे यह भावना काम करती है कि उसे स्थायी बनाया जाए। लेकिन इसके साथ-ही-साथ सम्प्रदाय के गुरुओं के बारे में भी यही विचार अथवा धारणा यहाँ व्याप्त मिलती है। गुरुओं को अलग-अलग नामों तथा निजी इतिहासवाला व्यक्ति नहीं माना जाता बल्कि उन्हें एक ही परमात्मा का विभिन्न स्वरूप गिना जाता है। ये गुरु मार्ग-दर्शन के लिए एक के बाद दीगरे आते रहते हैं। इन्हें स्वामीजी, महाराजजी, पूर्णगुरु और ऐसे ही श्रद्धा भरे नामों से पुकारा जाता है। इन नामों में नाम-मात्र की ही भिन्नता है। सच्चाई यह है कि एक ही सम्प्रदाय में इन नामों के बीच अन्तर नाम-मात्र को नहीं बल्कि विभिन्न सम्प्रदायों के बीच भी यही स्थिति है। वास्तविकता यह है कि हर सम्प्रदाय में मानव की सीमाबद्धता को नकारा जाता है तथा इतिहास और काल की सीमाओं को लाँघने का दावा किया जाता है। प्रत्येक सम्प्रदाय के सिद्धान्त और आचार इसी पर आधारित होते हैं।

यहाँ राधास्वामी सम्प्रदाय की जिस शाखा का अध्ययन किया गया है वह व्यास वाली शाखा है। 1903 के मुख्य आन्दोलन के दौरान यह शाखा अलग हुई थी। इसके संस्थापक जयमलसिंह (बाबाजी) स्वामीजी के पटु शिष्य थे। जयमलसिंह वीतरागी होकर पंजाब जा बसे थे। प्रथम गुरु के निधन के बाद सत्संग का काम चलाने के लिए एक केन्द्रीय-परिषद बनाई गई। इसके नियम 'बाबाजी' को पसन्द नहीं थे। बाबाजी सांसारिकता से ऊपर उठ चुके थे और अब ऐसे नियमों-आदेशों से बँधना तथा उसे महत्त्व देना उन्हें स्वीकार न था। नियमों की उपेक्षा करने के कारण केन्द्रीय परिषद ने कह दिया कि अब वे दीक्षा नहीं दे सकते। बाबाजी को इससे कोई परेशानी नहीं हुई। उन्होंने अपने गाँव से आठ मील दूर जालंधर और अमृतसर के बीच व्यास नदी के

पश्चिमी किनारे पर एक कुटिया बना ली। एक अनजान स्थान को प्रसिद्ध बनाने के लिए श्रद्धालुओं ने यह दन्तकथा चला दी कि कुटिया उसी स्थान पर बनी है जहाँ सिकन्दर की सेना ने विद्रोह कर दिया था और सारे भारत पर विजयपताका फहराने का सिकन्दर का सपना चूर-चूर हो गया था। जो भी हो, आसपास के गाँवों के किसान प्राचीन भारतीय परम्परा के अनुरूप अपनी बस्ती के बाहर आ बसे साधु की तरफ आकृष्ट हुए। बहुत से तो आत्मा और परमार्थ जैसे मामलों पर उनका प्रवचन सुनने आते थे लेकिन कुछेक लोगों ने दीक्षा प्राप्त करके सम्प्रदाय के आचारों को मानना-अपनाना शुरू कर दिया। बाबाजी की मृत्यु 1903 में हुई। इस समय तक उन्होंने अपने को आगरा की प्रधान शाखा से अलग नहीं किया था। उन्होंने सावन सिंह को अपना उत्तराधिकारी चुना था। सावन सिंह को 'हजूर महाराज' कहा जाता था। सावनसिंह ने ही व्यास वाली इस शाखा को एक स्वतन्त्र संगठन बनाया। व्यास-सत्संग का भी मुख्य आधार वही था अर्थात् गुरुभक्ति और 'सुरत-शब्द-योग'। व्यास-सत्संग अगर भिन्न था तो केवल इस बात में कि वह एक अलग भौगोलिक-क्षेत्र में स्थापित था। व्यास-सत्संग पंजाब के बीचोबीच स्थित है और इसके श्रद्धालुओं में अधिकतर सिख किसान हैं। इसलिए यह स्वाभाविक ही था कि इसका सम्बन्ध सिखों के आध्यात्मिक परम्परा से हो जाए। इस सत्संग ने अपने को सिख-गुरुओं की परम्परा से जोड़ा है। उदाहरण के लिए, इस 'सत्संग' का मानना है कि 'राधास्वामी' वास्तविक रूप से कोई अलग परमार्थिक नाम नहीं है बल्कि सिखों के धर्म-ग्रन्थ में ईश्वर के जिन 1500 नामों का वर्णन है, उसी में से एक है। यह भी मान्यता है कि स्वामीजी के हाथरस वाले गुरु तुलसी साहब को अन्तिम सिख-गुरु ने सन्तमत में दीक्षित किया था।

हजूर महाराज 45 वर्ष तक गद्दी पर रहे तथा उनके नेतृत्व में इस सत्संग का खूब विस्तार हुआ। एक झोपड़ी से बढ़कर यह एक भरा-पूरा नगर बन गया और अनुयायियों की संख्या लाखों तक पहुँच गई। हजूर महाराज की मृत्यु 1948 में हुई। इस समय तक वे लाखों लोगों को दीक्षित कर चुके थे। आज हालत यह है कि भारत के अधिकतर नगरों में और विदेशों में भी इसके अनुयायियों की संख्या बढ़ती जा रही है। आजकल हजूर महाराज के पोते चरण सिंह (महाराज जी) इस सत्संग के कर्त्ता-धर्त्ता हैं और व्यास-सत्संग दिन-दूनी रात-चौगुनी तरक्की कर रहा है। पिछले 28 वर्षों में उन्होंने पाँच लाख से अधिक लोगों को 'सन्तमत' की दीक्षा दी है और वे 'गुरु' कहलाते हैं। भारत में इस सत्संग के दो सौ से अधिक केन्द्र हैं और विदेशों में इन केन्द्रों की संख्या दो सौ है। व्यास में एक सुव्यवस्थित नगर बसा हुआ है जहाँ इसके अधिकांश अनुयायी रहते हैं। यहाँ रहन-सहन की हर तरह की सुविधा उपलब्ध है। बिजली, पानी, अस्पताल, परिवहन, पुस्तकालय आदि की खूब अच्छी व्यवस्था है। यहाँ 'लंगर' चलता है। स्वर्गवासी गुरुओं के नाम पर मनाए जानेवाले पर्व के दिन इस लंगर में एक साथ अस्सी हजार लोग भोजन कर सकते हैं। व्यास में तथा अन्य नगरों में लाखों लोग इकट्ठा होते हैं और सम्प्रदाय में दीक्षा पाने की कोशिश करते हैं। राधास्वामी-सत्संग लोगों के लिए

आकर्षण का बहुत बड़ा केन्द्र है। इसे निश्चय ही आज विश्व के सबसे बड़े आध्यात्मिक सम्प्रदाय की संज्ञा दी जा सकती है।

चिकित्सा के उपादान

दिसम्बर की एक कड़कड़ाती सर्दी में मैं सबेरे-सबेरे व्यास पहुँचा। पहुँचने के तुरन्त बाद मैं सत्संग में शामिल हो गया। वहाँ खुले मैदान में सत्संग घर बना हुआ है। इसके आसपास नगर बसा हुआ है। सत्संग घर का निर्माण इस शताब्दी के प्रारम्भ में किया गया। सत्संग घर की छत सौ फुट ऊँची है और उसके फर्श पर संगमरमर लगा हुआ है। इसकी बनावट में वास्तुकला की कई खूबियाँ परिलक्षित होती हैं। शिल्प का रचाव सत्संग घर के खम्भों, मेहराबों और मीनारों पर देखते ही बनता है। देखने पर ऐसा लगता है मानो पंजाब के किसी छोटे-मोटे राजा ने महारानी विक्टोरिया और मुगल सम्राटों के वैभव का सम्मिश्रण करके एक शानदार भवन बना दिया है। मैं जिस दिन पहुँचा उस दिन भंडारा हो रहा था और श्रद्धालुओं की संख्या आम दिनों से अधिक थी। मेरा खयाल है कि लगभग 50 हजार व्यक्ति रहे होंगे। ये लोग मोटा ऊनी कम्बल ओढ़े, पालथी मारे एक-दूसरे से सटकर बैठे हुए थे। लेकिन इतनी जमघट के बावजूद स्तब्धता छाई हुई थी जो इन लोगों के आत्मानुशासन का परिचय दे रही थी। पंजाबियों अथवा अन्य भारतीयों के किसी भी उत्सव में जो शोर-शराबा आमतौर पर देखने को मिलता है, वह यहाँ नहीं था।

मैं सत्संग में उपस्थित मर्दों के बीच जाकर बैठ गया। मैने देखा कि स्त्रियाँ मर्दों से अलग दूसरी ओर बैठी हैं। उपस्थित श्रद्धालुओं के चेहरे पर मित्रता भरी मुस्कुराहट थी और वे सम्प्रदाय की परम्परा के अनुरूप स्वागत में हल्के से 'राधास्वामी' बुलाते थे। अधिकतर लोग किसान परिवारों के थे। पुरुष लम्बे कद के हृष्ट-पुष्ट देहवाले थे। उनके चेहरे पर रौब और दाढ़ी थी परन्तु आँखों से कोमलता झलक रही थी। औरतें पारम्परिक वेशभूषा में थीं। उन्होंने शलवार-कमीज पहन रखा था। कुछ व्यक्ति कांगड़ा और जम्मू से भी आए हुए थे। बाद में मुझे पता चला कि यहाँ गुजरात के मेहसाना तथा मध्यप्रदेश के भोपाल से भी श्रद्धालु आए हैं। हमारे सामने एक पन्द्रह फुट ऊँचा मंच बना था। इसी मंच से महाराज जी को प्रवचन देना था। मंच के सबसे आगे गणमान्य सत्संगी बैठे थे। लगभग पचास की संख्या में यहाँ यूरोपीय सत्संगी भी उपस्थित थे। ये लोग बड़ी कुशलता से बनाई गई ऐसी कुर्सियों पर बैठे थे जिसे देखकर लगता था कि इन्होंने पालथी मार रखी हो। मैंने पाया कि श्रद्धालुओं में कुछ उद्योगपति, भूतपूर्व राजदूत और अवकाश-प्राप्त उच्चाधिकारी भी थे। इनमें किसी देशी रियासत का एक भूतपूर्व राजकुमार भी था। उसके साथ बेटियों, बहुओं तथा नाती-पोतों की पूरी फौज आई हुई थी।

महाराज की प्रतीक्षा में भक्त-जन कीर्तन कर रहे थे। पंथी भजन बोलता था और

बाकी भीड़ उसका साथ देती थी। पंथी की आवाज लाऊडस्पीकरों से दूर-दूर तक गूँज रही थी। टेक पर भीड़ के कंठ से जब भजन फूटता था तो ऐसा प्रतीत होता था मानो श्रद्धा का लावा किसी ज्वालामुखी से फूट पड़ा हो। गीत में बोल दब जाते थे और भावावेग प्रबल हो जाता था। ऐसा लगता था मानो ध्वनि की झंझा और वर्षा अपनी पूरी शक्ति का परिचय दे रही हो। मैं यहाँ यह बताने की कोशिश कर रहा हूँ कि मेरे ऊपर सत्संग का क्या प्रभाव पड़ा। प्रारम्भ में तो ऐसी भीड़ में बैठा व्यक्ति चाहे जितना अकेला महसूस करता हो परन्तु शीघ्र ही वह भीड़ का हिस्सा बन जाता है। पहले-पहले तो बड़ी असुविधा महसूस होती है। अपनी व्यक्ति-केन्द्रिकता के कारण पास-पास बैठना और दूसरों के शरीर का स्पर्श तनिक संकोच पैदा करता है परन्तु आदत बन जाने पर यह भावना दूर हो जाती है। बच्चा प्रारम्भ में तो दूसरों के स्पर्श से बड़ा प्रसन्न होता है परन्तु बड़ा होने के साथ यह भावना क्षीण पड़ जाती है और अजनबी व्यक्ति के स्पर्श से वह दूर भागता है। यदि कोई प्रियपात्र उसके शरीर का स्पर्श करे तो वह खुश होता है परन्तु कोई अजनबी उसे छू दे तो वह चिल्ला उठता है। दूसरे का स्पर्श उसे अपने आत्मकेन्द्रित दायरे पर आक्रमण लगता है। परन्तु एक बार पराये स्पर्श का डर उसके मन से निकल जाए तो वह स्वयं ही दूसरों के स्पर्श का एक हिस्सा बन जाता है। यहाँ भी यही हुआ और मैं धीरे-धीरे दूसरों के स्पर्श का आदी बन गया। पहले की भय-भावना दूर हो गई और उसके बदले दूसरों के स्पर्श के प्रति आश्वस्ति के भाव ने जगह बना ली। ऐसी स्थिति में सामाजिक स्थिति, आयु और स्त्री-पुरुष की भावना के कारण उत्पन्न दूरी तथा अन्तर समाप्त हो जाते हैं और व्यक्ति अपनेपन के आनन्द में डूब जाता है। दूसरे शब्दों में, व्यक्ति भीड़ में स्पर्श के कारण अपनी वैयक्तिकता खो देता है और भीड़ का हिस्सा बन जाता है। यहाँ यह कहना जरूरी है कि ऐसी भावना अस्थायी होती है। साथ ही, मात्र स्पर्श ही ऐसी संवेदना नहीं है जो हमारी व्यक्ति-केन्द्रिकता को तोड़ती है बल्कि अन्य संवेदनाएँ मसलन ध्वनि, चित्र तथा घ्राण की संवेदना भी इसमें योग देती है। फिलिज ग्रिनाकर (PHYLLIS GREENACR) ने बताया है कि शरीर की उष्मा, पेशियों के तनाव तथा शरीर की लय गति का भी भीड़ में सूक्ष्म आदान-प्रदान होता है। सार रूप में कहें तो भीड़ में व्यक्ति अपनी निजता को खो देता है और ऐसा होना अनिवार्य है। भीड़ अनिवार्यतः मनोवैज्ञानिक धरातल पर व्यक्ति की चेतना को प्रभावित करती है तथा इस प्रभाव में व्यक्ति अपनी देह-छवि को ज्यादा विरल महसूस करता है। वह लगातार धुँधलाती जाती है। भीड़ में अपने आवेगों-संवेगों पर से व्यक्ति का नियन्त्रण समाप्त हो जाता है, उसकी तर्कबुद्धि तथा आलोचना शक्ति कुन्द हो जाती है और यह सारा कुछ बड़ी तेजी और सम्मोहक ढंग से होता है।

जब मैं महाराजजी के आने की प्रतीक्षा कर रहा था तो मैंने देखा कि सारी भीड़ परिवर्तित चेतना की स्थिति में थी। उसमें एकता की भावना व्याप्त थी। भीड़ के प्रत्येक व्यक्ति का मन स्नेह से विगलित हो रहा था। इसमें सन्देह नहीं कि मैं भी इन भावनाओं के प्रभाव में था और बड़े स्वागत भाव से आनेवाले क्षण की प्रतीक्षा कर रहा था।

जब महाराजजी की शोफरयुक्त फिएट कार मंच की तरफ आती दिखाई दी तो कीर्त्तन बन्द हो गया और चारों तरफ स्तब्धता छा गई। सभी की आँखें मंच की तरफ लगी हुई थीं। मंच के ऊपर लगा तम्बू हवा में धीरे-धीरे हिल रहा था। महाराजजी की कार मंच के पार्श्व में सीढ़ियों के पास रुकी और मंच की पिछली ओर से सीढ़ियाँ चढ़कर महाराजजी ऊपर आए। उनकी लम्बी सफेद दाढ़ी और सफेद पगड़ी उन्हें दिव्यता से आलोकित कर रही थी। उन्होंने हल्के पीले रंग का कुर्त्ता, चूड़ीदार पाजामा तथा भूरे रंग का ऊनी जैकेट पहन रखा था और ऊपर से पश्मीने की शॉल डाल रखी थी। उनके ऊँचे कद तथा हृष्ट-पुष्ट शरीर को देखकर मेरे मन में यह विचार आया कि ईश्वर का कोई छोटा भाई हो तो वह महाराज चरणसिंह जैसा लगता होगा। उनकी आयु 63 वर्ष की है लेकिन चाल-ढाल से ऐसा नहीं लगता कि वे बूढ़े हो गए हैं। वे मंच पर आए और वहाँ रखे दीवान पर बैठने से पहले उन्होंने अपना माथा झुकाकर, गुरुओं को नमस्कार किया। इसके बाद वे पालथी मारकर बैठ गए, शॉल को कन्धों पर लपेटा और माइक्रोफोन को अपने आगे किया। सारे श्रद्धालु चुपचाप बैठे थे। कभी-कभी किसी को खाँसी आ जाती तो यह नीरवता भंग हो जाती थी। महाराजजी चारों तरफ अपनी दृष्टि दौड़ा रहे थे और उनका दायाँ हाथ अपनी दाढ़ी को सँवार रहा था।

मेरे आसपास बैठे व्यक्ति टकटकी बाँधकर उनकी ओर देखे जा रहे थे। 'सत्संगी' के लिए तो सतगुरु ईश्वर का जीता-जागता रूप होता है अतः उनका दर्शन प्राप्त करके सभी आत्मविभोर हो रहे थे। मेरे पास बैठे एक मध्य आयु के व्यक्ति की आँखों से झर-झर आँसू बह रहे थे और मुँह के कोने से राल निकल रही थी। ऐसा लगता था कि वह 'दर्शन' पाकर आनन्द की परमावस्था में पहुँच गया है। इसी बीच मंच पर थोड़ी सी हलचल हुई। मंच पर एक दुबला-पतला बूढ़ा सिख़ आया और एक ओर बैठ गया। एक-दूसरा माइक्रोफोन भी भंच पर लगाया गया। बूढ़ा सिख लाल मलमल में लिपटा मोटा सा ग्रन्थ—जिसे आदि ग्रन्थ की संज्ञा दी गई है—निकाला और उसके पन्ने पलटने लगा। उसने पुस्तक को खोलकर अपने सामने रख लिया और चुपचाप बैठ गया ताकि श्रद्धालु महाराजजी का दर्शन कर लें तो वह पाठ शुरू करे।

महाराजजी ने खँखार कर गला साफ किया मानो यह 'पंथी' के लिए एक संकेत हो। पंथी ने आदि ग्रन्थ से गुरु अमरदास का एक भजन गाना प्रारम्भ कर दिया। उसकी आवाज शान्त थी और उसमें आध्यात्मिकता का पुट था। संगीत की लय के साथ उसकी आवाज में यह भावना भी भरी थी कि वह ईश्वर का गुणगान कर रहा है। उसने भजन का एक पद पढ़ा और चुप हो गया। महाराजजी ने मुहावरेदार पंजाबी में उसकी व्याख्या आरम्भ कर दी। उनकी आवाज मध्यम और मृदुल थी परन्तु उसमें आत्मीयता का पुट था और उसमें एक अधिकार-भाव तथा आश्वासन भरा हुआ था।

उन्होंने बोलना आरम्भ किया, "चाहे जहाँ भी देखो, दुःख ही दुःख, कष्ट ही कष्ट दिखाई देता है। हम संसार के विभिन्न रूपाकारों में शान्ति और सुख प्राप्त करना चाहते हैं। हम इसकी जितनी गहरी चेष्टा करते हैं हमारा दुःख उतना ही गहरा होता जाता

है। हम जिन वस्तुओं की कामना करते हैं वे स्वभावतया नश्वर हैं, परिणामस्वरूप उनसे मिलनेवाला सुख भी क्षणिक होता है।''

अपने पहले ही वाक्य में महाराजजी ने संसार को निःसार बताया और इस बात पर बल दिया कि संसार दुःखों का घर है और उसके सुख नश्वर हैं। उनका यह कथन भारत की प्रधान आध्यात्मिक परम्परा की पुष्टि में ही था। इसी दृष्टिकोण से भारतीय सन्तों ने संसार को देखा है। दुखी व्यक्ति को इस दृष्टिकोण से बड़ी सान्त्वना मिलती है। उसे यह जानकर बड़ी तसल्ली होती है कि उसका दुःख उसकी किसी गलती अथवा कमी का परिणाम नहीं है। सभी व्यक्ति अचेतन रूप में यह बात मानते हैं कि अपने दुःखों का मूल कारण वे ही हैं। इसके विपरीत महाराज जी कहते हैं कि दुःख तो वस्तुओं का शाश्वत स्वभाव है और सृष्टि के रचना-विधान का अभिन्न अंग है। जो व्यक्ति दुःख में हो उसे यह बताना कि बाकी सब दुखी हैं, बड़ा सकून पहुँचाता है। इसके बाद अपनी बात की पुष्टि में महाराजजी ने ऐसे उदाहरण देने आरम्भ किए जिनका भक्तों के दैनिक जीवन से गहरा सम्बन्ध है। वे बोले, ''विवाह हमारे जीवन में आनन्द और सुख का परिचायक है परन्तु पति-पत्नी दोनों में से कोई एक भी झगड़ालू हो, दूसरे की बात न समझता हो तो जीवन और गृहस्थी नर्क बन जाते हैं। कुछ लोगों को रोग सताता है और कुछ बेकारी से पीड़ित रहते हैं। कुछ दिन-रात सन्तान की कामना करते हैं किन्तु उन्हें सन्तान-प्राप्ति नहीं होती। कुछेक की सन्तान ही दुःख और चिन्ता का कारण बन जाती है। कुछ लोगों को चिन्ता होती है कि उन्हें कर्जा नहीं मिलता जबकि दूसरे इस कारण चिन्ता में घुलते रहते हैं कि वे कर्जा नहीं चुका पा रहे हैं। हम प्रतिदिन देखते हैं कि भूखे-नंगे लोग सड़क पर भीख माँगने के लिए खड़े हैं। अस्पताल में जाकर देखो तो रोगियों की चीख-पुकार सुनाई पड़ती है और जेल में जाकर देखने पर पता चलता है कि लोग कितने-कितने दुखों का बोझ लादे यहाँ कैदी हैं। जब संसार में मनुष्यों की यह दशा है तो अन्य जीव-जन्तुओं की स्थिति कैसी होगी यह कल्पना करना कठिन नहीं। मानव को संसार का सर्वश्रेष्ठ प्राणी कहा गया है और कहा जाता है कि वह ईश्वर-स्वरूप है लेकिन कोई भी आदमी अपने आप में सन्तुष्ट और सुखी नहीं लगता। अधिकांश लोग धन जमा करके सुख-शान्ति पाना चाहते हैं। वे रात-दिन कठोर परिश्रम करते हैं और धन की लालसा में प्रत्येक सिद्धान्त की बलि चढ़ा देते हैं। लेकिन जल्दी ही उनका मोहभंग हो जाता है। वे जान जाते हैं कि सुख और समृद्धि दो अलग-अलग बातें हैं। वे एक-दूसरे का पर्याय नहीं है। उनका धन समाप्त होने लगता है। विभिन्न प्रकार के रोगों के उपचार में उनका पैसा डॉक्टरों की जेब में जाने लगता है। मुकदमे में फँसकर उन्हें वकीलों की शरण लेनी पड़ती है। उनके सामने ऐसी स्थिति में दुःख-ही-दुःख होता है।

''कुछ लोग दारू-शराब पीने और मांस-मछली खाने में आनन्द की तलाश करते हैं। कुछ समय तक उन्हें आनन्द रहता है। लगता है वे धनी और सानन्द हैं लेकिन बहुधा उनकी इस आनन्द-कथा का अन्त अस्पतालों और नर्सिंग होम में होता है। इनमें

से कुछ को तो जेल की चक्की पीसनी पड़ती है।''

इसके बाद महाराजजी ने इस बात का प्रकाश डाला कि सुख-शान्ति क्यों इतनी क्षणभंगुर है और दुःख क्यों जीवन के हर तागे से बँधा हुआ है। उन्होंने दुःख के निजी प्रश्नों को अस्तित्वगत धरातल पर ले जाते हुए बड़ा परम्परागत किस्म का उत्तर दिया कि दुःख अपने ही कर्मों का भोग है।

''साधु-सन्तों ने संसार को 'कर्मभूमि' की संज्ञा दी है। यहाँ सभी को अपने कर्मों का फल भोगना पड़ता है। अच्छे और बुरे कर्मों के अनुसार ही सुख-दुःख प्राप्त होते हैं। यदि हम मिर्च बोएँगे तो मिर्च उगेगी और आम लगाएँगे तो आम ही फलेगा। कर्म का बन्धन ही हमें चौरासी लाख योनियों में भटकाता है। मृत्यु के बाद मृत्युदूत हमें धर्मराज के पास ले जाता है। धर्मराज हमारे कर्मों के अनुसार निर्णय करता है कि अगले जन्म में हमें क्या बनना है। हम अभी अपनी पुरानी बेड़ियों से आजाद नहीं हो पाते कि हमें नई बेड़ी में जकड़ दिया जाता है। हमें दागी अपराधियों की तरह एक जेल से निकालकर दूसरी जेल में ठूँस दिया जाता है। जीवन के इस बन्धन से मुक्ति न तो अच्छे कर्मों से होती है और न ही बुरे कर्मों से। बुरे कर्म अगर लोहे की बेड़ियाँ हैं तो अच्छे कर्म सोने की। उनका फल भोगने के बाद हम फिर कष्ट, पीड़ा और दुःख से घिर जाते हैं। हमारी स्थिति उस व्यक्ति की तरह है जो ऐसे पेड़ की शाखा से चिपटा हुआ है जिसकी जड़ें चूहों ने खोखली कर डाली हैं और एक विषधर साँप इस प्रतीक्षा में फन उठाए खड़ा है कि हम कब गिरें और वह हमें डँसे। ऐसी स्थिति में हमारी जिह्वा पर शारीरिक सुख की दो बूँदें गिरती हैं और उसकी मिठास में हम सब कुछ भूल जाते हैं।''

पंथी ने भजन गाया :

तेरे घर में खुला खजाना
ना कुछ बाहर मिलता
गुरु-कृपा से खुलेंगे हृदय-पट
सब कुछ तेरा होगा।

महाराजजी ने अपना प्रवचन जारी रखा, ''यदि हम शाश्वत शान्ति और सुख चाहते हैं, कर्मों की गति से मुक्ति पाना चाहते हैं तो अपने अन्तर्मन में बैठे ईश्वर को खोजना चाहिए। हमारी आत्मा, परमात्मा ही का अंग है। कबीर ने कहा है कि जैसे तिल में तेल होता है और पत्थर में आग उसी प्रकार ईश्वर तुम्हारी देह में ही है मगर तुम उसे दिन-रात बाहर खोजते रहते हो। यीशु मसीह ने भी कहा है कि ईश्वर का साम्राज्य तुम्हारे अन्दर ही है। हमारा शरीर ईश्वर का वास-स्थान है। हमारे शरीर में ही ईश्वर रहता है और इसी के द्वारा उसे अनुभव किया जा सकता है।

''जरा सोचिए कि हमारी अज्ञान की पराकाष्ठा कहाँ तक है ? हम ईश्वर को मनुष्यों द्वारा बनाए मन्दिरों में खोजते हैं, जबकि वह हमारे शरीर में ही बैठा है। इसी कारण सन्तों ने कहा है कि यदि ईश्वर को पाना चाहते हो तो अपने मन में ढूँढ़ो। अब प्रश्न यह उत्पन्न होता है कि यदि ईश्वर का निवास हमारे शरीर में ही है, हमारा शरीर

ही उसका मन्दिर है, तो वह हमें नजर क्यों नहीं आता ? इसमें कौन सी बाधा है और उसे दूर कैसे किया जा सकता है ? इसका स्पष्ट उत्तर यह है कि हमारी इच्छाएँ और कामनाएँ, संसार के प्रति हमारी आसक्ति ही ईश्वर-दर्शन में बाधा है। हम सांसारिक आसक्ति के कारण मोह-माया के जाल में फँसते हैं। यह सब कुछ हमारे मन की ही करनी है। हमारा मन हमें जो कर्म करने के लिए उकसाता है उसका फल हमारी आत्मा को भोगना पड़ता है। मन और आत्मा का परस्पर घनिष्ठ सम्बन्ध है। बादलों में जो पानी है वह बड़ा शुद्ध होता है परन्तु जब वही पानी वर्षा के रूप में भूमि पर गिरता है तो उसमें नाना प्रकार की अशुद्धियाँ आ जाती हैं। हमारी आत्मा की स्थिति भी वर्षा के पानी की ही तरह है। वह परमात्मा का ही रूप है किन्तु मन के अधीन होने पर उसमें मलिनता आ जाती है। जब तक आत्मा मन के बन्धनों से मुक्त नहीं होती, उसका परमात्मा में विलय सम्भव नहीं है।

"जो लोग सच्चे मन से ईश्वर को प्राप्त करना चाहते हैं उन्हें पता है कि मन को वश में करके ही इस उद्देश्य की प्राप्ति हो सकती है। उन्होंने मन पर अधिकार करने के लिए कई तरीके निकाले हैं। कुछ जप-तप करते हैं, कुछ दान-पुण्य करते हैं। कुछ लोग घर-बार छोड़कर जंगल और पर्वतों पर चले जाते हैं। कुछ ऐसे भी हैं जो मन्दिरों, मस्जिदों, गिरजाघरों और गुरुद्वारों का चक्कर लगाते हैं, धार्मिक-ग्रन्थों का अध्ययन करते हैं और भजन-उपदेश सुनते हैं। सच तो यह है कि इनसे मन की वासनाएँ थोड़े समय के लिए दब जाती हैं परन्तु उनका अन्त नहीं होता। उन पर विजय नहीं होती। किसी चीज को आप जितना दबाएँगे वह उतनी अधिक तेजी से उभरेगी।"

इसके बाद महाराजजी ने कहा कि मन को संसार से विरक्त करने का तरीका यह है कि ईश्वर से लगन लगे। इसका सबसे अच्छा तरीका है कि व्यक्ति अपने जैसे श्रद्धालुओं का सत्संग करके, गुरु में श्रद्धा रखे और 'सुरत-शब्द-योग' का सहारा ले। वही ईश्वर का अमृत है, दैवी-नाद है और वही दैवीय-प्रकाश है जिसे देखा जा सकता है।

मैंने महाराजजी के लम्बे प्रवचन के वे अंश ऊपर दिए हैं जिन्हें महाराजजी कुछ परिवर्तन के साथ अनेक बार दोहराते हैं। इसका उद्देश्य यह बताना है कि उनके उपदेश का वास्तविक तत्त्व और स्वरूप क्या है। मैं इस बात को समझता हूँ कि प्रवचन के साथ उनकी आवाज के उतार-चढ़ाव, भाव-भंगिमा का वर्णन किए बिना यहाँ सच्चा चित्र प्रस्तुत नहीं किया जा सकता। यहाँ मैंने वैसे अनेक दृष्टान्त छोड़ दिए हैं जो महाराजजी बार-बार अपने श्रोताओं-श्रद्धालुओं को सुनाते हैं मसलन यह कि श्रोता उस बच्चे के समान है जो अपने पिता की अँगुली पकड़कर उद्यान की सैर कर रहा है या वह ऐसे बच्चे के समान है जो खेलकूद में मग्न अपने माता-पिता को कुछ क्षणों के लिए भूल गया है।

महाराजजी के प्रवचनों का बौद्धिक तत्त्व तो जाना-पहचाना है क्योंकि सभी समाजों—वे भारतीय हों या विदेशी—के साधु-सन्तों ने ऐसी ही बातें कही हैं। इन सबमें

कुछ साझी बात मिलती है, जैसे—जगत का तिरस्कार, इसके दुखपूर्ण स्वरूप पर जोर। यह भी कहा जाता है कि व्यक्ति अपनी समस्याओं का समाधान संसार से विरक्त होकर कर सकता है। इनमें बताया जाता है कि कुछ ऐसी कायिक-मानसिक क्रियाएँ हैं जिसके जरिए संसार से विरक्त हुआ जा सकता है। इन क्रियाओं के जरिए मनुष्य बाह्य-जगत की आसक्ति से मुक्त होकर अन्तर्जगत की उच्च चेतनावस्था में प्रवेश कर सकता है—ऐसा सुझाव दिया जाता है। यह भी कहा जाता है बाह्य जगत से कहीं ज्यादा यथार्थ और श्रेयस्कर अन्तर्जगत है।

इन सन्देशों का किसी भारतीय के लिए भावनात्मक दृष्टि से बड़ा महत्त्व है। ये सन्देश उसके लिए जाना-पहचाना है। इससे उसे बहुत बल मिलता है और उसके मन में इन सन्देशों के लिए बहुत आकर्षण है क्योंकि वह बाल्यावस्था से ही ऐसी बातें सुनता आया है। इन प्रवचनों को सुनते हुए व्यक्ति पुनः अपनी बाल्यावस्था में पहुँच जाता है जब वह परिवार के बड़े-बुजुर्गों का हाथ थामे देर-रात तक बैठकर अपने अड़ोस-पड़ोस और नाते-रिश्तेदारों के बीच धार्मिक-वृतान्त तथा जीवन के रहस्यों के बारे में कहानियाँ सुना करता था। बहुत से लोगों ने श्राद्ध के अवसर पर पुरोहित अथवा घर के किसी बुजुर्ग के मुँह से कर्म और उसके फल की चर्चा सुनी होती है। इस अवसर पर बड़े-बुजुर्ग अथवा पुरोहित कहते हैं कि जीवन मोह-माया का चक्र है और जन्म-मरण के जाल से मुक्त होना ही एकमात्र लक्ष्य है। इस प्रकार महाराजजी की बातें अपने अतीत में सुनी हुई बातों की प्रतिध्वनि लगती है और वह उन बातों को बड़ी सहजता से स्वीकार करता है। मैं इस बात को स्वीकार करता हूँ कि जब मैं प्रवचन सुन रहा था तो मेरे मन में उल्लास और बेचैनी के मिले-जुले भाव उठ रहे थे। उल्लास किस कारण से था यह बता पाना मेरे लिए मुश्किल है। हो सकता है भारतीय परम्परा से अपने सहानुभूतिपूर्ण जुड़ाव के कारण रहा हो और मैं अपने समाज और उसकी परम्पराओं के प्रति सहानुभूति से भर उठा होऊँ। सम्भवतः प्रवचन के शब्दों ने मेरे मन के उस तार को छू लिया था जो किसी पूर्वज द्वारा कही गई बातों से स्मृति के सहारे जुड़ा था।

मेरी बचैनी को समझना कठिन नहीं है। कारण, शायद यह है कि मुझे उनका भाषण 'उदारवादी और मानवतावादी भावनाओं' के तनिक विरुद्ध लगा। मैं यहाँ इस बात की चर्चा नहीं करना चाहता कि उनका रुख अपने भक्तों के प्रति वैसा ही था जैसा मध्ययुग में सामन्तों का अपने असामियों के प्रति हुआ करता था। महाराजजी का आशय बड़े सम्राट से है। उनकी गद्‌दी सम्राट की गद्‌दी के समान मानी जाती हैं। इस सम्प्रदाय के संस्थापक-स्वामीजी का चित्र बहुत से स्थानों और श्रद्धालुओं के घरों में लटका मिलेगा। इन चित्रों में स्वामीजी ने बहुमूल्य रेशमी कपड़े तथा हीरे-मोती के आभूषण पहन रखे हैं। एक तरह से देखें तो यह चित्र राजाओं-नवाबों के उन चित्रों जैसा लगता है जो इस शताब्दी के प्रारम्भ में ब्रिटिश पत्र-पत्रिकाओं में छपा करते थे। मुझे इस बात से भी कोई परेशानी नहीं है कि अन्य मतों-सम्प्रदायों के समान राधास्वामी-सम्प्रदाय में भी धनी और शक्तिशाली व्यक्तियों के साथ अधिक अच्छा व्यवहार किया जाता है तथा

इसको उचित ठहराते हुए तर्क दिया जाता है कि उन व्यक्तियों ने पिछले जन्म में अच्छे कर्म किए थे। मेरा इस बात पर भी कोई झगड़ा नहीं है कि महाराजजी बड़ा आरामदेह जीवन बिताते हैं, भले ही उनकी यह जीवनशैली ऐश्वर्यशाली न कहला सके। यह मुहावरा कि किसी धनी व्यक्ति के लिए स्वर्ग में प्रवेश पाना उतना ही कठिन है जितना सुई की नोक से ऊँट का निकलना—ईसाई विश्वास के ज्यादा निकट है, हिन्दू परम्परा के कम। बहुत से भारतीय सन्तों ने निर्धनता और तपश्चर्या, आध्यात्मिकता और निग्रह में सम्बन्ध बताया है तथा उसे स्वीकृति दी है परन्तु उससे ज्यादा सन्तों ने इस सम्बन्ध को नकारा है।

मेरी बेचैनी का मूल कारण यह था कि महाराजजी अपने पूर्वाधिकारियों के समान ही बार-बार इस बात पर जोर दे रहे थे कि जो व्यक्ति ईश्वर-प्राप्ति का इच्छुक है उसे 'कर्म-सिद्धान्त' को हँसी-खुशी स्वीकार करना चाहिए और उसी के अनुसार काम करना चाहिए। उनका कहना था कि सन्त कोई समाज-सुधारक नहीं होता और सम्भवतया उसका काम संसार को बदलना नहीं है। हालाँकि इस बात पर शंका की जा सकती है कि आन्तरिक और वाह्य परिवर्तनों, वैयक्तिक तथा सामाजिक रूपान्तरणों अथवा सन्त और क्रान्तिकारी के बीच इतनी साफ-साफ विभेदक-रेखा खींची जा सकती है भी या नहीं। महाराजजी का कहना है कि वर्तमान सामाजिक-आर्थिक व्यवस्था को हँसी-खुशी स्वीकार कर लिया जाए क्योंकि इस स्वीकार के बाद ही जीवन को सच्चे अर्थों में जाना जा सकता है। उनका कहना है कि वर्तमान आर्थिक-सामाजिक-लैंगिक असमानता को स्वीकार करने से ही चित्त उस दशा को प्राप्त होता है जो गुह्य आध्यात्मिक अनुभूतियों के लिए आवश्यक है। महाराजजी चाहे ऐसी असमानता की स्वीकृति को आध्यात्मिक अनुभवों के लिए जितना जरूरी बताएँ परन्तु उनका यह कथन कि महिलाएँ इस पुरुष-वर्चस्ववादी समाज में अपनी गौण भूमिका स्वीकार करें, आधुनिक विचारधारा से मेल नहीं खाता और उसके विरुद्ध है। महाराजजी स्वयं एक धनी जमींदार हैं। इनके कई रिश्तेदार उत्तर भारत के धनी परिवारों में गिने जाते हैं तथा कई धनी परिवारों से महाराजजी के परिवार के वैवाहिक सम्बन्ध हैं। यह बात अगर एक संशयात्मा को बताई जाए तो वह सहज ही निष्कर्ष निकाल लेगा कि महाराजजी को क्यों 'प्रकृति के शाश्वत नियम जमींदारों-धनिकों के आर्थिक और राजनीतिक हितों से मेल खाते हैं, जैसी बात अटपटी नहीं लगती। लेकिन ऐसा सोचना महाराजजी के प्रति अन्याय होगा। कर्म-सिद्धान्त तथा इसके वैयक्तिक-सामाजिक परिणामों के बारे में उनके विचार किसी सनक पर आधारित नहीं हैं बल्कि अधिकांश भारतीय इसमें विश्वास करते हैं और यह बात भारतीय धार्मिक-परम्परा की मुख्यधारा में स्वीकृत है।

सत्संग के बाद मैं 'डेरा' नाम की बस्ती में यों ही घूमने के खयाल से टहलता रहा। विभिन्न बस्तियों के लोग-बाग सत्संग के बाद झुंड में अपने घरों को लौट रहे थे। परिवारवालों ने अपने घर की स्त्रियों तथा बच्चों को बीच में कर रखा था और पुरुष स्वयं झुंड के अगल-बगल चल रहे थे मानो रखवाली कर रहे हों। इनमें बहुत से लोग

सत्संग घर के पास लगे बड़े-बड़े तम्बुओं की ओर जा रहे थे। इनमें से प्रत्येक तम्बू में कम-से-कम एक हजार लोगों के अँटने की जगह थी। कुछेक जन सड़कों पर घूम रहे थे। सड़क अभी-अभी बुहारी गई थी तथा सड़क पर अभी झाड़ू से बने निशान दिख रहे थे। घूमनेवालों के चेहरे पर एक अह्लाद था जो प्रवचन सुनने के बाद उत्पन्न होनेवाली श्रद्धा की झलक दे रहा था। उनके चेहरे पर फैले मित्रवत् मुस्कान से लग रहा था कि वे हरेक के अस्तित्व और मूल्य को आनन्दपूर्वक स्वीकार कर रहे हैं। उनमें से कइयों ने 'राधास्वामी' कहकर मेरा अभिवादन किया और मैंने भी प्रत्युत्तर में 'राधास्वामी' कहकर उनका अभिवादन स्वीकार किया। इनमें से कोई भी आदमी मेरा परिचित नहीं था परन्तु उनके अभिवादन को स्वीकार करते समय मुझे भान हुआ कि श्रद्धालुओं की इस भीड़ में मैं ही एकमात्र पाखंडी हूँ। थोड़े समय के लिए मुझे यह विश्वास हो चला कि सामाजिक सम्बन्ध न तो 'समुदाय' की कोटियों में बनने के लिए बाध्य होते हैं न ही 'समाज' के—जैसा कि समाजशास्त्रियों ने सुझाया है। 'सत्संगियों' को समुदाय नहीं कहा जा सकता क्योंकि 'समुदाय' में प्रत्येक व्यक्ति बिना सोचे-समझे परस्पर सम्बन्धों और भूमिकाओं को स्वीकार करते हैं। दूसरी तरफ सत्संगियों को 'समाज' (Society) का दर्जा भी नहीं दिया जा सकता क्योंकि 'समाज' में एक संविदागत-युक्तियुक्त पूर्व शर्त्त होती है तथा उसमें एक गणितीय ठंढ़ापन होता है। इसमें एक आदमी दूसरे आदमी से दूर होता है साथ ही उसका प्रतिस्पर्धी भी। सत्संगियों को हम तीसरी कोटि में रख सकते हैं। यूजेन सम्लेम्बेक (Eugen Schmalenbach) ने इसे 'कम्यून' का नाम दिया है और बड़े थोड़े से समाजशास्त्रियों ने इसे वांछित एवं सम्भव माना है। 'कम्यून' में स्वतन्त्रतापूर्वक चुने हुए सम्बन्धों की प्रधानता होती है और एक खास-किस्म का भाईचारा होता है जो आपको किसी बन्धन में नहीं बाँधता। इस तरह के भाईचारे के कारण 'समुदाय' के विपरीत व्यक्तित्व को खूब जगह मिलती है जबकि 'समाज' के विपरीत भावनात्मक सम्बन्ध ज्यादा गहरे होते जाते हैं। इसलिए मैं समझ सकता हूँ कि क्यों बहुत से भारतीय अपने समाज के दमन-उत्पीड़न से भागकर 'राधास्वामी-सत्संग' की शरण में आते हैं। दूसरी तरफ पश्चिम के कुछ श्रद्धालु भी हैं जो अपने 'समाज' की व्यक्तिवादी स्पर्धा और अलगाव से ऊबकर सत्संग में आते हैं।

इतने में महाराजजी अपने घर लौट चुके थे। घर के बाहर स्वयंसेवक खड़े थे और ज्यादा उत्साह एवं भागम-भाग दिखानेवाले श्रद्धालुओं को अन्दर जाने से रोक रहे थे। उनके रोकने का तरीका अत्यन्त विनम्र था परन्तु उसमें दृढ़ता भी थी। अपनी हवेली की ऊँची दीवारों के पीछे गुलाब के पौधों से भरे उद्यान में महाराजजी बेंत की एक कुर्सी पर बैठे थे। वह सत्संग का कामकाज देख रहे थे। महाराजजी के आसपास लगभग एक दर्जन पटु शिष्य बैठे थे। वे श्रद्धाभरी दृष्टि से महाराजजी की तरफ निहार रहे थे। उन्हें इस बात का विशेष गर्व था कि वे महाराजजी के इतने निकट हैं। जब भी महाराजजी कोई चिट्ठी खोलते, अपनी ऐनक ठीक करते अथवा दाढ़ी पर हाथ फेरते हुए डकार लेते तो श्रद्धालुजन मौन रूप से स्तुतिगान करते प्रतीत होते थे। लगभग 70 विदेशी

श्रद्धालु आए हुए थे और जब महाराजजी उनको दर्शन देने के लिए चले तो शिष्यगण उनके पीछे-पीछे हो लिए। दर्शन देने में अधिक समय नहीं लगा। महाराजजी ने हाथ जोड़कर उनका अभिवादन किया और मेहमान-घर के लॉन में रखे सोफे पर बैठ गए। सोफे के इर्द-गिर्द कुर्सियाँ लगी थीं। वह कुछ मिनट तक अपने श्रद्धालुओं की तरफ टकटकी बाँधकर देखते रहे। मैंने देखा कि महाराजजी की दृष्टि पड़ते ही उनके चेहरे श्रद्धा से दमक उठे। उनके चेहरों को देखकर मुझे दूध पीते बच्चे की याद आई जो माँ का दूध मुँह में लेते ही प्रसन्नता से खिल उठता है और कष्ट-पीड़ा के सभी लक्षण गायब हो जाते हैं।

'दर्शन' शीघ्र ही समाप्त हो गया। हम सभी लोग उनके पीछे-पीछे चले क्योंकि वह लंगर में जा रहे थे। इस लंगर को 'रसोईघर' की संज्ञा देना उचित नहीं लगता क्योंकि यहाँ पर बहुत बड़े-बड़े कमरे और खुले मैदान हैं। यहाँ सैकड़ों स्त्री-पुरुष अस्सी हजार व्यक्तियों के लिए खाना बनाने में जुटे थे। बड़ी-बड़ी देगों में मसूर की दाल पक रही थी। एक ओर मीठा चावल पक रहा था तथा सिंकी हुई रोटियों के ढेर पड़े थे। हम लंगर के पास पहुँचे तो आटा गूँथती और रोटी बेलती हुई स्त्रियों का कीर्तन सुनाई पड़ा :

चरण-कमल तेरे धो-धो पिया
दीनदयाल सत गुरु मेरे ॥

महाराजजी लंगर के चारों ओर घूमे और उन्होंने हाथ उठाकर आशीर्वाद दिया। व्यास की सबसे न भूलनेवाली यही याद मेरे मन में रह गई। जब महाराजजी उकड़ूँ बैठी स्त्रियों के पास पहुँचे तो उन स्त्रियों के चेहरे आनन्द और श्रद्धा से ओत-प्रोत हो गए। ऐसा लगता था कि वे उनकी तरफ खींची चली जा रही हैं। पुरुषों ने भी सिर उठाकर श्रद्धाभरी नजरों से उन्हें देखा। जब भी वे किसी व्यक्ति के पास पहुँचते तो वह उकड़ूँ बैठकर उनकी ओर झुक जाता मानो उसे डर हो कि अभी उसे मार पड़नेवाली है। मुझे अपने चिकित्सीय अनुभवों का स्मरण हो आया कि अपने पिता के प्रति पंजाबी लड़कियों का सम्बन्ध पंजाबी लड़कों से भिन्न होता है। पंजाबी लड़कियाँ पिता को श्रद्धा और पूजा-भाव से देखती हैं।

गुरु से सम्बन्ध

तीसरे पहर मैंने उन लोगों को देखा जो सम्प्रदाय में दीक्षित होने आए थे और महाराजजी से 'नाम' ग्रहण करना चाहते थे। सत्संग घर के पास खुले मैदान में लगभग चार सौ पुरुष बैठे थे और दूसरे कोने पर लगभग इतनी ही संख्या में स्त्रियाँ बैठी थीं। एक-एक करके नर-नारी दो बड़ी मेजों के पास जाते थे। प्रत्येक मेज पर चार आदमी बैठे थे जो तेज आँखोंवाले अधिकारी की तरह लगते थे। इन लोगों ने रजिस्टर खोल रखा था। पहला व्यक्ति प्रत्येक से कुछ प्रश्न पूछता था। यदि उसके उत्तर सन्तोषजनक हो तो वह दूसरे अधिकारी के पास उस व्यक्ति को भेज देता था। दूसरा अधिकारी पास आए

व्यक्ति के बारे में रजिस्टर में कुछ दर्ज करता था। यदि उत्तर सन्तोषजनक न हों तो उस व्यक्ति को तुरन्त बाहर चले जाने को कह दिया जाता था। मेरे पास लम्बे कद का एक दुबला-पतला सिख बैठा था। मैंने उससे पूछा कि यह क्या हो रहा है ? उसने बताया, "प्रत्येक व्यक्ति से यह पूछा जाता है कि उसे मांस-मदिरा का त्याग किए कितने दिन हो गए हैं, उसकी आयु कितनी है और वह किस जिले का रहनेवाला है। कम-से-कम तीन माह पहले मांस-मदिरा का परित्याग किया गया हो तथा आयु तीस वर्ष से अधिक होती है, तो 'नाम' पाने की आशा उतनी ही ज्यादा होती है। यह तो स्वाभाविक है कि बहुत से व्यक्ति अपनी आयु अथवा मद्य-मांस त्याग के बारे में झूठ बोलते हैं लेकिन मेरा हमेशा से यही मानना रहा है कि मुक्ति पाने की लालसा में थोड़ा सा झूठ बोलना पाप नहीं है। मैंने भी मदिरा-त्याग के बारे में झूठ बोला था और पिछले वर्ष 'नाम' ग्रहण किया था। 'नाम' तो महाराजजी परसों देंगे। वे सर्वज्ञानी हैं तथा जानते हैं कि कोई झूठ बोल रहा है या नहीं। ईश्वर-स्वरूप होने के नाते वे झूठ को क्षमा कर देते हैं और उस व्यक्ति को स्वीकार कर लेते हैं।"

इस व्यक्ति का नाम हरनाम सिंह था। जब बातें होने लगीं तो मैंने उससे पूछा कि वह सत्संगी कैसे बना। हरनाम सिंह पटियाला के एक गाँव का निवासी था तथा अपने जाट-परिवार के चार लड़कों में सबसे छोटा था। उसका परिवार कई वर्षों से खेती कर रहा था। सबसे छोटा होने के कारण हरनाम सिंह बड़े लाड़-प्यार में पला था और उसकी माँ उसे बहुत ज्यादा मानती थी। जब वह 18 वर्ष का था तो उसकी माँ की मृत्यु हो गई और तब से उसके मन पर उदासीनता ने घर कर लिया। यद्यपि उसे घर में सभी सुख प्राप्त थे, खाने-पीने की कोई कमी नहीं थी। उसके पिता और भाई भी उसे बहुत प्यार करते थे लेकिन उदासीनता की इस भावना ने उसका पीछा नहीं छोड़ा। उसका कहना था कि 15 वर्ष तक लगातार उसकी आत्मा को चैन नसीब नहीं हुआ। कई दफे उसे मृत्यु का विचार आता था और वह बहुत डर जाता था। उसके सिर में भयंकर पीड़ा होती थी और वह कमरे में अँधेरा करके लेटा रहता था। फिर, पिछले साल अचानक महाराजजी उसके सपने में आए (उसने अपने गाँव में किसी सत्संगी के घर महाराजजी का चित्र देखा था) और कहने लगे कि तुम व्यास आकर 'नाम' ले लो। उसने नाम ले लिया और उसकी उदासीनता दूर हो गई। उसका डर खत्म हो गया तथा सिरदर्द भी जाता रहा। उसे ऐसा लगा कि गुरु सर्वव्यापी हैं तथा इसी कारण उसे इन कष्टों से मुक्ति मिली है।

सत्संगियों से बातचीत में मैंने पाया कि उनमें से बहुतों का जीवन एक सा था। इसी कारण वे गुरु की खोज में निकले और राधास्वामी-सम्प्रदाय के सदस्य बन गए। लगभग सभी मामलों में मैंने पाया कि श्रद्धालुओं को कुछ ऐसे अनुभव हुए थे जिसके कारण उनके मन में हीन-भावना घर कर गई थी। हम सबों को ऐसे पीड़ादायी अनुभवों से गुजरना पड़ता है जिससे हमारे आत्म-सम्मान को थोड़े समय के लिए चोट पहुँचती है परन्तु राधास्वामी-सम्प्रदाय के सदस्य हम सबसे इस बात में थोड़े भिन्न हैं।

आत्म-सम्मान खो देने अथवा आत्महीनता की भावना ने उन्हें बहुत अधिक दिनों तक सताया है। इनमें से कइयों ने आत्महीनता का यह बोध सालों-साल झेला है। 'मैंने सब कुछ खो दिया क्योंकि मैं कुछ के लायक था ही नहीं' अथवा 'मेरा सब खो गया और अब इस संसार में मेरा कुछ नहीं' जैसे भावों से छुटकारा पाने में अपने को असमर्थ पाकर इन लोगों ने किसी ऐसे व्यक्ति को कहीं ढूँढ़ना आरम्भ किया जिसके पास जाकर उन्हें अपना खोया 'आत्म-भाव' दोबारा प्राप्त हो सके, जहाँ जाकर उन्हें अपनी असफलता के बोध से छुटकारा मिल सके। यह खोज बड़ी व्यग्रता से जारी थी परन्तु 'अचेतन' में चल रही थी। इन लोगों को महाराजजी के रूप में ऐसा व्यक्ति मिला। और जिस जगह की तलाश उन्हें थी उस जगह के रूप में उन्हें 'सत्संग' प्राप्त हुआ। इन लोगों का कहना था कि इस जगह पर 'महाराजजी का सपना' उन्हें लेकर आया और वे इसे चमत्कारी घटना मानते थे। इस प्रकार का 'चमत्कार' इन व्यक्तियों द्वारा महाराजजी से 'नाम' लेने का कारण बना। कुछेक का कहना था कि महाराजजी के दर्शन प्राप्त करने से उदासीनता के बादल छँट गए जो कि उनकी जिन्दगी का स्थायी भाव बन गया था। मैं नीचे कुछ उदाहरण दे रहा हूँ जिससे यह बात और ज्यादा स्पष्ट हो जाएगी।

1. श्रीमती 'क' एक धनी परिवार की पचास वर्षीय महिला हैं और अहमदाबाद में रहती हैं। उनके पति ने 35 वर्ष की अवस्था में उनका परित्याग कर दिया था। उन्होंने दोबारा शादी नहीं की। 'प्रेम की दूसरी बगिया अपने लिए रोपने' में वे असमर्थ थीं। उन्होंने अपना ध्यान घरेलू काम-काज में लगाया हालाँकि घर की देखभाल नौकर-चाकर अच्छी तरह कर लिया करते थे। उन्होंने अपने बड़े होते बच्चों की तरफ भी ध्यान दिया परन्तु बच्चों को उनकी जरूरत धीरे-धीरे कम होती गई। पति के छोड़ देने से पैदा विछोह को इन कामों के जरिए पाटने से जीवन में उनकी जो दोबारा ललक पैदा हुई थी—वह धीरे-धीरे खत्म होने लगी। उन्होंने अहमदाबाद में आयोजित महाराज के प्रवचनों को एकाध बार सुना। इससे उन पर गहरा प्रभाव पड़ा हालाँकि उन्होंने 'नाम' ग्रहण नहीं किया। एक दिन एक अनजान शहर के एक होटल के कमरे में बैठे-बैठे उन्हें लगा कि 'मैं बहुत असहाय हो गई हूँ, मेरी सहनशक्ति जवाब दे चुकी है और अब अधिक सहन करना मुश्किल है।' गहरी थकान में उन्होंने अपनी आँखें बन्द की तो उन्हें ऐसा लगा कि महाराजजी कमरे में हैं तथा पिता के समान उनके कन्धे पर प्यार से हाथ फेर रहे हैं। उनका कहना था कि मैं उस वक्त जान गई कि अगर महाराजजी के शरण में चली जाऊँ तो मेरी सारी समस्याएँ समाप्त हो जाएँगी।

2. 'ख' की उम्र साठ वर्ष थी। जम्मू में उसकी एक छोटी सी दूकान थी। बारदाने का यह व्यवसाय उसे अपने पिता से प्राप्त हुआ था। कुछ वर्ष पहले वह अपने जीवन के चौथे आश्रम (हिन्दू परम्परानुसार) में प्रविष्ट हुआ था और उसे ऐसा लगा कि उसका जीवन असन्तोष की भावना से भर गया है। उसे एक ही पुत्र था जो काम-धाम तो करता नहीं था ऊपर से दंगे-फसाद में ही उसका मन लगता था। आए दिन पुलिस उसे धर ले जाती थी। उसे अपने पुत्र पर बड़ी लज्जा आती थी। यह मानकर कि सारी मोह-माया

मिथ्या है उसने अपना ध्यान अध्यात्म में लगाया। वह साधु-सन्तों के प्रवचन सुना करता था तथा अपने नगर के राधास्वामी-सत्संग में भी जाया करता था। चार वर्ष पहले वह व्यास आया और उसने महाराजजी से दीक्षा प्राप्त की। वह रोजाना के भजन-कीर्तन में अपने मन-मुताबिक देर तक नहीं बैठ पाता था परन्तु उसके मन में शान्ति आ गई थी। उसका कहना था कि 'महाराजजी' कृपालु हैं तथा सदा ही उसके साथ रहते हैं।

3. 'र' की उम्र 44 वर्ष है। वह व्यवसायी है तथा उसके माता-पिता पूर्वी यूरोप के एक देश को छोड़कर दक्षिण अमरीका जा बसे थे। 'र' के पिता उसकी बाल्यावस्था में ही चल बसे। तेरह वर्ष पहले 'र' का व्यवसाय ठप्प हो गया और वह दीवालिया हो गया। उसकी पत्नी भी उसे छोड़कर चली गई क्योंकि अपनी पत्नी पर वह ध्यान नहीं दे पाता था। वह अपने तीन छोटे-छोटे बच्चों के साथ अकेला रह गया। उसे खुद ही बच्चों की देखभाल करनी पड़ती थी। इसके बाद एक और मुसीबत आई। उसकी माता को 'लकवा' मार गया। 'र' बहुत निराश हो गया। उसने कई बार आत्महत्या की बात सोची। एक मित्र के कहने पर वह शाम के समय अध्यात्म की शिक्षा देनेवाले एक स्कूल में जाने लगा। यहाँ पर उसका परिचय गुरजिएफ (Gourdjief) और ऊसपेन्सकी (Ouspensky) की रहस्यवादी विचारधाराओं से हुआ। स्कूल में एक दिन वह आराम करने की एक मुद्रा में ध्यानमग्न बैठा था कि उसे एक बूढ़े का चेहरा नजर आया। बूढ़े के चेहरे पर सफेद दाढ़ी थी। दो बार उसे यह आकृति नजर आई तथा तीसरी दफे इस आकृति से उसका संवाद हुआ :

'र', "आप कौन हैं"

बूढ़ा, "मुझे ढूँढो"

'र', "यह मैं कैसे कर सकता हूँ, मेरे पास तो पैसे ही नहीं हैं।"

बूढ़ा, "जब कुछ पैसा आ जाए तब आना"

कुछ वर्षों बाद जब उसके बच्चे बड़े हो गए और 'र' की आर्थिक दशा सुधर गई तो उसे अपना वायदा याद आया और वह बूढ़े की तलाश में निकला। बूढ़ा 'पूर्व के किसी देश का निवासी' था। उसने जापान और हांगकांग की यात्रा की और जब वह बैंकाक आया तो उसने एक दुकान पर, जहाँ वह रेशमी कमीज खरीदने गया था, महाराजजी की एक तस्वीर लटकती हुई देखी। 'र' का कहना था, "मैं तुरन्त उसे पहचान गया। यह वही वृद्ध थे जिन्हें मैंने ध्यान की अवस्था में देखा था। मैंने दुकानदार से उनका पता लिया और तुरन्त भारत चल पड़ा। व्यास पहुँचकर मैंने देखा कि महाराजजी मेरी प्रतीक्षा में बैठे हैं।

ऊपर जिन व्यक्तियों की चर्चा की गई है उनके साथ जो कुछ घटित हुआ उसे मनोविज्ञान की दृष्टि से भलीभाँति समझा जा सकता है। 'र' ने जिस वृद्ध को देखा था वह उसे उस समय दिखाई पड़ा जब 'र' मानसिक क्लेश की अवस्था से गुजर रहा था। इस सम्बन्ध में यह कहा जा सकता है कि वह आकृति उसके पिता की थी। 'र' अपने बचपन के दिनों के पिता का मन-ही-मन निर्देशन पाने के लिए व्याकुल था ताकि

असहाय स्थिति से उबर सके। वह चाहता था कि कोई उसकी इस बदहाली का दायित्व अपने पर लेकर उसे उबार ले। युंग की शब्दावली में कहें तो 'र' को जो दिखाई पड़ा वह व्यक्तिगत अचेतन नहीं बल्कि सामूहिक अचेतन का प्रतिबिम्ब था। थियोसोफी के उस विद्यालय में, ध्यानमग्न अवस्था में 'र' ने जो आकृति देखी वह 'बूढ़े विवेकी व्यक्ति' की छवि थी जिसे जीवन के कोलाहल के बीच जीवन के छुपे हुए अर्थों का जानकार माना जाता है और जिसे जीवन की उन जटिल गुत्थियों का समाधान मालूम होता है जो कभी भी पूर्णतया समझ में नहीं आतीं। हालाँकि सत्संगियों का मानना है कि 'र' अथवा अन्य जिज्ञासुओं को जो अनुभव हुए वे दरअसल महाराजजी के सर्वव्यापी तथा सर्वज्ञाता होने के प्रमाण हैं। वे लोग मानते हैं कि महाराजजी में चमत्कारी शक्ति है। वे जब चाहें अपना शरीर छोड़कर किसी भी समय अपने शिष्यों के सामने प्रकट हो सकते हैं।

राधास्वामी-सम्प्रदाय में दीक्षा लेने से बहुत से ऐसे व्यक्तियों को, जिनका जीवन गहरे दुख तथा अवसाद से भर गया था, शान्ति का अनुभव हुआ है। ऐसा प्रतीत होता है कि जब इन लोगों ने अपने अन्तर्जगत तथा बहिर्जगत में किसी दूसरे चहेते व्यक्ति से प्रेम तथा करुणा पाने की असफल एवं लम्बी चेष्टा छोड़ दी और स्वयं को यथास्वरूप स्वीकार कर लिया तब ही इन्हें शान्ति का अनुभव हुआ। अपने पुराने 'स्व' और उसकी प्रतिष्ठा को पाने का तरीका हरेक व्यक्ति का अलग-अलग रहा। पहला कदम तो इस नए पथ पर यह था कि जानबूझकर अपने आपको तथा अपने व्यक्तित्व को हीन माना गया तथा महाराजजी को आदर्श के सिंहासन पर बैठाया गया। सत्संगी आत्मश्लाघा का परित्याग कर देते हैं और अपने आपको अत्यन्त तुच्छ समझते हैं। सत्संगी बहुधा यह कहते हुए सुने जाते हैं, "मैं तो उनके पाँव की धूल भी नहीं हूँ। सत्संगी अपने व्यक्तित्व के सारे अच्छे पहलुओं जैसे शक्ति, ज्ञान, अच्छाई और सद्गुण को महाराजजी के व्यक्तित्व से ही प्राप्त मानते हैं। इस सिलसिले में उठाया गया दूसरा कदम है स्वयं का महाराजजी से तदाकार मानना और इसके जरिए महाराजजी की अच्छाई तथा महानता में साझीदार होना। यह (तदाकार) एक मनोवैज्ञानिक प्रक्रिया है जिसके अन्तर्गत सत्संगी यह मान लेते हैं कि महाराजजी की शक्ति उनके भी अन्दर चली आती है क्योंकि स्वयं महाराजजी के आत्म में उनका भी आत्म शामिल हो गया है। इस प्रक्रिया की जड़ बाल्यावस्था में छुपी है। शैशव की समाप्ति की अवधि में बच्चे के आत्ममोह की छवियों को बहुत सारे आघात लगते हैं और उसे निराशा का अनुभव होता है। वह शैशव में अनुभूत अपनी पुरानी महानता को दोबारा पाने की चेष्टा करता है। इसके लिए वह दूसरा रास्ता अपनाता है तथा अपने पिता की छवि को आदर्शीकृत कर लेता है और फिर मानो अपने से ही कह उठता है कि 'तुम महान हो यह तो ठीक है लेकिन मैं भी तुम्हारा ही हिस्सा हूँ।" मैंने प्रत्येक सत्संगी को महाराज की स्तुतिगान करता हुआ पाया परन्तु उसमें यह भावना भी निहित रहती थी कि मैं स्वयं भी इस 'स्तुति' का अधिकारी हूँ। नीत्शे का कहना था कि "जो अपने को तुच्छ मानता है वह भी स्वयं को इस तुच्छता

में महान समझता है। मैं समझता हूँ कि राधास्वामी-सम्प्रदाय के सत्संगियों पर यह बात लागू होती है। यहाँ पर इस बात का भी उल्लेख करना आवश्यक है कि ऐसी बात केवल राधास्वामी-सत्संग में ही नहीं मिलती बल्कि अन्य मत-मतान्तरों के अनुयायियों में भी पाई जाती है। वे अपने मत को अनूठा मानते हैं तथा अपने गुरु को ईश्वर का रूप।

यह बात स्पष्ट है कि 'आदर्शीकरण' तथा 'तदात्मीकरण' की दो मनोवैज्ञानिक प्रक्रियाओं को मज़बूती से थामे रहना आवश्यक है क्योंकि इससे 'आत्म' को एक नई निश्चयात्मकता मिलती है। अगर ऐसा नहीं हो तो श्रद्धालु पुनः अवसाद और पीड़ा की, आत्महीनता तथा असहायता की उसी खाई में जा गिरेगा क्योंकि अपने असफल 'आत्म' की छवि बार-बार उसके मन में कौंधती रहेगी। जो अनुभूति, जानकारी अथवा ज्ञान गुरु को उसके आसन से डिगानेवाली हो उसे श्रद्धालु अपने चित्त में आने नहीं देता। अपने सम्प्रदाय की किसी साधना-विशेष में पूर्णता प्राप्त करने के अध्यवसाय में वह अचेतन रूप से इस बात का प्रयत्न कर रहा होता है कि वह अपने अराध्य को सर्वोच्च आसन पर प्रतिष्ठित करे तथा स्वयं को उसके जैसा मानने लगे।

जहाँ तक 'तदात्म' तथा 'आदर्शीकरण' का सवाल है वह केवल रहस्यवादी सम्प्रदायों तक ही सीमित नहीं है। मनोरोगों की चिकित्सा की बहुत सी पद्धतियों में ये दोनों प्रक्रियाएँ दिखाई पड़ती हैं। मनोविश्लेषण की प्रक्रिया में एक समय ऐसा आता है जब रोगी को मनोविश्लेषक के प्रति ऐसा ही रवैया अपनाना पड़ता है तभी वह अपने अन्तर्मन की गहराइयों में पड़ताल की दृष्टि से उतर पाता है। इस अवस्था से भिन्न उसके मन पर पराहं (सुपरईगो) का राज होता है जो रोगी को कभी भी अपने मन की पड़ताल नहीं करने देता। चिकित्सा की इन दो परम्पराओं में अन्तर मात्र इतना है कि मनोविश्लेषण में मनोविश्लेषक को अराध्य मानना अपने को वैसा समझना अस्थायी रूप में होता है जबकि राधास्वामी-सत्संग और ऐसे ही अन्य आध्यात्मिक-सम्प्रदायों में यह भाव स्थायी रूप ग्रहण कर लेता है। सत्संग और कीर्तन के जरिए, पटु शिष्यों तथा स्वयं गुरु के प्रवचन के माध्यम से दीक्षार्थियों का चित्त ऐसी दशा की तरफ अग्रसर होता है जहाँ पहुँचकर वे गुरु को ईश्वर मानने लगते हैं और स्वयं को गुरु का अंग मानने लगते हैं। इसके अतिरिक्त श्रद्धालुओं से यह भी अपेक्षा की जाती है कि ये प्रतिदिन चार घंटे तक महाराजजी का चित्र सामने रखकर अपना ध्यान उस पर केन्द्रित करें। इस कारण यह बात श्रद्धालुओं के मन में बस जाती है कि महाराजजी (गुरु) ईश्वर का सच्चा रूप हैं और उन्हें सारी चिन्ताओं से मुक्त करेंगे।

भारतीय गुरु की शान्त आकृति, ध्यानमग्न अवस्था बहुधा भ्रम में डाल देती है। दरअसल गुरु मानसिक शक्ति का भंडार होता है और उपरोक्त जिन प्रक्रियाओं की मैंने चर्चा की है उसे सक्रियतापूर्वक बढ़ावा देता है। उदाहरण के लिए, महाराजजी को ही लीजिए। महाराजजी इस बात पर बल देते हैं कि शिष्य उन पर पूरी तरह निर्भर हो सकता है। वे अनन्त काल तक के लिए शिष्य के कल्याण की जिम्मेदारी अपने ऊपर ले लेते हैं। शिष्य अपने को तुच्छ मानता है तो गुरु अपने को सर्वशक्तिमान। गुरु अपने

को आध्यात्मिक-इहलौकिक चमत्कारों से सम्पन्न तथा प्रकृति के नियमों से परे मानता है। शिष्य की निष्क्रियता के सामने गुरु की कर्मठता का चित्र होता है। महाराजजी बहुधा यह कहते हैं, "हम सब सोए पड़े हैं, बल्कि मृत हैं। हमें किसी ऐसे व्यक्ति की आवश्यकता है जो हम सबों में जीवन डाल दे। हमें वह व्यक्ति चाहिए जो हमें देखने के लिए आँखें और सुनने के लिए कान दे सके, हमें अमृत पिला सके जिससे हम पुनः जीवित हो सकें और मृत्यु पर विजय पा सकें।" शिष्य की अशक्तता के सामने गुरु की सर्वशक्तिमानता का चित्र होता है। यदि शिष्य स्वयं को गुरु के व्यक्तित्व में विलीन कर दे तो उसमें भी गुरु के गुणों का समावेश हो सकता है। शिष्य के लिए गुरु के व्यक्तित्व में अपने 'आत्म' का विलोपन आवश्यक होता है क्योंकि गुरु बार-बार जो बताता कि 'पुनर्जन्म-पुनरुद्भव के लिए ऐसा करना आवश्यक है। व्यास में बहुधा मैंने कबीर का यह पद सुना :

जब मैं था तब हरि नहीं अब हरि हैं हम नाहीं
प्रेम गली अति साँकरि तामै दो ना समाही ॥

गुरु के साथ सहात्मभाव की यह चेष्टा हिन्दू-दृष्टिकोण के अनुरूप ही है। इसमें माना जाता है कि समस्या का समाधान सापेक्षिक होता है तथा समस्या-समाधान में दो पक्षों का संयोग होता है क्योंकि समस्या का मूल स्रोत द्विधारी होता है—इकहरा नहीं।

गुरु के प्रस्ताव की सत्संगी द्वारा सम्मति तथा गुरु के आदर्शीकरण के बाद उससे तदात्म्य स्थापित करने की प्रक्रिया का जो वर्णन मैंने किया है वह एक अमूर्त चित्रण है—उस प्रक्रिया का जो मेरे विश्वास के अनुसार सत्संगी के अन्तर्मन में घटित होती है। जिन सत्संगियों से मैं मिला उन सबमें मुझे एक चौंकाऊ बात यह देखने को मिली कि उनमें अपेक्षतः बाल-सुलभता अधिक थी। इस कारण वे बचपन की भावनाओं के अथाह सागर के ज्यादा समीप होते हैं। उनके अन्दर एक सहजता होती है, मैत्रीपूर्ण विश्वास तथा अह्लादकारी स्वीकार-भाव होता है। उनके अन्दर आशा की लहरें उछाल लेती हैं और इन सब बातों के कारण उनके अन्दर एक गज़ब का खिंचाव पैदा हो जाता है। मनोचिकित्सा की दृष्टि से कहना चाहें तो मैं कहूँगा कि जिन सत्संगियों से मैंने भेंट की उनमें से कुछ मुझे अपनी 'वयस्कता' का त्याग करते हुए लगे। मेरे कहने का आशय यह नहीं है कि उनमें बच्चों जैसे गुण आ गए थे, मेरा आशय मात्र इतना है कि जैसे बच्चे किसी बड़े पर विश्वास करके अपनी सारी जिम्मेदारी उस पर डाल देते हैं और अपनी समस्याएँ भूल जाते हैं कुछ वैसी ही बात मुझे इन सत्संगियों में दिखाई दी। ऐसा लगता है कि ऐसे श्रद्धालुजन उन मानसिक अवस्थाओं को सह पाने में असमर्थ होते हैं जिनमें दुःख और विषाद का पुट होता है। बाल्यावस्था की जो मानसिक स्थिति सत्संगियों का आदर्श होती है उसमें उठनेवाले नैतिक प्रश्न बड़े सीधे-सादे होते हैं, मसलन—महाराजजी (पिता) बड़े दयालु और स्नेह करनेवाले हैं जिनमें 'बुरे' पिता का कोई भी अवगुण नहीं है। दरअसल ये श्रद्धालुजन आत्मालोचन तथा शंका से मुक्त होना चाहते हैं। 'पूर्ण वयस्कता' की अवस्था जिसमें अनिवार्य रूप से दुःख-विषाद के मानसिक

भाव ज्यादा गहराई से उपस्थित हैं–इन श्रद्धालुजनों के लिए असह्य होती है। अपने महाराजजी को ये लोग बुरे पिता के सारे गुणों से मुक्त मानते हैं। बुरा पिता वह है जो अनुपस्थित रहे, परेशान करे, दंड देता हो अथवा आपसे प्रतियोगिता का भाव रखें। श्रद्धालुजनों के अन्तर्मन में जो घटता है तथा बाहरी व्यवहारों में जो प्रकट होता है, उसे बगैर मनोवैज्ञानिक पहलू की अनदेखी किए एक शिष्या के कथन के द्वारा ज्यादा बेहतर तरीके से प्रकट किया जा सकता है। इस शिष्या ने महाराजजी के सान्निध्य में कुछ दिन बिताए थे। महाराजजी से अपनी प्रथम भेंट के बारे में यह शिष्या लिखती हैं :

"और तब...मैंने महाराजजी को पहली बार देखा। वह मुझे द्वार पर मिले तथा मिलते ही उन्होंने मेरे दोनों हाथ अपने हाथों में ले लिया। मैंने देखा कि उनके सुन्दर चेहरे से करुणा टपक रही है। मैंने आज तक कोई ऐसा चेहरा नहीं देखा था। मेरा गला रुँध गया। गले से कोई आवाज नहीं निकल रही थी। उन्होंने मेरी आँखों में झाँकते हुए कहा, "मुझे खुशी है कि तुम आ गई हो।" उस क्षण मुझे लगा जैसे सारे संसार की खुशी मुझे मिल गई। उनके तन से जिस प्रेम और शक्ति का संचार हो रहा था उसने मुझे आत्मविभोर कर दिया...बाद में मैंने अपनी डायरी में लिखा, "अभी गुरुजी से मेरी भेंट हुई है। मेरा सपना साकार हुआ है। वह कितने अच्छे हैं। उनके वैभव का वर्णन कर सकूँ–ऐसे शब्द मेरे पास नहीं है। अब मैं केवल एकान्त चाहती हूँ। यकीन नहीं हो रहा–क्या यह वास्तव में मैं ही हूँ।"

कुछ विशिष्ट भारतीय जनों तथा विदेशियों के साथ, रात्रिभोज के बाद, जिसमें महाराजजी भी शामिल थे, उसने लिखा, "सब कुछ बहुत तेजी से समाप्त हो गया और महाराजजी जाने लगे। हम लोग एक छोटे से झुंड के रूप में उनके पीछे चले। उन्हें 'विदा' कह पाना बहुत मुश्किल था। उन्होंने देखा कि हमलोग उनके पीछे आ रहे हैं। वे मुस्कुराते हुए हमारी ओर मुड़े लेकिन हम लोगों ने कहा कि हम भी उसी दिशा में जा रहे हैं। इस बात पर महाराजजी हँसे और बोले, "तुम लोग भेड़ों के समान हो।" इस पर हम सब भी हँस पड़े और गेस्ट-हाऊस के दरवाजे तक गए। लेकिन हमारी हँसी बस हमारी प्रसन्नता तथा कृतज्ञता-भाव के कारण थी–इसका अन्य कोई कारण नहीं था। मुझे लगा कि इस झुंड का प्रत्येक आदमी इस बात पर खुश है कि वह महाराजजी का अनुयायी है।"

इसके बाद इस महिला ने कुछ निजी बातें लिखी हैं :

"मैंने उनसे पूछा, 'महाराजजी क्या आप सभी कुछ जानते हैं ?' यह मेरी उनसे पहली भेंट थी और मैं पिछले दस मिनट से उनके कमरे में बैठी थी। वास्तव में मेरा मन हो रहा था कि मैं रोते-रोते उनके चरणों पर गिर पड़ूँ और उनसे अपनी सारी व्यथा कह सुनाऊँ। और फिर...जैसा कि पहली भेंट में हुआ था–उन्होंने मेरी ओर बड़ी खास नजर से देखा और मुझे ऐसा लगा कि उन्हें केवल मेरी ही चिन्ता है तथा मेरे मन की गहराइयों में पैठी सारी बातों से वे अवगत हैं।"

उपरोक्त उद्धरण एक अमरीकी युवती की पुस्तक से लिया गया है। उसे पटु शिष्या

की संज्ञा दी जा सकती है। उपरोक्त बातों से इतना तो स्पष्ट ही है कि उसने जो कुछ लिखा एक शिष्या के नाते लिखा। बहुत से सम्प्रदायों के अनुयायी ऐसी ही बातें लिखते हैं, ऐसी ही भावनाएँ प्रकट करते हैं। इन भावनाओं का अनुयायी की सांस्कृतिक, सामाजिक अथवा आर्थिक स्थिति से कोई सम्बन्ध नहीं होता। उत्तर भारत का एक नगर है फिरोजपुर। इस नगर की एक दूध बेचनेवाली लड़की ने मुझे बताया, "एक दिन मैं ध्यान-मग्न बैठी थी कि मुझे लगा महाराजजी ने मुझे थप्पड़ मारा क्योंकि मैं दूध में पानी मिलाती थी। दो दिन तक उन्होंने मुझ पर निगाह रखी और तीसरे दिन भजन गाते समय उन्होंने मुझे चपत जमाई। मुझे इससे कोई कष्ट नहीं हुआ क्योंकि बाद में बड़े प्यार से मेरा गाल सहलाते रहे।" लड़की का भाई उसके बगल में ही खड़ा था। उसने विस्मय से कहा, "तुम कितनी खुशनसीब हो कि महाराजजी ने तुम्हें छुआ है !" फिर युवक अपनी बहन की तरफ मुड़कर बोला, "इस प्रकार हम सत्संगी लगातार अच्छे इंसान बनने की राह पर चल रहे हैं। हम जो कुछ सोचते या करते हैं–महाराजजी को वह तत्काल पता चल जाता है। वे हमारे अन्दर झाँककर देख सकते हैं। ऐसा लगता है कि हमारा सिर काँच का बना हुआ है और हमारे मस्तिष्क में उठनेवाले सारे विचारों को वे देख लेते हैं। हम उनसे परे हों तब भी उन्हें हमारी बातों का पता होता है।"

मैंने शिष्यों द्वारा गुरु को आराध्य मानने तथा उनका स्तुतिगान करने की बात लिखी है। ऐसा सम्भवतः शिष्यगण इसलिए करते हैं कि उन्हें गुरु को आराध्य मानकर स्वयं को उनका अंश समझने से एक सान्त्वना प्राप्त होती है। यह प्रक्रिया दरअसल शिष्य को अपने दुःखों से मुक्त होने की चेष्टा का अंग है। वस्तुतः इसी आधार पर गुरुजी के बारे में कहानियाँ बनती हैं कि उनमें दैवी शक्ति विद्यमान है अथवा वे चमत्कार दिखा सकते हैं। हमें इस सम्बन्ध के दूसरे पक्ष पर भी विचार करना चाहिए। इस सम्बन्ध का दूसरा पक्ष गुरु से जुड़ता है और पूछा जाना चाहिए कि ऐसी बातों का केन्द्र बने गुरु पर क्या गुजरती है ? सामान्यतः जब हम पर दुर्गुणों का आरोप किया जाता है तो इससे निपटना आसान होता है। दुर्गुणी कहलाने मात्र से हमारे भीतर एक बेचैनी पैदा होती है। हम बड़े बेचैन होकर यह बताने में लग जाते हैं कि हमारे अन्दर अमुक-अमुक सद्गुण विद्यमान हैं तथा ऐसे दुर्गुण हमारे स्वभाव का हिस्सा ही नहीं रहे। लेकिन जब हम पर सद्गुणों का आरोप किया जाता है–हमारी आत्म छवि को विवर्द्धित करके हमारे सामने पूरे स्तुति-भाव से रखा जाता है तो (जैसा कि पटुशिष्य करते हैं) हम इस आरोपण का आग्रहपूर्वक विरोध नहीं करते। हम जितने मेधावी, महान और अच्छे हैं अगर उससे ज्यादा मेधावी, महान और बड़ा कोई हमें सोचता है तो यह उसी अर्थ में हमें बोझ लग सकता है कि हमें ज्यादा महान, मेधावी और अच्छा बनने के प्रयत्न करने पड़े। अधिकतर गुरु इसी कारण महान बन जाते हैं कि लोग उनमें ऐसे ही गुणों का समावेश मानने लगते हैं। आर.के. नारायण के उपन्यास 'दि गाइड' में ऐसे ही एक गुरु का वर्णन है। लेकिन अधिकतर व्यक्ति जिन्हें उनके शिष्य गुरु की पदवी देते हैं–स्वयं को उतना ही महान समझने लगते हैं जितना उनके शिष्य कहते हैं। अचेतन रूप में वे अपने शिष्यों

के साथ तदाकार-भाव स्थापित कर लेते हैं और सोचने लगते हैं, "मैं अधिक संवेदनशील हूँ, अत्यधिक मेधावी हूँ, चमत्कारिक शक्ति का धारक हूँ और मेरे शिष्य मूर्ख हैं।" इस प्रकार के गुरुओं को उनके शिष्य अधिक मूर्ख, अधिक अबोध तथा शक्तिहीन दिखाई पड़ते हैं। गुरु और शिष्यों के बीच इस तरह का अचेतन भाव-विनिमय होना रहस्यवादी सम्प्रदायों में अधिकांश के साथ दृष्टिगोचर होता है। राधास्वामी सम्प्रदाय भी ऐसा ही है।

इसमें कोई सन्देह नहीं कि महाराजजी और उनके शिष्यों के बीच जो सम्बन्ध हैं उसकी ऐसी मनोवैज्ञानिक व्याख्या सत्संगियों को स्वीकार नहीं होगी। मनोविश्लेषक कहेंगे कि शिष्यों में बालसुलभ गुणों का समावेश हो गया है जबकि सत्संगियों का तर्क होगा कि गुरु के प्रति आत्मसमर्पण का यही लक्षण है, कि यह आत्मसमर्पण गुरु के दिव्य-स्वरूप के प्रति है, कि बालसुलभ गुणों के सहारे ही दिव्यता के प्रति समर्पित हुआ जा सकता है। यह बात जरूर ही खलती है कि इसी तरीके से पिता के पास भी जाया जाता है। व्यक्ति का विकास एकतरफा प्रक्रिया नहीं है। आध्यात्मिक विकास, मनोवैज्ञानिक विकास से प्रतिकूल दिशा में भी हो सकता है। सत्संगी कह सकते हैं कि आप जिस मनोविश्लेषण अथवा मनोविज्ञान की बात कह रहे हैं वह दरअसल 'मनुष्य' की उस अवधारणा की उपज है जिसमें मनुष्य को निरा 'वैयक्तिक' माना जाता है और मान लिया जाता है कि यह 'व्यक्ति' स्वायत्तता चाहता है एवं अपने विकल्पों के दायरे बाध्यकारी आन्तरिक-बाह्य शक्तियों के बीच बढ़ाते रहना चाहता है। हिन्दू विचार पद्धति के अनुसार किसी किस्म की सीमा एक बाधा ही है चाहे एक सीमा सिकुड़कर 'व्यक्ति' तक चली जाए। इस विचार पद्धति में शरीर को एक जेल तथा स्वायत्तता को अभिशाप माना जाता है। सत्संगी मनोविश्लेषकों से कह सकते हैं कि अपने अन्तर्मन की गुत्थियों को समझ लेना ही 'परिपक्वता' का एकमात्र लक्षण नहीं है और रहस्य पथ का अनुसरण करके, आध्यात्म के मार्ग पर चलकर कोई व्यक्ति अन्तर्मन की इन गुत्थियों से मुक्त हो सकता है। अपने आत्मवृत-आत्मकृत से मुक्त होना कोई पलायन नहीं है बल्कि यह तो एक वरदान की तरह है जो प्रौढ़ावस्था (मध्यवय) में ज्यादा मददगार सिद्ध हो सकता है। मुक्ति अथवा आत्मकृत से तटस्थ रहने के इस भाव की प्राप्ति में गुरु से मदद मिल सकती है। सत्संगियों के इन काल्पनिक उत्तरों के सहारे हम मनोविश्लेषण तथा अध्यात्म के बीच स्थापित मूल भेद को समझ सकते हैं और मुझे उम्मीद है कि इन दो धाराओं को अलग करनेवाली बात के प्रति हमारी समझदारी बढ़ सकती है।

तन्त्र और तान्त्रिक-चिकित्सा

आज एक विश्व-सभ्यता का उदय हो रहा है और विश्व-सभ्यता के इस विस्तार में अनेक संस्कृतियाँ अपना हिस्सा बँटा रही हैं। जैसे-जैसे इस विश्व-सभ्यता के अन्दर नगरों और महानगरों का विकास हुआ है वैसे-वैसे तन्त्र-विषयक अफवाह सर्वाधिक शिक्षित व्यक्तियों तक पहुँची है। तन्त्र के बारे में जो भ्रांतियाँ विद्यमान हैं उनमें ज्यादातर अस्पष्ट हैं। ये भ्रांतियाँ-किंवदन्तियाँ तिब्बती लामाओं तथा भारतीय योगियों के रहस्य, अन्धकार और प्रकाश की देवियों तथा मंडलों, ध्यान-मुद्रा तथा योग-साधना के बारे में प्रचलित हैं। इन साधनाओं के बारे में कहा जाता है कि इससे साधक को रहस्यमयी सिद्धियाँ प्राप्त हो जाती हैं किन्तु ये ही साधनाएँ उसे खंडित मानसिकता (Schizophrenia) के भयावह संसार में भी पहुँचा सकती हैं। लेकिन जिन्हें 'तन्त्र' का तनिक अधिक ज्ञान है और इसके रति सम्बन्धी मुख्य कर्मकांडों के विषय में जो थोड़ा जान गए हैं वे लोग तन्त्र-विधा को यह कहकर नकारते हैं कि यह 'रति-सुख' पर अध्यात्म का पर्दा डालने की कोशिश है। किन्तु वास्तव में तन्त्र का आकर्षण मुख्यतः इसमें व्याप्त यौनाचार के कारण ही रहा हो—ऐसा नहीं है। सहजिया-सम्प्रदाय 'तन्त्र' का ही एक अंग है। इसके अध्ययन के पश्चात एडवर्ड डिमोक (Edward Dimock) नामक विद्वान ने लिखा है, 'रति-सम्बन्धी कर्मकांडों को करने से पहले एक अत्यन्त आवश्यक, कठोर परन्तु रोचक प्रशिक्षण से गुजरना पड़ता है और इस प्रशिक्षण से वही गुजर सकता है जो अत्यधिक कामुक अथवा कुंठित हो।' तन्त्र महज योगासनों में सम्भोग-क्रिया सम्पन्न करने का नाम नहीं है, मात्र सम्भोग का सर्वोत्तम माध्यम भर नहीं। इसके लिए इतना कहना पर्याप्त नहीं है कि तन्त्र के द्वारा यौनगत आनन्द के रहस्य को तकनीकी रूप दिया जाता है।

तन्त्र के अनुयायियों का दावा है कि तन्त्र ज्ञान प्राप्ति का आधुनिक तरीका है। यहाँ 'आधुनिक' शब्द का प्रयोग उसी अर्थ में किया गया है जिस अर्थ में हिन्दू लोग 'कलियुग' का करते हैं। हिन्दू-मान्यता के अनुसार कलियुग का प्रारम्भ 3 लाख वर्ष पहले हुआ। अभी तक विद्वानों ने तन्त्र के रहस्यपरक-धर्मपरक पक्ष में रुचि ली है। मैं इस तरफ न जाकर तन्त्र की चर्चा मनोस्वास्थ्य तथा मनोचिकित्सा की दृष्टि से करूँगा। मनोचिकित्सा की पद्धति के रूप में तन्त्र के दो पक्ष हैं। तन्त्र का पहला पक्ष यह है कि यह भी मनोविश्लेषण के समान मानव स्वभाव के बारे में एक विशेष दर्शन पर आधारित

है। भारतीय सन्दर्भों में यह दर्शन उतना ही मूलगामी है जितना कि पश्चिमी जगत में मानव-विषयक धारणा को बदलने में फ्रायड का दर्शन। तन्त्र 'स्वस्थ' व्यक्ति के लिए 'पूर्ण मानव' शब्द का व्यवहार करता है और तन्त्र में ऐसे मानव के विशिष्ट मानसिक गुणों तथा व्यवहारों की चर्चा की गई है। तन्त्र में बताया गया है कि व्यक्ति के सुव्यवस्थित विकास में कौन सी बाधाएँ आती हैं। इसमें उन साधनाओं की चर्चा है जिनके फलस्वरूप मन और काया दोनों का सर्वोत्तम विकास होता है। तन्त्र में कुछ मनोरोगों की भी चर्चा है, उसके कारण तथा निदान पर भी प्रकाश डाला गया है।

कहा जाता है कि तन्त्र का प्रादुर्भाव भारत में इस युग अर्थात् कलियुग के आरम्भ में हुआ। तन्त्र का घुलना-मिलना सभी भारतीय धर्मों के साथ हुआ और छठी शताब्दी तक आते-आते तन्त्र-साधना एक अखिल भारतीय परिघटना बन चुकी थी। यह तब से लेकर आज तक इसी रूप में विद्यमान है। हिन्दू, बौद्ध, तथा जैन-तन्त्र भारत में विद्यमान हैं और इनमें बहुत सी बातें और कर्मकांड एक जैसे हैं। तन्त्र ने भारतीय जीवन के बहुत से पक्षों पर प्रभाव डाला है। कला पर इसका प्रभाव विशेष रूप से देखने को मिलता है क्योंकि आर्य-पूर्व के 'मातृ-धर्म' को इसने पुनर्ज्जीवित करने का काम किया। किन्तु कुल मिलाकर भारतीय समाज में इसका अस्तित्व हाशिए पर ही रहा। हाशिए पर होने का प्रमाण वहाँ भी मिलता है जहाँ तन्त्र-साधना करनेवाले अधिक संख्या में विद्यमान थे जैसे—बंगाल, असम, केरल और कश्मीर में। इन जगहों पर तन्त्र-साधना का विकास ऐतिहासिक रूप से हुआ है परन्तु तब भी यह धारा हाशिए पर ही रही। तन्त्र को परम्परागत धर्मों ने शायद ही कभी बर्दाश्त किया। रूढ़िवादी प्राचीन धर्मों के साथ तन्त्र का रिश्ता कभी भी सहज नहीं रहा। वहाँ इसकी निन्दा और उपेक्षा की गई। ऐसा होना स्वाभाविक ही था क्योंकि तान्त्रिकों ने हमेशा परम्परागत नैतिकता तथा रूढ़ियों का विरोध किया। आज अगर भगवान रजनीश अपने पूना स्थित आश्रम में हजारों अनुयायियों को तन्त्र-विशेष की शिक्षा दे रहे हैं तो अन्य तान्त्रिकों के समान, कहा जा सकता है कि परम्परागत हिन्दू-धर्म की रूढ़ियों का उपहास उड़ा रहे हैं। अगेहानन्द भारती ने ठीक ही लिखा है कि आज की आधिकारिक हिन्दू-संस्कृति का निर्माण स्वामी विवेकानन्द, गांधी तथा अन्य 'समाज-सुधारकों' के हाथों हुआ है और अपने मूल रूप में वह 'तन्त्र' का विरोधी है तथा उसे इन लोगों ने स्वीकार्यता की सीमा से बाहर रखने की हर सम्भव कोशिश की है।

कुछ लोग जो तथाकथित नीची जाति में उत्पन्न होने के कारण अथवा 'स्त्री' होने के कारण ब्राह्मणवादी समाज में पूर्ण रूप से हिस्सेदारी नहीं कर पाते थे अथवा वे लोग जिन्हें हिन्दू-रूढ़िवाद में विश्वास नहीं था—इसी तन्त्र की शरण में आए। तन्त्र ने ईश्वर के स्त्री-रूप को स्वीकार किया और इस कारण स्त्रियाँ इस तरफ आकृष्ट हुईं। आधुनिक भारत के एक महान सन्त श्री रामकृष्ण ने एक महिला-गुरु से ही शिक्षा पाई। उनका नाम योगेश्वरी था। इस सम्प्रदाय में महिलाओं का गुरु होना एक आम बात है। यहाँ मैं यह अवश्य कह दूँ कि यद्यपि तन्त्र में नर-नारी के बीच भेद नहीं किया जाता परन्तु

स्त्री-तान्त्रिकों के लिए जिन कर्मकांडों का विधान है उसमें थोड़ी सी पुरुष-छवि इस अर्थ में झलकती है कि शिव के स्थान पर शक्ति, देव के स्थान पर देवी तथा लिंग के स्थान पर योनि का प्रयोग होता है। इसके अतिरिक्त तान्त्रिक-ग्रन्थों में व्यक्त दृष्टिकोण पुरुष साधकों की ही छवि प्रस्तुत करता है क्योंकि तन्त्र के ग्रन्थों की रचना पुरुषों ने ही की है। आगे चलकर हम देखेंगे कि एक पुरुष वर्चस्ववाले समाज की लेखन शैली-भर का एक मामला नहीं है बल्कि इससे यह भी प्रकट होता है कि तन्त्र में पुरुष-मानस तथा शारीरिकी पर ज्यादा जोर दिया गया है।

भारत में बहुत से रहस्यवादी-अध्यात्मवादी सम्प्रदाय हैं परन्तु तन्त्र सम्भवतः एक मनोविश्लेषक के लिहाज से ज्यादा अनुकूल है। इसका एक कारण तो यह भी हो सकता है कि मैं अपनी अभिरुचि के कारण भारतीय संस्कृति की व्याख्या के समय आँकड़ों के रूप में लोक-कथाओं, अश्लील ग्रामीण गीत अथवा किसी विकराल देवी को लेकर कही-सुनी जानेवाली कथाओं का प्रयोग करना वैदिक कर्मकांडों की अपेक्षा ज्यादा पसन्द करता हूँ और मुझे पुराण की कथाएँ उपनिषदों की तत्त्वमीमांसा से कहीं ज्यादा उपयुक्त लगती हैं। परन्तु तन्त्र और मनोविज्ञान में सादृश्य का एक दूसरा भी कारण है और कारण यह है कि दोनों में कल्पना की उड़ानों पर कम विश्वास किया जाता है तथा व्यक्ति को दोनों जगह अपने मानसिक जीवन के प्रति अधिक सजग होने को कहा जाता है। तन्त्र अपने हजारों देवी-देवताओं तथा लाखों योगिनियों-पिशाचिनियों के माध्यम से मानवीय वासनाओं के विविध रूप प्रकट करता है। इसका मतलब यह नहीं है कि तान्त्रिक 'मुक्ति/मोक्ष' में विश्वास नहीं करते, आत्मा-परमात्मा के मिलन की बात नहीं कहते। परन्तु तन्त्र में मोक्ष का जो आदर्श है वह मनोविज्ञान की 'यौनिकता' से मिलता-जुलता है। यह अव्यवहारिक मनोनिर्मिति है जो आवश्यक नहीं कि अत्यधिक महत्त्वपूर्ण प्रथाओं में हस्तक्षेप करे। तन्त्र और मनोविश्लेषण दोनों में इसके जरिए अन्तर्मन को समझने और उसे बदलने की चेष्टा की जाती है। जब अगेहानन्द भारती कहते हैं कि तन्त्र में अपने से वरिष्ठ व्यक्ति के सहयोग से अनेक वर्षों तक मन को साधने का प्रशिक्षण प्राप्त करना होता है तथा यह बात आधुनिक मनोविज्ञान के 'प्रशिक्षण-विश्लेषण' से मिलती-जुलती है तथा इसे हर मनोविश्लेषक को सीखना ही होता है तो मुझे उनकी बात सच जान पड़ती है।

मनोविश्लेषण और तन्त्र में सादृश्य इनकी विधियों और प्रशिक्षण के अतिरिक्त और भी कई बातों में है। दोनों ही को उनकी जन्म देनेवाले सांस्कृतिक-परिवेश में समझा गया है। मनोविश्लेषण के बारे में अक्सर छोटी-मोटी किताबों को पढ़कर राय बना ली जाती है। विशेषकर फ्रायड ने अधिमनोविज्ञान तथा संस्कृति के सिद्धान्तों के बारे में जो लिखा है उसी को पढ़कर पश्चिमी लोग मनोविश्लेषण के बारे में अपनी राय बना लेते हैं। वे यह तो कभी नहीं पूछते कि एक मनोविश्लेषक क्या-क्या करता है, मनोविश्लेषण की तकनीक कैसी है तथा मनोविश्लेषण के दौरान क्या घटनाएँ घटती हैं—बस एकाध पुस्तकों के अधकचरे ज्ञान के आधार पर अपनी राय बना लेते हैं। ठीक इसी प्रकार

तन्त्र के ग्रन्थों को पढ़े बगैर लोग अपनी राय बना लेते हैं और तान्त्रिक-साधनाओं को विस्तार से कभी जानने की कोशिश नहीं करते। जब इन दोनों विधाओं पर भली-भाँति विचार किया जाता है तब ही यह पता चलता है कि ये दोनों विधाएँ मनुष्य की 'मुक्ति' की पक्षपाती हैं और उन्हें विकारों-कुंठाओं से आजाद करती हैं। मनोविश्लेषण जिस 'प्रबोधन' की बात कहता है वह केवल वैयक्तिक नहीं बल्कि समाजपरक भी है और इसी प्रकार तन्त्र में जिस 'मोक्ष' की चर्चा है वह केवल आध्यात्मिक अर्थों से सम्पन्न नहीं है बल्कि उसका एक वैयक्तिक सन्दर्भ भी है। मनोविश्लेषण तथा तन्त्र दोनों ही इस बात को स्वीकार करते हैं कि मनुष्य इच्छाओं का गुलाम है। मनोविश्लेषण तथा तन्त्र की समानान्तरता रेखांकित करते समय मैंने सावधानी से काम लिया है और मेरा आशय यह कदापि नहीं है कि इन दोनों विधाओं के बीच कोई आधारभूत अन्तर विद्यमान नहीं है। जहाँ तक मनोविश्लेषण का सम्बन्ध है, आरम्भ में यह कुछ मनोविकारों से मुक्ति पाने का माध्यम भर था, परन्तु बाद में इसका विकास पश्चिमी सभ्यता के अन्दर मानव-स्वभाव के सिद्धान्त के रूप में हुआ। तन्त्र के अन्दर चाहे साधनाओं में जो मनोनैदानिक बातें मिलती हों, इसका लक्ष्य मनुष्य को सभी मानवीय कठिनाइयों से आध्यात्मिक तौर पर मुक्त करना है। आनन्द कुमार स्वामी के समान आलोचक मेरे इस कथन पर आपत्ति जता सकते हैं। वे कह सकते हैं कि मैं तन्त्र का वर्णन मनोविकारों को दूर करने की पद्धति के रूप में कर रहा हूँ और मेरा प्रयास ऐसा ही है जैसे 'ताओ' के बगैर ताओवाद या 'ब्रह्म' के बिना 'ब्रह्मवाद' की विवेचना करना और इसे परम्परागत मनोविज्ञान का वैज्ञानिक वर्णन नहीं कहा जा सकता। इन सब बातों के बावजूद कहा जा सकता है कि तन्त्र मनोवैज्ञानिक प्रयोगों की एक पद्धति है और मोक्ष के अभिलाषी युगों-युगों से इसकी तरफ आकृष्ट हुए हैं। यह पद्धति विकास-प्रक्रिया की मूलभूत बातों पर आधारित है क्योंकि मानवीय विकास तथा संवृद्धि इसका लक्ष्य है और इस प्रक्रिया में मानसिक-शारीरिक व्याधियों का उपचार होता है। तन्त्र के अन्तर्गत मानव की व्याधियों का जो विश्लेषण किया जाता है वह मनोविश्लेषण अथवा अन्य आधुनिक मनोविज्ञान की पद्धतियों से ज्यादा भिन्न नहीं है। हाँ ! यह बात सच है कि मानवीय मनोविकारों का जो उपचार तन्त्र में सुझाया गया है अथवा मानवीय अन्तर्द्वन्द्वों के लिए जो समाधान तन्त्र प्रस्तावित करता है वह पश्चिमी मनोविज्ञान से पूर्णतया अलग है।

जन्म के सम्बन्ध में हमारा अनुभव न के बराबर है। हम इसकी बात तो खैर छोड़ दें परन्तु तब भी यह मानना पड़ेगा कि व्यक्ति बनने की प्रक्रिया में हम मानसिक पीड़ा का अनुभव करते हैं। व्यक्ति बनने की यह प्रक्रिया दो मुख्य अनुभवों पर आधारित है—अलगाव (Sepration) तथा विलगाव (Diffrentiation)। अलगाव की प्रक्रिया का अनुभव. जीवन के पहले तीन वर्षों में होता है। फ्रायड ने इस अवस्था को मनुष्य के मानस की 'इतिहास-पूर्व' अवस्था कहा है। इस अवस्था में आत्ममोह की अवस्था में पड़ा बच्चा स्वयं को परिवेश से अलग करना सीखता है और अपने 'मैं' को परिवेश के

'मैं—नहीं' से अलगाता है। इस प्रक्रिया से पहले उसे सारी चीजें और उसका स्व भी एक आद्य-एकता में गुँथे-बिंधे लगते हैं। यह प्रक्रिया पीड़ादायी होती है। इस पहलू पर मेलैनी क्लीन (Melanie Klein) तथा उनके शिष्यों ने पर्याप्त प्रकाश डाला है। इस अवस्था के बारे में क्लीन का कहना है कि शिशु का माता के स्तन से दूध पीना बन्द हो जाता है। उसे उस जादुई, दुग्धवर्षी स्तन का अभाव खलता है। वह इस क्षति की भरपाई करना चाहता है। इस आद्य-अलगाव से जुड़ी चिन्ताओं का इन लोगों ने वर्णन किया है और कहा है कि बच्चे में स्वयं के समाप्त हो जाने अथवा विखंडित हो जाने का भय व्याप्त हो जाता है। वयस्क होने पर ये चिन्ताएँ अस्पष्ट सी हो जाती हैं लेकिन मन के अन्तर्तम में, किसी कोने में इनका अस्तित्व अवश्य रहता है।

दूसरा पीड़ादायी अनुभव है अपने लिंग का ज्ञान। इससे यह पीड़ादायी चेतना पैदा होती है कि मानव दो प्राथमिक समूहों नर-नारी में विभक्त है। यह प्रक्रिया नर-शिशु तथा मादा-शिशु दोनों में एक रहस्यानुभूति के साथ आरम्भ होती है जो यौनगत विभिन्नता की चिन्ता में बदल जाती है। रहस्य की यह गुत्थी स्त्री-यौनांग के सम्बन्ध में ज्यादा होती है क्योंकि वह छुपा हुआ रहता है। जहाँ तक पुरुष-शिश्न का सवाल है वह खतरनाक लग सकता है परन्तु रहस्यमय नहीं। पश्चिम तथा भारत दोनों ही जगह ऐसे सामाजिक प्रतिबन्ध हैं जिनके अन्तर्गत लड़के स्त्री-यौनांग को स्वेच्छापूर्वक नहीं देख सकते। लिंग-भेद विषयक पुरुष का भय इसी कारण ज्यादा होता है। यह भय स्त्री-जननांग तथा प्रजनन-शक्ति के आद्य-भय से मिलकर और बड़ा बन जाता है।

फ्रायड सम्भवतः पहले व्यक्ति थे जिन्होंने यौन-भेद के कारण उत्पन्न होनेवाली इन चिन्ताओं को समझा। उन्होंने अपने सिद्धान्तों में ओडीपस ग्रन्थि, पुंसत्व खो बैठने की चिन्ता, बच्चे की अश्लील अगम्यागमन विषयक विचारों आदि की चिन्ता की है। इसे मनोविश्लेषण की आधारभूत सामग्री कहा जाता है। इसे प्राथमिक काम-मनोविज्ञान की संज्ञा दी गई है।

तन्त्र भी यौन-भेद को जीवन की बहुत बड़ी समस्या मानता है और इसी कारण तन्त्र की छवि काम-मनोविज्ञान के रूप में बनती है। तन्त्र का दावा है कि कोई व्यक्ति तभी 'पूर्ण' (तथा अपने विस्तृत अर्थ में मुक्त) होता है जब वह यौन-भेद पर विजय पा लेता है और अपनी यौनगत पहचान को एक द्वि-यौनिकता में घुला देने को तैयार हो जाता है। अधिकतर तान्त्रिक-क्रियाओं का लक्ष्य है अपने अन्दर स्त्रीत्व और पुरुषत्व दोनों का अनुभव करना, दो अलग-अलग यौन का एक भेद में अनुभव और इस मिलन की आनन्दानुभूति को निरन्तर बनाए रहना, या कहें कि 'अर्द्धनारीश्वर' की कल्पना को साकार करना। यह एकदम क्रान्तिकारी बात लग सकती है। बहुत से मनोविश्लेषक तो यह भी कह देंगे कि यौनभेद को मिटाने का यह तरीका क्रान्तिकारी होने के बावजूद अत्यन्त पीछे ले जानेवाला है। तन्त्र-विधा का मूल है 'नर-नारी' को एक में अनुभव करना। तन्त्र 'स्त्रीत्व-पुरुषत्व' की अनुभूति के ऐक्य को पूर्णता का लक्षण मानता है और इस बात को जरा ब्यौरेवार ढंग से समझने की जरूरत है।

अर्द्धनारीश्वर अथवा कहें कि द्वि-यौनिकता की धारणा केवल भारतीय संस्कृति में ही नहीं है। दूसरी परम्पराओं में भी ऐसी बात मिलती है। चीनी चिन्तन-परम्परा में चिन और यान धारणा मिलती है जो इसी द्वि-यौनिकता की तरफ इशारा करती है। कुमार-स्वामी ने बताया है कि ईसाइयों के यहाँ मिलनेवाली 'सम्प्रेषित प्रकाशना' (transmitted Revelation) में भी इसी तरह संकेत है। मैं जिन तान्त्रिकों से मिला उन्होंने द्वि-यौनिकता की चर्चा धार्मिक अर्थ में नहीं की जैसा कि अन्य परम्पराओं में प्राप्त है। उन्होंने इसे एक ठोस घटना माना जो प्रत्येक साधक का लक्ष्य होता है। तन्त्र-शास्त्र की पुस्तकों में इस अनुभव को 'चरम सम्भोग' कहा गया है। रामकृष्ण परमहंस जब अपने तान्त्रिक-जीवन की अवस्था के बारे में कहते थे कि उन्हें ऐसा अनुभव होता था मानो उनकी त्वचा के प्रत्येक रोम-कूप में एक योनि और लिंग सम्भोगरत हैं और उनके शरीर के सर्वांश पर सम्भोगक्रिया चल रही है तो यह वर्णन मात्र लाक्षणिक वर्णन नहीं था। तन्त्र की भाषा प्रतीकात्मक है लेकिन उसमें अमूर्त्तन नहीं है। वहाँ ईश्वर और शिश्न, सम्भोग और ज्ञान एक-दूसरे के पर्यायवाची हैं। इसी कारण तन्त्र के ग्रन्थ समझने में कठिन तथा अनुवाद के लिहाज से असम्भव प्रतीत होते हैं। तान्त्रिकों के साथ बातचीत के दौरान मुझे कई बार लगा कि वे जान-बूझकर द्विअर्थक तान्त्रिक-पदों का इस्तेमाल कर रहे हैं ताकि सुननेवाला व्यक्ति भ्रम में पड़ जाए। 'आनन्द' शब्द का प्रयोग तन्त्र की पुस्तकों में बार-बार होता है। 'आनन्द' उस अवस्था का नाम है जिसको प्राप्त करना हर तान्त्रिक का लक्ष्य होता है। तान्त्रिकों के साथ बातचीत में यह 'आनन्द' शब्द बार-बार आ रहा था। मैं इसका अर्थ 'परमानन्द' लगा रहा था। इन तान्त्रिकों ने मेरे आशय को समझकर यह कहा कि इस आध्यात्मिक बकवास को भूल जाओ क्योंकि 'आनन्द' से हमारा आशय मात्र सम्भोग के आनन्द से है। मैं जब इस शब्द का शाब्दिक अर्थ लेता था तो मुझसे कहा जाता था कि हर बात का शाब्दिक अर्थ नहीं लेना चाहिए और अपने विशेष अर्थ में 'आनन्द' शब्द ज्ञान का प्रतीक है।

तन्त्र की साधना करनेवाले पुरुष के लिए स्त्रीत्व की प्रकृति का अनुभव करना तथा उसे जानना जरूर होता है। स्त्री-साधकों के लिए पुरुषत्व का अनुभव तथा उसे जानना जरूरी माना गया है। यह प्रक्रिया यौन-भेद के रहस्य को जानने के साथ प्रारम्भ होती है। एक तान्त्रिक ने मुझे बताया कि इस विषय पर अपने गुरु के साथ उसकी बातचीत कुछ इस तरह से हुई :

"मेरी आयु उस समय सोलह वर्ष की थी। मैं उस समय स्वाधिष्ठान चक्र के रहस्यों को समझने की चेष्टा कर रहा था। (स्वाधिष्ठान चक्र चेतना के छह या सात चक्रों में से एक है। तन्त्र विद्या में सूक्ष्म शरीर की कल्पना की गई है। ये चक्र इस सूक्ष्म-शरीर के केन्द्रीय अक्ष में स्थित होते हैं। दूसरे शब्दों में कहें तो 'चक्र' 'तन्त्र-विद्या में कल्पित मनःकाया के तत्त्व हैं।) मेरे गुरु ने मुझसे पूछा :

"क्या तुम बता सकते हो कि किस अवस्था में तुम्हारा शिश्न कामोत्तेजित हो जाता है ?"

"गुरुजी, यह तो मैं नहीं जानता किन्तु ऐसा अक्सर होता है।"

"जब तुम कामोत्तेजित हो जाते हो तो कैसा महसूस होता है ?"

"मुझे आनन्द तो मिलता है लेकिन थोड़ी बेचैनी भी होती है।"

"कामोत्तेजित हो जाने पर तुम अपने उत्तेजित शिश्न के साथ क्या करते हो ?"

"मैं बहुधा गुसलखाने में जाता हूँ और अपने शिश्न पर हाथ चलाता हूँ जब तक वीर्यपात् न हो जाए। इसके बाद मुझे चैन मिल जाता है।"

"चलो, अच्छी बात है ! आनन्द प्राप्ति का एक तरीका यह भी है लेकिन यही तरीका अन्तिम होना चाहिए। क्या तुम सदा हाथ से ही ऐसा करना चाहते हो ?"

"नहीं, मैं तो चाहता हूँ कि मुझे कोई स्त्री मिल जाए और मैं अपने उत्तेजित शिश्न को उसकी योनि में प्रविष्ट करा दूँ तथा यथासम्भव कठोर-से-कठोर झटके मारूँ।"

"तुम्हारे विचार से स्त्रियाँ इस बारे में क्या सोचती होंगी ?"

"गुरुजी, आपकी बात समझा नहीं।"

"खैर, स्त्री मरी हुई तो नहीं होनी चाहिए ? क्या तुम एक लाश के साथ सम्भोग करना चाहोगे ?

"नहीं"

"इसका मतलब कि स्त्री को सम्भोग-क्रिया में भाग लेना पड़ेगा ! उसे इस क्रिया से कुछ मिलना चाहिए अन्यथा वह यह सब क्यों करना चाहेगी ? तुम उसे क्या दे रहे हो ?"

"गुरुजी, इस 'देने' से आपका क्या मतलब है ? मैं तो बस इतना चाहता हूँ कि मुझे एक छेद हासिल हो जाए जिसमें मैं अपना शिश्न तेजी से प्रविष्ट कर दूँ।"

"तो स्त्री तुम्हारे इस योनि-प्रवेश से क्या आनन्द प्राप्त करेगी ? उसे क्या मिलता है और उसके साथ क्या होता है ? जिस क्षण तुम मुझे इस प्रश्न का उत्तर दोगे उसी क्षण मैं तुम्हें एक स्त्री दूँगा।"

"इसके बाद उन्होंने इस प्रश्न पर मनन करने के लिए एक मन्त्र दिया। प्रदत्त मन्त्र पर विचार करने के बाद तथा पिछली बातचीत पर सोच-विचार के उपरान्त, कुछ दिन बाद मैं गुरुजी के पास पहुँचा।"

"गुरुजी, मेरा मानना है कि स्त्री भी अपने उस रिक्त स्थान को भरवाना चाहती है।"

"ठीक है। यह सही उत्तरों में से एक है। अधिकांश स्त्रियाँ इसी कारण दुखी रहती हैं कि उनके पास एक खाली स्थान है जिसकी पूर्ति पुरुष अपने शिश्न से करता है। तुम उसके एक अभाव की पूर्ति करते हो। ठीक इसी तरह तुम्हारा शिश्न भी योनि के बगैर अधूरा है। सम्भोग की दशा में तुम दोनों पूर्ण हो जाते हो। क्या तुम्हें स्त्री चाहिए !"

"अभी तो नहीं।"

इन सीधी-सादी बातों को समझने के बाद तन्त्र-साधना का दीक्षार्थी धीरे-धीरे कई

साधनाओं के क्रम से गुजरता है जो क्रमशः गुरुत्तर होती जाती है। इन साधनाओं को समझने का सबसे बेहतर तरीका यह है कि इन्हें गुरु द्वारा निर्देशित कल्पना-प्रसूत गतिविधि, ध्यान की दैनन्दिन प्रक्रिया तथा कर्मकांडों को सम्पन्न करने की साझी प्रक्रिया मान लिया जाए। यद्यपि साधना में अन्य योग क्रियाओं के ध्यान तथा शारीरिक व्यायाम का भी प्रयोग होता है परन्तु तान्त्रिक-साधना की मुख्य बात है : 1. मन्त्र-जाप 2. मुद्रा 3. तथा प्रतिमा। प्रतिमा दरअसल कल्पना-प्रसूत दृश्य-सामग्री है। इसमें तन्त्र-साधना के समस्त चित्र रूप शामिल हैं जैसे—यन्त्र, मंडल और प्रस्तर।

तन्त्र की क्रियाओं पर नजर डालें तो लगता है कि यहाँ सिद्धि प्राप्ति का तरीका है—पूजा-पाठ से प्राप्त ज्ञान, तर्काधारित समझ तथा तदात्म के द्वारा प्रत्यक्ष-ज्ञान। इसमें 'तदात्म्य' को सर्वाधिक महत्त्व प्राप्त है। तन्त्र में नारीत्व के साथ तदात्म्य-भाव स्थापित किया जाता है। यह एक मनोवैज्ञानिक प्रक्रिया होती है जिसमें साधक किसी स्त्री-सुलभ पहलू को स्वयं में समाविष्ट करने की चेष्टा करता है ताकि अंशतः या पूर्णतः स्त्री-रूप में बदल सके। अक्सर स्त्रीत्व का यह भाव साधक अपनी ईष्ट देवी से ही ग्रहण करता है या कहें कि स्त्रीत्व का प्रतिमान उसके लिए इष्टदेवी ही होती हैं। वह इष्टदेवी के समान बनने की कोशिश करता है। इष्ट देवी उसे गुरु प्रदान करता है और प्रदत्त इष्टदेवी साधक के लिए स्त्रीत्व का निजी प्रतिदर्श (मॉडल) हो जाती हैं।

साधना के एक विशेष समूह का प्राथमिक लक्ष्य ही नारी की सम्भोगानुभूति से तदात्म्य स्थापित करना है—ऐसा प्रतीत होता है। उदाहरणार्थ, काली कुल परम्परा के एक साधक ने मुझे बताया कि साधक, प्राथमिक प्रशिक्षण के बाद, सम्भोग के समय अपने शिश्न के भीतर होनेवाले संवेदनों को अनुभव करने की चेष्टा करता है क्योंकि मान्यता है कि शिश्न का भीतरी भाग योनि की तरह होता है और यहाँ उठनेवाले संवेदन ठीक उसी तरह के होते हैं जैसे स्त्री की योनि में होते हैं।

नारीत्व को समझने और उसके साथ तदात्म्य स्थापित करने की चेष्टा यौनगत अनुभूतियों से कहीं ज्यादा विस्तृत होती है और उसमें स्त्रीत्व के अन्य पक्ष भी शामिल होते हैं। हरबर्ट गुन्थर ने बौद्धतन्त्र के अध्ययन के पश्चात कहा है, "पुरुष अपने परिवार की सभी स्त्रियों के माध्यम से स्त्रीत्व का अनुभव कर सकता है जो कि अनेक स्त्री-छवियों पर आधारित हो सकती है।" तन्त्र के ग्रन्थ मातृत्व, भगिनित्व और पुत्रीत्व के इस अनुभव का वर्णन अपनी विशिष्ट 'सम्भोग-भाषा' में करते हैं। चौथी शताब्दी के बौद्ध-ग्रन्थ 'गुह्यास्मजा-तन्त्र' में कहा गया है, "जो साधक अपनी माँ, बहन और बेटी से सम्भोग कर ले वह परिपूर्ण उदात्तावस्था की तरफ अग्रसर होता है और यही महायान का सार-तत्त्व है।"

जिन तान्त्रिक-सम्प्रदायों का मैंने अध्ययन किया है, उसमें व्यावहारिक तौर पर माता, बहन तथा पुत्री को जानने की इस प्रक्रिया में शामिल अगम्यागमन के निषेध पर विजय पत्नी के सहारे प्राप्त की जाती है। पत्नी को अधिकतर तान्त्रिक शक्तिरूपा मानते हैं और उसे कुछ साधनाओं में कर्मकांडगत सम्भोग के दौरान माता, बहन अथवा पुत्री

के रूप में बदलने की चेष्टा की जाती है। जब तान्त्रिक कहते हैं कि एक विशेष प्रकार की साधना में सफलता अगम्यागमन के निषेध को तोड़ने से ही हासिल होती है तो मुझे पुनः स्मरण हो आता है कि तान्त्रिक-सिद्धान्तों और व्यवहारों के मूल में यौन-भेद की ही समस्या केन्द्रीय रूप से विद्यमान है। फ्रायडोत्तर मनोविश्लेषक के रूप में हम सबको यह पता है कि बच्चे के अचेतन में अपने माता से सम्भोग की घृणित इच्छा छुपी रहती है। यह इच्छा अपनी यौनगत पहचान प्राप्त करने के तुरन्त बाद बच्चे के मन में घर कर जाती है। आगे चलकर इस इच्छा से बच्चे के मन में बड़ी चिन्ताएँ जन्म लेती हैं और बच्चे का अपरिपक्व अहं इसका सामना कई तरह के सुरक्षात्मक ढाँचे अपनी मनःकाया में गढ़कर करता है। तान्त्रिक-साधनाओं में मनोविश्लेषण के समान, अगम्यागमन के इर्द-गिर्द कायम प्राथमिक सम्भोगेच्छाओं को ही पुनः पुनर्जीवित करने का काम किया जाता है और इससे जुड़ी चिन्ताओं को भी रूपायित किया जाता है ताकि मानव-विकास की इस सदियों पुरानी दुविधा का समाधान ढूँढ़ा जा सके। हाँ यह बात जरूर है कि मनोविश्लेषण का लक्ष्य होता है इन इच्छाओं से व्यक्ति को पूर्णतया त्राण दिलाना ताकि व्यक्ति के मन से हमेशा के लिए ये इच्छाएँ समाप्त हो जाएँ जबकि तन्त्र इन इच्छाओं की प्रतीकात्मक तुष्टि पर जोर देता है। इस प्रकार हम कह सकते हैं कि तान्त्रिक जिस 'शक्ति' की प्राप्ति की बात कहता है वह दरअसल उस व्यापकता की अनुभूति मात्र है जो चिन्ताओं के समाप्त होने पर पैदा होती है। दरअसल परितुष्टि से पहले यह ऊर्जा अथवा शक्ति मन में अगम्यागमन की इच्छाओं से लड़ने के लिए सुरक्षात्मक घेरा बनाने में लगी रहती है।

नारीत्व के केन्द्र तक पहुँचने तथा उसके विविध रूपों को समझने की चेष्टा में तान्त्रिक से यह अपेक्षा की जाती है कि वह आयु, रूप-रंग अथवा सामाजिक-दर्जे जैसी बाहरी बातों की उपेक्षा करे। एक ग्रन्थ के अनुसार, "तान्त्रिक-साधना करनेवाले को किसी स्त्री की उपेक्षा नहीं करनी चाहिए भले ही उसका शरीर कोढ़ से भरा हुआ हो। इस बात की बगैर चिन्ता किए कि वह किस सामाजिक दर्जे की है तान्त्रिक को हर उस स्त्री की पूजा करनी चाहिए जो वज्र की स्वाभिमानी हो।" तन्त्र के विविध सम्प्रदायों अथवा कुलों में स्त्रीत्व के अलग-अलग पक्षों पर जोर दिया जाता है और कुल-विशेष का साधक उसी स्त्रीत्व-पक्ष से तदात्म्य स्थापित करने की चेष्टा करता है। ऊपर जिस काली-कुल की चर्चा की गई है उसके बारे मुझे बताया गया कि इसमें नारीत्व के जिस पक्ष पर जोर दिया जाता है, वह है, "नारी जिसने तुम्हें जन्म दिया और तुम्हारा लालन-पालन किया, नारी जिसने मुझसे प्रेम किया और वही नारी जो अन्त में तुम्हें लील जाएगी।"

रामकृष्ण परमहंस इसी परम्परा के साधक थे। उन्होंने तन्त्र की साधना के दौरान यह दृश्य देखा कि 'एक अत्यन्त सुन्दर नारी गंगा से निकली तथा बड़ी शालीनता के साथ पंचवटी की तरफ चली गई। वह गर्भिणी थी और जल्दी ही उसने एक बच्चे को जन्म दिया। बच्चा सुन्दर था और उसने बड़े प्यार से उसे दूध पिलाया। किन्तु अगले

ही क्षण रामकृष्ण परमहंस ने देखा कि स्त्री का चेहरा अत्यन्त क्रूर और विकराल हो गया और वह अपने बच्चे को लील गई। इसके बाद स्त्री पुनः नदी में समा गई।

तन्त्र में उभय यौनिकता की खोज के प्रति आधुनिक मनोवैज्ञानिकों के दृष्टिकोण पर विचार करने से पहले यह बताना जरूरी है कि मनोविज्ञान की इस विषय में सैद्धान्तिक स्थिति क्या है। युंग के अनुयायी तो तन्त्र-विषयक ऐसी चर्चा में सहजता ही अनुभव करेंगे। युंग के अनुयायी कहेंगे कि "प्रत्येक पुरुष के अचेतन में स्त्री की एक सामूहिक-छवि होती है और इसी के जरिए वह स्त्री को पहचानता है। यह छवि उसे विरासत में मिली होती है। तन्त्र की साधनाओं के द्वारा इसी सामूहिक स्त्री-छवि को चेतन मन में लाने का प्रयास किया जाता है।" इस रूप का एक पहलू शुद्ध होता है दूसरा अशुद्ध। शुद्ध पहलू के अन्तर्गत तन्त्र की दस महाविधाएँ आती हैं जिनका प्रतीक तारा और कमला जैसी देवियाँ हैं। स्त्री की सामूहिक अचेतन छवि का एक अशुद्ध पक्ष होता है। अशुद्ध रूप का प्रतीक धूमावती, मातंगी और बगला जैसी देवियाँ हैं। तान्त्रिक-साधना में इन स्त्री-छवियों के प्रति आवश्यक मनोनुभाव आकृष्ट करने की चेष्टा की जाती है। यह प्रयास तब तक चलता रहता है जब तक इन अलग-अलग स्त्री-छवियों (जिनका प्रतीक देवियाँ हैं) का एक जटिल चित्र न बन जाए और इसकी एक सर्जनात्मक छवि हमारे चेतना पटल पर न उभर आए। बहुतों के साथ-साथ मुझे भी स्त्री की इस 'सामूहिक, वंशानुगत और सर्जन-पूर्व छवि' की बात जँचती नहीं। अन्य मनोविश्लेषकों की तरह मुझे भी लगता है कि इस बात में स्त्री के किसी आद्य-रूप का योगदान नहीं होता बल्कि व्यक्ति-विशेष की जीवन की घटनाएँ ज्यादा महत्त्वपूर्ण होती हैं। रामकृष्ण परमहंस के बारे में लिखा हुआ मिलता है कि तन्त्र-साधना के दिनों में उन्हें एक विचित्र दृश्य दिख पड़ा। उन्होंने देखा कि एक मध्यवय की वेश्या उनकी तरफ अपना कटि-प्रदेश करके बैठी है और उसके मलद्वार से बहुत सा मल निकल रहा है। जो भी हो, यदि हम व्यक्ति की इच्छाओं और उसके उद्देश्यों की बनावट में मानव के बालपन और जीवन-चक्र को महत्त्व देते हैं तो हमें मनोविश्लेषण का फ्रायडवादी परिप्रेक्ष्य ग्रहण करना पड़ता है। यहाँ फ्रायडीय परिप्रेक्ष्य से मेरा आशय उस मनोविश्लेषक से कदापि नहीं है जो तन्त्र की सारी बातों को वैयक्तिक मनोविकार कहकर, मनोविकृति बताकर खारिज कर दे बल्कि मेरा आशय वैसे मनोविश्लेषक से है जो उभययौनिकता के विकास तथा उसके विविध सांस्कृतिक रूपों के बारे में एक संवदेनशील दृष्टि रखता हो। हम आज भी इस बारे में बहुत कम जानते हैं कि यौनगत अस्मिता का निर्माण कैसे होता है तथा पुरुष में पुरुषत्व एवं स्त्री में स्त्रीत्व का विकास कैसे होता है किन्तु मुझे विश्वास है कि ऐसी स्थिति के बावजूद तन्त्र में मिलनेवाली उभय-यौनिकता की परिघटना पर विचार किया जा सकता है और वह भी इसे वैयक्तिक मनोविकृति अथवा सांस्कृतिक-सापेक्षता की देन माने बिना।

जिन मनोविश्लेषकों ने अपने पास आनेवाले रोगियों की कल्पनाओं की तह में जाने की चेष्टा की है वे इस बात पर सहमत होंगे कि बाल्यावस्था में सभी को उभय यौनिकता

का अनुभव होता है। हम यह भी जानते हैं कि शिशु प्रारम्भ में ऐसी मनोस्थिति में होता है कि वह स्वयं को माता में ही विलीन समझता है। इस अवस्था में उसे अपने शरीर और मन का इतना ज्ञान नहीं होता कि वह उसे अपनी माता के शरीर और भन से अलग मान सके। प्रत्येक नर-शिशु में एक हद तक यह भावना रहती है वह अपनी माता का ही अंग है। इस प्रकार थोड़ा-बहुत उभययौनिकता का अनुभव सभी को होता है।

यदि अपने आत्म का यह छवि-चित्र चेतन और अचेतन रूपों में कई पहलुओंवाला है तो इसमें नारीत्व का भी एक पहलू शामिल है अर्थात् अपने आत्म के छवि-चित्र में स्तन तथा योनि भी समाविष्ट होने की चेतना। यह चित्र धीरे-धीरे धूमिल पड़ जाता है परन्तु अन्तर्मन में कहीं-न-कहीं विद्यमान रहता है। पुरुषत्व को अपनी अस्मिता मानने की प्रक्रिया पिता से नर-शिशु के तदात्म्य द्वारा आरम्भ होती है। नर-शिशु इस प्रक्रिया में यह मानना छोड़ देता है कि उसके अन्दर दोनों यौन मौजूद हैं और यह मानने लगता है कि किसी भी आदमी का यौन (SEX) एक ही हो सकता है। शिशु अपने मानसिक विकास के चरण में अपनी बहुत सारी सीमाओं को पहचानता है क्योंकि एकत्व से उसका बोध विलगाव बल्कि व्यापक लगाव की तरफ बढ़ता है। इस प्रक्रिया में वह अपनी इस सीमा को भी पहचान जाता है कि मैं उभययौनिक न होकर एकलिंगी हूँ। इस प्रक्रिया में उसे यह भी अनुभव होता है कि मैं पहले तो 'पूर्ण' था परन्तु अब अधूरा हो गया हूँ—यह एक तरह से अपनी सीमाओं को स्वीकार करना है।

शैशवावस्था में माता का अंग होने का अनुभव किसी शिशु के लिए कितना आनन्दप्रद है और वह नारीत्व के इस पहलू को कितना आकर्षक मानता है—यह इस बात पर निर्भर करता है कि माँ-बेटे के सम्बन्ध में कितनी उथल-पुथल हुई है। भारत में कई सामाजिक-सांस्कृतिक कारकों के कारण माँ-बेटे का सम्बन्ध अन्य समाजों की अपेक्षा अधिक गहन तथा लम्बा होता है। कई वर्ष तक बच्चा माँ के साथ ही रहता है और इस लम्बे साहचर्य के कारण उसके अपने व्यक्तित्व के चित्र मे नारीत्व का पक्ष अधिक शक्तिशाली हो उठता है।

जिन पुरुषों का बाल्यावस्था में माँ के साथ सम्बन्ध शत्रुतापूर्ण रहा हो वहाँ उनका आन्तरिक स्त्रीत्व विकराल रूप धारण कर लेता है। नारीत्व से अभिभूत न हो जाएँ इस डर के कारण वह अपने शिश्न को अत्यधिक महत्त्वपूर्ण मानने लगता है। वयस्क होने पर ऐसा व्यक्ति अपने पौरुष को ज्यादा सशक्त बनाने की कोशिश करता है ताकि नारीत्व उस पर हावी न हो जाए। ऐसे पुरुष अधिक समय तक किसी स्त्री से प्रेम-सम्बन्ध नहीं बनाए रख सकते। उन्हें भय होता है कि इससे मेरे शिश्न को खतरा है। भारत में माता और पुत्र का शैशवावस्था का घनिष्ठ सम्बन्ध इस बात का प्रतीक है कि बहुत से पुरुष उसी आरम्भिक आनन्दावस्था की खोज में लगे रहते हैं लेकिन कुछ ऐसे भी हो सकते हैं जिन्हें इस सम्बन्ध से आनन्द की जगह पीड़ा मिली हो। ऐसे व्यक्ति अपने पौरुष को बड़ी मजबूती से थामे रहते हैं। दूसरे शब्दों मे कहें, तो भारतीय परिवेश में आन्तरिक नारीत्व का पहलू अपेक्षतया ज्यादा भावप्रवण मानव विकास के अनेक

मुद्दों में से यह एक प्रमुख मुद्दा माना जाता है। तन्त्र इस भावना से मुक्त होने के लिए एक माध्यम प्रदान करता है। यह बात सच है कि मानवीय कल्पना के कई अन्य क्षेत्रों के समान इस क्षेत्र में भी पश्चिम निषेध का सहारा लेता है और उसे अचेतन में दबाए रखने की प्रविधि अपनाता है जबकि भारत में इन इच्छाओं को चेतन में लाकर कर्मकांड के माध्यम से उसे बहिष्कृत किया जाता है। यहाँ यह बताना जरूरी है कि मादा-शिशु के लिए अपने माँ में विलीन होने की इच्छा उसकी यौनगत पहचान को खतरे में नहीं डालती बल्कि इससे उसकी पहचान और पुष्ट होती है। अगर हम इस बात को ध्यान में रखें तो यह बात आसानी से समझ में आ सकती है कि तन्त्र के ग्रन्थ क्यों मुख्य रूप से पुरुषों के लिए लिखे गए हैं।

यहाँ मेरा आशय यह है तान्त्रिक के अन्दर जो अपनी उभय-यौनिकता को अनुभव करने की इच्छा होती है, वह यह इच्छा कि मैं अपने पौरुष को कायम रखते हुए अपने शैशवावस्था की आरम्भिक नारीत्व-भावना का अनुभव कर सकता हूँ। इसका भारतीय परिवेश में एक विशेष अर्थ हो जाता है। मातृदेवी की साधना में इस बात का भी पूरा ध्यान रखा जाता है कि साधक अपने आन्तरिक नारीत्व से पूर्णतया अभिभूत न हो जाए और इस प्रक्रिया में उसके पुंसत्व को कोई ठेस न पहुँचे। साधना का उद्देश्य यह होता है कि नारीत्व का अनुभव नियन्त्रित और चरण-बद्ध तरीके से धीरे-धीरे मन में प्रवेश कर जाए।

यहाँ यह बात उल्लेखनीय है कि तान्त्रिक अपने पौरुष को अस्वीकार नहीं करते (बल्कि बहुत महत्त्वपूर्ण मानते हैं) बस अपनी आत्म-छवि के अचेतन नारीत्व को महसूस करने की जरूरत पर बल देते हैं। फ्रायड के अनुयायियों के शब्दों में कहें तो उभय-यौनिकता की यह इच्छा कि स्त्री और पुरुष दोनों ही मेरे अन्दर मौजूद हैं तथा इस इच्छा की पूर्ति की चेष्टा दअसल अपनी आरम्भिक सर्वशक्तिमत्ता को प्राप्त करने की चेष्टा है और अपनी यौनगत सीमा की अतिक्रमित करने की बाल-सुलभ आकांक्षा भी। तान्त्रिकों का तर्क होगा कि उभय-यौनिकता की यह इच्छा तथा उसकी पूर्ति 'पूर्णता' अनुभव करने के लिए वांछित तथा आवश्यक है। वे यह भी कह सकते हैं कि उभययौनिकता की यह इच्छा भारतीय-सन्दर्भ में अत्यन्त अनुकूल है। यहाँ ऐसे बहुत से लोग हैं जो तन्त्र-साधना को तो नहीं मानते परन्तु 'पूर्णता' की उनकी धारणा में 'उभय-यौनिकता' को वांछनीय समझा गया है। तन्त्र से सहानुभूति रखनेवाले ऐसे लोग मानते हैं कि तान्त्रिक-साधनाएँ अपनी प्रकृति में मूलगामी तो हैं परन्तु तन्त्र की साधना करनेवाले व्यक्ति का लक्ष्य धर्म-साधना करनेवाले लोगों से ज्यादा भिन्न नहीं है। उदाहरणार्थ, बौद्धमत, वेदान्त तथा सगुण-भक्तिमार्ग इन सबमें इस बात पर जोर दिया जाता है कि व्यक्ति अपनी यौनगत अस्मिता से ऊपर उठे तथा अपने अन्तर्तम में एक यौनविहीन-अबाधित पहचान कायम करे। इस दृष्टिकोण से देखें तो तान्त्रिक जिस उभय-यौनिकता को प्राप्त करने की चेष्टा करता है वह दरअसल एक अमूर्त्त धार्मिक उपदेश का व्यावहारिक तथा मूर्त्त रूप है। भारतीय-सन्दर्भ में यह बात 'असामान्य' नहीं

लगती अतः इसकी ज्यादा व्याख्या की जरूरत भी नहीं।

संस्कृतियों में अन्तर मुख्यतः इसी बात के कारण होता है कि वे किन मानवीय समस्याओं को सार्वभौम मानती हैं और मानव-विषयक कौन से प्रश्न उन्हें ज्यादा महत्त्वपूर्ण लगते हैं। भारत में उभय-यौनिकता का मामला पुत्र द्वारा माता के स्त्रीत्व से साक्षात्कार और अपने नारीत्व की अनुभूति से जोड़ा गया है। पश्चिम में एडीपस ग्रन्थि की चर्चा है और इस ग्रन्थि के अनुसार पिता और पुत्र में माता को लेकर संघर्ष रहता है। फ्रायड ने इस ग्रन्थि का विस्तृत विवेचन किया है तथा पश्चिमी-साहित्य के गौरव ग्रन्थों में भी इस पर बहुत कुछ लिखा गया है जो कि इसके महत्त्व को रेखांकित करता है। भारत के सन्दर्भ में यह मनोग्रन्थि ज्यादा महत्त्वपूर्ण नहीं है। यहाँ माता और पुत्र आरम्भ में ही इतना घुल-मिल चुके होते हैं कि पिता-पुत्र का सम्बन्धगत साक्षात्कार इस बात के आगे दब जाता है। माता और पुत्र के सम्बन्ध की जरूरत के आगे पिता-पुत्र सम्बन्ध फीका पड़ जाता है। मैं यहाँ अपने दो चिकित्सीय उदाहरणों के जरिए की इस बात की पुष्टि करना चाहता हूँ—

1. 'म' नामक एक 26 वर्षीय इंजीनियर मेरे पास आया। उसे काम-धाम में कोई दिलचस्पी नहीं रह गई थी, लोगों से मिलना-जुलना भी उसे अच्छा नहीं लगता था तथा उसे बार-बार आत्महत्या के विचार आते थे। वह अपने माता-पिता का सबसे बड़ा पुत्र था तथा तीन वर्ष की आयु तक उत्तर प्रदेश के एक गाँव में जहाँ उसकी ननिहाल थी, वह अपनी माता के साथ रहा था। चार वर्ष की आयु में 'म' अपनी माता के साथ किसी दूसरे गाँव चला गया जहाँ उसके पिता पुलिस में नौकरी करते थे। अपने पिता के बारे में उसकी पहली स्मृति यही थी कि वे अत्यन्त कर्कश स्वभाव के तथा अकारण रौब गाँठनेवाले व्यक्ति थे। उसका कहना था कि उन्हीं के कारण माँ-बेटे के इस साहचर्य में बाधा पड़ी। लेकिन सौभाग्य से पिता घर पर कम ही रहता था। जैसे-जैसे मेरा मनोविश्लेषण आगे बढ़ा मैंने पाया कि बचपन के बारे में 'म' की याद तथा अनुभूति बदलने लगी। उसने पाया कि प्रत्यक्ष तौर पर तो वह अपने पिता से विद्वेष रखता है किन्तु इस विद्वेष के नीचे स्नेह तथा प्रशंसा की भी भावना है। इसके साथ ही माता के प्रति भी उसकी धारणा बदलने लगी। पहले तो वह उसे ममतामयी माता मानता था जो हमेशा अपने पुत्र की भलाई की चिन्ता करती थी लेकिन अब वह उसे रौब डालनेवाली ऐसी माता समझने लगा जो 'म' द्वारा व्यक्तित्व-विकास की दृष्टि से किए गए किसी प्रयास को, व्यक्ति बनने की दिशा में किए गए किसी प्रयत्न का मजाक उड़ाती थी। मेरे रोगी का कहना था कि पिता के प्रति उसके रोष का कारण एडीपस मनोग्रन्थि नहीं थी। उसका रोष इस कारण था कि पिता घर में नहीं रहते थे और उसका पिता से किसी तरह का भावनात्मक सम्बन्ध नहीं बन पाता था। शादी के बाद, जब एक बार फिर शक्तिशाली नारीत्व के सामने उसकी असहाय होने की भावना बढ़ गई तो उसे एक सपना आया :

"मैंने देखा कि गाँव के अपने घर में हूँ और कुछ डाकू आक्रमण कर रहे हैं। इन

डाकुओं की सरदार एक लड़की है। वह लड़की घर के सभी कमरों में मेरा पीछा करती है। मैं भागते-भागते दालान से गुजरता हूँ जहाँ मेरा बन्दूकधारी बाप चारपाई पर लेटा है। वह मेरी रक्षा कर सकता है परन्तु नहीं करता। मैं बहुत डरा हुआ हूँ क्योंकि वह लड़की मेरा पीछा कर रही है और इस बात पर मेरा उपहास भी उड़ा रही है कि मैं अपनी रक्षा नहीं कर सकता।"

एक और रोगी मेरे पास आया। वह अपनी माता के प्रति-प्रेम तथा घृणा—दोनों तरह की भावनाओं से जूझ रहा था। बचपन में कई वर्षों तक वह अपनी माता के साथ घनिष्ठ रूप से जुड़ा रहा था। उसने बताया :

"मैं अपनी चारपाई पर लेटा हूँ और माँ को आते हुए देखता हूँ। वह लगभग नंगी है और हँस रही है। मुझे बड़ा डर लगता है। तब मैं आपको (अर्थात् मनोविश्लेषक को) कमरे के कोने में कुर्सी पर बैठे देखता हूँ। इसके पास ही एक बहुत बड़ा लिंग है जो फर्श से छत तक फैला हुआ है। मैं उसे हाथ से पकड़ लेता हूँ और अपने को सुरक्षित पाता हूँ।"

उपरोक्त वर्णनों से चाहे कुछ भी साबित नहीं होता हो लेकिन ये वर्णन इस बात की तरफ संकेत करते हैं कि भारतीय मानस और संस्कृति में माँ और नारीत्व के साथ पुत्र का संघर्ष एक मुख्य विषय है। यहाँ लड़के को एडीपस-ग्रन्थि से लड़ने की अपेक्षा पिता की सहायता ज्यादा आवश्यक लगती है ताकि वह 'नारीत्व' द्वारा अतिसंक्रमित होने से बच जाए।

जब हम संस्कृति को व्यापक परिप्रेक्ष्य में देखते हैं तो पता चलता है कि उभय-यौनिकता की इच्छा मात्र 'तन्त्र' तक सीमित नहीं बल्कि भारत की सांस्कृतिक-परम्परा का भी मुख्य विषय यही है। वैदिक काल के देवता तथा देवाधिपति इन्द्र को पुरुषों में पुरुष तथा स्त्रियों में स्त्री बताया गया है। एक कथा यह भी आती है कि एक शाप के प्रभाव-वश उसके शरीर पर एक हजार योनियाँ बन गई थीं। आरम्भिक पुराण-कथाओं में सृष्टि के स्वामी प्रजापति को अर्द्धनारीश्वर के रूप में दिखाया गया है। शिव की प्रतिमा के बजाय योनि में प्रविष्ट उनका लिंग स्थापित किया जाता है। संस्कृत कविता में भी इस 'उभय-यौनिकता' का गुणगान किया गया है। इसे चोल-काल की कांस्य-प्रतिमा से लेकर मधुबनी की स्त्रियों द्वारा बनाए गए लोक-कला परक चित्रों में हम उकेरा हुआ पाते हैं। वेंडी ओ' फ्लेहर्टी ने सही ही कहा है कि—हिन्दू-पुराणकथाओं में यह मान्यता निहित है कि नर, नारी हो सकता है तथा इसमें कोई बाधा नहीं है।"

आनन्दावस्था में रहने के रास्ते में यौन-भेद एक बड़ी बाधा है। तन्त्र के अनुसार दूसरी बड़ी बाधा यह है कि हम बाह्य संसार के प्रति कौन सा रवैया अपनाकर उससे रिश्ता बनाते हैं। सामान्य (तन्त्र के अनुसार गलत) शारीरिक-मानसिक अवस्था तो वह है जिसमें एक 'औसत आम आदमी' अपनी इच्छाओं के वशीभूत होकर अपने परिवेश में सक्रियता दिखाता है और संसार को अपनी इच्छानुकूल बदलना चाहता है। तन्त्र का दृष्टिकोण इससे बुनियादी रूप में भिन्न है। वह मनुष्य को 'इच्छा के वशीभूत कर्ता'

के तौर पर तो स्वीकारता है किन्तु 'स्वस्थ व्यक्ति' उसे मानता है जो न निष्क्रिय है और न निष्काम। तन्त्र ने इच्छा और विश्व के बीच के निरन्तर संघर्ष को नई परिभाषा के आलोक में देखा है और माना है कि व्यक्ति अक्सर संसार को बदलने में असमर्थ होता है और संसार उसकी इच्छाओं को परिपुष्ट करने में अनिच्छुक होता है।

यहाँ मैं एक बंगाली अर्थशास्त्री से क्रमिक रूप में की गई भेंटवार्ताओं के कुछ अंश उद्धृत करना चाहता हूँ। उसकी आयु चालीस से कुछ अधिक थी और तीन पीढ़ियों से उसके परिवार में तन्त्र-साधना चली आ रही थी। वह स्वयं बीस वर्षों से तान्त्रिक था। उसका कहना था, "एक सच्चा तान्त्रिक हमेशा आनन्दावस्था में रहता है और किसी भी इच्छा का दमन नहीं करता। जीवन के प्रत्येक क्षण का प्रयोजन आनन्द की प्राप्ति है। जो भी मिले उसका रस लेना ही आनन्द है। यदि गर्मी पड़ रही हो तो मैं पंखा अथवा एयरकंडीशनर लेकर गर्मी का आनन्द कम नहीं करना चाहूँगा। और न ही मैं अपने मन को यूनान के स्टोइक-सम्प्रदायवालों की भाँति गर्मी से हटाकर उसे सहन करने की चेष्टा करूँगा। सच्चा तान्त्रिक ऐसी शारीरिक-मानसिक दशा में होता है कि वह गर्मी का भी उतना ही आनन्द लेता है जितना सर्दी का। आदर्श तान्त्रिक वह है जो अपने परिवेश से पूरा मेल रखता हो। जो सम्भव है वह उसी की इच्छा करता है। यदि कोई स्त्री उसकी कामना करे तो उसी के प्रति उसकी इच्छा जाग उठती है। यदि भोजन उसके सामने हो तो उसकी भूख तेज हो जाती है। तान्त्रिक में केवल वे ही इच्छाएँ जागती हैं जिनके लिए उसका परिवेश तैयार है और जिनकी पूर्ति वह कर सकता है। इसका मतलब यह नहीं है कि वह अपनी किसी इच्छा का दमन करता है बल्कि इसका तात्पर्य मात्र इतना है कि उसने परिवेश-परीक्षण की सामर्थ्य प्राप्त कर ली है और उसे इस बात का ज्ञान है कि वह कहाँ पर है तथा क्या कर रहा है। उदाहरण के लिए मुझे ही लीजिए। मैं अभी तक इस विधा में पारंगत नहीं हुआ हूँ। लेकिन मैं आपसे कह सकता हूँ कि जो भोजन मेरे सामने आए उसके प्रति मेरी इच्छा जाग उठती है। यदि मछली हो तो मुझे यह जानकर आनन्द होता है कि मछली ही तो मैं खाना चाहता था। यदि मांस हो तो मैं उसके अतिरिक्त और किसी चीज की कल्पना नहीं कर सकता। इस प्रकार मैं हर रोज वही खाना खाता हूँ जो मैं चाहता हूँ।"

मैंने उससे पूछा कि उसका यह कथन बहुप्रचलित इस भारतीय विश्वास से कहाँ तक मेल खाता है कि 'तान्त्रिक' में 'पारलौकिक' शक्ति होती है, कि वह सृष्टि के सभी तत्त्वों पर अधिकार रखता है, कि वह किसी भी पुरुष को अपनी इच्छा के अधीन कर सकता है और जिस स्त्री से चाहे—सम्भोग कर सकता है ?

मेरे इस प्रश्न के उत्तर में उसका कहना था, "ये बड़ी हास्यास्पद बातें हैं। सच्चाई इसके ठीक विपरीत है। ये बातें इसलिए की जाती है क्योंकि लोग तन्त्र के ग्रन्थों को ठीक से नहीं समझते। उदाहरण के लिए देखो इसमें क्या लिखा है।" उसने 9वीं सदी के कश्मीरी तन्त्र-ग्रन्थ 'पंचस्त्वी' से पढ़कर सुनाया, "काम-पीड़ित सुन्दरियाँ, जिनकी आँखें डरे हुए मृग-शावक के समान है, एकाग्रचित्त पुरुषों से अभिभूत होकर उनके सामने

आत्मसमर्पण कर देती हैं। हे देवी ! ये वैसे लोग हैं जिन्होंने तुम्हारे प्रकाश पर अपना ध्यान केन्द्रित किया है। तुम्हारे इस प्रकाश ने सारे आकाश को सिन्दूरी धूल के बादलों के समान ढँक दिया है और धरती को पिघले हुए लाह के समान आच्छादित कर लिया है।''

''तन्त्र के ग्रन्थों में जगह-जगह इस प्रकार की बातें मिलती हैं। उनमें बताया गया है कि तान्त्रिक चाहे कितना भी कुरूप क्यों न हो, स्त्रियाँ उसके पीछे भागती हैं। अगर इस प्रकार के वर्णन को वस्तुनिष्ठ रीति से देखें और यह पता करें कि जब तान्त्रिक किसी देवी का ध्यान धरता है तो क्या होता है तो ऐसी बातें बच्चों की कपोल-कल्पना प्रतीत होंगी लेकिन ध्यान रहे हमें तन्त्र के ग्रन्थ वस्तुनिष्ठ स्थितियों के आधार पर नहीं बल्कि एक खास मानसिक दशा में ही पढ़ने चाहिए। ग्रन्थ में मात्र इतना बताया गया है कि जब तान्त्रिक कामेच्छा के शक्ति केन्द्र पर ध्यान करता है तो क्या होता है। मैं तुम्हें इस उद्धृत अंश का अर्थ बताता हूँ।

''तन्त्र में सिन्दूर से भरी अथवा रक्ताभ देवी सम्भोगरत स्त्री का प्रतीक है। सिन्दूर-रंजित देवी के उरोज उतने बड़े नहीं होते जितने कि नीलवर्णी देवी के जो स्त्री-रूप में माता का प्रतीक है। भारतीय शास्त्रीय परम्परा में सिन्दूरी रंग की देवी 'पद्मिनी' के रूप में काम्य है। जब साधक कामेच्छा पर ध्यान करना सीख जाता है तो वह अपने परिवेश में परिव्याप्त कामेच्छा के प्रति सजग हो जाता है। ज्योंहि कोई स्त्री उसकी कामना करती है उसकी अपनी कामना जाग जाती है। यदि आत्मगत ढंग से देखें तो प्रतीत होगा कि वह जिस क्षण कामना करता है—उसकी कामना पूरी होती है। दरअसल अ-दमन तथा परिवेश से एकतान होने के कारण इस मानसिक स्थिति में सच्चा तान्त्रिक आँधी या तूफान अथवा 'लू' के आने से पहले ही उसके प्रति सचेत हो जाता है और उसका आनन्द लेने को तैयार रहता है। इसी प्रकार यदि वह ध्यान दे तो उसे पता चल जाता है कि कौन सी स्त्री उसकी कामना कर रही है और यह बात स्वयं स्त्री का अपनी कामेच्छा के प्रति सजग होने से पहले ही तान्त्रिक को ज्ञात हो जाती है।

''इस उद्धृत अंश में बात जरा कच्चे तरीके से कही गई है। इसका सम्बन्ध तान्त्रिक के सर्वशक्तिमान होने से नहीं है। इसमें मात्र एक तदात्म्य-भाव का वर्णन है जिस दशा को प्राप्त होने पर साधक अपने परिवेश में परिव्याप्त आतुर कामनाओं के प्रति ज्यादा सजग हो जाता है। 'जादू' के माध्यम से संसार पर अपनी इच्छा लादने का कोई प्रश्न ही नहीं है। यह अत्यन्त बेतुकी और बचकानी बात है।''

यह व्याख्या बड़ी चतुराई भरी है लेकिन तान्त्रिक में जादुई ताकत होती है—यह मान्यता बहुप्रचलित है और इसे मात्र बचकानापन अथवा 'मनमर्जी का मानना' कहकर टाला नहीं जा सकता।

''अन्तर्मन तथा परिवेश से तदाकार स्थापित न कर पाने के तन्त्र में तीन प्रधान कारण बताए गए हैं : असम्भव इच्छाएँ, 'आनन्द' शब्द का भ्रामक अर्थ समझना फलतः इसे भ्रामक तरीके से प्राप्त करने की कोशिश और निष्फल कर्म। तन्त्र की साधनाओं

द्वारा इन बाधाओं पर विजय प्राप्त करने की चेष्टा की जाती है। परम्परागत रूप से ऐसी एक सौ आठ इच्छाओं की सूची बनाई हुई मिलती है जिसकी पूर्ति सम्भव नहीं है। इस सूची को इस दिशा में संकेत भर समझना चाहिए। ऐसी असम्भव इच्छाओं के उदाहरण हैं, "मेरा पुत्र सदा आज्ञाकारी रहेगा" और "मेरी पत्नी सदा पतिव्रता रहेगी किन्तु मैं नहीं"। असम्भव इच्छाएँ आपके अन्दर अपने परिवेश से उदाहरणार्थ, माता-पिता से पैदा होती हैं। इसी कारण गुरु कहते हैं, "अपने माता-पिता को चिता में झोंक दो"।

"जहाँ तक आनन्द-प्राप्ति के गलत तरीके का सवाल है, तन्त्र का मानना है कि इन्द्रियजन्य अनुभूतियाँ आपको धोखा नहीं देतीं बल्कि आप उन्हें गलत ढंग से समझते और धोखा खाते हैं। उदाहरणार्थ, कोई स्त्री आपको देखकर लजा जाती है और आप उसके लजाने से यह अर्थ लगाते हैं कि वह आपसे प्रेम करती है। तान्त्रिकों को यह बात भी सिखाई जाती है कि बहुत सोच-समझकर ही भाषा-प्रयोग करना चाहिए, विशेषकर बच्चों के सामने। जब मैं कहता हूँ कि "हमें यह जरूर करना चाहिए" तो मेरा पुत्र हमेशा पूछता है यह 'हम' कौन है। मेरे गुरु तक ने रूपकों के इस्तेमाल को वर्जित किया है। उनका कहना था कि रूपकों के प्रयोग से यथार्थ के पक्ष को ही सकल यथार्थ समझकर व्यक्ति गुमराह हो सकता है।

"निष्फल कर्म तान्त्रिक का सबसे बड़ा शत्रु है। यह अनात्मभूत कर्म 'बुरा कर्म' हैं और इसे हमेशा याद रखना चाहिए। जो क्रियाएँ, विचार और भावनाएँ कर्म का अंग हैं—वे अच्छी या बुरी नहीं होतीं। हाँ, यह हो सकता है कि उनका आत्मसातीकरण नहीं हुआ हो। मैं उस कर्म की बात नहीं कर रहा जिसके परिणामस्वरूप आपने इस जन्म में किसी दम्पत्ति-विशेष के घर जन्म लिया है। हो सकता है कि पिछले जन्म के किसी कर्म के कारण आपको दोषमुक्त शरीर या मन प्राप्त हुआ हो या कोई लाईलाज रोग लग गया हो और आप कुछ भी इस सिलसिले में न कर पाते हुए मरने तक जी लें। जब मैं अनात्मभूत कर्म की बात कहता हूँ तो मेरा आशय उन लोगों से है जिनकी मन और काया आरम्भ में ठीक-ठाक रहती है; परिवेश भी सहज-सुकर मिलता है और जिन्हें इस जीवन में कृत कर्म का फल भोगना पड़ता है। उदाहरण के लिए, जब मैं दस वर्ष का था तो एक सुन्दर अध्यापिका से पढ़ा करता था। मैं कल्पना किया करता था कि उससे मेरा विवाह हुआ है। मैंने सोचा कि यह बुरी बात है और उसे भूल भी गया। यह अनात्मभूत कर्म का एक हिस्सा है। जब आप अपने 'आत्म' का पूर्ण विकास कर लेते हैं तो उद्विग्न करनेवाले कर्मों से बचते हैं लेकिन हम इस बात का बहाना नहीं कर सकते कि उक्त कर्म घटित ही न हुआ। क्या भूले जा चुके सभी कर्मों को आत्मसात् करने की तुम कल्पना कर सकते हो ?"

इन तान्त्रिक महोदय ने जिस मानसिक स्थिति के लिए 'एकाग्रता' 'ध्यान देना' और 'तादात्म्य' जैसे शब्दों का प्रयोग किया उस मनःस्थिति की प्राप्ति हेतु तन्त्र में जिन बड़ी-बड़ी विधियों का प्रयोग किया जाता है उस पर विवेचन करने से पहले मैं इस बात का उल्लेख

करना चाहता हूँ कि तन्त्र के ग्रन्थों में कई प्रकार के आचारों की चर्चा है और इनका विभिन्न प्रकार के साधकों के लिए विधान किया गया है। किसी साधक को कौन से वर्ग में रखा जाए यह उसके 'भाव' पर निर्भर करता है। पुराने ग्रन्थों में तीन मुख्य प्रकार के भाव बताए गए हैं—दिव्य, वीर और पशु। मोटे तौर पर कहें तो ये भाव सात्विक, राजसी और तामसिक प्रवृत्तियों के अनुरूप हैं जिनकी चर्चा परम्परागत हिन्दू-मनोविज्ञान में मिलती है और जिसे 'भागवत-गीता' के जरिए सभी लोग जानते हैं।

तान्त्रिक-ग्रन्थों में इन भावों की सर्वत्र एक सी परिभाषा नहीं मिलती। यह वर्गीकरण किस कसौटी पर किया गया है यह कहना सम्भव नहीं है परन्तु दिव्य भाव को उत्तम, वीर-भाव को मध्यम तथा पशु-भाव को निकृष्ट माना गया है। इसी कारण सात प्रकार के तान्त्रिक-आचारों का विधान है—वेदाचार, वैष्णवाचार, शैवाचार, दक्षिणाचार, वामाचार, सिद्धान्तचार और कुलाचार। पहले चार प्रकार के आचार पशु-भाव वाले व्यक्तियों के लिए हैं। अगले दो आचार 'वीर-भाव' वाले लोगों के लिए हैं जबकि अन्तिम 'कुलाचार' जो तन्त्र-साधना का सर्वोच्च रूप है मात्र 'दिव्य-भाव' वाले लोग ही अपना सकते हैं। अन्य ग्रन्थों जैसे 'काली विलास-तन्त्र' में नैतिक-आधार पर कोई वर्गीकरण नहीं मिलता। उसमें कहा गया है, "हे देवी ! तीन प्रकार के भाव हैं, "दिव्य-भाव, वीर-भाव और पशु-भाव। पहला भाव देवताओं सरीखा, दूसरा अत्यधिक उत्तेजित करनेवाला तथा तीसरा सर्वदा शुद्ध एवं भास्वर है।" इस बंगाली तान्त्रिक ने बताया कि, "पशु-भाव वाला व्यक्ति सहज भाव से मूलावेगजन्य प्रतिक्रिया करता है। उसे गाली देगा तो वह गाली देगा और मारो तो पलटकर हाथ चलाएगा। जिस व्यक्ति का पुंसत्व उसके परिवेश ने कुचल डाला हो वह 'पशु' के समान आचरण नहीं कर सकता। उसे सीखना पड़ता है कि कैसे मूलावेगों के अनुरूप प्रतिक्रिया की जाए और पशुवत् आचरण किया जाए।" मूलावेगों के अनुरूप प्रतिक्रिया करना ही पशु की निशानी है। जो इसे पूर्णतया सीख लेता है वह 'पशुपति' हो जाता है जो शिव ही का एक नाम है।

"वीर-भाववाला व्यक्ति पशु-भाववाले से ज्यादा ऊँची अवस्था में पहुँचा होता है। वह उद्वेग और मूलोत्तेजना के वश में होकर प्रतिक्रिया भर नहीं करता। वीर-भाव सम्पन्न होने का अर्थ है यह अनुभव करना कि, "अपने परिवेश से मेरा रिश्ता मूलावेगों भर के कारण नहीं है बल्कि मैं स्वयं भी परिवेश में सक्रिय होकर उसे बदल सकता हूँ।"

"दिव्य-भाववाला व्यक्ति तान्त्रिक-आदर्श के कहीं ज्यादा निकट होता है क्योंकि वह पशु-भाव वाली प्रतिक्रिया-परकता और वीर-भाववाली 'सक्रिय कर्त्ता' की दशा से आगे बढ़ चुका होता है; वह अपने परिवेश से तदाकार स्थापित करने की दिशा में अग्रसर होता है।"

भावों के प्रकार तथा प्रत्येक भावानुसार उचित आचार के सम्बन्ध में तन्त्र-ग्रन्थों में चर्चा मिलती है। यदि हम आधुनिक तन्त्र-साधनाओं को ध्यान में रखें तो महज 'अकादमिक' ही जान पड़ेगी। यहाँ तक कि स्वयं एक तन्त्र-ग्रन्थ 'कुब्जिका-तन्त्र' में

कहा गया है कि इस आधुनिक कलियुग में पशु-भाव अथवा दिव्य-भाव पाना नामुमकिन है तथा तान्त्रिक-क्रिया केवल वीर-भावानुसार ही की जानी चाहिए। सच्चाई यह है कि आज के तन्त्र में मुख्य रूप से दो प्रकार के आधार हैं–एक है–दक्षिणाचार और दूसरा, वामाचार। ग्रन्थों के आधार पर अगेहानन्द भारती ने इनका वर्गीकरण यौनाधारित कर्मकांड के प्रति इनके रुख को लेकर किया है। वामाचार में स्त्री दीक्षार्थी के बाईं ओर बैठती है और इसमें मांस-मदिरा-मत्स्य का प्रयोग किया जाता है; साथ ही स्त्री के साथ सम्भोग भी करते हैं। दक्षिणाचार में स्त्री दाईं ओर बैठती है और मांस-मत्स्य-मदिरा का या तो ध्यान मात्र किया जाता है अथवा उनके स्थान पर दूसरी चीजों का प्रयोग किया जाता है। वास्तविक सम्भोग के स्थान पर दक्षिणाचार में मात्र उसकी कल्पना की जाती है। भारती ने एक तीसरी पद्धति कुलाचार की भी चर्चा की है जिसमें दक्षिणाचार और वामाचार, दोनों का सम्मिश्रण है।

एक 'कुल' से सम्बन्धित व्यक्ति ने इस विभाजन पर और प्रकाश डालते हुए कहा कि सभी कुल दक्षिणाचारी है। इस सम्प्रदाय में मांस-मदिरा के प्रयोग के साथ सम्भोग-क्रिया भी की जाती है लेकिन मात्र अपनी पत्नी के साथ जो स्वयं एक तान्त्रिक होती है। उसने वाममार्गी तन्त्र-साधना को मूलगामी बताया। उसका कहना था कि वाम-मार्गी यह विश्वास करते हैं कि तन्त्र-साधना में लक्ष्यप्राप्ति तीन वर्ष के अन्दर हो जाती है। जबकि स्वयं कुलाचार में मान्यता है कि लक्ष्यसिद्धि में 20 से 25 वर्ष का समय लग सकता है। वाममार्गी इस बात की भी उपेक्षा करते हैं 'सम्भोग' केवल पत्नी के साथ ही हो।

तन्त्र की विधियाँ

तन्त्र का चाहे कोई भी 'सम्प्रदाय' या 'कुल' हो सभी तन्त्र-साधना में मन्त्र के महत्त्व को स्वीकार करते हैं। तन्त्र-साधना में मन्त्र इतना महत्त्वपूर्ण है कि तान्त्रिकों को बहुधा 'मान्त्रिक' कह दिया जाता है। तन्त्र-शास्त्र को कई बार 'मन्त्र-शास्त्र' मान लिया जाता है। चूँकि मैं यहाँ तन्त्र की चर्चा मनोविज्ञान की दृष्टि से कर रहा हूँ और विशेष रूप से मेरी चेष्टा यह दिखाने की है कि मनोरोगों की चिकित्सा में तन्त्र की क्या भूमिका होती है, इसलिए मैं मन्त्रों के आध्यात्मिक पहलू या कर्मकांड की चर्चा नहीं करूँगा।

हिन्दू-संस्कृति में मन्त्र को पवित्र ही नहीं बल्कि जादू-भरा भी माना गया है। माना गया है कि मन्त्र-जाप से बहुत सी इच्छाओं की पूर्ति हो सकती है। कहा जाता है कि मन्त्र से भूत-प्रेत दूर भागते हैं और इससे रुष्ट देवी-देवताओं को प्रसन्न किया जा सकता है। पुण्य अर्जित करने के मामले में भी मन्त्र को बहुत महत्त्व दिया गया है। यह भी मान्यता है कि पारलौकिक शक्तियाँ मन्त्र का जप करनेवाले की सहायता करती हैं तथा मुकदमा जीतने, पुत्रोत्पत्ति, शत्रु-नाश तथा धन-प्राप्ति में मन्त्र बड़े सहायक होते हैं। तन्त्र में मन्त्रों का प्रयोग अत्यन्त सुव्यवस्थित ढंग से किया जाता है। साधक द्वारा किसी देवी

के साथ तदात्म्य स्थापित करने, एकाग्र-चित्त होने और किसी वांछनीय मानसिक स्थिति में प्रविष्ट करने के लिए मन्त्रों के जप की बड़ी महिमा है।

मन्त्र स्फोटों अथवा ध्वनि-एककों की एक शृंखला है। इसका उच्चारण एक विशेष ढंग से करना पड़ता है। उच्चारण की शिक्षा साधक अपने गुरु से प्राप्त करता है। मन्त्र के मुख्य तथा अनिवार्य अंश को 'बीज' की संज्ञा दी गई है। 'बीज' एक खास ध्वनि है जिसका कोई स्पष्ट अर्थ नहीं होता लेकिन तन्त्र की दीक्षा लेनेवाले के लिए इसका विशेष महत्त्व है। मेरे विचार में सीदी-साधी अनुभूतियों से लेकर जटिल भावनात्मक अनुभूतियों तक के लिए 'बीज' एक शाब्दिक प्रतीक-मात्र है। बीजों के अन्तर्गत 'अम्' आरम्भ की संवेदना को सम्बोधित है—आरम्भ करने हेतु प्रस्तुत होने का द्योतक है; 'रम्' का सम्बन्ध ज्वलन से है; हम् वायु-वेग का द्योतक है अर्थात् वायु के सुप्रवाह में होने का और इसी प्रकार अन्य 'बीज' हैं। कुछ जटिल 'बीज' होते हैं जो खास मनोदशा को व्यक्त करते हैं। 'क्लीं' कामेच्छाओं का द्योतक 'बीज' है, 'ऐंम्' आश्चर्य के लिए तथा 'सौं' इच्छा-पूर्ति का अथवा उस दशा का जब बच्चा दूध पीकर परितृप्त हो जाने पर जो ध्वनि निकालता है।

तन्त्र के बारे में जिन लोगों ने मुझे जानकारी दी उनका कहना था कि बीज और उसके तदनुरूप मनोदशा में केवल लाक्षणिक सम्बन्ध ही है। उनका कहना है कि यदि बीज का उच्चारण ठीक ढंग से किया जाए तो कुछ स्पन्दन पैदा होते हैं और इन स्पन्दनों के परिणामस्वरूप कुछ भावनात्मक स्थितियाँ जन्म लेती हैं। मैंने कहा कि 'बीज' और 'मनोदशा' के बीच सम्बन्ध गुरु के अधिकार-भाव को मानने के कारण स्थापित होता है तो इन लोगों ने विश्वास नहीं किया। मैंने कहा कि इस सम्बन्ध के स्थापित होने के पीछे शिष्य की आस्था और इस आस्था को बल प्रदान करनेवाली तन्त्र-परम्परा, कथा तथा साथ ही बारम्बार आवृत्ति से उत्पन्न सम्मोहनकारी प्रभाव का भी हाथ है तो इस पर इन लोगों ने खास तवज्जो नहीं दिया।

'बीज' के अतिरिक्त मन्त्र के अन्य तत्त्व भी होते हैं। पहली बात तो यह कि मन्त्र का प्रारम्भिक शब्द 'ओम्' होता है जिसका आशय है कि मन्त्र का उद्देश्य शान्ति स्थापित करना है। 'क्रां' का आशय है कि 'सक्रिय संघर्ष' की मनोदशा को लक्ष्य बनाया गया है। 'बम्' व्यापक जागृतावस्था का परिचायक है। मन्त्रों में विशेष इष्ट देवों-देवियों के नाम भी होते हैं। ये देव-देवी वांछित मनोदशा के अनुकूल समझे जाते हैं। मन्त्र का तीसरा अंग सामान्य शब्द है जो उसकी व्यापकता को बढ़ाने के लिए इस्तेमाल किया जाता है। अन्तिम स्वर मन्त्र के आशय को व्यक्त करता है। यदि स्वर 'हम्' हो तो इसका मतलब है कि वांछित मनोदशा विशेष जप करनेवाले की चेतना का अंग बन जाए। यदि अन्तिम शब्द 'फट्' है तो इसका अर्थ है कि मनोभाव अपने अंगों में बँट जाए और उसमें कोई भावनात्मक शक्ति न रहे। यदि अन्तिम स्वर स्वाहा हो तो उस मानसिक दशा को अचेतन में ले जाना अभिप्रेत होता है। यदि 'बीज' ध्वनि-प्रतीक हो तो मतलब होता है कि मन्त्र किसी मानसिक अनुभूति का स्वसम्मोहनकारी लक्षण है।

मन्त्र का जाप उन्हें 'स्वायत्त' मानकर नहीं किया जाता बल्कि उनके अनुरूप चित्र-प्रतीकों पर भी ध्यान दिया जाता है। इससे साधक के वांछित 'मनोदशा' में प्रविष्ट होने की सम्भावना बढ़ जाती है। आन्तरिक चक्षु तथा आन्तरिक श्रवणेन्द्री को उसी मनोदशा की तरफ लगाया जाता है तथा बहुत सी साधनाओं में चित्र एवं प्रकाशजन्य सांकेतिकता की सुझावकारी शक्ति को तदनूरूप 'मुद्राओं' द्वारा बढ़ाया जाता है।

तन्त्र-साधना के प्रशिक्षण के आरम्भिक चरण में, दीक्षार्थी मन्त्रों का प्रयोग केवल स्वयं को अपनी दिनचर्या के लिए अधिक योग्य बनाने हेतु करता है। उसका लक्ष्य होता है—मन्त्र की सहायता से एकाग्रचित्त होने की शिक्षा प्राप्त करना अर्थात् वह एकाग्रचित्त होकर अध्ययन कर सके, संगीत सुन सके अथवा प्रेम-प्रयुक्त हो सके। आरम्भ करनेवाले साधक का लक्ष्य होता है मन्त्र की सहायता से इतना सक्षम हो जाना कि किसी भी अनुभव को उसकी सम्पूर्णता में अनुभव कर सके। उदाहरणार्थ, संगीत सुनने के लिए उसे 'बम्' का उच्चारण अमुक दफे, ऐम् का उच्चारण अमुक दफे करना होगा और फिर 'ऐम्-बम्' का उच्चारण करना होगा। तान्त्रिकों का कहना है कि इससे श्रोता की आन्तरिक श्रवणेन्द्री साफ होती है और मस्तिष्क संगीत का आनन्द लेने लायक हो जाता है। इस तरह के मन्त्र शुद्धिकारी होते हैं। जैसे-जैसे साधक साधना-पथ पर प्रगति करते जाता है, वैसे-वैसे उसे इन शुद्धिकारी मन्त्रों की आवश्यकता नहीं रहती। मन्त्रों का इस रीति से प्रयोग करने पर वे एक कर्मकांड का रूप ले लेते हैं और साधक भाव-दशा के उस बिन्दु तक उठ जाता है जहाँ से उसे वास्तविक संकेत स्पष्ट रूप से प्राप्त होने लगते हैं और अत्यधिक संवेदनग्राही होने के कारण वह तद्नुरूप आचरण करने में सक्षम हो जाता है। यद्यपि मन्त्र-जाप एकाग्रचित्तता की प्रमुख विधि है परन्तु उक्त बंगाली तान्त्रिक-महोदय ने अन्य पूरक विधियों के बारे में भी बताया जो स्वयं उनकी साधना के प्रथम वर्ष में उन्हें प्रयुक्त करने पड़े थे। "एकाग्रचित्तता बढ़ाने का एक तरीका यह है कि व्यक्ति एक ही समय में दो भाषण करना सीख जाए। वह इस प्रकार कि एक वाक्य एक विषय पर बोले तो दूसरा वाक्य दूसरे विषय पर। जब दीक्षार्थी एक समय में सात भाषण करने की क्षमता प्राप्त कर लेता है तो माना जाता है कि उसका प्रशिक्षण पूरा हो गया।"

"मेरे गुरु इस बात पर बल देते थे कि बातों को याद रखने का अभ्यास एकाग्रचित्तता में सहायक होता है। एक बार मिलकर जब मैं दोबारा उनसे मिलने गया तो उन्होंने पूछा कि—बताओ, पिछली मुलाकात में क्या-क्या बातें हुई थीं। जहाँ-जहाँ गलती थी, गुरुजी ने उसे सुधारा तथा अगली दफे मिलने गया तो पहली बातचीत तथा उनके द्वारा सुधारी गई भूलों को बारे में बताना पड़ा। यह क्रम कुछ समय तक चलता रहा। जब भी मैं मिलता तो वे कहते कि पहली मुलाकात की बातचीत दुहराओ और साथ में यह भी बताओ कि बाद की भेंटों में क्या हुआ। इन बातों को सीखना कठिन नहीं है क्योंकि यह तो अभ्यास की बात है। कुछ लोगों का विश्वास है कि तान्त्रिकों में असाधारण शक्ति होती है। यह विश्वास केवल इस कारण है कि हमलोग एकाग्रचित

हो सकते हैं और बीती हुई बातों को अक्षरशः दोहरा सकते हैं। जो विषय चल रहा हो उसके अतिरिक्त अन्य कोई भी बात हम अपने मन में नहीं आने देते।''

मन्त्रों का वर्गीकरण कई तरीकों से किया जाता है। एक वर्ग किसी विशेष देवी का प्रतीक होता है जिसके साथ तान्त्रिक तादात्म्य स्थापित करना चाहे। इन मन्त्रों को ईष्ट मन्त्र कहते हैं। गुरु प्रारभिक प्रशिक्षण की लम्बी अवधि के बाद शिष्य को यह 'मन्त्र' बताता है। ईष्ट देवी दरअसल दीक्षार्थी का ही अपूर्ण अंश है जिसे अपने मन में समोकर वह पूर्ण हो सकता है। चूँकि ईष्टदेवी एक व्यक्तिगत धारणा है अतः उसका नाम नहीं बताया जाता और मन्त्र को भी गुप्त रखा जाता है। ईष्ट-साधना के बारे में बंगाली तान्त्रिक महोदय ने जो कुछ बताया उससे पहले मन्त्र के बारे में कुछ बातें और जान लें। मन्त्रों का उपयोग महज अनागत अनुभवों को प्राप्त करने की तैयारी के तौर पर ही नहीं होता बल्कि इसके द्वारा अतीत पर दृष्टि डाली जा सकती है तथा बहुत से अनात्मभूत कर्मों को सुखकर बनाया जा सकता है। मुझे यह बात विचित्र परन्तु उत्तेजक लगी कि कोई व्यक्ति मन्त्र की सहायता से किसी मनोदशा-विशेष में प्रविष्ट करके अपने अतीत का अवलोकन कर सकता है और उन संवेदन-तन्तुओं को परख सकता है जिन्होंने एक खास मनोदशा जैसे—क्रोध के समय महत्त्वपूर्ण भूमिका निभाई थी। यह ऐसा प्रतीत होता है जैसे कोई एक निश्चित तरह के भाव-प्रकाश जैसे—उदासी, भय, कामेच्छा अथवा लज्जा के जरिए अपने जीवन के स्थल-विशेषों के विन्यास पर प्रकाश डाले और ऐसा इस कोशिश में करे ताकि उस खास मनोदशा से जुड़े उन अनुभवों का उसे ज्ञान हो सके जो अपने घटने के समय आत्मभूत न हो सके थे और अब भी जिनके अवशेष चेतना में बचे रह गए हैं।

बंगाली-तान्त्रिक ने ईष्ट-साधना के बारे में बताया है कि इसके तीन चरण होते हैं। पहले चरण में देवी माता-स्वरूपा होती हैं और हम उसके आवरण को भेदकर उस मूल तक पहुँचने की कोशिश करते हैं जहाँ उसका 'शोषक-सार' मौजूद होता है। इस चरण के ईष्ट-मन्त्र में कुछ ऐसी 'ध्वनियाँ' होती हैं जो देवी के भयंकर आवरण से हमारी रक्षा करती हैं और कुछ ध्वनियाँ देवी के मूल मातृरूप तक पहुँचने में सहायता करती हैं। मन्त्र लम्बा होता है और उसमें दो प्रकार की ध्वनियाँ होती हैं—क्रा...फट, और ऊँ... स्वाहा ! पहला खंड विध्वंसात्मक पक्ष को सम्बोधित होता है तथा दूसरा रचनात्मक वत्सल-पक्ष को।

''दूसरे चरण में ईष्ट-मन्त्र गुरु की देख-रेख में तनिक बदल जाता है। इस चरण में देवी के साथ एकाकार होने की परिकल्पना की जाती है और इसके लिए सम्भोगेच्छा से एक स्त्री को रखा जाता है। एकात्म-भाव की उपलब्धि को सम्भोग-क्रिया के द्वारा देखा-सोचा जाता है। मैंने जिस कुल में प्रशिक्षण लिया है उसमें एक स्त्री को साथ रखा जाता है। वस्तुतः यह तान्त्रिक-विवाह गुरु की इच्छा से चुनी गई स्त्री के साथ किया जाता है। चुनी गई यह स्त्री साधक की पूरक 'शक्ति' होती है। इस चरण में भी मन्त्र के दो भाग होते हैं—क्रॉं...हुम् और ओउम्...हुम्। पहले भाग का सम्बन्ध स्वानुभव से

होता है दूसरे भाग का अपने सह-साधिका के आत्मानुभव से।

"तीसरे चरण में देवी, बेटी बन जाती है और इसी के अनुसार ईष्ट-मन्त्र भी बदल जाता है। मन्त्र के पहले भाग में देवी के लिए अपना वात्सल्य प्रकट किया जाता है और दूसरे भाग में देवी को उनकी प्रकृत-अवस्था प्रदान करने की भावना निवेदित होती है।

"मन्त्रों का दूसरा वर्ग 'मूल-मन्त्र' कहलाता है। इसका प्रयोग तन्त्र की सभी परम्पराओं में किया जाता है और इनके माध्यम से मानसिक अनुभवों की एक श्रृंखला का सूत्रपात होता है। ये मूल-मन्त्र कई वर्गों में बाँटे जा सकते हैं। उदाहरण के लिए, एक वर्ग 64 योगिनी का है। कहा जाता है कि यह उन तान्त्रिकों के लिए है जो अपने जीवन में 'सन्तुलन' और 'समरसता' लाना चाहते हैं। एक वर्ग-दशमहाविधा' का है। यह उनके लिए है जो जीवन में ज्ञान और अनुचिन्तन को महत्त्व देते हैं। 'अष्टनायिका' नाम से भी एक मन्त्र-समूह मिलता है। यह उनके लिए उपयुक्त है जिनका जीवन के प्रति अभिगम कलात्मक-सौन्दर्यात्मक है।"

मैं पहले ही कह चुका हूँ कि मन्त्रों का प्रयोग अलग से नहीं होता बल्कि एक जटिल-प्रक्रिया के अंग के रूप में होता है। मन्त्रों के अनुरूप तान्त्रिक चित्रों का भी प्रयोग करते हैं। तान्त्रिक-चित्रविधान उतना ही जटिल होता है जितना मन्त्रों का उच्चारण-विधान। तान्त्रिकों द्वारा किए जानेवाले चित्र-विधान में देवी की प्रतिमा तो बनाई ही जाती है, साथ ही 'यन्त्र' भी होते हैं। यन्त्र दिव्य रूपाकारों को व्यक्त करते हैं अथवा इहलौकिक भाषा में कहें तो यह साधक की अभीप्सित मानवीय-क्षमता को प्रकट करते हैं। इसमें 'मंडल' का भी प्रयोग होता है। 'मंडल' रक्षा और सामर्थ्य का प्रतीक होता है। तान्त्रिक इसका प्रयोग साधना के दौरान उत्पन्न होनेवाली सम्भावित चिन्ता या डर से बचने के लिए करते हैं। कुछ निश्चित मनोदशाओं को उत्पन्न करने के लिए 'प्रस्तर' का भी प्रयोग किया जाता है। 'प्रस्तर' केन्द्रीय विषयवस्तु के सांकेतिक विस्तरण होते हैं।

तन्त्र में प्रयुक्त मूर्तिविधान या चित्र-विधान की चर्चा करते हुए मुझे 'न्यास' के बारे में भी बताना चाहिए। इसमें तान्त्रिक अपने मन में देवी की परिकल्पना करता है और बारी-बारी से उसके अंगों को छूता है और ऐसा करके उन अंगों की अपने अंग में समाहित होने की भावना करता है। वस्तुतः मनोविश्लेषक जिन 'तदाकार' और 'समावेशन' (Identification and Introjection) जैसी बहुत सी मानसिक प्रक्रियाओं को अचेतन में स्व-संचालित मानते हैं—वे मानसिक-प्रक्रिया तन्त्र में बड़े नाटकीय ढंग से प्रयुक्त होती हैं। और ऐसा प्रतीत होता है मानो तन्त्र की बहुत सी विधियों को स्वयं, फ्रायड अथवा क्लीन (Celine) ने सुझाया हो।

मेरा उद्देश्य यहाँ प्राचीन तकनीक का विस्तृत वर्णन प्रस्तुत करना नहीं है बल्कि इन विधियों से पैदा होनेवाली भावनाओं तथा मनोवैज्ञानिक अनुभवों का सार प्रस्तुत करना है। तान्त्रिक-साधना के फलस्वरूप उत्पन्न मनोनुभव भ्रामक ही बना रहता है क्योंकि इसमें विभ्रम जैसी तीव्रता होती है और ऐसा हमारे प्रतिदिन के मनोनुभव में

प्रत्यक्ष नहीं होता। कोई यह भी सोच सकता है कि जिस तरह की कल्पना प्रसूत वास्तविकता को तान्त्रिक-आचारों में उत्पन्न करने की चेष्टा मिलती है वह बिल्कुल रचनाकार की सर्जनात्मकता की तरह है और बहुत सम्भव है कि इसका स्रोत उसी मानवीय क्षमता और प्रवणता में हो जो जागृतावस्था में 'रूपक' तथा सुप्तावस्था में स्वप्न-बिम्ब' रचती है। तान्त्रिक की कल्पना मनोविकार से पीड़ित व्यक्ति की वैयक्तिक कल्पना नहीं है। तन्त्राचारों से उत्पन्न कल्पनाप्रसूत वास्तविकता सार्वजनिक तथा सहभोगी होती है क्योंकि यह तान्त्रिक-संस्कृति की सांकेतिक तथा मूर्तिमानता-युक्त विचार-जगत से निर्मित, निर्धारित तथा निर्देशित होती है। दीक्षार्थी को इसे सीखना और जानना पड़ता है। दूसरे शब्दों में कहें तो यह कलात्मक रचनाशीलता के समान है और इन्हें अगर चेतन स्वप्न-सृष्टि माना जाए तो कहना पड़ेगा कि ये ऐसे स्वप्न हैं जिन्हें दूसरे देखते हैं। तन्त्र की यह दृष्टि-प्रक्रिया अचेतन शक्तियों द्वारा अध्यारोपित नहीं होती और न ही अनियन्त्रित रूप से वस्तु-बहुलरूपा होती है (जैसा कि मनोविकार ग्रस्त व्यक्ति के मामले में होता है) बल्कि इसे चेतन रूप से चुना गया होता है, इस चयन पर नियन्त्रण होता है, इसकी अन्तर्वस्तु और रूपाकार अपने अन्तिमांश तक पूर्व-चयनित होता है।

तान्त्रिक-जगत से बाहर का व्यक्ति होने के कारण मैं इन तान्त्रिक-मनोदशाओं के विस्तार में जाने से हिचक रहा हूँ। मेरी कामना यह भी नहीं है कि मैं तन्त्र के द्वारा मनोरोग निदान हो सकने की बात जैसी कोई राय प्रकट करूँ जैसा कि कुछ तान्त्रिकों का दावा है। मेरी मुख्य रुचि उन मुद्दों में है जिन्हें तन्त्र मनुष्य की 'मानसिक अखंडता अथवा सम्पूर्णता' के लिए अत्यन्त जरूरी मानता है।

तान्त्रिक साधनाओं में किसी साधक को एकाग्रचित्त होने, ध्यान-मग्न होने अथवा विषय-वस्तु से तदाकार स्थापित करने की शिक्षा दी जाती है। इसके कारण एक स्थायी मानसिक परिवर्तन उत्पन्न होता है और मन की ग्रहणशीलता संकेन्द्रित हो जाती है। इस अवस्था में व्यक्ति का ध्यान भटकने के बजाय केन्द्रित हो जाता है। 'ध्यान' की यह प्रक्रिया हमारी उस सामान्य बौद्धिक दिनचर्या से भिन्न होती है जिसके तहत हम आमतौर पर विचारणा द्वारा समस्या-समाधान करते हैं। दरअसल यह तो शैशव से 'वयस्कता' की तरफ बढ़ने पर हमें बतौर विरासत मिली होती है। कीट्स ने जिसे कलाकार की 'नकारात्मक क्षमता' कहा है जिसमें वह तथ्यों और तर्कों तक उद्विग्नता के साथ नहीं पहुँचता हमारी आम दिनचर्या की यह विचारणा इसी से बहुत कुछ मिलती-जुलती है। संकेन्द्रित-ग्रहणशीलता की दशा में व्यक्ति का ध्यान एक जगह ठहर जाता है किन्तु इस ध्यान में कोई तलाश नहीं होती। ध्यान की यह अवस्था महज निष्क्रिय नहीं कही जा सकती। इसे संकेन्द्रित परन्तु अविमर्शात्मक ध्यान ही कहा जा सकता है। यह विषय-वस्तु के सन्दर्शन में सक्रिय नहीं होता बल्कि अपनी ग्रहणशीलता में अत्यधिक तीव्र और सचेत होता है। मनोविश्लेषक कहेंगे कि इस ध्यानावस्था में उस 'मुक्तवाही-ध्यान' के तत्त्व मौजूद हैं जो किसी विश्लेषक की जरूरत होती है और जिसके सहारे वह बिना चयनात्मक हुए, बगैर दिशा-विशेष का खयाल क्रिया एक सहज भावभूमि

के साथ अपने रोगी की बात सुनता है और पूरे आवेग के साथ उसे ग्रहण करता चलता है। मनोविश्लेषण की प्रक्रिया में ऐसे भी क्षण आते हैं जब विश्लेषक की विश्लेषणात्मक सहानुभूति रोगी की स्वयं को सही तौर पर न समझ पाने की अक्षमता से जुड़कर एक ऐसे अचेतन तदात्म्य में बदल जाती है जिसमें रोगी के मानस की परतें एक अन्तर्दृष्टि के सहारे खुद-ब-खुद खुलने लगती हैं। इसलिए मेरा कहना है कि जब तान्त्रिक वीर्य, ध्यान और साँस को स्तब्ध करने की बात कहते हैं तो यह स्तब्धता कामेच्छा अथवा मृत्युभीति को रोकने के लिए नहीं कही जाती। यह स्तब्धता उपरोक्त 'ग्रहणशील मानस' की अवस्था तक पहुँचने के लिए ही अपेक्षित होती है। तन्त्र इस बात को नहीं मानता कि हमारा 'अहं' बाह्य परिवेश का विरोधी हो और इस परिवेश पर अपनी 'मिल्कियत' तथ्यों तथा तर्कों को पूरी उद्विग्नता के साथ ग्रहण करके स्थापित करे। इसके विपरीत तन्त्र एक ऐसे 'अहं' की बात करता है जो परिवेश को सदा 'ग्रहण' और समाविष्ट करने की दशा में हो। मुझे लगता है कि चार्ल्स रेक्राफ्ट (charles Rycrofts) ने कुछेक व्यक्तियों के अन्दर जिस अत्युच्च निषेध क्षमता की बात कही है, वह तन्त्र-साधकों पर भी लागू होती है। दूसरे शब्दों में कहें, तो तान्त्रिक का अहम् अपने परिवेश तथा स्वयं के बीच कोई बाधा नहीं खड़ी करता। वह स्वयं को 'आत्मा' और प्रकृति को 'पर' मानकर सक्रिय नहीं होता। इसके अतिरिक्त इनके अन्दर यह धारणा भी नहीं होती कि सक्रियता पौरुष का प्रतीक है और निष्क्रियता 'स्त्रीत्व' का और इसी कारण ये लोग अस्तित्व की निष्क्रियावस्था और सक्रियता के बीच, वस्तुनिष्ठता और आत्मनिष्ठता के बीच दोलायमान होते हैं तथा इन्हें नहीं लगता कि इससे मेरी पहचान खतरे में पड़ जाएगी।

मैं यहाँ 'स्वस्थ' व्यक्ति के लिए तन्त्र के उद्देश्यों की तुलना मनोरोग चिकित्सा-पद्धति की पश्चिमी धारणा के साथ नहीं कर रहा। पश्चिमी-पद्धति की अधिकांश चिकित्सा-प्रणालियों में व्यक्तित्व को पौरुष-प्रधान अथवा स्त्री-गुण-प्रधान माना जाता है जबकि तन्त्र में व्यक्तित्व को उभययौनिक माना गया है। तन्त्र में 'अहं' की कल्पना 'संकेन्द्रित ध्यानावस्था में संसार के लिए ग्रहणशील' होने के रूप में है जबकि पश्चिमी मनोविज्ञान एक ऐसे 'अहं' की बात कहता है जो अपने परिवेश के विरुद्ध सक्रिय होकर उसे अपने अनुकूल बदलना चाहता है। किन्तु यहाँ यह नहीं कहा जा सकता है कि ये दो दृष्टिकोण परस्पर इतने सरल हैं कि बताया जा सके कि कौन सही है और कौन गलत। तन्त्र का ज्ञान हमें यह जानने की ओर ले जाता है कि मानवों में कितनी अधिक क्षमता है और सामान्य तौर पर हमारे बोध से परे उसका विस्तार कहाँ तक है। इसके साथ ही तन्त्र हमें 'आनन्द' का एक कठिन तथा प्राचीन मार्ग भी बताता है। पश्चिमी मनोरोग-विज्ञान में तो व्यक्ति को बस 'स्वास्थ्य-लाभ' तक ही सीमित रखा जाता है।

तन्त्र में मनोरोग-चिकित्सा

मनोरोग के उपचार में तन्त्र की क्या भूमिका है, उस पर विचार करने से पहले हमें संक्षेप में तन्त्र की सिद्धियों की चर्चा कर लेनी चाहिए जिनका रोगों के उपचार से गहन सम्बन्ध है। यद्यपि लोक में तन्त्र की छवि 'व्यभिचार-प्रधान' के रूप में ही है परन्तु बहुत से भारतीयों का विश्वास है कि तन्त्र के माध्यम से पारलौकिक शक्तियाँ प्राप्त होती हैं। ऐसा माननेवालों में प्रसिद्ध व्यापारी तथा राजनीतिज्ञ भी शामिल हैं।

अधिकतर तान्त्रिक-ग्रन्थों में ऐसी बातें लिखी हैं कि लगता है वे 'काले-जादू' के ग्रन्थ हैं। विशेषकर इन ग्रन्थों में जादू-टोने या इन्द्रजाल का वर्णन है। इनमें चमत्कारी शक्तियों की प्राप्ति के लिए नाना प्रकार की साधनाओं की चर्चा की गई है। मुख्य सिद्धियाँ हैं, 'वशीकरण', 'मोहन', 'स्तम्भन', 'शान्तिकरण', 'मारण' और 'विदेषण'। इसमें प्रत्येक सिद्धि की एक देवी है जिसे तान्त्रिक को सिद्धि—हेतु अपने वश में करना पड़ता है। उदाहरण के लिए, स्तम्भन की देवी 'रमा' है। 'स्तम्भन' किसी चीज को जड़ बना देने की साधना है। इससे न सिर्फ व्यक्ति-विशेष को बल्कि शत्रु-राजा की फौज सहित आग और पानी की बाढ़ को भी काबू में किया जा सकता है।

पारलौकिक तान्त्रिक शक्तियों पर कई दृष्टियों से विचार किया गया है। सर्वाधिक प्रभावशाली व्याख्या यह है कि तान्त्रिकों की चेतना आम आदमियों की तरह नहीं होती। आम आदमी की चेतना एक सीमित दायरे तक महदूद होती है जबकि तान्त्रिक का मानस ऐसी बाध्यताओं में नहीं बँधा होता। उसमें यथार्थ के स्वप्नवत् सृष्टि की अपार सम्भावनाएँ होती हैं। इस दृष्टिकोण के अनुसार भारत में अगर तान्त्रिकों को जादुई क्षमता-युक्त माना जाता है तो इसका कारण है इतिहास और जीवन-वृत्त की ऐसी विश्वदृष्टि से व्याख्या करना जो जादू को अपना अवलम्ब बनाती है। इस दृष्टिकोण के अनुसार तान्त्रिकों का यह दावा कि उनमें जादुई शक्ति होती है—दरअसल उनके अपने मन की 'रचना' है जिसे स्वयं उस पर विश्वास करनेवाले वैधता प्रदान करते हैं। चूँकि ये लोग विश्वास करते हैं कि संसार जादुई है और उसमें मनःप्रसूत चीजों तथा जीवन का अस्तित्व होता है अतः यह अच्छा ही है कि इस जादुई संसार की बाधा से छुटकारा पाने के लिए ये लोग तान्त्रिकों की शक्ति में विश्वास करें। यह दृष्टिकोण जादुई शक्ति के द्वारा परिवेश को नियन्त्रित करने की तान्त्रिक-परिघटना को अपनी ग्रहणशीलता के आदर्श के अन्धपक्ष के रूप में देखता है। इस प्रकार 'जादुई शक्ति' में विश्वास चेतनाजन्य नियन्त्रण के कम होने तथा अप्रत्याशित और अनजान घटना के विरुद्ध एक सुरक्षा-बोध का रूप ले लेता है। यह सुरक्षा-बोध तन्त्र के 'अप्राकृतिक कर्म' द्वारा पनपता है। इसी 'अप्राकृतिक कर्म' को मैंने पहले 'संकेन्द्रित ग्रहणशीलता' का नाम दिया है।

अनिवार्यतः यह आधुनिक 'सामान्यबोध' की दृष्टि से इन चीजों को देखना है। यह दृष्टिकोण अनियन्त्रित आत्मगतता की कल्पना को मायाजाल मानता है और झूठा समझता है। यहाँ 'मानस' को इस आत्मविष्ठता तथा निजी मनोचित्रों का स्रोत माना

जाता है और इसी कारण स्वयं उसे भी सन्देह की दृष्टि से देखा जाता है। युंग ने 40 वर्ष पहले लिखा था :

"मानसिक यथार्थ एक विरोधाभासी अवधारणा है ठीक वैसे ही जैसे 'मानस' अथवा 'मन' विरोधाभासी है। 'मन' अथवा 'मानस' का अर्थ कुछ लोग चैतन्य और उसकी अन्तर्वस्तु से लगाते हैं जबकि कुछ दूसरे लोग इसे 'अचेतन' अथवा बोध का अँधेरा पक्ष मानते हैं। कुछ लोग 'मानस' के अन्तर्गत मूलावेगों को भी शामिल करते हैं जबकि कुछ लोग मूलावेगों को इससे बाहर मानते हैं। अधिकांश लोग यह मानते हैं कि मस्तिष्क की कोशिकाओं में जैव-रासायनिक प्रक्रिया के फलस्वरूप 'मानस' का निर्माण होता है। कुछेक का यह भी कहना है कि 'मानस' ही मस्तिष्क की कोशिकाओं को सक्रियता प्रदान करता है। कुछ लोग 'मानस' को जीवन समझ लेते हैं। ऐसे लोगों की संख्या बहुत कम है जो मानस की परिघटनाओं को अस्तित्व की एक कोटि के रूप में विचारते हैं और इससे जरूरी निष्कर्ष निकाल पाते हैं।

युंग का यह कथन आज भी उतना ही सटीक है जितना तब, जब इसे लिखा गया। एक भारतीय तथा एशियावासी होने के नाते मुझे यह बात बहुत चौंकाती है कि थोड़े से पश्चिमी मनोवैज्ञानिक ऐसे भी हैं जो मानवीय अस्तित्व की एक शर्त के रूप में 'मानस' को स्वीकारते हैं। किन्तु यह भी सच है कि मानसिक यथार्थ की धारणा में विश्वास करनेवाले मनोचिकित्सकों की संख्या लगातार घट रही है और जो बचे हैं वे महज 'अचेतन' के बारे में जबानी तौर पर ही बात करना ज्यादा अच्छा समझते हैं।

एक-दूसरा दृष्टिकोण भी है जिसे आप सुविधा के लिए भारतीय, एशियाई अथवा पौर्वात्य-दृष्टिकोण कह सकते हैं। ये दृष्टिकोण 'जादू-टोने' पर जरा दूसरे तरीके से विचार करता है। यह दृष्टिकोण 'मानस' और मनःप्रसूत वास्तविकताओं को एकदम से तयशुदा मानकर चलता है और इसमें मानसिक उत्पादों तथा मनोजन्य देवी-देवताओं के लिए कहीं ज्यादा स्वीकार भाव है।

आमतौर पर देखें तो यह दृष्टिकोण भारतीय बौद्ध-दार्शनिकों की उस अतिवादी स्थापना पर विश्वास नहीं करता जिसमें स्टीफन बेयर के शब्दों का सहारा लेकर कहें तो माना गया है कि "वास्तविकता तरल प्रवाह की तरह होती है और कल्पना का एक तात्त्विक आधार होता है।" इसी मान्यता के आधार पर ये दार्शनिक यह व्याख्या करते हैं कि क्यों वास्तविकता या वस्तु-सत्य सार्वजनिक होता है। यह नहीं कि क्यों कल्पनाबिम्ब निजी होते हैं। ओ' फेल्हर्टी ने इसी तरफ संकेत किया है जो बौद्धों के 'चेतना के तरल-प्रवाह' तथा पश्चिमी मनोविज्ञान की 'ठोस चेतना' वाली धारणा के बीचो-बीच वाली बात ठहरती है। फेल्हर्टी का कहना है कि परम्परागत भारतीय दृष्टिकोण मध्यम-मार्ग अपनाता है जिसमें माना जाता है कि कुछ चीजें दूसरों की अपेक्षा ज्यादा वास्तविक होती हैं। अधिकांश हिन्दू तान्त्रिकों की जादुई शक्ति को वैसी वास्तविकता नहीं मानते जैसी एक दन्त-चिकित्सक द्वारा दाँत उखाड़े जाने को। परन्तु साधनाओं की जादुई शक्ति को वास्तविकता का ही दर्जा देते हैं। तान्त्रिक स्वयं भी

अपनी शक्तियों को ज्यादा या कम वास्तविक मानकर स्वीकार करते हैं। एक तान्त्रिक का कहना था कि, "हमारी अधिकांश शक्तियाँ अभ्यास की देन है ठीक एक बाजीगर की तरह। कुछ-कुछ दूसरी शक्तियाँ थोड़ी ज्यादा जटिल हैं क्योंकि इसके लिए दूसरे लोगों की नजर बाँधनी होती है। उदाहरण के लिए, यदि मैं चाहूँ कि कोई औरत मुझे पसन्द करे तो मैं ऐसा कर सकता हूँ। वस्तुनिष्ठता के समग्र विचार से तान्त्रिक का कुछ खास मतलब नहीं होता।" ऐसा प्रतीत होता है मानो वह कहना चाह रहा हो कि 'अगर मैं स्वयं ही एक निजी 'यथार्थ' की सृष्टि कर सकूँ और दूसरों को प्रभावित करके उनसे इस 'यथार्थ' का सत्यापन करवा लूँ तो जो कुछ मैंने सृजित किया है—वह वास्तविक है।' इस तरह के यथार्थवत् भ्रम का सृजन और उसमें मरीजों को सम्मिलित करके उनमें उपचारकारी भ्रम की सृष्टि करना तान्त्रिक-चिकित्सा-पद्धति की खास बात है।

इस प्रकार अपने संकुचित अर्थ में चिकित्सा तन्त्र के अन्तर्जगत का हिस्सा है और यह अन्तर्जगत जादुई साधनाओं को सम्पन्न करनेवाले साधकों से भरा पड़ा है। पारलौकिक शक्तियों के स्वामी तान्त्रिक बड़ी संख्या में मिलते हैं। कहा जाता है कि एक 600 वर्ष की आयुवाले भुभ्रू बाबा हैं जो हिमालय के विजन प्रान्तर में कहीं स्थित एक सिद्ध-आश्रम में अपने ही तरह के दूसरे सिद्धों के साथ निवास करते हैं। तन्त्र के इस अन्तर्जगत में देश-काल-कारणता के नियम नहीं लागू होते हैं। एक त्रिजटा अघोरी के बारे में सुनने में आता है कि वे मुर्दों में जान डाल देते हैं। एक देवहुड़ा बाबा हैं जिन्हें संहारिणी-कृत्य की सिद्धि प्राप्त है अर्थात् वे इस शक्ति से जब चाहें जिसका संहार कर सकते हैं। पगला बाबा भैरवनाथ हवा में तैर सकते हैं और जिसके भी शरीर में चाहें—प्रवेश कर सकते हैं। कहते हैं धुर्जटा अघोरी को ब्रह्मा की तरह 'सृष्टि' उत्पन्न करने की क्षमता प्राप्त है। एक देबुल भैरवी नाम की महिला भी सिद्धि-तान्त्रिक है। कहते हैं उसके अधिकार में आज्ञा-पालन को तत्पर भूत-प्रेतों की एक बड़ी सेना है।

सिद्धि प्राप्त तान्त्रिकों को शक्तिशाली माना जाता है। ऐसे तान्त्रिक अपनी शक्तियों का प्रयोग किसी को हानि पहुँचाने के लिए भी कर सकते हैं और किसी के रोगोपचार में भी। इस शक्ति को प्राप्त करने के लिए उन्हें कई भयावह साधनाएँ करनी पड़ती हैं। इसको स्पष्ट करने के लिए मैं एक चिट्ठी के अंश उद्धृत करना चाहता हूँ। यह चिट्ठी एक चेले ने अपने गुरु को भेजी थी। यह चेला पेशे से ज्योतिषी है। वह समय का रहस्य जानना चाहता था ताकि अपने पास आनेवालों के पिछले जीवन को जान सके और आगे के लिए भविष्यवाणी कर सके। इसके लिए उसे 'कर्ण-पिशाचिनी' को साधना था। इस चेले ने गुरु की अनिच्छा के बावजूद वाममार्गी पद्धति से साधना करने पर जोर दिया क्योंकि इसका परिणाम शीघ्र प्राप्त होनेवाला था। चिट्ठी कुछ इस तरह से लिखी गई थी :

"आपने मुझसे कहा था कि इस साधना के लिए तीन दिन चाहिए। यह किसी भी माह शुक्ल पक्ष की प्रथमा से तीन दिन पहले प्रारम्भ की जा सकती है परन्तु इसकी तैयारी करने में दस दिन का समय लगता है। उसके बाद दस दिन तक कर्मकांड करना

पड़ता है और तब जाकर यह साधना पूरी होती है।

"आपके कहे अनुसार मैंने पौष के तीसरे दिन से नहाना बन्द कर दिया। दस दिन तक न तो नहाया और न मैंने अपने जीभ-दाँत साफ किए। इन दिनों मैं ज्योतिषी का काम करता रहा और लोग मेरी मैली-कुचैली हालत देखकर हैरान होते रहे। मैंने पूजा-पाठ, मन्दिर जाना और गायत्री-जप भी बन्द कर दिया क्योंकि आपने कहा था कि मैं ब्राह्मणोचित कोई भी पूजा-पाठ न करूँ क्योंकि ऐसे कर्मकांड से कर्ण-पिशाचिनी की सिद्धि में बाधा पड़ती है। दस दिन तक मैंने अपना बिस्तर भी नहीं बदला और न खाना खाने के बाद थाली माँजी। उसी थाली में खाता रहा।

"आपके आदेशानुसार पूर्णमासी के बाद तेरहवें दिन मैंने अपने मल-पात्र से थोड़ा सा अपना मल उठाकर स्वयं ही खाया। यद्यपि इससे मुझे बड़ी जुगुप्सा हुई लेकिन मैं रुका नहीं क्योंकि मैं वामाचार से साधना पूरी करना चाहता था। साधना के तीन दिनों में जब भी मुझे भूख लगती, मैं अपना मल खा लेता और प्यास लगती तो अपना मूत्र पी लेता।

"उसी रात मैंने अपने घर के दरवाजे अन्दर से बन्द कर लिए और अपने कमरे में ग्यारह बड़े-बड़े दीपक जलाए। प्रत्येक दीये में आधे सेर से ज्यादा तेल था। फर्श पर कम्बल बिछाकर मैं दक्षिण की ओर मुँह करके बैठ गया। मैंने सवेरे अपना मल खाया था और जो बचा था उसे अपने नग्न शरीर पर लपेट लिया था। थोड़ा सा मल अपने बालों में भी लगा लिया था।

"मैंने अस्थियों की दो माला बनाई। इन अस्थियों को मैंने श्मशान-घाट से रात के समय बटोरा था। प्रत्येक माला में 54 हड्डियाँ थीं। इनमें से एक मैंने गले में पहन ली और दूसरी माला हाथ में रखी।

"मैंने कर्ण-पिशाचिनी का मन्त्र पढ़ना प्रारम्भ किया :

ओम् हृंग कर्ण पिशाचिनी
अमोघ सत्यवादिनी मम कणे
अवतार-अवतार सत्य कथा कथा अतीत-अनागत
वर्तमान दर्श्य-दर्श्य ऐं हीं हीं
कर्ण-पिशाचिनी स्वाहा।

"मैं इस मन्त्र का जप करता रहा। आपने मुझे कहा था कि 115 माला जपूँ। आपने यह भी कहा था कि जप करते समय मल-मूत्र की इच्छा हो तो वहीं बैठा-बैठा कर लूँ और जप में बाधा डाले बिना मल-मूत्र को अपने शरीर पर मल लूँ। उस रात मुझे कई बार मल-त्याग और मूत्र-त्याग करने की इच्छा हुई। मैं हैरान था क्योंकि ऐसा कभी नहीं हुआ था। मल-मूत्र की दुर्गन्ध सारे कमरे में बसी हुई थी और साँस लेना कठिन हो रहा था। लेकिन मैंने 115 मालाएँ पूरी कर लीं। जब जप समाप्त हुआ तो सवेरे के पाँच बजे थे।

"आपके निर्देशानुसार मैं फर्श पर ही सोने के लिए लेट गया। सवेरे नौ बजे के

लगभग मुझे बड़े जोर की भूख लगी क्योंकि मैंने महीना-भर कुछ नहीं खाया था। मेरी आँखों में आँसू आ गए क्योंकि आपने मुझे यह साधना करने के लिए मना किया था। मैंने सोचा काश ! आपकी बात मान गया होता तो मेरा ब्राह्मणत्व समाप्त नहीं होता और मैं पिशाच न बनता।

"तीसरे पहर जब मैं लेटा था तो महसूस हुआ कि दरवाजा खुला है। यद्यपि दरवाजे में ताला लगा था किन्तु मुझे प्रतीत हुआ कि कोई अन्दर आया है। मैंने अपने शरीर पर चिकोटी काटकर विश्वास करना चाहा कि मैं जाग रहा हूँ। मैंने देखा कि 25-30 वर्ष की एक सुन्दरी नग्नावस्था में मेरे पास खड़ी है। वह बिना कुछ कहे लेट गई। मैं डर गया और उठना चाहा। लेकिन उसने मुझे बलात् लिटा दिया और मेरे शिश्न को सहलाने लगी। मैं डरा हुआ था और पता नहीं चल रहा था कि क्या करूँ। मैं उसकी तरफ देख भी नहीं रहा था जबकि वह बेशर्मी से मेरे शिश्न को सहला रही थी और मुझे 'सम्भोग' के लिए उकसा रही थी। हमने सम्भोग नहीं किया और वह शाम को पाँच बजे लुप्त हो गई। मैं अत्यधिक क्षीणावस्था में था और यह फैसला करने की सोच रहा था कि साधना छोड़ दूँ। लेकिन आपने कहा था कि जो कोई बीच में साधना छोड़ देता है, पिशाचिनी उसे मार डालती है। एक बार 'साधना' आरम्भ हो जाए तो या तो उसकी सिद्धि से इच्छापूर्ति होती है अथवा मरने के लिए तैयार रहना पड़ता है।

"सन्ध्या समय मेरी आँख खुली तो कमरे में फैली दुर्गन्ध से मेरा सिर फटा जा रहा था। रात के ग्यारह बजे मैंने फिर दीपक जलाए और जप प्रारम्भ कर दिया। लगभग आधे घंटे के बाद वही स्त्री, जो तीसरे पहर दिखी थी, आई और मेरे साथ बैठ गई। उसके दाँत बाहर को निकले हुए थे। उसके बाल छोटे-छोटे और कटे हुए थे। उसके गले में अस्थियों की माला थी। इसके अतिरिक्त उसके शरीर पर कुछ भी नहीं था। वह बहुत खुश लग रही थी तथा बार-बार भेरे शिश्न पर हाथ फेर रही थी। कभी वह शिश्न सहलाती, कभी मुझे चूम लेती तथा मेरे कमर में हाथ डाल रही थी। मैं भय से काँप रहा था लेकिन मैंने जप नहीं छोड़ा। मैंने उस रात पाँच-छह दफे मल-मूत्र त्याग किया। हर बार इस स्त्री ने हम दोनों के शरीर पर मल-मूत्र का लेप किया। वह सवेरे पाँच बजे तक मेरे पास बैठी रही और ज्योंहि जप पूरा हुआ, उठकर चली गई। एक बार फिर मैंने 'जप' बन्द करने की बात सोची लेकिन मृत्यु के डर से इसे जारी रखा।

"तीसरे दिन जब शुक्ल-पक्ष की प्रथमा थी, वह स्त्री फिर आई और मेरे साथ लेट गई। मैंने उठने की चेष्टा की लेकिन उसने मेरी छाती पर लात मारी और मुझे अपने साथ लेटने पर मजबूर किया। उसने फिर मेरे शिश्न के साथ खेलना प्रारम्भ किया और मुझे 'सम्भोग' के लिए उकसाया। शाम के तीसरे पहर वह अपने इरादे में कामयाब हो गई और 'सम्भोग' पूरा होते ही उठकर चली गई। मैं लेटा रहा क्योंकि डर और लज्जा के कारण मुझे अपना शरीर एकदम अशक्त लग रहा था।

"जब रात को मैंने जप आरम्भ किया तो वह स्त्री तुरन्त प्रकट हो गई और मेरी गोद में आकर बैठ गई। मैं मन्त्र जपता रहा जबकि उसने मेरे शरीर पर मल-मूत्र त्याग

किया और उससे मेरे शरीर को पोत दिया। सवेरे पाँच बजे वह मेरी गोदी से उठी और बोली, 'अब मैं तुम्हारी प्रेमिका हूँ और जीवन-भर तुम्हारे साथ रहूँगी। मैं तुम्हारा कहा करूँगी किन्तु तुमने मुझे छोड़ने की बात भी सोची तो मैं तुम्हारी हत्या कर दूँगी'। इसके बाद नववधू के समान उसने अपनी हड्डियों की माला मेरे गले में डाल दी और मेरी माला अपने गले में डाल ली। मैं चुप था लेकिन वह बोली, 'लजाओ मत। तुमने मुझे पा लिया है और मैं तुम्हारे साथ रहूँगी। जब भी मुझे सम्भोग की इच्छा होगी मैं तुम्हारे पास आऊँगी और तुम्हें मेरी कामेच्छा शान्त करनी होगी। जब भी तुम कोई प्रश्न पूछोगे उसका उत्तर चुपके से मैं तुम्हारे कान में फुसफुसा दूँगी लेकिन किसी को मेरे बारे में मत बताना अन्यथा मैं तुम्हारा गला घोट दूँगी।' यह कहकर उसने मेरे शिश्न को चूमा और लुप्त हो गई।''

उस व्यक्ति ने बताए हुए अन्य कर्मकांड भी पूरे किए। अगले दस दिनों तक वह मानसिक क्लेश से पीड़ित रहा। वह न तो किसी अन्य देवी-देवता को पूज सकता था न ही कोई ब्राह्मणोचित कर्मकांड कर सकता था। लेकिन उसकी आर्थिक-दशा काफी सुधर गई। उसका कहना था, ''पिशाचिनी लोगों की भीड़ इकट्ठा करके मेरे घर की तरफ भेज देती है। प्रतिदिन सौ से अधिक व्यक्ति मुझसे प्रश्न पूछने आते हैं। बिना जाने ही उनका पूरा जीवन मेरी आँखों के आगे घूम जाता है। जब भी कोई व्यक्ति प्रश्न पूछता है, पिशाचिनी उसका उत्तर चुपके से मेरे कानों में कह देती है। इस पर प्रश्नकर्त्ता आश्चर्यचकित होकर श्रद्धा से मेरे पाँवों पर गिर पड़ता है।''

कई दृष्टियों से यह चिट्ठी रोचक कही जा सकती है। पहली बात तो यह कि इससे तन्त्र तथा विशेषकर वाममार्गी कर्मकांडों के बारे में जनसाधारण में प्रचलित मान्यता की पुष्टि होती है। इससे पता चलता है कि तान्त्रिक किस प्रकार शक्ति प्राप्त करते हैं। दूसरी बात यह पता चलती है कि तन्त्र की सामाजिक भूमिका क्या है, उसकी अचेतन कल्पनाएँ क्या हैं जो न केवल नाटकीय ढंग से तान्त्रिकों में बल्कि हिन्दू जन-मानस में भी बसी हुई हैं। उदाहरणार्थ, यहाँ पिशाचिनी साधना के जरिए ब्राह्मणवादी कर्मकांडीय पवित्रता के आदर्शों को बड़े नाटकीय ढंग से प्रस्तुत किया गया है। हिन्दू-मानस के अन्दर अशुद्ध-अपवित्र होने की जो भावना भरी पड़ी है और जिससे 'क्या खाएँ-क्या छुएँ'—जैसी बातें निर्धारित होती हैं वह वैयक्तिक मानस की गहराइयों में छुपी बात भर न होकर तान्त्रिक-साधनाओं के जरिए सार्वजनिक हिस्सेदारी का विषय बनकर सामने आता है। मैंने पहले ही कहा है कि ऐसी बहुत ही कम अचेतन कल्पनाएँ होंगी जिन्हें भारत में सार्वजनिक तौर पर स्वीकार न किया जाता हो चाहे इनका स्वरूप जीवित मिथक के रूप में हो अथवा साम्प्रदायिक आचार के रूप में। भारतीय समाज की एक आश्चर्यजनक विशेषता यह है कि यहाँ मनोराज्य में सब कुछ करने की अनुमति है किन्तु व्यवहार में बहुत कम चीजों के लिए छूट दी गई है।

जहाँ तक तन्त्र के माध्यम से रोगोपचार का सम्बन्ध है, यह विश्वास किया जाता है कि तान्त्रिक दैवी-शक्तियों का स्वामी होता है और अगर उसे पता हो कि किस रोग

के लिए कौन सा मन्त्र आवश्यक है तो रोगोपचार अवश्यंभावी है। हमें यह पता है कि चिकित्सक में ऐसा विश्वास होना अत्यन्त महत्त्वपूर्ण है क्योंकि उसी के कारण रोगी को अपने-अपने मनोविकारों से मुक्त होने में मदद मिलती है। जिस व्यक्ति को क्रोध के दौरे पड़ते हों उसके लिए यह मन्त्र दिया जाता है—'ह्रंग थिंग थिंग थिंग कोधप्रहम्ण ह्रंग-ह्रंग हँ क्लिंग सा सा स्वाहा।' कहा जाता है कि उक्त व्यक्ति 21 दिन तक यह मन्त्र प्रतिदिन 108 बार पढ़े। जिस व्यक्ति के ऊपर भूत-प्रेत का साया हो उसके लिए तान्त्रिक हवन-कुंड में अग्नि प्रज्वलित करके 'ओम् हँ क्षँ स्वाहा' मन्त्र पढ़ते हुए अग्नि के धुएँ से रोगी के शरीर को छूता है। कई बार उपचार की यह क्रिया बड़ी नाटकीय होती है। उपचार में मुर्दे की हड्डियाँ प्रयुक्त की जाती हैं और कर्मकांड आधी रात को श्मशान में किया जाता है। इससे इस धारणा को बल मिलता है कि तान्त्रिक पारलौकिक शक्तियों के स्वामी होते हैं और ऐसे जीवों से उनका सम्बन्ध होता है जो इस संसार में नहीं मिलते।

किसी भी तन्त्र के मुद्दे पर सर्वव्यापी सहमति बड़ी मुश्किल से देखने को मिलती है। कुछेक तान्त्रिकों का मानना है कि तन्त्र के द्वारा रोगोपचार की बात गलत तो नहीं है परन्तु इसकी एक सीमा है। उनका कहना है कि तन्त्र के द्वारा रोगोपचार में खास तरह की नाटकीयता होती है मसलन जलती चिता से लकड़ी लाकर उस पर रोटी पकाई जाए तो खाने से 'मिरगी' दूर होगी, या मानव-खोपड़ी से पानी पीना। लेकिन ऐसी बातों के कारण यह नहीं भूलना चाहिए कि 'मन-शरीर' का एक खास प्रतिमान तन्त्र में सुपरिभाषित तौर पर स्वीकृत है और इस प्रतिमान पर तन्त्र द्वारा किया जानेवाला रोगोपचार अवलम्बित होता है।

यहाँ पर हम इस जटिल प्रतिमान की बस रूपेरखा भर जान सकते हैं। अध्याय 'सात' में इस पर विस्तार से चर्चा की जाएगी। तान्त्रिक इसे 'सूक्ष्म शरीर' की संज्ञा देते हैं। इसमें हजारों नाड़ियाँ होती हैं जिनसे ऊर्जा का संचरण होता है तथा छह चक्र होते हैं। यह सूक्ष्म शरीर न तो कायिक होता है न ही मानसिक बल्कि मनोःकायिक होता है। इसे आप चाहें तो 'कल्पनाप्रसूत संसृष्टि' मान सकते हैं हालाँकि अधिकांश हिन्दुओं का दावा है कि इसे देखा जा सकता है। यही सूक्ष्म शरीर सारी शारीरिक-मानसिक क्रियाओं को सम्पन्न करता है। इसका मूलाधार गुप्तांग और गूदा के बीच कहीं है तथा वहाँ से लेकर खोपड़ी तक छह चक्र हैं। इसमें तीन नाड़ियाँ हैं—इड़ा, पिंगला और सुषुम्ना। इसमें सर्वाधिक महत्त्वपूर्ण सुषुम्ना है जो सिर के बीचो-बीच से आरम्भ होकर मूलाधार तक पहुँचती है। इड़ा-पिंगला इसके आसपास लिपटी हुई रहती हैं।

सुषुम्ना पर छह चक्र हैं जो चेतना की विभिन्न अवस्थाओं का प्रतिनिधित्व करते हैं। भारत के समस्त आध्यात्मिक सम्प्रदायों का मूल उद्देश्य है कि जो शक्ति इड़ा और पिंगला में प्रवाहित होती है, उसका संचार सुषुम्ना के माध्यम से हो। इस शक्ति को कुंडलिनी कहा जाता है और यह छह के छह चक्रों से होकर संचरित होती है। जब कुंडलिनी जाग उठती है तो चेतना के द्वार खुल जाते हैं और व्यक्ति को नानाविध

मानसिक अनुभव होते हैं।

इन छह चक्रों में से कुछ चक्र प्राकृतिक तथा ब्रह्मांडीय घटनाओं से सम्बद्ध हैं, साथ ही चेतना की विभिन्न अवस्थाओं के प्रतिनिधि भी हैं। कहा जाता है कि प्रत्येक चक्र का विशिष्ट शारीरिक-मानसिक गुणों से सम्बन्ध है। यदि किसी चक्र की क्रिया ठीक से न हो तो विशिष्ट शारीरिक-मानसिक विकार पैदा होते हैं। उदाहरण के लिए, यदि मूलाधार की क्रिया बिगड़ जाए तो मूर्छा आ सकती है, यौनगत विकार तथा भ्रम पैदा हो सकता है। मणिपुर चक्र के बिगड़ने से क्रोध, नेत्र-रोग और फेफड़े के रोग होते हैं तथा अनाहत चक्र के बिगड़ने से दमा तथा अन्य श्वाँस-रोग हो जाते हैं।

तन्त्र के अनुसार जब केन्द्रीय-नाड़ी से शक्ति-प्रवाह ठीक तरह नहीं होता तो वास्तविकता से सम्बन्ध कट जाता है और भयंकर मानसिक रोग होते हैं। यदि शरीर अथवा मन गहरे तनाव में हों तो यह शक्ति अकस्मात् ही मस्तिष्क-स्थित सहस्रार चक्र को छू जाती है—जिसके बड़े बुरे परिणाम होते हैं। पुरानी परम्परा तथा अनेक संस्कृतियों में 'पागलपन' को 'आध्यात्मिकता' से जोड़कर देखा जाता है और पागल व्यक्ति को सन्त, कवि या प्रेमी के रूप में समझा जाता रहा है। तन्त्र भी बिल्कुल इसी तरह यह मानता है कि 'सूक्ष्म-शरीर' की क्रियाविधि से पागलपन तथा सन्तों की रहस्यदर्शी चेतना का सम्बन्ध है।

किसी चक्र में विकार कैसे उत्पन्न होता है ? मुख्य कारण तो अनात्मभूत कर्म हैं। जब 'चक्र-विशेष' की गड़बड़ी एक खास स्तर तक पहुँच जाती है तो 'भूत' की उत्पत्ति होती है। 'भूत' नाना प्रकार के प्रेतों के लिए प्रयुक्त शब्द है जिसे दूर करने के लिए नाटकीय ढंग का कर्मकांड किया जाता है। इस कर्मकांड का वर्णन ऊपर किया जा चुका है। तान्त्रिक को चक्रों तथा प्रेत-विद्या का ज्ञान भली-भाँति होना आवश्यक है। हिन्दू-समाज में जिसे भूत-प्रेत की संज्ञा ही जाती है वह ईसाइयों के 'भूत-प्रेत' से भिन्न है। भारत में ईसाई-परम्परा के समान 'भूत-प्रेतों' को मात्र 'शैतानी' नहीं माना जाता। भारतीय परम्परा में स्वीकृत 'भूत-प्रेत' यूनान के 'डायमोन' (Daimon) के समान हैं जो अच्छे भी हो सकते हैं और बुरे भी किन्तु हर रूप में उनके अन्दर एक आवेग भरा होता है। कुमारस्वामी का कहना है, "अब हम इन चीजों को 'अन्धविश्वास' मानते हैं। शायद यह अन्धविश्वास है भी अगर जीवन को उसके मूर्त्त अर्थों में स्वीकार करें किन्तु आज हम इन 'भूतों' को अपने अन्दर के मूलावेग के रूप में स्वीकार करते हैं और जब तक हम इन पर नियन्त्रण करना नहीं सीख जाते वे हमें अपनी चपेट में लिए रहते हैं। आप चाहे घोड़े को किसी नाम से पुकारें किन्तु सवाल हमेशा यही होता है कि हम घोड़े की सवारी करें या घोड़ा खुद हमारी सवारी गाँठ ले।"

रोग का उपचार करने से पहले तान्त्रिक यह देखता है कि कौन सा चक्र बिगड़ गया है और किस तरह का भूत रोगी को पकड़े हुए है। उपचार रोगी के आचार तथा विचार को सुन-देखकर किया जाता है तभी उसकी 'विकृति' का पता चलता है।

'अनुभूति' के आधार पर भी रोगी के चक्रों की गड़बड़ी का पता किया जा सकता

है लेकिन यह ऐसी विधि है जिसके लिए स्वयं निदानकर्त्ता का अपने 'चक्रों' से भली-भाँति परिचित होना अनिवार्य है। एक प्रसिद्ध बांग्ला-लेखक समरेश बोस ने इस प्रकार के उपचार का वर्णन किया है। जब बोस एक तान्त्रिक के पास गए तो उसने पहले यह जाँचा कि वे तान्त्रिक-प्रशिक्षण के लायक हैं कि नहीं। उन्होंने लिखा है, "उसने मेरे शिश्न और गुदा के बीच के भाग (मूलाधार) पर अपना हाथ रखा और फिर गुदा से लेकर रीढ़ के आधार-भाग तक हाथ फेरते हुए बोला, "माँ ! इस आदमी में योग्यता तो है। यदि यह चाहे तो संघर्ष कर सकता है लेकिन इसमें पर्याप्त शक्ति नहीं है। इसे साल-भर खाँसी रहती है क्योंकि यह तम्बाकू बहुत पीता है"। यह सुनकर मुझे बहुत हैरानी हुई कि किस प्रकार उसने मेरे शरीर के अंग पर हाथ लगाकर यह बता दिया कि मैं तम्बाकू बहुत पीता हूँ और मुझे खाँसी रहती है।"

एक बार रोग का पता चल जाए तो उसके उपचार के लिए कई नाटकीय कर्मकांड किए जाते हैं। इनका ऊपर वर्णन किया जा चुका है। इन कर्मकांडों के जरिए सतानेवाले भूत पर भी कब्जा किया जाता है तथा चक्र की गड़बड़ी को दूर करके उसे सामान्य दशा में लाया जाता है। जिन व्यक्तियों के अन्दर मनोरोग भयंकर रूप धारण कर लेता है उनके उपचार के लिए पहले भौहों के बीच स्थित 'आज्ञाचक्र' को निष्क्रिय कर दिया जाता है। मस्तिष्क-स्थित सहस्रार तक पहुँचने का रास्ता 'आज्ञाचक्र' होकर ही है। इस उपचार में मन्त्र, सम्मोहन तथा भाँग-आधारित औषधियों का प्रयोग किया जाता है। अन्य चक्रों की शुद्धि के लिए संगीत, तेल-मालिश, गर्म पानी से स्नान और पूजा-पाठ जैसे कर्मकांडों का सहारा लिया जाता है। यहाँ मैं एक उदाहरण देकर स्पष्ट करना चाहूँगा कि तान्त्रिक किस प्रकार रोगों का निदान करते हैं।

यह रोगी एक सरकारी दफ्तर में क्लर्क था। उसकी आयु तीस वर्ष थी। कुछ समय से उसका वजन कम होता जा रहा था। वह लगातार चिन्ताग्रस्त रहता था और नपुंसक हो गया था। आयुर्वेद और एलोपैथी से उसे कुछ लाभ नहीं हुआ। उसके पिता के बड़े भाई ने उसे एक तान्त्रिक को दिखलाया। तान्त्रिक ने निम्नलिखित तरीके से उसका अध्ययन करके निदान सुझाया :

1. उसके आचार का अध्ययन : रोगी उसके पास नहीं आया, दूर से ही नमस्कार करके बड़ी तनावपूर्ण मुद्रा में बैठ गया। वह आँख नहीं मिलाता था और बड़ी धीमी आवाज में बोलता था।

2. विचार का अध्ययन : रोगी से पूछा गया कि तुम्हें क्या कष्ट है तो उसका उत्तर था : "कुछ नहीं"। आगे पूछने पर उसने बताया कि वह दुर्बलता और थकावट का अनुभव करता है तथा उसे चिन्ता लगी रहती है कि नौकरी रहेगी भी या नहीं। पत्नी के साथ उसके सम्बन्धों के बारे में पूछने पर उसे गुस्सा आ गया और उसने कहा कि औरतें बाघिन होती हैं।

3. समाधान : वजन की कमी, नपुंसकता, औरतों से भय जैसी बातों से साफ पता चलता है कि स्वाधिष्ठान चक्र में विकार है। आज्ञाचक्र दुर्बल हो गया है क्योंकि उसे

नौकरी छूट जाने का भय है। तनावपूर्ण मुद्रा तथा बड़बड़ाने से यह भी जान पड़ता है कि मणिपुर चक्र में थोड़ी सी गड़बड़ी आ गई है।

तान्त्रिक ने यह पता लगाया कि उस पर किसी 'डाकिन' की छाया है। चक्रों के विकार को दूर करने के लिए तेल की मालिश और दूध तथा चीनी के साथ चावल खाने को कहा गया। उससे कहा गया कि पान खाना छोड़ दे। यह भी कहा गया कि जब तक चक्रों के विकार दूर नहीं हो जाते वह 'सम्भोग' न करे भले ही इसके लिए कितनी भी इच्छा क्यों न हो। तान्त्रिक का कहना था कि उसके बाद वह हवन करेगा और 'डाकिनी' को दूर भगाएगा। तान्त्रिक को विश्वास था कि इसमें उसे अवश्य सफलता मिलेगी।

शीतल-समीर

माताजी का पंथ

माताजी और उनके पंथ से मेरा पहला साक्षात्कार बिना किसी योजना के ही हुआ। समाचार-पत्र के अन्दर के पृष्ठ पर जहाँ राजधानी में खेले जा रहे नाटकों, संगीत-समारोहों तथा अन्य मनोरंजनकारी गतिविधियों के बारे में जानकारी दी गई रहती है, वहीं एक अधेड़ आयु की सुन्दर महिला का चित्र छपा था। स्त्री के माथे पर बड़ा सा टीका था, बाल कन्धे तक लटक रहे थे और चेहरा काफी बड़ा था। चित्र के नीचे लिखा था कि आदिशक्ति माता निर्मला देवी लन्दन से लौट आई हैं तथा नगर में एक सप्ताह रहेंगी। प्रतिदिन शाम सात से नौ बजे तक उनका प्रवचन होगा और आत्म-साक्षात्कार कराने के लिए सभी नवागन्तुक भक्तों की कुंडलिनी जगाई जाएगी।

कुंडलिनी को जागृत करना अत्यन्त प्राचीन काल से ही भारत के सभी आध्यात्मिक-रहस्यवादी सम्प्रदायों का लक्ष्य रहा है और माना जाता है कि बहुत कम लोग कुंडलिनी जगा पाते हैं। यह बात मुझे बहुत चौंकाऊ लगी। मैंने पहले भी सुना था कि माताजी रोगों का निदान चमत्कारिक ढंग से करती हैं और तुरन्त मोक्ष-प्रदान करती हैं। मुझे शंका होती थी कि हो न हो यह अध्यात्म के निरन्तर बढ़ते और प्रतिस्पर्धी होते बाजार में अपने प्रतिद्वन्द्वियों को पटखनी देने की चेष्टा है। माताजी ने एक धर्म-उपचारक के रूप में अपनी शुरुआत की थी और इसके बाद से उन्होंने इस क्षेत्र में काफी प्रगति की है लेकिन तब भी 'गुरुओं की प्रथम पंक्ति' में नहीं आ पाई हैं। भारत में अध्यात्म का बाजार काफी बढ़ा-चढ़ा है और यह इस क्षेत्र में अग्रणी है किन्तु काफी चेष्टारत होने के बावजूद माताजी का सम्प्रदाय, महर्षि महेश योगी, भगवान रजनीश, साईं बाबा और राधास्वामी सत्संगवाले महाराज चरण सिंह से काफी पीछे है। जहाँ तक प्रभाव, भक्तों की संख्या और सम्पदा का सवाल है माताजी की यह अध्यात्म-उत्पादक कम्पनी अब भी एक मँझोले दर्जे का ही उपक्रम है और महर्षि महेश योगी के 'टी एम', पूना आश्रमवाले रजनीश, सत्य साईं बाबा अथवा चरणदासवाले अध्यात्म की बहुराष्ट्रीय कम्पनियों से काफी पीछे है। इस वजह से माताजी के सम्प्रदाय से मुझे तनिक सहानुभूति थी अन्यथा पहलेवालों की स्थिति में होने पर मेरा ध्यान उन पर नहीं जाता।

काश ! मैं कह सकता कि मैं गया तो था 'माताजी' के पास एक संशयात्मा बनकर लेकिन लौटा पूरा विश्वासी और श्रद्धावनत होकर—जैसा कि हम लोगों में से बहुतों की मनोकांक्षा होती है। लेकिन वस्तुस्थिति एकदम दूसरी है। माताजी के सम्प्रदाय के साथ मेरे बाद के 'अनुभव' भले दूसरे रहे हों परन्तु पहली बार तो ऐसा लगा कि यह 'आध्यात्मिक आनन्द' से साक्षात्कार नहीं है बल्कि पुरोहिताई के एक प्रहसन में आ गया हूँ। मैं नई दिल्ली के विद्यालय के उस सभाकक्ष में पहुँचा। यहीं प्रवचन होना था किन्तु तब तक प्रवचन समाप्त हो चुका था। कुंडलिनी जागरण भी समाप्त हो गया था और अधिकांश लोग जा चुके थे। माताजी सिंहासन जैसी सजी-सजाई कुर्सी पर बैठी थीं। 'माताजी' एक मांसल शरीर की सुन्दर स्त्री हैं और उनके चेहरे से वही आभा टपक रही थी जो जनसमूह का श्रद्धापात्र बनने पर अक्सर देखने में आती है। हालाँकि 'माताजी' थकी हुई थीं किन्तु चेहरे पर इत्मीनान पसरा हुआ था। उनके आसपास तीस के लगभग नर-नारी बैठे थे। इस झुंड के बाहर कोई आधा-दर्जन व्यक्ति और होंगे जो नए आए प्रतीत हो रहे थे। भक्त पालथी मारे और आँख मूँदे ध्यान-मग्न बैठे थे। उनके हाथ एक विशेष-मुद्रा में माताजी की तरफ फैले हुए थे। मुझे बाद में पता चला कि ये श्रद्धालु अपनी अँगुलियों के छोरों पर से उठनेवाली शीतल हवा की प्रतीक्षा में थे जो इस बात का परिचायक है कि उनकी कुंडलिनी माताजी की शक्ति के फलस्वरूप जाग उठी है। माताजी के दो विदेशी श्रद्धालु कुर्त्ता-पाजामा पहने 'ओऽम श्री माताजी निर्मला मा' मन्त्र जप रहे थे। चार-पाँच श्रद्धालु जिनका नेता एक सिख था—दो युवतियों की कुंडलिनी जगाने का प्रयत्न कर रहे थे। दोनों युवतियाँ माताजी के चरणों में लेटी थीं और उनका पैर अपने हाथों में लेकर आँखों से लगाए हुए थीं। इन चार-पाँच श्रद्धालुओं के बाएँ हाथ माताजी की ओर फैले थे और दाहिने हाथ से वे इन युवतियों की पीठ सहला रहे थे। माताजी कभी-कभी किसी युवती के सिर पर हाथ फेर देतीं लेकिन और किसी बात पर ध्यान नहीं दे रही थीं। वह अपने सामने बैठे, चुस्त कपड़े पहने एक युवक से बातें कर रही थीं जो उन्हें श्रद्धाभरी आँखों से देख रहा था और उनके घुटने दबा रहा था।

अचानक माताजी ने यह फैसला सुनाया कि एक युवती की कुंडलिनी तो कम-से-कम इस सन्ध्या जागने से इनकार कर रही है। उन्होंने अपना पाँव उस लड़के के हाथ से खींच लिया और अपने एक सहायक को उस युवती को अधिक प्रशिक्षण देने का आदेश देते हुए कहा, "बेटी ! बचपन में तुम श्मशान में घूमी हो।" फिर उनकी दृष्टि नए लोगों पर घूमते-घूमते मुझ पर आ टिकी। वह पूछने लगी, "क्या तुम भी पार उतरना चाहते हो ?" यद्यपि यह बात अचानक पूछी गई थी और मैं भवसागर उतरने की स्थिति में फिलहाल नहीं था किन्तु मैंने हामी में सिर हिलाते हुए कहा, "हाँ !" जब मैं उनके आगे थोड़े खाली स्थान पर बैठने लगा तो वह पूछ पड़ीं, "तुम्हारा पेशा क्या है ?"

"मैं मनोवैज्ञानिक हूँ" मैंने उत्तर दिया।

"कौन से ? फ्रायड के अनुयायी ?" मैंने हामी में सिर हिलाया।

"यह तो ठीक नहीं है" वह बोलीं, "फ्रायड के अनुयायियों का बायाँ अंग बड़ा

कमजोर होता है। युंग के अनुयायी ज्यादा अच्छे होते हैं।" उन्होंने उक्त सिख युवक की तरफ देखा जो कॉलेज का छात्र प्रतीत होता था और उसे देखने पर लगता था कि मेरी कुंडलिनी जगाने के लिए तत्पर है। माताजी ने उसे जताते हुए कहा, "फ्रायड तो तान्त्रिक था न !"

मैं फर्श पर लेट गया और मेरी मुँदी आँखों पर माताजी का पैर था। पैर भींगा हुआ था जो या तो पसीने के कारण हो सकता है अथवा भक्तों के आँसुओं के कारण। मैं अपने को बिल्कुल बन्द-बन्द सा महसूस कर रहा था हालाँकि मुझे डर नहीं लग रहा था। माताजी के शिष्य उनके साथ मेरे चक्रों और कुंडलिनी की चर्चा कर रहे थे। उनकी आवाज मुझे दूर से आती हुई प्रतीत हो रही थी। उनकी बातें बिल्कुल ऐसे ही मत-मतान्तरोंवाली थीं, 'मणिपुर' में कहीं गड़बड़ी है। "आज्ञा-चक्र की भी सफाई आवश्यक है। लग रहा था मानो मरीज को बेहोश करके उसकी चीड़फाड़ के बारे में चिकित्सक बतिया रहे हों। अचानक मुझे अपनी रीढ़ के निचले हिस्से में दो चोटों का अनुभव हुआ। माना जाता है कि कुंडलिनी यहीं सोई रहती है। अचानक मुझे ध्यान आया कि मैंने यहाँ आने से पहले मित्र के घर डटकर भोजन किया है और यदि यह सिख युवक कुंडलिनी को इसी तरह रास्ते पर लाने का प्रयास करता रहा तो मेरे पेट से निकली वायु वातावरण को प्रदूषित तो करेगी ही, मुझे और उन सबको लजा जाना पड़ेगा। इसके बाद मैंने अपना सारा ध्यान इस आध्यात्मिक-आत्मसाक्षात्कार से हटाकर उस 'वायुविशेष' को रोकने में लगा दिया।

अच्छा हुआ कि कुंडलिनी जगाने का यह प्रयास ज्यादा देर तक नहीं चला। मुझसे कहा गया कि कुंडलिनी जागी तो है किन्तु मेरे मस्तिष्क में 'अहम्' का भाव राह रोके बैठा है इसलिए वह यहाँ तक नहीं गुजर रही। मुझे माताजी का एक चित्र दिया गया और कहा गया कि सवेरे-शाम गर्म पानी में नमक डालकर उसमें पैर डालकर बैठो और माताजी की चित्र को मोमबत्ती अथवा अगरबत्ती के प्रकाश में निहारते रहो। इससे तुम्हारी नाड़ियों और चक्रों की सारी अशुद्धि दूर हो जाएगी। मैं बहुत खिन्न मन से घर लौटा कि न जाने किस बेवकूफी में अपना पेट भरकर वहाँ पहुँचा था और सारा ध्यान 'अपानवायु' को रोकने में लगाकर जाने के मूल उद्देश्य से वंचित हो गया।

अगली बार बम्बई में अपने मित्र के घर मेरी मुलाकात माताजी से हुई। वहाँ कुछ और भी श्रद्धालु जमा थे। उन सबकी इच्छा थी कि मेरी कुंडलिनी आज ही जग जाए। मैं बाहर बरामदे में उन भक्तजनों के साथ बैठा था। वहाँ एक सिंहासन पर माताजी का चित्र रखा था। उनके तीन शिष्य मेरी पीठ पर हाथ रखकर टटोलने लगे कि 'कुंडलिनी' की स्थिति क्या है ? उनमें से एक बोला, "इसके बाएँ हाथ की तीसरी अँगुली से पता चलता है कि कहीं कोई रुकावट है"। दूसरा कहने लगा, "ठीक कहते हो, इसके दाएँ हाथ की दूसरी अँगुली से भी गर्म तरंगें उठ रही हैं। मुझे भी ऐसा ही लग रहा है।" वे सभी इस बात पर एकमत थे कि मेरे प्रत्येक चक्र में कोई-न-कोई दोष अवश्य है। इतने में माताजी ने मुझे अपने कमरे में बुलाया। वहाँ उनके कुछ खास शिष्य बैठे हुए

थे। उन्होंने अपने पैर की तरफ इशारा किया। मैं फर्श पर लेट गया और आँखें बन्द करके उनके पैरों से लगा दीं।

मातजी का मिजाज काफी खुशगवार था। उन्होंने अपने शिष्यों के साथ मेरी कुंडलिनी जगाने का प्रयत्न आरम्भ किया। कोई मेरी रीढ़ की हड्डी को धीरे-धीरे सहला रहा था। बड़ा हल्का सा दबाव देते हुए वह अपनी अँगुली से मेरी रीढ़ की हड्डी को ऊपर से नीचे तक दबाते जा रहा था। धीरे-धीरे मैंने महसूस किया कि मेरा सारा तनाव दूर हो गया है। खिड़की से समुद्र की ठंडी हवा आ रही थी और मेरे बालों पर उसका स्पर्श बड़ा सुहाना प्रतीत हो रहा था। एक सुखद अनुभूति धीरे-धीरे मेरे शरीर में व्याप्त होने लगी। शायद ही कभी वयस्क होने पर कोई हमारे शरीर को इतने प्यार से सहलाता हो। मेरे सोच-विचार धीरे-धीरे शान्त पड़ने लगे और मुझे ऐसा लगा कि मैं मानो बच्चा हूँ और मेरी माँ मेरी पीठ सहला रही है। इतने में किसी ने कहा ''यह सोचता बहुत है''। माताजी बोलीं, ''इसका बायाँ अंग देखो, वह दुर्बल है। देख रहे हो, वहाँ रुकावट है।' चारों ओर से हामी भरने की आवाज आई। माताजी ने कहा, ''इसका कारण यह है कि यह फ्रायड का चेला है। फ्रायड ने बाईं ओर से मन का अध्ययन किया है—जिसका निषेध है। फ्रायड के लिए तो एक ही मन्त्र है, ''ओउम् साक्षात् मोक्षदायिनी साक्षात् निर्मला देवी।'' श्रद्धालुओं ने फ्रायड का प्रभाव दूर करने के लिए यह मन्त्र जपना आरम्भ कर दिया। माताजी बोलीं, ''तुम भी इसी का जाप करो, बेटा !'' मैंने मन-ही-मन फ्रायड और अन्तर्राष्ट्रीय मनोविश्लेषक संघ के सदस्यों से क्षमा माँगते हुए मन्त्र जपना आरम्भ कर दिया। माताजी बोलीं, ''देखो ! इसके व्यक्तित्व में सन्तुलन आ रहा है।'' श्रद्धालुओं ने फिर इस बात पर हामी भरी।

माताजी ने मेरे सिर पर हाथ फेरते हुए कहा—क्षमा ! क्षमा ! तुम सभी को क्षमा करो। तुम्हारे मनोविज्ञान में तो ऐसी बातें नहीं हैं। हैं क्या ?'' अचानक उन्होंने—हाँ ! हाँ ! कहना शुरू किया। प्रत्येक 'हाँ' पर श्रद्धालु जोर से साँस भर रहे थे। सम्भवतः उनका उद्देश्य था कि मेरी कुंडलिनी को सहस्रार तक पहुँचा दें। एक बार पुनः 'हाँ' कहकर माताजी बोलीं, ''अब यह जागृत है।'' मैं उठकर बैठा तो कहने लगीं, ''कुछ समय तक ध्यान लगाकर बैठो'' फिर पूछने लगीं, ''क्या तुम्हें अपने सिर और हथेलियों पर शीतल समीर का अनुभव हो रहा है ? हो तो रहा था ऐसा अनुभव लेकिन कहना मुश्किल है कि ऐसा खुली खिड़की से ठंडी हवा आने के कारण था अथवा कुंडलिनी जागने से। लेकिन मैं शान्ति और आराम महसूस कर रहा था। माताजी उठकर बाहर चली गईं मानो किसी रोगी के बड़े ऑपरेशन के बाद अब उसे 'स्वास्थ्य-लाभ' करने का मौका देना चाहती हों। मैंने वहीं कोने में बैठे-बैठे यह फैसला किया कि माताजी से मिलने से पहले मैं उनके बारे में अबकी अधिक जानकारी इकट्ठी करूँगा।

मानव-मानस के बारे में माताजी के सम्प्रदाय की अवधारणा तन्त्र और हठयोग में स्वीकृत अवधारणा से बनी है। इसमें माना गया है कि सूक्ष्म-शरीर, नाड़ियों-चक्रों की व्यवस्था मानव-शरीर में होती है और इन चक्रों से होकर सूक्ष्म-ऊर्जा संचरित होती है

जो 'दिव्य' भी है और 'मानवीय' भी, जो ब्रह्मांडव्यापी' भी है और 'पिंड-व्यापी' भी। इस अवधारणा में उनका कोई मौलिक योगदान नहीं है।—हाँ ! डॉक्टरी की पढ़ाई किए होने के कारण उन्होंने इसे एक वैज्ञानिक आवरण प्रदान करने की चेष्टा की है। पहले जब वे श्रद्धाधारित उपचार किया करती थीं तो उन्होंने इस अवधारणा के उन पक्षों का विस्तार करना आरम्भ किया था जिसका सम्बन्ध बीमारी और 'स्वास्थ्य' से है। उनका जन्म एक भारतीय ईसाई परिवार में हुआ है और उन्होंने 'मानस' के प्रति हिन्दू-धर्म की नैतिकता-निरपेक्ष धारणा में पारम्परिक ईसाई नैतिकता की धारणा का समावेश करने का प्रयास किया।

मैंने इस बात की चर्चा पिछले अध्याय में की है। सच्चाई भी यही है कि मोक्षप्राप्ति का लक्ष्य रखनेवाले बहुत से हिन्दू-मत सम्प्रदायों में रोग का इलाज इसी विश्वास के तहत किया जाता है। यह प्रतिमान हिन्दू-मनोविज्ञान की पराकाष्ठा है। लेकिन अभी इस बात का निर्णय नहीं हो पाया है कि इसका वैज्ञानिक आधार है या नहीं। इसका मुख्य कारण यह है कि हिन्दू अनुभवाधारित प्रमाण को ही एकमात्र प्रमाण नहीं मानते हैं। जबकि आधुनिक विज्ञान इसे ही एकमात्र प्रमाण स्वीकार करता है। मेरा ख्याल है कि पिछले एक हजार वर्षों में अनुभव-आधारित प्रमाण पर यहाँ खास तवज्जो नहीं दी गई। चक्रों-नाड़ियों और शक्तियों की जिस व्यवस्था में हिन्दुओं का विश्वास है उसे मात्र इसलिए प्रामाणिक मान लिया जाता है कि कोई भी व्यक्ति जिसने योगानुशासन में दक्षता प्राप्त कर ली है इसका अपनी अन्तर्दृष्टि के सहारे अनुभव कर सकता है। इसके अतिरिक्त 'यथार्थ' का निर्णय हिन्दुस्तान में परम्परा द्वारा भी किया जाता है और 'प्रत्यक्ष-प्रमाण' के समान ही इसे भी महत्त्वपूर्ण माना गया है।

हिन्दू-मनोविज्ञान की मान्यता है कि चेतना का प्रारम्भ उसी समय हो जाता है जब बच्चा दो या तीन माह का गर्भ में होता है। कहा जाता है कि एक-आध ऊर्जा की शृंखला ब्रह्मांड में व्याप्त होती है। यह आध-ऊर्जा चेतना का मूलरूप है। वह सिर से प्रविष्ट होती है और सुषुम्ना-इड़ा-पिंगला से चलकर मूलाधार तक पहुँचती है। इस ऊर्जा का अधिकांश भाग सषुम्ना के जरिए संचरित होता है। सुषुम्ना रीढ़ की हड्डी स्थित मुख्यवाहिका है। यह ऊर्जा रीढ़ की हड्डी के सबसे निचले भाग में त्रिकोणीय अवस्थान पर आधार ग्रहण करती है। चित्रात्मक रूप में इस परिघटना को प्रस्तुत करते हुए कहा जाता है कि एक सर्प कुंडलीवत् ऊर्जा-धारा होती है जो साढ़े तीन कुंडलियों के रूप में रीढ़ की हड्डी के आधार पर स्थित होती है। अपने इस स्थान तक आने में यह ऊर्जा सात चक्रों को भेदती और प्रदीप्त करती है। ये चक्र मनो-आध्यात्मिक चेतना के केन्द्र हैं। ये चक्र केन्द्रीय-वाहिका (मेरु-रज्जु) में ही स्थित होते हैं और हमारी शारीरिक-मानसिक-भावनात्मक तथा आध्यात्मिक निकायों का नियन्त्रण करते हैं। इस प्रकार मान्यता है कि अजन्मा शिशु गर्भावस्था में ही ब्रह्मांडव्यापी 'दिव्यचेतनाधारा' से अपनी सुषुम्ना के जरिए जुड़ जाता है। माताजी वसन्त रैले के सिद्धान्तों के समान सुषुम्ना को स्नायु-तन्त्र मानती है जिसकी दाईं ओर पिंगला तथा बाईं ओर 'इड़ा' स्थित होती है और

जिसके मूल अक्ष पर चक्र स्थित होते हैं। मनस्तत्व को काया में ही कहीं इंगित करना तथा सूक्ष्म-शरीर की प्रक्रियाओं को कायिक-प्रक्रिया बतलाना कोई नई बात नहीं है। फ्रांसिसी दार्शनिक रेने देकार्त्त ने पीनियल ग्रन्थि में ('चक्रों' वाली भाषा में कहें तो 'सहस्रार') 'आत्मा' की अवस्थिति बताई है और कहा है कि मनःतत्त्व और काया का यही मिलन बिन्दु है। मुझे इसके सही होने पर सन्देह तो है ही साथ ही यह भी प्रश्न पूछा जा सकता है कि ऐसी रहस्यगर्भी ऊर्जा-संचरण को स्नायुतन्त्र की व्याख्याओं के जरिए समझाना क्या एक प्राचीन रूपक को नया विकास प्रदान करना है ?

जन्म के बाद जब नाड़ू काट दिया जाता है तो कुंडलिनी का ब्रह्मांड में व्याप्त ऊर्जा से सम्बन्ध-विच्छेद हो जाता है। इस प्रकार सुषुम्ना में एक रुकावट पैदा हो जाती है। यह रुकावट नाभि के पास उत्पन्न होती है। इस रुकावट को जैन-बौद्ध मत में 'शून्य' तथा हिन्दू-मत में 'माया' कहा जाता है। पूर्व में नाभि को घूरने की जो अशिष्ट प्रथा पाई जाती है वह दरअसल इसी 'शून्य' या अन्तराल पर अपना ध्यान केन्द्रित करने की कोशिश है। यह अन्तराल व्यक्ति-चेतना को उसके सार्वभौम मूल से अलग कर देता है। जन्म के बाद बच्चे के अचेतन मन में इस अलगाव की दुखद अनुभूति कायम रहती है और इसकी प्रतिक्रिया-स्वरूप परा-अहं (Super-Ego) की उत्पत्ति होती है। माताजी का मानना है कि यह अहम् मस्तिष्क के पीछे, जहाँ पिंगला समाप्त होती है, निवास करता है। शक्ति के मूल-स्रोत से कट जाने के अपने दुखदायी अनुभव के प्रति प्रतिक्रिया व्यक्त करने के अतिरिक्त बच्चा अपने को परिवेश से अलग करने तथा एक व्यक्ति के रूप में विकसित होने की भी चेष्टा करता है। एक अलग पहचान कायम करने तथा एक वैयक्तिक 'अहम्' धारण करने की प्रक्रिया मानसिक विकास के साथ अत्यधिक तेज हो जाती है। कहा जाता है कि जब बच्चा जन्म के तुरन्त बाद 'चीख' मारता है तो यह चीख मूल शक्ति-स्रोत से करने की दुखद अनुभूति के विरुद्ध प्रतिक्रिया की सूचक होने के साथ-ही-साथ उसके परा-अहं और अहं के निर्माण की भी सूचना देती है। 'परा-अहं' और 'अहं' दोनों का मस्तिष्क के पिछले भाग में विकास होता है और यह विकास सुषुम्ना को ब्रह्मांड में व्याप्त चेतना-धारा से काट देता है। हिन्दू-परम्परा में मान्यता है कि जन्म के समय मानव परमात्मा ही का अंग होता है लेकिन संसार के अपवित्र वातावरण के साथ अपनी अन्योन्यक्रिया के कारण वह परमात्मा से अलग हो जाता है। सुषुम्ना का ब्रह्मांडव्यापी चेतनाधारा से कटना इसी का सूचक है जो परा-अहं और अहं के निर्माण के फलस्वरूप घटित होता है। यहाँ इस बात का उल्लेख करना आवश्यक है कि मानसिक-आध्यात्मिक शरीर की इस धारणा में जन-साधारण को विश्वास है और इसी अवधारणा पर भारतीय-चिकित्सा-पद्धति भी आधारित है।

जब तक सुषुम्ना के दोनों सिरे बन्द रहते हैं और कुंडलिनी मूलाधार पर रहती है, सारी मानसिक शक्ति का संचार इड़ा और पिंगला के माध्यम से होता है। इड़ा-पिंगला की स्थिति मनुष्य के शरीर में बाएँ-दाएँ है। यह मानसिक-ऊर्जा बाएँ तरफ ध्यान केन्द्रित होने पर एक खास भावदशा में ले जाती है। हमारे अन्दर अनेकानेक अनुभूतियों और

भावावेगों का उदय होता है और हम अतीत का अवगाहन करते हैं। माताजी का विचार है कि भारतीय इस प्रकार की मानसिक स्थितियों के अधिक शिकार होते हैं। इस तरह के भावावेगों से नानाविध मनोविकार पैदा होते हैं और कई बार तो भूत-प्रेत की छाया पड़ जाती है। भूत-प्रेतों की छाया इसलिए पड़ती है कि बाएँ तरफ स्थित 'परा-अहं' पर जीवन के सात परदे पड़े रहते हैं। यह भूत-प्रेतों का घर है। ये प्रेत ऐसे लोगों की आत्माएँ हैं जिन्होंने अपने भावावेगों पर कोई नियन्त्रण नहीं रखा हो। इस कारण माताजी का कहना है कि ऐसा व्यक्ति अपने 'परा-अहं' की सक्रियता के जरिए इन प्रेतों को अपनी तरफ आकर्षित करता है। यह खतरा बना रहता है।

जब ध्यान दाईं ओर जाता है तो पिंगला सक्रिय होती है और ऊर्जा-संचार इसके जरिए होता है। यह 'अहम्' का क्षेत्र है। इसके माध्यम से हम सोचते, योजना बनाते और अन्य कार्य करते हैं। इससे हमें लाभ होता है और भविष्य का ज्ञान भी प्राप्त होता है। इस 'अहम्' का भी एक अलग ही संसार है। इसमें देवी-देवता, योगियों की आत्माएँ निवास करती हैं। ये ऐसे लोग हैं जिन्होंने अपने मन, शरीर अथवा परिवेश पर नियन्त्रण करने की चेष्टा की। इस प्रकार हिन्दू मतानुसार पिंगला और इड़ा क्रमशः नर्क और स्वर्ग के द्योतक हैं।

जीवन की उथल-पुथल में मानसिक-शक्ति बाएँ से दाएँ और दाएँ से बाएँ की ओर संचरित होती रहती है। बहुत कम मामले में ऐसा होता है कि वह माथे के बीचो-बीच स्थित आज्ञाचक्र पर केन्द्रित होकर सन्तुलन की अवस्था में आ जाए। माताजी का कहना है कि मानसिक शान्ति और सन्तुलन तभी प्राप्त होता है जब सारी शक्ति आज्ञाचक्र पर केन्द्रित हो जाए। जब भी मनःशक्ति 'अहम्' से 'क्षति-अहम्' की तरफ जाती है—मानसिक-सन्तुलन के नष्ट होने का भय रहता है। इसलिए मनोरोगों के निदान की भारतीय चिकित्सा-पद्धति में इस बात की चेष्टा की जाती है कि मानसिक-शक्ति आज्ञा-चक्र पर केन्द्रित हो जाए।

अपनी उचित स्थिति में अर्थात् जब कुंडलिनी का संचार चक्रों के माध्यम से हो रहा हो, चक्र दाएँ से बाएँ को सुषुम्ना की धुरी पर घूमते हैं। शरीर सूक्ष्म द्वारों के माध्यम से चक्र-स्थित देवों के कम्पन को स्वयं में व्याप्त कर लेता है। प्रत्येक चक्र का एक अलग देव होता है। यह चेतना की एक खास अवस्था का परिचायक होता है। माताजी के कथनानुसार चक्रों के देवता कुछ मूलगुणों के परिचायक होते हैं। उदाहरण के लिए, मूलाधार चक्र के देव गणेश हैं। ये बाल-सुलभ निष्कपटता के प्रतीक हैं। स्वाधिष्ठान चक्र में ब्रह्मा और सरस्वती का निवास है जो रचना और सौन्दर्य के सिद्धान्तों के प्रतीक हैं। मणिपूर चक्र में विष्णु और लक्ष्मी का निवास है जो धर्म के परिचायक हैं। शिव-पार्वती अनाहत-चक्र में स्थित होते हैं और सृष्टि के प्रतीक हैं। बीच में दुर्गा स्थित होती हैं जो मातृत्व और सुरक्षा के प्रतीक हैं। दाईं तरफ राम-सीता विद्यमान होते हैं जो आदर्श व्यवहार के प्रतीक हैं। विशुद्ध चक्र में राधा-कृष्ण विराजमान होते हैं जो चेतना में निरन्तर संचरित होते हैं। इनके बाएँ और दाएँ महावीर और बुद्ध होते हैं जो

अहिंसा-भाव के प्रतीक हैं। माताजी का कहना है कि माथे के बीचोबीच आज्ञाचक्र होता है। इसमें यीशु और माता मरियम का निवास है जो 'क्षमा' का प्रतीक है। माताजी ने सातवाँ 'सहस्रार चक्र' अपने तथा कल्कि-अवतार के लिए सुरक्षित रखा है। कल्कि अवतार तथा माताजी दोनों आत्मसाक्षात्कार तथा आत्मा-परमात्मा मिलन के प्रतीक हैं।

जब कुंडलिनी जागृत होती है तो चक्रों के गुण मानव के शरीर और मन में व्याप्त होना प्रारम्भ कर देते हैं । यदि चक्रों में विकार आ जाए और कुंडलिनी की ऊर्जा उनसे होकर न संचरित हो तो नाना प्रकार के शारीरिक-मानसिक रोग होते हैं। इन विकारों की चर्चा करते हुए माताजी ने बताया—

जब किसी व्यक्ति का विचार कामेच्छा के बारे में दोषपूर्ण हो अथवा सीमित हो तो मूलाधार चक्र में विकृति आ जाती है। काम-वेग के दमन और अत्यधिक संयम बरतने से भी इस चक्र में उतना ही विकार आता है जितना कि अनैतिक आचरण से। मूलाधार में विकार के कारण कब्ज का भी रोग होता है।

जब किसी व्यक्ति के कार्य-कलाप पर उसके अहम् का बहुत अधिक प्रभाव हो तो स्वाधिष्ठान-चक्र पर बोझ पड़ता है। अत्यधिक सोचने या हर समय योजनाएँ बनाते रहने से इस चक्र में विकार उत्पन्न हो जाता है। इससे पेड़ू में दर्द तथा मधुमेह का रोग होता है। यदि कोई अप्राकृतिक सम्भोग करे तब भी यह चक्र खंडित हो जाता है।

मदिरा और अन्य नशीले पदार्थों के प्रयोग से मणिपूर चक्र में विकार उत्पन्न होता है। धन के अपव्यय या ऐश्वर्य भरा जीवन बिताने से भी इस पर बुरा प्रभाव पड़ता है। यदि मणिपूर पर अधिक बोझ पड़े तो यकृत का रोग हो सकता है।

अनाहत-चक्र के दाईं तरफ विकार पैदा होता है यदि पिता के साथ सम्बन्धों में भावनात्मक समस्याएँ हों। यदि माता के साथ भावनात्मक रिश्ते न हों तो अनाहत-चक्र के बाईं तरफ विकार उत्पन्न होता है। यदि कोई व्यक्ति पुत्र, पिता-पति या नागरिक के नाते अपने कर्त्तव्यों का ठीक-ठीक पालन नहीं कर रहा हो तो उससे भी अनाहत-चक्र में विकार उत्पन्न हो सकता है। यदि यह विकार बढ़ जाए तो हृदय-रोग या छाती में कैंसर भी हो सकता है।

आत्मसम्मान की कमी, अत्यधिक संयम या दूसरे पर रौब डालने अथवा दूसरे की धौंस सहने से 'विशुद्धि चक्र' में विकार उत्पन्न होता है। विशुद्धि-चक्र की गड़बड़ी से गले या कंठ में पीड़ा होती है। आज्ञा-चक्र के सहारे ही 'सहस्रार' तक पहुँचा जाता है अतः यह अत्यन्त संवेदनशील चक्र है। आँखों के गलत प्रयोग, अनवधान्ता, और ऊल-जलूल विचारों में भटकते रहने से इस चक्र मे विकार उत्पन्न होता है। 'शैतानी गुरुओं' की वजह से भी इस चक्र में विकार उत्पन्न होता है। माताजी का कहना है कि रजनीश जैसे शैतानी गुरु (माताजी एक समय रजनीश की शिष्या भी रही थीं) चक्र को बाईं ओर मोड़ देते हैं और व्यक्ति पर प्रेतात्माओं की छाया पड़ने का डर पैदा हो जाता है। यदि आज्ञा-चक्र में विकार उत्पन्न हो जाए तो माथे में जलन और असह्य वेदना का अनुभव होता है।

एक बार यदि सभी नाड़ियाँ साफ हो जाएँ, चक्रों में कोई विकार न रहे तो ध्यान इधर-उधर नहीं जाता बल्कि आज्ञा-चक्र में केन्द्रित हो जाता है। यही कुंडलिनी जागृत होने की अवस्था है। माताजी इस प्रक्रिया को 'परानुकूलित स्नायु ऊर्जा' के संकेन्द्रण की संज्ञा देती हैं। इस प्रक्रिया के परिणामस्वरूप ब्रह्मांड-ऊर्जा से रहस्यात्मक एकाकार हुआ जाता है। माताजी का कहना है कि ध्यान करने, चिन्तन-मनन अथवा अन्य क्रियाओं के सहारे कुंडलिनी जगाने का प्रयास उपयोगी नहीं होता क्योंकि ये सारी क्रियाएँ तो स्वयं ही उस 'परानुकूलित स्नायु ऊर्जा के सहारे' सम्पन्न होती हैं। उनका कहना है कि ईश्वर की कृपा और 'माताजी' के प्रति पूर्ण समर्पण तथा उनके शरीर से उठनेवाले कम्पनों के माध्यम से ही कुंडलिनी जागृत होकर सहस्रार चक्र तक पहुँचती है। जब ऐसी घटना घटती है तो सभी रोग दूर हो जाते हैं। उनका कहना है कि कुंडलिनी के जागृत होने से मनोरोगों सहित मनोन्माद जनित पक्षाघात तथा कैंसर जैसे रोग भी दूर हो जाते हैं।

अपनी दाईं और बाईं नाड़ियों के सहारे पनचक्की के समान घूमते हुए ये चक्र नाड़ियों के संजाल में ऊर्जा का संचार करते हैं। भारतीय रहस्यवाद का यही 'पनचक्की नुमा' ऊर्जा-संचार का प्रादर्श माताजी की चिकित्सा-पद्धति का भी आधार है। जो भी व्यक्ति माताजी का शिष्य हो जाता है तथा जिसकी कुंडलिनी आत्म-साक्षात्कार के कारण जाग जाती है, माना जाता है कि उसके अन्दर रोग दूर करने की क्षमता आ गई है। ऐसा दावा किया जाता है कि माताजी के अनुयायी अन्य लोगों के व्यक्तित्व से उठनेवाली तरंगों के प्रति संवेदनशील हो जाते हैं और उनके चक्रों और नाड़ियों की स्थिति की भी भली-भाँति पहचान कर लेते हैं। वे रोगी के शरीर को छूकर उसके चक्रों की हालत जान सकते हैं। वे यह भी बता सकते हैं कि कष्ट का केन्द्र कहाँ है और उसका कारण क्या है। उदाहरण के लिए, यदि माताजी के अनुयायी के दाएँ अँगूठे में जलन हो रही है तो इसका मतलब यह है कि रोगी के स्वाधिष्ठान चक्र के दाईं ओर कोई विकार है और इसका कारण है अत्यधिक मानसिक अथवा शारीरिक श्रम। यदि दायाँ अँगूठा काँपने लगे तो इसका मतलब है रोगी पर किसी भूत-प्रेत की छाया है।

रोगी के शरीर का चिकित्सक के ऊपर जैसा शारीरिक-मानसिक प्रभाव पड़ता है, उसी के आधार पर उसकी चिकित्सा की जाती है। इस पद्धति को अत्यन्त कपोल-कल्पित अथवा असंभव सी बात नहीं कहा जा सकता। आखिरकार मनोविश्लेषण के दौरान भी तो रोगी से प्रथम साक्षात्कार करते हुए मनोचिकित्सक जो कुछ प्रभाव ग्रहण करता है उसी के आधार पर रोगी के मुख्य अन्तर्द्वन्द्व को समझ पाता है। इसी आधार पर मनोचिकित्सक जान पाता है कि रोगी किस मानसिक संघर्ष से पीड़ित है। बहुत से मनोचिकित्सकों को अपने अनुभव के आधार पर रोग का कारण सूझ जाता है। यदि रोगी किसी खास चीज की सनक से ग्रस्त हो तो चिकित्सक को जम्हाई आने लगती है। जो रोगी समलैंगिक मैथुन का अभ्यस्त हो उसके सामने पड़ने पर चिकित्सक की गुदा की मांसपेशियाँ अनायास ही सिकुड़ने लगती हैं। जिस व्यक्ति को खंडित व्यक्तित्व

का रोग हो अर्थात् जो रोगी सिजोफ्रेनिक हो, उसकी बात सुनकर चिकित्सक की गर्दन के पास के बाल खड़े हो जाते हैं। यदि हिस्टीरिया की कोई रोगिणी आ जाए तो चिकित्सक के शिश्न में अजीब सा कम्पन होने लगता है। भारत की एक अत्यन्त महत्त्वपूर्ण चिकित्सा-पद्धति में मान्यता है कि चिकित्सक के पास एक अन्तर्दृष्टि होती है। यह अन्तर्दृष्टि बिल्कुल योगियों की भविष्यदर्शी दृष्टि के समान होती है। इसके सहारे वह बड़ी कुशलता से रोग का निदान ढूँढ़ लेता है। माताजी की चिकित्सा-पद्धति में बहुत सी परम्परागत हिन्दू धारणाओं का बड़ा विचित्र घालमेल देखने में आता है साथ ही उसमें कुछ अति प्राचीनतम् स्वयंसिद्धों का भी उपयोग किया जाता है जिनकी वस्तुगत सत्यता अभी सुनिश्चित नहीं है।

चक्रों की शुद्धि और नाड़ियों में सन्तुलन लाने के कई तरीके हैं। यदि रोगी उत्तेजित हो तो चिकित्सक इड़ा की शक्ति को जगाने का प्रयास करता है। इसके लिए वह रोगी की रीढ़ के दाईं ओर से हाथ फेरते हुए ऊपर की ओर ले जाता है। यदि रोगी में अत्यधिक उदासीनता और निराशा की भावना हो तो पिंगला की शक्ति को जगाने की चेष्टा की जाती है और दूसरे हाथ से इड़ा की शक्ति को नीचे दबाया जाता है। रोगी से कहा जाता है कि अपना दायाँ हाथ माताजी के चित्र की ओर फैला दे और बायाँ हाथ रोगग्रस्त चक्र पर रखे ताकि माताजी की शक्ति उस चक्र तक पहुँच जाए। चक्र के विकार को दूर करने के लिए कई बार उस चक्र के देव की पूजा की जाती है। उदाहरणार्थ, चूँकि आज्ञा चक्र में यीशू का निवास है अतः रोगी और चिकित्सक अपना ध्यान यीशू की तरफ लगाते हैं और उनसे क्षमा-प्रार्थना करते हैं। प्रकृति के जिन तत्त्वों का किसी चक्र से सम्बन्ध हो उनकी भी सहायता ली जाती है। यदि मूलाधार चक्र में विकृति हो तो जमीन पर बैठकर मिट्टी की तरफ ताकने से फायदा होता है। नीचे के तीन चक्रों की अशुद्धि को दूर रकने के लिए पाँवों को पानी में डालना सहायक होता है। नदी अथवा समुद्र के पानी में पद-प्रक्षालन भी इसमें उपयोगी है। माताजी के चित्र को मद्धिम रोशनी के आलोक में देखना आज्ञाचक्र तथा मणिपूर-चक्र की विकृति को दूर करने में सहायक माना जाता है। विशुद्ध तथा आज्ञा-चक्र की शुद्धि के लिए आकाश की तरफ टकटकी बाँधकर देखना सहायक होता है।

संक्षेप में कहें तो दाईं और बाईं नाड़ियों की अधिसक्रियता जिससे मानसिक तनाव और विकारों की उत्पत्ति होती हैं तथा व्यक्ति प्रेतबाधाग्रस्त भी हो सकता है, के अतिरिक्त चक्रों की अशुद्धि अथवा उनका बन्द होना प्रमुखतया शारीरिक-मानसिक रोगों के कारण है। यदि सभी चक्रों से कुंडलिनी की ऊर्जा-धारा प्रवाहित नहीं होती तो व्यक्तित्व अखंड नहीं रह पाता। ऐसा व्यक्तित्व समेकित व्यक्तित्व नहीं होता। पुनः यदि किसी चक्र में अवरोध हो तो उस चक्र के देव का प्रतिनिधि गुण शरीर-मन का हिस्सा नहीं बन पाता। इसी कारण रोगों की चिकित्सा तथा आत्म-साक्षात्कार दोनों ही उद्देश्यों के लिए सबसे पहले नाड़ियों की परिशुद्धि और सन्तुलन किया जाता है तथा चक्रों के अवरोध हटाए जाते हैं। माताजी का कहना है कि इन प्राथमिक उपायों के लिए व्यक्ति

को परम्परागत भारतीय नैतिकता का अनुपालन करते हुए पापरहित जीवन बिताना चाहिए। माताजी का धार्मिक और पापरहित जीवन से तात्पर्य है—अपने बड़ों का कहना मानो, अपना कर ईमानदारी से चुकाओ आदि। माताजी की मान्यता है कि बच्चों को निष्कपट होना चाहिए, स्त्रियों को सती-साध्वी और बुजुर्गों को विवेक-सम्पन्न। माताजी का 'धार्मिक-जीवन' उस पौराणिक समाज की परिकल्पना को अपना आधार बनाता है जहाँ नर-नारी, धनी-गरीब, राजा-प्रजा आदि के बीच कोई संघर्ष नहीं, जहाँ प्रत्येक व्यक्ति अपनी-अपनी कर्म-गति के अनुसार 'सन्तुष्ट है अर्थात् धनी धन कमाने की तरफ अग्रसर है, गरीब अपरिग्रह की तरफ। ऐसी यूटोपिया का एक लक्षण है उसमें एक अत्यन्त रूढ़िवादी यौन-नैतिकता का होना। माताजी का प्रिय मुहावरा 'धार्मिक-जीवन' भी इसका अपवाद नहीं है। इसमें यौन-सम्बन्धों की अनुमति मात्र पति-पत्नी के बीच है। उन्हें एक-दूसरे के प्रति मनसा-वाचा-कर्मणा वफादार रहना होता है तथा यौन-सम्बन्ध बनाते समय 'विपरीत गति' का आसन तक नहीं अपनाया जाना चाहिए। माताजी राम-सीता को आदर्श दम्पत्ति मानती हैं तथा सबसे इनका अनुसरण करने को कहती हैं। माताजी के अनुसार कृष्ण अपने परकीया प्रेम के कारण, महाभारत के बहुत से स्त्री-पुरुष जो वीर्यवान, तेजवान तथा नैतिक-अनैतिक से परे माने जाते हैं, बहुत से देव तथा स्वयं भगवान राम के पिता दशरथ तीन रानियों के पति होने के कारण हिन्दू-धर्म के अनुसार शुद्ध आचरण वाले व्यक्ति नहीं हैं। माताजी का कहना है कि धार्मिक-जीवन को नष्ट करने के लिए चारों तरफ से षड्यन्त्र रचे जा रहे हैं। ये षड्यन्त्र सैकड़ों वर्षों से चल रहे हैं। इस षड्यन्त्र में तान्त्रिकों की प्रमुख भूमिका है। इन तान्त्रिकों के विरुद्ध वह प्रत्येक सभा में आग उगलती हैं।

रोग-मुक्त करने की माताजी की शक्ति के बारे में बहुत सी कहानियाँ प्रचलित हैं। उनके अनुयायी बड़े उत्साह से एक-दूसरे को बताते हैं कि कैसे उन्होंने लाइलाज कैंसर को ठीक किया, अन्धों को दृष्टि दी, लँगड़ों को चलने की शक्ति दी। वस्तुतः अन्य गुरुओं तथा सम्प्रदायों के समान माताजी के शिष्य भी उनसे मात्र इसी कारण दीक्षा लेते हैं कि उनका शिष्य बनकर मानसिक-शारीरिक कष्टों से छुटकारा मिल जाए। शिष्य बनने के पीछे यह भावना भी काम करती है कि इससे 'सिद्धि' प्राप्त हो जाएँगी। 'सिद्धियों' के बारे में उनके अनुयायी बराबर बातें करते रहते हैं साथ ही इसका दम्भ भी भरते हैं कि उन्हें सिद्धि प्राप्ति की इच्छा नहीं है। दूसरी तरफ ऐसे गुरु रोग ठीक करने की अपनी इस शक्ति को वह साधन समझते हैं जिसके सहारे वे अपने अनुयायियों को 'आत्म-साक्षात्कार' के मार्ग में अग्रसर कर सकें। ऐसे गुरु इस बात से बड़े दुखी रहते हैं कि खाते-पीते सुखी-सम्पन्न लोग स्वभावतया संशयात्मा होते हैं, उन्हें इस रहस्यानुभूति की तनिक भी चिन्ता नहीं होती जबकि 'माताजी' जैसे गुरु इसे हमेशा सहजभाव से देने को तत्पर रहते हैं।

चिकित्सक के रूप में निश्चय ही सफल है किन्तु अपने ही तरह के अन्य चिकित्सकों के समान उनकी भी सफलता अस्थायी होती है। ऐसा ही उदाहरण है एक

महिला का जिसकी पीठ में असह्य वेदना थी। डॉक्टरों से निराश होकर एक दिन वह अपनी सहेली के घर 'माताजी' के दर्शन को पहुँची। उन दिनों माताजी 'कुंडलिनी-जागरण' के अपने रहस्यपूर्ण अभ्यास में हाथ ही आजमा रही थीं। आज की अवस्था में नहीं पहुँची थीं। आज तो चिकित्सक से आगे बढ़कर 'गुरु' की पवित्र आसन पर वे पहुँच चुकी हैं। माताजी ने रोगिणी से कहा कि अपना सिर मेरी गोदी में रखकर चुपचाप लेट जाओ। कुछ मिनट बाद उस स्त्री ने पाया कि उसकी पीड़ा दूर हो गई है और कमरे में चमेली की खुशबू बिखर गई है। जब वह घर पहुँची तो पीठ-दर्द पुनः शुरू हो गया। उसके बाद वह प्रतिदिन माताजी का प्रवचन सुनने जाने लगी परन्तु पहले दिन की भाँति उसकी पीड़ा अब दूर नहीं होती थी।

माताजी के अनुयायियों से कहा जाए कि इस महिला को तो बहुत थोड़े समय के लिए अपने कष्ट से छुटकारा मिला तो वे कहेंगे कि उस स्त्री का विश्वास 'माताजी' में अडिग नहीं था। उनका कहना है कि यदि माताजी में अनन्य श्रद्धा हो तो असाध्य रोग भी दूर हो जाते हैं। यदि रोगी में 'माताजी' के पास आने के बाद भी रोग के लक्षण बने रहते हैं तो इसका अर्थ हुआ कि रोगी में 'माताजी' के प्रति सच्ची लगन नहीं थी। ऐसी बातों को स्वयंसिद्ध मान लिया जाता है और इनका खंडन करना असम्भव हो जाता है। पॉल वाल्जविक तथा लियोन फेस्टींगर ने बताया है कि जब भी कोई वैकल्पिक अथवा अस्थायी व्याख्या हमारे मस्तिष्क में घर कर जाती है तो इसके विरुद्ध जानेवाली बातों को भी हम व्याख्या का ही अंग समझने लगते हैं, खुद अपनी व्याख्या को दुरुस्त नहीं करते। इस अवस्था में व्याख्या स्वयंसिद्ध बन जाती है। स्वयं मानवीय स्वभाव भी ऐसा है कि वह वस्तुस्थिति को अपनी व्याख्याओं के अनुरूप तोड़-मरोड़ लेता है किन्तु स्वयं व्याख्या को शायद ही कभी दुरुस्त करता है। इसका मतलब यह नहीं कि मैं माताजी की रोगहरणकारी शक्ति का खंडन कर रहा हूँ और उनका यह दावा नहीं मान रहा कि उन्होंने कैंसर के रोगियों को भी ठीक कर दिया है। ऐसे उदाहरण बहुत से मिलते हैं जब कैंसर सहित बहुत सी असाध्य बीमारियोंवाले मरीज डॉक्टर के पास आए और बगैर समुचित इलाज के ठीक हो गए। यहाँ इस बात का उल्लेख करना जरूरी है कि माताजी के पास जो लोग सहायता के लिए आते हैं उनमें से कुछ के ही रोग पूर्णरूपेण दूर होते हैं, बाकी को अपने कष्ट से अस्थायी छुटकारा मिलता है। यह सम्भव है कि गाँव के वैध के पास भी कुछ रोगी आते हों और बिना पर्याप्त इलाज के ठीक हो जाते हों।

रोगी के ठीक हो जाने से अथवा ठीक नहीं होने से इस बात का प्रमाण नहीं मिलता है कि कोई चिकित्सा-प्रणाली अपने आप में सही या गलत है। जिरोम फ्रैंक (Jerom Frank) लुर्डे में होनेवाले चमत्कारी इलाज के बारे में कुछ इस प्रकार लिखा है, "इस बारे में बहुत वाद-विवाद रहा है कि लुर्डे में जिन लोगों के रोग दूर हुए वह वास्तव में रोग थे भी या नहीं और इस वाद-विवाद का आधार यह भ्रान्तिपूर्ण धारणा रही है कि इस बावत किसी स्वीकार अथवा नकार का मतलब होगा कैथोलिक धर्म में निहित

चमत्कारों की धारणा पर विश्वास अथवा अविश्वास। वस्तुतः लुर्दे में हुए उपचारों में से कुछ को सच्चा माना जा सकता है और साथ ही उसके कारण के रूप में 'चमत्कार' को अस्वीकार भी किया जा सकता है। संसार में ऐसी बहुत सी घटनाएँ होती हैं जिन्हें तर्क के आधार पर नहीं समझा जा सकता है। आज भी धार्मिक-वृत्त या उसके बाहर बहुत से घातक रोगों का उपचार होता है और उनके लिए कोई तर्कसंगत कारण नहीं बताया जा सकता। यह तो अपनी-अपनी सैद्धान्तिक रुचि पर निर्भर है कि हम उन्हें पूर्णतया चमत्कारिक, कुछ को चमत्कारिक अथवा उनमें से एक को भी चमत्कारिक न माने। ऐसे उपचार होते हैं और इनका 'होना' इनके कारणों के बारे में सोचने की खुली छूट देता है।

सभी प्रकार के धार्मिक विश्वासों तथा धर्मनिरपेक्ष विचारधाराओं में भिन्न-भिन्न चिकित्सा-पद्धतियाँ विद्यमान हैं और इनकी सफलता से बहुत हद तक यह निष्कर्ष निकाला जा सकता है कि रोग दूर करने की मुख्य शक्ति मूलतः रोगी के मन में होती है न कि इन मत-मतान्तरों तथा विचारधाराओं पर आधारित चिकित्सा-पद्धतियों में। जिस तरह सम्मोहन की अवस्था स्वयं सम्मोहित होनेवाले की कल्पना पर निर्भर करती है सम्मोहित करनेवाले के क्रिया-कलापों पर नहीं उसी प्रकार ऐसे चमत्कारिक उपचारों का मूल कारण है रोगी का अपने रोग पर सम्पूर्ण ध्यान केन्द्रित करना और समग्र इच्छाशक्ति के साथ अपने स्वस्थ होने की भावना करना। इसमें चिकित्सा-पद्धति अथवा चिकित्सा का कोई खास योगदान नहीं होता।

मेरी इस पुस्तक की आधारभूत मान्यताओं में से एक यह भी है कि आध्यात्मिक उपचार तथा आध्यात्मिक उपचार करनेवालों के प्रति संवेदनशीलता भारत में विशेष रूप से पाई जाती हैं। किन्तु यहाँ मेरा आशय यह कदापि नहीं है कि भारतीय किसी बात पर जल्दी विश्वास कर लेते हैं अथवा उनकी 'मानसिक तर्कणा' थोड़ी कमजोर होती है। जो भारतीय किसी दूसरे की बात पर विश्वास कर लेता है वह भी विश्व में पाए जानेवाले असंख्य उन लोगों में से एक है जिनकी मेधा औसत से अधिक होती है, जो कल्पनाशील, विश्वासी तथा परम्परावादी होता है और भावनात्मक दृष्टि से दूसरे पर निर्भर करता है। मैं यहाँ संस्कृतिगत रुझान की बात कर रहा हूँ। उदाहरण के लिए, पश्चिमी जगत में जिस वस्तु को 'वैज्ञानिक' कह दिया जाए अथवा जिसे वैज्ञानिक रूप से ठोस व्याख्याओं द्वारा समझाया जाए उसे लोग सहज ही स्वीकार कर लेते हैं। इसी प्रकार यदि भारत में किसी चीज को अध्यात्म के मुहावरे में समझाया जाए और उसका सम्बन्ध वेद से जोड़ा जाए तो लोग-बाग सहज ही उस पर यकीन कर लेते हैं। भारतीय जन कर्मकांडों तथा उत्सवों-समारोहों की चाकचिक्य से ज्यादा प्रभावित होते हैं। चमत्कारिक उपचार भी इसी ढाँचे के अन्दर घटित होता है और अमूमन भारतीय लोग अपने तथा उच्चतर शक्तियों के बीच आलोचना की दीवार नहीं करते, उस अवस्था में तो और भी नहीं जब ये शक्तियाँ किसी के उपचार में संलग्न मानी जाती हों।

चमत्कार रोग के दूर होने में नहीं बल्कि उस अचेतन मनःशक्ति का है जो बड़ी

योजनापूर्वक शरीर की जटिल तथा अब तक बहुत कुछ अज्ञात क्रियाओं में हस्तक्षेप करती है। लीविस थॉमस (Levis Thomas) ने इस पहलू पर प्रकाश डाला है। उन्होंने बताया है कि मुँह पर बहुत समय से उठे हुए मस्सों को मात्र प्रभावकारी ढंग से 'सुझाव' देकर गायब किया जा सकता है। यह सुझाव अचेतन मन अपने तरीके से ग्रहण करता है। लीविस ने बताया है कि इस उपचार में मस्सों के ऊपर त्वचा जैसा रंग लगा दिया जाता है और रोगी से कहा जाता है कि जब रंग उड़ जाएगा तो मस्से भी समाप्त हो जाएँगे। मस्सों को दूर करने का यह तरीका भी उसी तरह प्रभावशाली है जिस तरह सर्जन द्वारा उन्हें काट फेंकना। अब चाहे साईं बाबा अपने भक्तों के मस्से पर राख मलें और कहें कि रोग दूर हो जाएगा अथवा किसी अस्पताल में कोई चिकित्सक इसके बारे में आश्वासन दे, रोगी का अचेतन मन इस सुझाव को ग्रहण करके रहस्यमय प्रक्रिया द्वारा अपना काम पूरा कर देता है। बात बस इतनी भर है कि उन मस्सों पर रक्त का बहाव न हो और वे सूख जाएँ। यदि प्रक्रिया बहुत रहस्यमय है और इसे अभी तक समझा नहीं जा सका। केवल किसी के 'सुझाव' के फलस्वरूप अचेतन मनःशक्ति का सक्रिय होना आश्चर्यजनक लगता है। इसी अर्थ में माताजी अथवा गुरुओं द्वारा दिए गए उपचार को 'चमत्कार' की संज्ञा दी जाती है। माताजी जब कुंडलिनी जगाने की चेष्टा करती हैं तो उसमें भी सुझाव की ही भूमिका प्रमुख होती है। माताजी की प्रत्येक सभा के बाद प्रकाश मद्धिम कर दयिा जाता हे और सभी से कहाा जाता है कि अपनी आँखें बन्द कर लें और हाथ माताजी की तरफ फैला दें। माताजी की आवाज—जिसकी तुलना सम्मोहन करनेवाले की आवाज से की जा सकती है—लाउडस्पीकरों के जरिए श्रद्धालुओं तक पहुँचती है।

ऐसा लगता है कि माताजी की आवाज अँधेरे से प्रकाशवत् छनकर आ रही हो, "मैं तुम्हारी 'माँ' हूँ। तुम अपनी सारी समस्याएँ और चिन्ताएँ मेरी झोली में डाल दो। सभी विचार अपने मन से निकालकर मेरे ऊपर अपना ध्यान केन्द्रित करो।" इसके बाद सम्मोहनकर्त्ता के समान जो ध्यान को दूसरी तरफ ले जाने के लिए कहती है कि सुनो ! तुम अपना ध्यान अपने हाथ पर केन्द्रित करो, तुम्हारे हाथ भारी हो गए हैं—माताजी कहती हैं, "अब तुम्हें अपनी अँगुलियों और हथेलियों पर शीतल समीर का अनुभव होगा।" इसके बाद वह माइक्रोफोन में फूँक मारती है जिससे कि ऐसा लगे मानो पवन का झोंक आया हो और कहती हैं, "अब तुम अपने अंग-प्रत्यंग को ढीला छोड़ दो तो तुम्हें शीतल पवन का अनुभव होगा।" जिस प्रकार सम्मोहित होनेवाला व्यक्ति अपने हाथ के भारीपन के प्रति जागरूक हो जाता है और इस भावना से भर उठता है कि सम्मोहनकर्त्ता की बातों से उसके शरीर में परिवर्तन आ रहा है और इस प्रकार आगे के सुझावों के लिए उसकी ग्रहणशीलता बढ़ जाती है ठीक उसी प्रकार माताजी के कुछ श्रद्धालुओं को अपनी हथेली पर शीतल समीर का अनुभव होने लगता है। कुछ श्रद्धालु अपनी आँखें बन्द किए रहते हैं और ध्यानमग्न होते हैं जबकि कुछ जिन्हें 'शीतल समीर' की अनुभूति नहीं होती है उन्हें कहा जाता है कि माताजी की तरफ आँखें खोलकर देखें।

मंच पर अँधेरा होता है लेकिन माताजी के सामने दीपक जल रहा होता है। जिन्हें शीतल समीर का अनुभव न हुआ हो उन्हें इस दीपक की लौ पर ध्यान केन्द्रित करने को कहा जाता है। माताजी यहाँ पर अन्य सम्मोहन करनेवालों के समान लोगों को अपने ऊपर दृष्टि केन्द्रित करने का निर्देश देती हैं। इसके बाद पुनः पहलेवाला 'सुझाव' दोहराती हैं। अब यहाँ यह कहने की तो कोई आवश्यकता ही नहीं रह जाती कि किसी समूह में उत्पन्न भावनात्मक दबाव की वजह से उस समूह का व्यक्ति स्वयं को समूह के अन्य व्यक्तियों के अनुभव से जोड़ना चाहता है तथा उसके अन्दर इस बात की भी गहरी इच्छा होती है कि समूह के नेता को प्रसन्न करे। इसी प्रक्रिया के कारण 'माताजी' के अनुयायियों में शायद ही कोई ऐसा बचता है जो इस सामूहिक श्रद्धा-संकेंन्द्रण के घेरे में नहीं आता। माताजी को पता है कि इस श्रद्धा-संकेन्द्रण के विरुद्ध जागरूकता समूह में पाई जाती है अतः जिन्हें 'शीतल-समीर' का अनुभव नहीं होता उन्हें वह अन्य गुरुओं का अनुयायी कहकर अस्वीकार कर देती हैं। वह कहती हैं कि जब तक ये लोग झूठे गुरुओं का त्याग नहीं कर देते और उस गुरु द्वारा उत्पन्न 'अन्दरूनी कोलाहल' से छुटकारा नहीं पा लेते इन्हें मोक्ष नहीं मिल सकता।

अब तक मैंने माताजी की चिकित्सा-पद्धति को अपने तईं समझने की चेष्टा की है कि साथ ही उस पर माताजी की पद्धति के अनुसार भी विचार किया है। मेरी अपनी पद्धति माताजी के सम्प्रदाय की पद्धतियों से अलग है। इस कारण अगर माताजी की पद्धति की मनोवैज्ञानिक व्याख्या प्रस्तुत करने से एक दूरी बनती है और उसके प्रति आलोचनात्मक दृष्टि जन्म लेती है तो दूसरी तरफ माताजी के दृष्टिकोण के अनुसार समझने से एक तदाकार भी अनुभव होता है। इन दोनों बातों के बगैर सच्चाई की तह तक नहीं जाया जा सकता। अपनी विवेचना तथा माताजी के दृष्टिकोण के अनुसार समझने, मनोवैज्ञानिक सिद्धान्तों के आलोक में आलोचनात्मक दृष्टि से परीक्षा करने तथा बगैर किसी मूल्य-निर्णय के यथातथ्य समझने की यह दोहरी पद्धति ही मेरा अवलंब रही है। मैं इस बात को स्वीकार करता हूँ कि मेरी अपनी विवेचनात्मक मेधा सीमित है साथ ही मुझमें 'समझ' अथवा 'तदाकार' स्थापित करने लायक सहनुभूति की भी कमी हो सकती है। सम्भव है, इस कारण मेरे विवेचना तथा तदात्म्य में थोड़ी कमी हो। जहाँ तक माताजी के सम्प्रदाय की अन्य बातों का सवाल है, मसलन दुष्टता और बुराई से भरे संसार में मात्र स्वयं को अच्छाई का प्रकाश-स्तंभ मानना तथा मसीहाई का दावा करना—उससे मेरी कोई सहानुभूति नहीं है।

माताजी के बारे में, स्विट्जरलैंड के उनके एक चेले ने 'द एडवेंट' नाम से एक पुस्तक लिखी है। माताजी की सभाओं में इसे अन्य पुस्तकों तथा उनके अनेक चित्रों के साथ बेचा जाता है। उसमें लिखा है...''मैंने देखा कि पाप की शक्तियाँ किस प्रकार फैल गई हैं, किस तरह उन्होंने आज के मान-मूल्यों को ग्रस लिया है और किस खूबी से लाखों निर्दोष जनों के असचार-व्यवहार पर उनका कब्जा हो गया है। मुझे यह सब देखकर बड़ा धक्का लगा और डर महसूस हुआ कि पापाचार कितना फैल गया है।

माताजी ने मुझसे सत्य को सामने लाने के लिए कहा है। इसलिए इस अध्याय में मैं आपको बताऊँगा कि मानव-जाति को भीतर ही भीतर कितना बड़ा खतरा पैदा हो गया है। यह खतरा हमारे मन और शरीर के लिए ही नहीं बल्कि हमारी जागरूकता तथा विकास के लिए भी है।" माताजी जिस गहराई से बार-बार आगाह करती हैं, उनके अनुसार उसका नाम "तन्त्रवाद" है। इसी पुस्तक में माताजी के शिष्य ने आगे चलकर लिखा है—"तान्त्रिकों ने रहस्यमयी साधनाओं के जरिए और जादू-टोने के माध्यम से भूत-प्रेत पर कब्जा कर लिया है। तान्त्रिकों के वशीभूत होकर ये भूत-प्रमत उनकी अतृप्त कामनाओं की तुष्टी के लिए दूसरों के शरीर में प्रवेश कर जाते हैं।...पहले मनुष्यों के अतीत तथा चरित्र के बारे में जानकारी इक्कठी करने के लिए ये तान्त्रिक इन्हें दूत बनाकर भेजते हैं। दूतों का यह बहुत बड़ा जाल पाखंडियों, लम्पटों, स्वार्थी लोगों, धूर्तों तथा धनियों को अपना शिकार बनाता है।"

इस व्यक्ति ने आगे लिखा है—"तन्त्र की शक्तियाँ केवल भारत में ही नहीं है। हालाँकि यहाँ पर ये शक्तियाँ बहुत दिनों से सक्रिय हैं। मध्यकाल में इन्हीं शक्यितों ने भोले-भाले, निष्कपट कारीगरों को कामोतेजक मूर्तियाँ बनाने के लिए प्ररित किया था। इन्हीं शक्तियों के वशीभूत होकर हिन्दू-धर्म के विचार-जगत में कामुकता को स्थान मिला और वह भ्रष्ट हुआ। इन्हीं मूर्तियों के फलस्वरूप हिन्दू विश्वविज्ञान और धामिर्क मिथकों का अर्थ पूर्णतया बदलकर भ्रष्ट हो गया! पश्चिम में भी तन्त्रवाद का प्रचलन रहा है। भारतीय तान्त्रिकों के समान फ्रायड ने भी मनुष्य-जीवन के प्रत्येक क्रिया-कलाप का सम्बन्ध उसकी कामेच्छा से जोड़कर मनुष्य की चेतना को पशुता के स्तर तक गिरा दिया।"

तन्त्र के षड़यन्त्रों में से एक है कामेच्छा तथा कामुकता पर बल देना। दरअसल तन्त्रवाद में आधुनिकता के सारे पक्षों का समावेश है। इन सज्जन ने आगे लिखा है—"आधुनिक जीवन-शैली बड़ी चालाकी से हमारी सारी दुर्बलताओं को आकृष्ट करती है और कलियुग की सार्वभौम विशेषता बन गई है। तान्त्रिक विचारधारा के प्रतिपादक अपने को अनीश्वरवादी सिद्धान्तकार, वैज्ञानिक तथा मनोवैज्ञानिक कहते हैं—ये लोग अखबार, समाचार-जगत, रंगमंच, कला तथा प्रचार के क्षेत्र में अँटे पड़े हैं। ये लोग सिने-अभिनेता, फिल्म-निर्माता तथा लेखक आदि भी हो सकते हैं। आधुनिक प्रचार-माध्यमों के सहारे इन्होंने अपनी दानवता समूचे संसार में फैला रखी है। आज का समय, संकटग्रस्त है। धन-दौलत, आमोद-प्रमोद तथा कामुकता का लोभी समाज तन्त्र को फलने-फूलने का अवसर प्रदान कर रहा है। ऐसे समय में माताजी ही पाप की शक्तियों से हमें छुटकारा दिला सकती हैं। माताजी के प्रयत्नों से ही बहुत-से लोग आज जान गए हैं कि भूत-प्रेत, व्यभिचारियों तथा जादू-टोना जाननेवालों के बीच एक गठजोड़ है। माताजी के नेतृत्व में सहजयोगी प्रतिदिन इन अंधकार की शक्तियों से जूझ रहे हैं।"

संकट की बात करना तथा चारों तरफ व्याप्त दानवता की शक्तियों से जूझने का दावा माताजी के श्रद्धालुओं में उसके विरुद्ध भय-भावना जगाता है साथ ही इन बातों

को बहुत बड़ा करके देखने की प्रवृत्ति पैदा करता है। इस दृष्टिकोण का श्रद्धालुओं की यथार्थ-अनुभूति पर चाहे कितना भी बुरा प्रभाव क्यों न पड़े उन्हें इस बात की सांत्वना जरूर मिलती है कि वे इस लड़ाई में विजयी होंगे। साथ ही यह भावना उन्हें अन्य अनुयायियों के साथ जुड़ने का अवसर तथा सन्तोष भी प्रदान करती है। रार्बट वैल्डर ने कहा है–"इससे सारी मानसिक प्रवृत्तियाँ एक ही तरफ केन्द्रीभूत हो जाती हैं तथा एक गहरी बौद्धिक निष्ठा का जन्म होता है और सारी दुविधाएँ समाप्त हो जाती हैं। विचार इतने स्पष्ट हो जाते हैं कि विकल्प-बुद्धि उन पर कोई प्रभाव नहीं डाल पाती।"

पाप का खतरा, मोक्षदाता की उपस्थिति, भयातुर जनों को सत्य और शुभ के पक्ष में लड़ने को तैयार सैनिक के रूप में दीक्षा–यह सारा नाटक माताजी की सभाओं में कर्मकांड के जरिए घटित होता है। सभा के आरम्भ में कोई चेला (बहुधा वह विदेशी होता है) इस बात पर दुख प्रकट करता है कि आधुनिक भारत के नगरों में आध्यात्मिकता का पतन हो रहा है जबकि भारत का अतीत अध्यात्म-साधना और भावना ने अनुप्राणित था। जब सुननेवाले के मन में इस बात के प्रति अफसोस जाग जाता है तो वह इन तिरस्कृत सांस्कृतिक आदर्शों की प्राप्ति का आश्वासन देता है। वह कहता है कि माताजी पापसंहारिणी शक्ति-स्वरूपा हैं। माताजी पाप से मुक्त करेंगी। जो भी उनके पास पापमुक्ति के लिए आएगा–उन्हें वह शरण देंगी। माताजी ऐसे व्यक्तियों को 'धर्म-पथ' पर अग्रसर करेंगी और इस प्रकार वह व्यक्ति अपनी 'सच्ची भारतीयता' को प्राप्त कर सकेगा। माताजी के व्यक्तित्व को असुरसंहारिणी-भवभयहारिणी मातृवत्सला दुर्गा के रूप में प्रस्तुत किया जाता है। माताजी वास्तव में दुर्गा के समान भाषण करती हैं। जब माताजी तन्त्र की खतरनाक शक्तियों के प्रति सचेत करती हैं, झूठे गुरुओं का बखिया उधेड़ती हैं और प्रत्येक श्रोता से कहती हैं कि वह झूठे गुरुओं को भगा दे तथा उन पर डंडे बरसाए तो उनकी आवाज में एक ज्वाला कौंधती रहती है। अगर अगली पंक्ति में बैठी कोई महिला उठकर चलने को होती है तो माताजी गरज उठती हैं–बैठ जाओ ! ध्यान बड़ी सूक्ष्म चीज है तो उसमें बाधा उत्पन्न कर रही हो।"

'आलोचना मत कीजिए' श्रोताओं में से कोई चिल्लाता है। माताजी अपनी प्रभुता को चुनौती देती इस आवाज पर दुर्गा के वाहन सिंह के समान झपटकर दहाड़ती हैं–'अगर यहाँ बैठना नहीं चाहते तो भाग जाओ।' भयातुर भीड़ पर उनकी आवाज कोड़े की तरह बरस उठती है–मुझे जो कहना है मैं वही कहूँगी क्योंकि मैं सच बोलती हूँ। तुम्हें सुनना पड़ेगा। क्या तुम जानते हो कि प्रभु यीशू ने तुम जैसों को कोड़े मार-मारकर मन्दिर से निकाल दिया था। तुम जानते ही क्या हो ? क्या तुम्हें पता है कि इस लड़की ने जो कुछ किया है उससे गले का कैंसर हो सकता है ! इसका उपचार कौन करेगा ? मैं ही करूँगी ! मैंने रक्त-कैंसर समेत कई तरह के कैंसर का उपचार किया है। उस समय तुम नहीं कहोगे कि आलोचना मत कीजिए ! उस समय तुम दौड़े हुए मेरे पास आओगे।"

माताजी इसके बाद शान्त-स्वर में कहती हैं–"मेरे बच्चो ! मैं तुम्हारी माँ हूँ। सारे

विचार छोड़ दो, मुझ पर श्रद्धा रखो और मैं तुम्हें भवसागर के पार उतारूँगी ! और कौन तुम्हारे लिए इतना कुछ करेगा ? मैं, तुम्हारी माँ ही ऐसा कर सकती हूँ !"

श्रोताओं की आँखें आनन्द और उत्साह से चमकने लगती हैं। वे महसूस करते हैं कि हम माताजी के ही व्यक्तित्व का हिस्सा हैं, हमें असहायता का भय नहीं सता सकता क्योंकि हमारे सर उस माता की छाया है जो सभी खतरों को दूर भगाने में सक्षम है। माताजी के व्यक्तित्व से तदाकर स्थापित करके इन श्रद्धालुओं के अन्दर परम आत्म-सन्तोष तथा आत्म-विश्वास घर कर जाता है। वे सामाजिक बंधनों से सांसारिक जरूरतों से अपने को ऊपर उठा हुआ पाते हैं। यदि मुझे इन गुरुओं को उनके मातृसुलभ गुणों के आधार पर वर्गीकृत करने के लिए कहा जाए तो मैं माताजी को स्पष्टतया 'अधिकार में रखनेवाली माता' के रूप में रखूँगा। अभिभावक होने का मतलब है प्रेम तथा नियंत्रण की मिली-जुली भावना के साथ बच्चों से व्यवहार करना। माताजी अपने शिष्यों (बच्चों) के प्रति स्नेह का दृष्टिकोण रखती हैं लेकिन नियमों के पालन में बड़ी कठोरता बरतती हैं। यदि अगर हम कुछ अन्य गुरुओं के अभिभावक-वृत्ति पर विचार करें तो स्पष्ट होगा कि महाराज चरणसिंह स्नेह करनेवाले पिता के समान तो हैं लेकिन उनके स्नेह में उत्कटता नहीं है। वे नियमों का कड़ाई से अनुपालन करने पर भी जोर नहीं देते हैं। दूसरी तरफ भगवान रजनीश अत्यन्त सहिष्णु और तदात्म्य-भाव स्थापित करनेवाले गुरु हैं। वे शिष्यों को स्वच्छन्द आचरण करने की सीमाहीन छूट देते हैं। उनके शिष्य समझते हैं कि उन्हें अपार स्नेह मिल रहा है और अन्य व्यक्तियों के द्वारा स्थापित मानदण्डों के अनुसार आचरण न करके अपने अन्तर्तम् की पुकार को समझते हुए वे आचरण कर रहे हैं। मेरा ख्याल है कि कोई व्यक्ति कैसा गुरु चुनता है, यह बात इस तथ्य पर निर्भर करती है कि उसके मन में 'आदर्श अभिभावक' को लेकर कैसी छवि है। इसी से यह स्पष्ट होता है कि क्यों किसी गुरु का व्यक्ति पर कोई प्रभाव नहीं पड़ता जबकि दूसरा गुरु उसी व्यक्ति के अन्दर ऐसी गहरी भावनाएँ जगाता है कि उसका जीवन पूर्णतया बदलकर रह जाता है। मैं इसका एक उदाहरण देना चाहूँगा :—

अमिता तीस वर्षीया महिला है। वह एक स्थानीय कॉलेज में हिन्दी भाषा और साहित्य पढ़ाती है। उसका जन्म एक मध्यमवर्गीय रूढ़िवादी ब्राह्मण परिवार में हुआ और बचपन से ही वह किसी 'खोज' में लगी थी। वह बड़े तिरस्कार-भाव से कहती है—'मेरी माँ प्रतिदिन 56 करोड़ देवी-देवताओं की अराधना करती थी लेकिन इससे उसमें जरा भी बदलाव नहीं आया। वह बड़े कर्कश स्वभाव की स्त्री थी और उसमें रंचमात्र भी ममता नहीं थी। फिर सारे-पूजा-पाठ और विधि-विधान से क्या फायदा है ? अमिता की जीवन-कथा से साफ झलकता है कि माँ के साथ उसके सम्बन्ध मधुर नहीं थे। वह कई गुरुओं के पास गई लेकिन उसे सन्तोष न हुआ। कुछ वर्षों पहले वह माताजी की सभा में गई और तुरन्त उनकी शिष्या बन गई। उसका कहना है—'माताजी उस बादल के समान हैं जो सभी पर बरसता है।' एक तरफ वह अपनी माँ को कर्कशा बताती है तो दूसरी तरफ माताजी की तुलना बरसते हुए बादल से करती है। अमिता के इस कथन

से स्पष्ट है कि वह माताजी में अभिभावक के चिर-परिचित गुण के साथ एक विचित्र गुण का भी समावेश देखती है। चिर-परिचित गुण है माताजी का गुस्सा करना, चिड़चिड़ाना और विचित्र गुण है प्रेम की गरमाई से सबको सुख देना। यहाँ वह अपनी माँ की तुलना में माताजी को प्यार से लबालब बादल के रूप में देखती है। यहाँ मैं स्पष्ट कर देना चाहता हूँ कि चरण सिंह जैसा गुरु उसके अन्तर्मन के संघर्ष पर कोई प्रभाव नहीं डाल सकता और रूढ़िवादी मध्यमवर्गीय परिवार में पली इस युवती को भगवान रजनीश प्रदत्त 'स्वच्छन्दता' से भी खतरे का आभास होगा। 'माँ' के रूप में माताजी की भूमिका अमिता की मानसिक जरूरत तथा उसके सामाजिक अनुभव के अनुकूल है। इस प्रकार जब कोई व्यक्ति किसी सम्प्रदाय में दीक्षा लेकर उसमें पुनर्जन्म का अनुभव करता है तो उसी समय वह एक नए पिता, माता अथवा गुरु की भी सर्जना कर रहा होता है, एक ऐसे अभिभावक की सर्जना जो माता-पिता द्वारा क्षत-विक्षत किए गए उसके व्यक्तित्व को पुनः नया जीवन प्रदान करता है।

जो लोग माताजी का प्रवचन सुनने आते हैं उनमें से कुछ उनके शिष्य अवश्य ही बन जाते हैं। ये लोग अभूमन गाँवों से आकर शहर में बसनेवाले उभरते हुए मध्यवर्ग के सदस्य होते हैं। इनमें अपने कुल से पहली बार कॉलेज जानेवाले छात्र, सरकारी कार्यालयों के लिपिक तथा औद्योगिक-प्रशासनिक प्रतिष्ठानों के निचले दर्जे के अधिकारी होते हैं। इसके अतिरिक्त 'आधुनिकता' की चपेट में हाल में आए महाविद्यालयों के शिक्षक तथा अन्य व्यक्ति होते हैं। यही वर्ग इन सम्प्रदायों का सबसे ज्यादा शिष्य बनता है। इस तरह के सम्प्रदायों का अनुयायी बनने से व्यक्ति एक नए समूह से जुड़कर सुरक्षा का अनुभव करता है। इसकी आवश्यकता उसे इसलिए पड़ती है क्योंकि वह अपने गाँव, जाति या समाज से कट चुका होता है। इस तरह के सम्प्रदाय शहरी समाज की निर्वैयक्तिक तथा व्यक्तिवादी संस्थाओं के बीच अपनी जगह बनाते हैं और इस वजह से पेशेगत जुड़ावों अथवा सामुदायिक सहसम्बन्धों का विकल्प भी प्रदान करते हैं। इन सम्प्रदायों में सम्बन्ध एक-दूसरे के 'चक्रों' को पहचानने और उन्हें ठीक करने तक ही सीमित नहीं रहता बल्कि अपने साथी के आयकर का लेखा-जोखा सँभालने अथवा उसे सीमेंट का परमिट दिलवाने तक विस्तृत हो जाता है।

इस वर्ग में ऐसे लोगों का बाहुल्य है जिन्होंने आधुनिकता की भाषा तो सीख ली है परन्तु उसके समुचित प्रयोगों से अनजान हैं। माताजी प्राचीन सिद्धान्तों को आधुनिक मुहावरे में लपेटकर पेश करती हैं। वह नाड़ियों की जगह स्नायुमंडल की बात कहती हैं। इड़ा-पिंगला के स्थान पर 'ईगो' और 'सुपर-इगो' की चर्चा करती हैं। 'प्रेत-लोक' के बजाय 'सामूहिक उप-चेतन' जैसे शब्द उनके मुख से निकलते हैं। इस तरह की भाषा उन लोगों को अत्यधिक आश्वस्त करती है जो अपने पुराने हिन्दू-व्यक्तित्व का मिलान आधुनिक दृष्टिकोण से करना चाहते हैं। इस तरह के वैज्ञानिक और तकनीकी शब्दों के प्रयोग के साथ-साथ माताजी पश्चिम के सिद्धान्तों को नकारती भी हैं। माताजी के मुख से अक्सर ऐसी बातें सुनने को मिलती हैं, "हम एक महत् शक्तिवाले परम कम्प्यूटर

से जुड़े हैं''। ''आत्म साक्षात्कार से यह कम्प्यूटर चालू हो जाता है।'' ईश्वर का दूरसंचार अत्यन्त गत्यात्मक है। ''परा-स्नायुतन्त्र एक पेट्रोल-पम्प की भाँति है जिसके जरिए दिव्य-प्रेम का पेट्रोल हमारे अन्दर उतरता है''। वे यह नहीं कहती कि मणिपूर-चक्र में कोई भूत विद्यमान है बल्कि इसकी जगह कहती हैं, ''रीढ़ की हड्डी के छठे अस्थि-कुंडल में मानसिक-विक्षेप की इकाई सक्रिय है''। इस तरह पुरानी शराब नई बोतल में परोस दी जाती है। वे इस बात को भूल जाती हैं कि ऐसा करना स्वयं आधुनिकता की अवधारणा के विरुद्ध है। वे ऐसे शब्द प्रयोगों के साथ ही साथ 'आधुनिकता के स्रोत' के रूप में तथा स्वयं एक भौगोलिक इकाई के रूप में भी पश्चिम का खंडन करती हैं। उनके 'पश्चिम' में जापान भी शामिल है और सोवियत-संघ भी। माताजी और उनके अनुयायी पश्चिम में हो रही तलाक की घटनाओं की संख्या, बढ़ती हुई शराबखोरी, अपराध तथा यौनगत दुराचार की घटनाएँ गिनाते हुए थकते नहीं। इसके प्रतिकार स्वरूप वे पारम्परित भारतीय-धर्म का गुणगान करते हैं जो उनके अनुसार 'समरसता' पवित्रता, त्याग तथा आज्ञानुशीलन पर जोर देता है। इन शिष्यों के अनुसार(इन शिष्यों में बहुत से अनिवासी भारतीय भी शामिल हैं) पश्चिम ''पूरी तरह से 'वेश्यालय' में तब्दील हो चुका है, यहाँ के शहर सचमुच ही व्यभिचार की मंडी बन गए हैं जहाँ वेश्याएँ और उनके दलाल चारों तरफ मंडराते हैं।'' ये शिष्यगण पश्चिमी कला, विज्ञान, सामाजिक-राजनीतिक विचारों द्वारा प्रस्तुत वैचारिक चुनौतियों को एक हवाई विश्वास का पुल बाँधकर खारिज करते हुए कहते हैं कि एक दिन इस ईश्वरविहीन, तत्त्वमीमांसा-विरोधी सभ्यता का पतन होगा और शाश्वत हिन्दू-मूल्यों की जीत होगी। सम्भव है कि माताजी और उनके शिष्यगण अपनी अशिष्ट भाषा में जो संकेत कर रहे हों, वह एक सीमा तक सही हो—सभ्यता के स्वास्थ्य-वर्धन के लिए अधिभूतवाद की उपस्थिति जरूरी हो लेकिन इस अधिभूतवादी सभ्यता के पवित्रीकरण पर उनका जोर स्वयं में समस्याग्रस्त है। उदाहरणार्थ, 'त्याग' तो वही कर सकता है जिसकी स्थिति ऐसा करने लायक हो। जो व्यक्ति अपनी पसन्द तय कर सके वही 'त्याग' कर सकता है। उत्पाद-क्षमता, रचनात्मक और वैज्ञानिक सर्जनात्मकता के अभाव में कोई त्याग करता है और माताजी जिस त्याग की बात करती हैं वह महज 'भिखारी का कटोरा-दान' होगा। यह अलग बात है कि उत्पादक-क्षमता और वैज्ञानिक-दक्षता से उपभोक्तावाद भी पनपा है। अपने कुटेवों तथा यौनगत पाखंडों के प्रति जागरूक हुए बगैर जिससे व्यभिचार पनपता है—यौनशुचिता की बात चाहे जितनी वरेण्य लगे व्यवहार में सर्वदा असम्भव बनी रहेगी। अगर समानता के प्रति सचेत नहीं है और प्रदत्त विवेक में निहित अराजकता के खतरे से आगाह नहीं हो तो माताजी द्वारा वरेण्य बताई गई 'आज्ञानुवर्तिता' महज एक कर्मकांडीय दिखावा है। 'आत्म-साक्षात्कार' के लिए मानवीय स्वतंत्रता जितनी जरूरी है उतनी ही जरूरी सांसारिक-आवश्यकताओं की पूर्ति भी है।

द्वितीय भाग

चिकित्सा की परम्पराएँ

भारतीय चिकित्सा-पद्धति और मनोरोग-चिकित्सा

सैद्धान्तिक-सांस्कृतिक परिप्रेक्ष्य में आयुर्वेद

मैं अपनी जीभ साफ करने के लिए जिस उपकरण का इस्तेमाल करता हूँ वह अंग्रेजी के 'यू' अक्षर के समान चार इंच लम्बा एक उपकरण है। इसके सिरे चिकने हैं और आधार-पटल चौड़ा। यह चाँदी का बना है। बचपन से ही मैं इसका इस्तेमाल जीभ के ऊपर परत के रूप में जमी मैल को छुड़ाने के लिए कर रहा हूँ। ऐसा उपकरण मैंने किसी और देश में नहीं देखा। मैंने इस बात को अब स्वीकार कर लिया है कि जीभ साफ करना, बालों में हाथ से तेल लगाना और बाएँ हाथ से शौच के बाद गुदा-द्वार साफ करना भारतीय तरीका है; यह भारतीय संस्कृति का अंग है और अन्यों के समान मैंने भी इसको अपनाया है बगैर इस बात की चिन्ता किए कि आखिर इसका कारण क्या है ? हाल ही में मैं चरक-संहिता पढ़ रहा था तो उसके एक अध्याय में जहाँ गरारे करने, बालों में तेल लगाने आदि की चर्चा है, वहीं मैंने यह भी पढ़ा कि 'जीभ साफ करने के उपकरण मुड़े होने चाहिए, और उन्हें सोने, चाँदी, ताँबे या पीतल का बना होना चाहिए। जीभ की जड़ में जो मैल जम जाती है उसके कारण मुँह से दुर्गन्ध आने लगती है। इसलिए जीभ को नियमित रूप से साफ करना चाहिए।'

ज्यों-ज्यों मैंने आयुर्वेद का साहित्य पढ़ा और वैद्यों के साथ बातचीत में इस चिकित्सा-पद्धति का अध्ययन किया त्यों-त्यों मेरे इस संदेह की पुष्टि होती गई कि बचपन में मैं जो नीम की दातुन किया करता था वह दाँत तो साफ करती ही है, इसके अतिरिक्त भी उसमें 'कुछ' होता है। बाद को आधुनिक दिखने के फिराक में मैंने टूथब्रश और पेस्ट अपना लिया। आयुर्वेद के ज्ञान से ही मुझे स्पष्ट हुआ कि रात में मूली और अमरुद क्यों नहीं खाते, शहद या घी में क्या गुण होते हैं, और जड़ी-बूटियों में (विशेषकर हिमालय की जड़ी-बूटियों में) क्या-क्या गुण भरे पड़े हैं। आयुर्वेद के ग्रन्थ पढ़ने पर मुझे अचम्भा होता है कि कैसे उसमें शरीर की देखभाल, अलग-अलग ऋतुओं के हिसाब से भोजन का विधान, शारीरिक व्यायाम तथा आचरण सम्बन्धी निर्देश बताए गए हैं और किस तरह धर्मविश्वास के अंग की तरह ये बातें पीढ़ी-दर-पीढ़ी हमारे बीच चलती रही हैं।

आयुर्वेद महज रोग-निदान की पद्धति अथवा समुचित आहार-विहार की प्रणाली भर

नहीं हैं। आयुर्वेद के ग्रन्थ रोगों और जड़ी-बूटियों के बारे में भी उतना ही बताते हैं जितना इस बारे में कि व्यक्ति का चाल-चलन कैसा होना चाहिए। मनोविज्ञान की दृष्टि से आयुर्वेद का अध्ययन आवश्यक है क्योंकि 'शरीर' और 'व्यक्ति' के बारे में भारतीय अवधारणा का मूल स्रोत है। आगे चलकर हम देखेंगे कि व्यक्ति और शरीर के बारे में पश्चिम में जो प्रभावकारी धारणाएँ विद्यमान हैं और जो आधुनिक-विज्ञान की आधार-वस्तु के रूप में स्वीकृत हैं, उनसे ये धारणाएँ बिल्कुल अलग हैं। ये ही धारणाएँ हमारी संस्कृति का मूल अंग हैं और इन्हीं के अनुसार हमने व्यक्ति और उसके स्वास्थ्य के बारे में सदा विचार किया है। आयुर्वेद में वर्णित व्यक्ति के निर्णायक घटकों का विवेचन, काल-विशेष में उसका विस्तार और सीमाएँ, परिस्थिति-परिवेश तथा मानस से इस घटक का सम्बन्ध, शरीर की प्रकृति और मानस, लोक और ब्रह्मांड से उसका सम्बन्ध जो सीधे बीमारी अथवा स्वास्थ्य से जुड़ता है—सम्भव है सर्वदा बुद्धिगम्य न लगे किन्तु ये बातें ही उस सांस्कृतिक दृष्टि का निर्माण करती हैं जिसके सहारे भारत के हजारों नर-नारी 'व्यक्ति' और उसके स्वास्थ्य को परखते तथा समझते हैं। भारतीय समाज की बहुलता के बीच सांस्कृतिक छवि के माध्यम से आयुर्वेद उसका एकरस ताना-बाना हमारे सामने रखता है। आयुर्वेद का मुख्य विस्तार सम्पूर्ण दक्षिण एशिया में और छिटपुट रूप में दक्षिण-पूर्व एशिया में भी रहा है। यह सीमा इसके आगे भी जा ही सकती है। एक विद्वान गणनाथ ओबेसेकर का कहना है कि आयुर्वेद के सिद्धान्तों को समझे बिना हम दक्षिण-एशिया के निवासियों की मनःस्थिति को समझ नहीं सकते।''

समाज और संस्कृति से अपने गहरे रिश्तों को लेकर 'आयुर्वेद' अपने आप में अद्वितीय नहीं है। किसी भी समाज के चिकित्सीय-सिद्धान्तों, मान्यताओं और व्यवहारों से हम उसके सामाजिक विश्वास तथा चिकित्सीय और नैरोग्य-कला के बारे में जान सकते हैं। उदाहरण के लिए हृदय रोगों के लिए, शल्यक्रिया अथवा कैंसर के लिए जब हम रेडियोधर्मी किरणों के इस्तेमाल की बात सुनते हैं तो सहज ही जान जाते हैं कि यह समाज अज्ञात कारणों से उत्पन्न समस्याओं के समाधान में विज्ञान और तकनीक को उच्च प्राथमिकता देता है। हमें पता चल जाता है कि यह समाज समुदाय के ऊपर व्यक्ति को तरजीह देता है क्योंकि अक्सर ऐसे उपचार परिवार के लिए आर्थिक-संकट उत्पन्न करते हैं। हम यह भी जान जाते हैं कि यह समाज शरीर-रचना को एक यन्त्र के रूप में देखता है जिसके कल-पुर्जे खोले-कसे तथा बदले जा सकते हैं। लेकिन आयुर्वेद के मामले में हम देखते हैं कि यह भारतीय संस्कृति के मूल विश्वासों का दर्पण कम और निर्माता ज्यादा रहा है। सदियों से यह एक चिकित्सा-पद्धति के रूप में भारतीय चेतना को एक आकार देता रहा है और यह परम्परा अभी जाकर टूटी है जब पश्चिमी औषध-विज्ञान ने अपनी चुनौती इसके सामने प्रस्तुत की है। आयुर्वेद का अर्थ होता है—दीर्घायु होने का विज्ञान। इसके महत्त्व को इसी बात से समझा जा सकता है कि आयुर्वेद के ज्ञाता दावा करते हैं कि इसका प्रारम्भ कब हुआ इसे नहीं कहा जा सकता और इसमें (आयुर्वेद में) जीव तथा जीवन विषयक प्रकृति के सत्य नियम प्रतिबिम्बित

होते हैं अतः आयुर्वेद शाश्वत सार्वभौम 'सार' को प्रस्तुत करता है।

हमने जितने भी वैद्यों से बात की सबका कहना था कि सभ्यता के उषाकाल में ही आयुर्वेद का उद्भव हुआ। इस चिकित्सा-पद्धति पर हम जब भी कोई बात करते थे वैध-जन किसी पुराने ग्रन्थ से संस्कृत का श्लोक पढ़ देते थे। अनुसन्धान के बारे में उनकी धारणा इतनी भर थी कि अपनी बात की पुष्टि में किसी प्राचीन ग्रन्थ से कोई श्लोक पढ़ दिया जाए। एक प्रसिद्ध वैध से मैंने पूछा कि आयुर्वेद के ज्ञान का मूलाधार क्या है तो उसने चट्ट से एक पौराणिक-कथा सुनाई और कहा कि पार्वती ने भी यही प्रश्न शंकर से पूछा था, "हे शिव ! कलियुग आने ही वाला है। कलियुग में सच्चे गुरु नहीं मिलेंगे। झूठे गुरुओं का साम्राज्य होगा। ऐसी हालत में सच्चे ज्ञान की प्राप्ति में लगे साधक को क्या करना होगा ?" इसके उत्तर में भगवान शंकर ने कहा, "ऐसे सत्यार्थियों को प्राचीन ग्रन्थों का अध्ययन करना चाहिए क्योंकि कलियुग में ये ग्रन्थ ही सच्चे गुरु होंगे"। इस वैध के इर्द-गिर्द बैठे रोगी के कुटम्बीजन तथा स्वयं रोगी ने भी बात सुनकर हामी भरी।

आयुर्वेद के विपरीत पश्चिम में ऐसी कोई चिकित्सा-पद्धति नहीं है जो सुदूर अतीत से लेकर आज तक पूरी प्रमाणिकता के साथ चली आ रही हो। वहाँ रोगोत्पत्ति के विषय में कई सिद्धान्त प्रचलित रहे हैं और उनमें तेजी से फेर-बदल हुआ है। यूनानियों का मानना था कि दुष्टात्माएँ रोग उत्पन्न करती हैं, फिर कहा गया कि शरीर में द्रव-सन्तुलन बिगड़ जाने से रोग होते हैं। आगे चलकर यह बात मानी गई कि शरीर स्वयं ही 'विष' बनाकर बीमार होता है। इसके बाद छूआछूत से बीमार पड़ने की धारणा सामने आई। सबसे बाद में कहा गया कि कीटाणुओं और विषाणुओं से रोग होते हैं। इस तीव्र अवधारणागत परिवर्तन के कारण पश्चिम में चिकित्सा प्रणाली 'व्यक्ति' और 'शरीर' के बारे में कोई वैसी प्रभावकारी सांस्कृतिक छवि नहीं बना सकीं जैसे भारत में 'आयुर्वेद' ने बनाई।

मैं स्वीकार करता हूँ कि मुझे आयुर्वेद का अध्ययन बहुत पहले करना चाहिए था। मैंने पश्चिमी चिकित्सा-विज्ञान की परम्परा में शिक्षा पाई है इसलिए अचेतन रूप से यह विश्वास मन में बस गया है कि अन्य चिकित्सा-पद्धतियाँ पुरानी और बेकार हैं तथा उनमें मात्र 'चिकित्सा' का इतिहास लिखनेवालों की दिलचस्पी हो सकती है। किसी गम्भीर अध्ययन के लिए जरूरी है आश्चर्यचकित होकर अवलोकन करने की क्षमता तथा इस आश्चर्य से उत्पन्न होनेवाली एक 'शंका' ताकि आप 'आश्चर्य' पर ही न रुक जाएँ। आजकल आयुर्वेद पर जो ग्रन्थ लिखे गए हैं, विशेषकर वैद्यों द्वारा उनमें बड़े आक्रामक ढंग से अपना बचाव भर किया गया है और ये ग्रन्थ उन्नीसवीं सदी के भारतीय पुनरुत्थानवाद की महागाथा का ही अध्याय लगते हैं। आयुर्वेद की धारणाओं को ये लोग पश्चिमी शरीरविज्ञान तथा मनोविज्ञान की आधुनिक शब्दावली में प्रस्तुत करते हैं मानो सफाई दे रहे हों कि हमारे ऋषि-मुनि इस बात को पहले ही जानते थे। यह प्रयास बिल्कुल वैसा ही है जैसा आजकल के गुरुओं द्वारा 'चक्र' 'नाड़ी' आदि की स्थिति

भौतिक शरीर में बताना। ये सभी पुनरुत्थानवादी कर्म मुझे ऐसे प्रतीत होते हैं कि एक खास अनुभव के दायरे में किए गए हों। अनिवार्यतः यह अनुभव औपनिवेशिक सन्दर्भों से पनपे हैं जब हर बात के लिए पश्चिम के मानदण्डों पर सफाई पेश की जाती है। बचाव की यह मुद्रा फिर भी पश्चिमी मेधा तथा वैज्ञानिक-परम्परा के सन्दर्भ में दिमाग के औपनिवेशीकरण का एक पहलू मात्र है। मैं मानता हूँ कि पुनरुत्थानवादियों की आँखों का खोट देखने की इस प्रक्रिया में मैं स्वयं की दृष्टि का दोष नहीं देख पाया। मैं पश्चिमी-चिकित्सा परम्परा में दीक्षित था और इस बात को समझने में असफल रहा कि मेरा पश्चिमी-चिकित्सा परम्परा से यह तदाकार चाहे कितना भी गहन क्यों न हो—दरअसल है वह भी उस सांस्कृतिक-हीनता ग्रन्थि की ऊपज। मुझे ऐसा प्रतीत होता था कि मैं आयुर्वेद की परम्परा का वस्तुनिष्ठ अध्ययन नहीं कर पाऊँगा लेकिन रोगोपचार से सम्बन्धित पश्चिमी सिद्धान्तों में जब परिवर्तन हुआ तो मुझे लगा कि अब यह कम किया जा सकता है। मेरा आशय यहाँ लीविस टॉमस के उस बयान से है जिसमें कहा गया था, "चिकित्सा के क्षेत्र में फिर से जादू का प्रादुर्भाव हो रहा है। उनका आशय यह था कि रोग कीटाणुओं-विषाणुओं के कारण तो उत्पन्न होते ही हैं लेकिन अधिकतर रोग अन्यान्य कारणों से भी हो सकते हैं। इन कारणों में एक है परिवेश की वस्तुओं का रोगी पर प्रभाव तथा स्वयं उसकी जीवन-शैली। इसी वजह से नानाविध चिकित्सा-पद्धतियों की सिफारिश की गई है ताकि जीवन-शैली बदल सके। कुछ कहते हैं कि विशेष प्रकार का भोजन करना चाहिए, कुछ का विचार है कि सवेरे उठकर दौड़ लगानी चाहिए तो कुछ योगाभ्यास की बात कहते हैं। इस प्रकार बदलती हुई चिकित्सा-पद्धति को पश्चिमी दुनिया में 'गैर-पश्चिमी' चिकित्सा-पद्धतियों को विशेष रुचि तथा महत्त्व से देखा जाने लगा है। आज हम जब चिकित्सा-विज्ञान के इस दावे को पढ़ते हैं कि अगर व्यक्ति सवेरे नाश्ता करे, नियमित रूप से व्यायाम करें, भोजन के समय के अतिरक्त कुछ न खाए, सिगरेट तथा शराब न पिए तथा प्रतिदिन आठ घंटे की नींद ले तो उसकी आयु ग्यारह वर्ष से भी ज्यादा समय तक बढ़ सकती है तो हमें बरबस आयुर्वेद का ध्यान आता है। आयुर्वेद में वर्णित दीर्घायु होने के लिए आवश्यक आचार-आहार-विहार इन बातों से कहीं ज्यादा आगे बढ़े हुए प्रतीत होते हैं।

नींद की ही बात लीजिए। आयुर्वेद में नींद के सात प्रकार बताए गए हैं। मोटापे में नींद की भूमिका, अच्छी या बुरी नींद, अच्छी नींद के उपाय तथा दिन में सोने-न-सोने के विषय में विधान किए गए हैं। आयुर्वेद के एक ग्रन्थ में लिखा गया है—"सभी ऋतुओं में दिन की नींद उन लोगों के लिए आवश्यक है जो गायन-वादन, अध्ययन, मद्यपान, सम्भोग, भारी बोझ ढोने अथवा बहुत दूर तक पैदल चलने के कारण थक गए हों। दिन में सोना उन लोगों के लिए भी जरूरी है जिन्हें क्षय-रोग, दस्त, मूर्छा जैसे रोग हों अथवा जो अत्यन्त दुर्बल या अत्यधिक वृद्ध हों। गिरकर जख्मी हुए व्यक्ति, यात्रा से थके हुए लोगों, क्रोध अथवा भय से निर्बल महसूस करनेवाले व्यक्तियों अथवा दिन में सोने की आदत से ग्रस्त लोगों के लिए भी यह नींद जरूरी है।" अमूमन ग्रीष्म-ऋतु के अतिरिक्त

दिन में सोने की मनाही है क्योंकि इससे कई प्रकार के रोग हो सकते हैं। दिन में निर्देश के उल्लंघन से होनेवाले रोगों की सूची भी दी गई है तथा उक्त निर्देश का समापन इन शब्दों में किया गया है, "अतः हमें विभिन्न ऋतुओं के अनुसार नींद के गुण-दोष पर विचार करना चाहिए ताकि जीवन में खुशी रहे।"

मैं ऊपर कह चुका हूँ कि 'व्यक्ति' तथा 'व्यक्ति-शरीर' के बारे में भारतीय सांस्कृतिक दृष्टिकोण का मुख्य निर्माता आयुर्वेद है। प्रश्न यह है कि औषधि-विज्ञान से उत्पन्न हुई इन धारणाओं का जो स्वयं में अत्यन्त व्यवहारिक तथा इहलौकिक हैं, हिन्दू-विश्व-दृष्टि के तत्त्वमीमांसीय घटकों मसलन—'अर्थ-धर्म-काम-मोक्ष' से क्या सम्बन्ध है ? आयुर्वेद के ग्रन्थों में आपको चिकित्सा और अध्यात्म का संगम मिलेगा। हालाँकि यह संगम कहीं-कहीं दोनों पक्षों के अपने-अपने विशेष आग्रहों के कारण अत्यन्त औपचारिक है। प्रसिद्ध विद्वान देवी प्रसाद चट्टोपाध्याय ने 'चरक संहिता' के अपने विद्वतापूर्ण अध्ययन में बताया है कि "इसमें धर्म तथा अध्यात्म सम्बन्धी विचार भी मिलते है—विशेषकर 'कर्म' और 'अदृष्ट' के रूप में जिन्हें इस संहिता की वैज्ञानिक अंतर्वस्तु के ऊपर थोड़े भरमानेवाले ढंग से ढालने की कोशिश की गई है। डॉक्टर अक्सर ऐसी प्रकृतियाँ दिखाते हैं जो परम्परागत हिन्दू-शुद्धता के प्रति सहिष्णु लगता है भले ही इस प्रवृत्ति का उन सिद्धान्तों पर बहुत कम प्रभाव हो जिसका वे व्यवहारतः उपयोग करते हैं। इन ग्रन्थों में लिखा गया है कि हमारे इस पेशे का लक्ष्य 'सुस्वास्थ्य' है जो अन्ततः पुरुषार्थ-सिद्धि अर्थात् 'अर्थ-धर्म-काम-मोक्ष' को ही साधने का साधन है। इसलिए आयुर्वेद अपने आप में सभी वेदों से पवित्र ग्रन्थ है क्योंकि इसने पारलौकिक जीवन के सन्दर्भ में ही मानवता की सेवा नहीं की है बल्कि इहलौकिक तथा वर्तमान जीवन का भी भला किया है।"

लेकिन धर्म और मोक्ष की तुलना में काम और अर्थ की ज्यादा चर्चा इन ग्रन्थों में ज्यादा मिलेगी। उदाहरण के लिए, तीन मूलभूत मानवीय इच्छाओं से सम्बन्धित अध्याय में लिखा गया है, "सामान्य बुद्धि, प्रतिभा तथा ऊर्जा से युक्त जो मनुष्य इस संसार तथा परलोक में सुख चाहता है उसकी तीन मूलभूत इच्छाएँ होती हैं, दीर्घायु होने की इच्छा, धन-प्राप्ति की इच्छा तथा पुण्य कमाने की इच्छा। इसमें 'काम' की चर्चा नहीं की गई है किन्तु इसलिए नहीं कि यह अनावश्यक है बल्कि इसलिए कि कामेच्छा को सन्तुष्ट करना तो मनुष्य की मूल प्रवृत्ति है अतः इसकी अलग से चर्चा इसको दुरूह बनाना होगा।" इसके बाद इस ग्रन्थ में कहा गया है कि, "सबसे अधिक महत्त्व लम्बी आयु का है क्योंकि आयु के चुकने से जीवन का भी अन्त हो जाता है। पुनः दीर्घायु होना परन्तु धनहीन होना सर्वाधिक कष्टकर है अतः ऐसे व्यक्ति को अवश्य ही धनार्जन करना चाहिए और इसे विविध स्रोतों से धनोपार्जन करना चाहिए।" जहाँ तक तीसरी इच्छा का सवाल है इस ग्रन्थ में कहा गया है—कि इसका सम्बन्ध अर्थात् धर्मानुमोदित आचरण परलोक के जीवन में खुशी प्राप्त करने के लिए आवश्यक है किन्तु "इस इच्छा को सन्देह से परे नहीं माना जा सकता। शक किया जा सकता है कि मृत्यु के बाद भी

कोई 'जन्म' होता है क्या ? लेकिन यह शक है क्यों ? कुछ लोग हैं जो मात्र प्रत्यक्ष को प्रमाण मानते हैं और पुनर्जन्म को इसकी अप्रत्यक्षता के कारण स्वीकार नहीं करते जबकि दूसरी तरफ ऐसे भी लोग हैं जो 'पुनर्जन्म' को मानते हैं किन्तु प्रमाण के तौर पर मात्र वेदादि को प्रस्तुत करते हैं। पुनर्जन्म के विषय में परस्पर विरोधी मत मिलते हैं क्योंकि विभिन्न दार्शनिक सम्प्रदायों ने पुनर्जन्म का कारण भिन्न-भिन्न माना है। कुछ ने जनक-जननि, कुछ ने प्रकृति तो किसी ने निर्वैयक्तिक आत्म अथवा संकल्प-स्वातन्त्र्य को इसका कारण माना है। इसलिए यह प्रश्न बना रहता है कि क्या सचमुच पुनर्जन्म होता है ?" इसके बाद यह जानकर आयुर्विज्ञान का विद्यार्थी किसी विवादग्रस्त मुद्दे पर बहुत देर बाद सहमत हो सकता है—पुनर्जन्म के पक्ष में अनेकानेक प्रमाण दिए गए हैं।

प्राचीन काल में वैद्यकों को परम्परागत हिन्दू-तत्त्वमीमांसा से कड़ा संघर्ष करना पड़ा अपनी अवधारणाओं को लेकर! उस युग की तुलना में आज के वैद्यों का संघर्ष तुच्छ जान पड़ता है ! वाद-विवाद की यह परम्परा सदियों से भारत में चलती रही है। कर्मकांडों के समान कला में भी इस वाद-विवाद ने इन्द्रियनिग्रह बनाम ऐन्द्रिकता का रूप धारण किया और इस विवाद ने अनेक हिन्दुओं के मन में एक अन्तर्द्वन्द्व की सृष्टि की। आधुनिक काल में महात्मा गांधी इसके ज्वलन्त उदाहरण हैं। प्राचीन काल के वैध भी हिन्दू ही थे और अगर हिन्दू विश्वदृष्टि के कतिपय सिद्धान्तों को वे पचा नहीं पाते थे, न उगल सकते थे न निगल सकते थे तो हमें उनसे सहानुभूति होनी चाहिए न कि विरोध। हम सोच सकते हैं कि कर्मफल का सिद्धान्त उन्हें पचाए न पचता होगा और जहाँ तक औषधिविज्ञान के ग्रन्थों का सवाल है—छान्दोग्य उपनिषद में इस बात के संकेत विद्यमान हैं कि इन ग्रन्थों के रचयिताओं को यह समस्या विशेष रूप से मथ रही थी। चरक-संहिता के कुछ भागों में इस बात की चर्चा है कि रोगों की उत्पत्ति का कारण 'कर्म' है तथा जब तक मनुष्य कृत कर्म का (पिछले जीवन के) फल भोग नहीं लेता उसकी चिकित्सा व्यर्थ होती है। दूसरी तरफ चरक-संहिता का एक पूरा अध्याय इस बात का दावा तथा व्याख्या करता है—कि सफल रोगोपचार मात्र चार घटकों पर निर्भर है—चिकित्सक, औषधि अथवा पथ्य, रोगी की देखभाल तथा रोगी के कुछ खास गुण। आयुर्वेद में कुछ रोगों को असाध्य बताया गया है। साथ ही वैध यह भी दावा नहीं करते कि वे सभी रोगों को ठीक कर सकते हैं। हाँ, वे यह जरूर कहते हैं कि यदि रोगी की देखभाल ठीक ढंग से की जाए तो अच्छा वैध साध्य रोगों को दूर कर सकता है। साथ ही वे यह भी कहते हैं कि रोगी के स्वस्थ होने में उसके पुण्यकर्मों का भी कुछ योग हो सकता है। नीचे एक आयुर्वेद-ग्रन्थ का कथन दिया जा रहा है जिससे स्पष्ट होगा कि वक्ता को अपने वैज्ञानिक ज्ञान तथा उसकी प्रभाव क्षमता पर पूरा यकीन है तथा इस ज्ञान की प्रभावकारिता में वह 'संयोग' अथवा देवकृपा को तनिक भी स्थान नहीं देता—"रोगोपचार के लिए आवश्यक चार घटकों को अपनाकर भी मरीज मर सकता है—ऐसा कहना तथ्य पर आधारित नहीं। जैसे धनुर्विद्या में निष्णात धनुर्धर अपने

धनुष-बाण से सामने के लक्ष्य को वेध देता है उसी प्रकार अपने कर्म में कुशल वैध प्रक्रियागत अन्य साधनों के सहारे रोग का सही परीक्षण करके यदि वह साध्य रोग की श्रेणी का हुआ तो बगैर असफल हुए ठीक कर देता है। इसलिए यह कहना ठीक नहीं है कि दवा के कारगर होने या न होने से कोई फर्क नहीं पड़ता।"

आयुर्वेद का हिन्दू-तत्त्वमीमांसा में अविश्वास अथवा उससे विरोध हिन्दू-रूढ़िप्रियता के अन्य पक्षों तक भी विस्तृत है ! इसमें शायद ही गाय को देव, ब्राह्मण तथा पूर्वज की कोटि में रखकर कहीं पूज्य माना गया है। इसे 'पशु' की कोटि में रखकर विवेचित किया गया है तथा आयुर्वेद के ग्रन्थ इस बात की मुक्त-कंठ से चर्चा करते हैं कि गो-मांस खाने के क्या लाभ हैं। विधान किया गया है कि जो लोग नासिकाशोथ, ज्वर, सूखी-खाँसी, थकावट, अत्याग्नि अथवा मांसपेशियों के क्षय जैसे रोग से पीड़ित हों उन्हें गो-मांस खाने से लाभ होता है। यही बात मद्यपान के साथ लागू होती है। स्मृतिकारों ने कटु शब्दों में मद्यपान की भर्त्सना करते हुए उसका निषेध किया है तथा हम पहले भी देख चुके हैं कि कुछ सम्प्रदाय मोक्षप्राप्ति अथवा अत्म-साक्षात्कार के रास्ते में मद्यपान को एक बाधा समझते हैं। किन्तु आयुर्वेद ऐसी बातें नहीं कहता। यह जरूर है कि आयुर्वेद में अत्यधिक मदिरापान के खतरे गिनाए गए हैं किन्तु इसके साथ ही उसका निषेध नहीं करते हुए कहा गया है—युवतियों के उष्ण प्रेमालिंगन, उनकी कटि, जंघाओं तथा पूर्ण विकसित उरोजों को प्रेमाधिकृत करने में मदिरा अपना योग देती है।" मदिरा के विविध लाभकर गुणों के बारे में पूरा एक 'खंड' लिखा गया है तथा उसके अन्त में कहा गया है, "मदिरा सामान्यतया आह्लादकारी तथा पौष्टिक है। यह डर, शोक तथा थकावट को समाप्त करती है। इससे विश्वास, शक्ति, मेधा, सन्तोष आदि का वर्धन होता है। यदि अच्छा व्यक्ति नियमों के पूर्ण परिपालन के साथ नियमित रूप से इसका सेवन करे तो यह अमृतवत् काम करती है।"

मेरा तात्पर्य यह नहीं है कि प्राचीन वैध इन्द्रियसुखवादी थे तथा इस बात का हमेशा ख्याल रखते थे कि व्यक्ति के सुख में उसका धर्म बाधक न बने। मेरा विश्वास है कि हिन्दू कभी भी उतने इन्द्रियसुखवादी नहीं रहे जितने पुराने समय के यूनानी अथवा मिस्रवासी थे। किन्तु एक चिकित्सक के रूप में जब मैं अपने रोगी का उपचार करता हूँ तो इस बात का ध्यान रखता हूँ कि यह रोगी उसी समाज का सदस्य है जिसके सामूहिक मानस का निर्माण रहस्यदर्शी सन्तों ने किया तो है परन्तु बेहतर है कि इस 'सामूहिक मानस' को पूर्ण पवित्रतावादी अतीत के नजरिए से न देखकर अतीत की एक 'निजी छवि' बनाते हुए देखा जाए। जब मैं चिकित्सा-कर्म में दत्त अपने प्राचीन सहकर्मियों के नजरिए से इस 'अतीत' को देखता हूँ तो साफ लगता है कि अधिकांश लोग इस 'अतीत' को आध्यात्मिकता के जिस सत्ययुग की तरह देखते हैं—यह बिल्कुल वैसा ही नहीं है। मैं विश्वास से भर उठता हूँ कि हिन्दू-जन खुशमिजाज, ऊर्जावान तथा गहरे अर्थों में ऐन्द्रिक थे। ठीक है कि वे मृत्युपूजक थे, और मृत्यु से उठनेवाले तत्त्वमीमांसीय प्रश्नों में अपना दिमाग खपाते थे किन्तु इन प्रश्नों का उत्तर उन्होंने जीवन

जीने की कीमत पर नहीं खोजा और न ही दुख के भय से जीवन के आनन्द का निषेध किया।

आयुर्वेद में 'व्यक्ति' की धारणा

आयुर्वेद में सदैव इस बात पर बल दिया गया है कि रोग की बजाय रोगी पर अधिक ध्यान देना चाहिए। उसमें यह मान्यता है और मेरा भी यही मानना है कि 'स्वास्थ्य-लाभ' तथा 'रोगमुक्ति' ये दो लक्ष्य तभी प्राप्त हो सकते हैं जब चिकित्सक को रोगी का भली-भाँति ज्ञान हो। व्यक्ति की अपनी समग्रता में यहाँ रोग का आश्रय स्वीकार किया गया है तथा उसे आयुर्विज्ञान का मुख्य विषय माना गया है। एक प्रसिद्ध श्लोक में कहा गया है, "मन-आत्मा और शरीर एक त्रयी है। हर पदार्थ के मूल में यही त्रयी विद्यमान है। यही त्रयी पुरुष(व्यक्ति) का निर्माण करती है। यही 'त्रयी' आयुर्वेद का विषय तथा उसका आग्रह है। इसी कारण आयुर्वेद का आविर्भाव हुआ है।"

यहाँ दर्शन के क्षेत्र में कहा गया है कि व्यक्ति को उसकी समग्रता में देखो और इसी तरह आयुर्वेद में वैद्यों के लिए विधान है कि रोग का निदान उसकी व्यापकता में होनी चाहिए। वैध न सिर्फ रोग के लक्षणों का अध्ययन करता है बल्कि रोगी के शरीर, आयु, शरीर के गठन, उसकी जठराग्नि, काम करने की क्षमता तथा सामाजिक स्थिति का भी अध्ययन करते हैं। वैध के लिए कहा गया है कि "उसे रोगी के कृत्यों, उसकी रुचि, समझ, क्रोध, शोक, अथवा आनन्द, आदि सभी भावनाओं का अध्ययन करना चाहिए। काम से उसकी समझ का, आदत से उसके असंयम का, जुड़ावों से उसकी वासना का, कर्म की हिंसात्मकता से उसकी हिंसावृत्ति का, मुखाकृति के संकोच-भाव से उसकी निराशा का तथा उसकी उत्फुल्लता से खुशी का आकलन करना चाहिए।" रोगी की वर्तमान मनोदशा तथा व्यक्तित्व के अध्ययन में वैध को उसके सांस्कृतिक-सामाजिक-भौगोलिक-पारिवारिक पृष्ठभूमि का ध्यान रखना चाहिए। इसके लिए जाति, वंश तथा भूमि-परीक्षा की जानी चाहिए। इसके बाद कहा गया है कि वैध यह पता करे कि रोगी का जन्म कहाँ हुआ, कहाँ पला-बढ़ा अथवा कहाँ उसे रोग हुआ।" इस जगह के निवासियों के आहार-विहार, जीवन-शैली, चरित्र तथा शारीरिक मजबूती और इस स्थान-विशेष की भूमि की विशिष्टता का ध्यान रखा जाना चाहिए। चिकित्सक को पता करना चाहिए कि इस भूमि-विशेष के निवासियों का सामान्य स्वास्थ्य कैसा रहता है, उनके पर्यावास की विशेषताएँ क्या हैं, उनकी प्रवृत्तियाँ कैसी हैं तथा उन्हें किस तरह के रोग होते हैं तथा एक यह भी कि किसी बात को वहाँ ठीक अथवा बेठीक माना जाता है।"

इतने व्यापक तथ्यों की जानकारी का विधान महज इसलिए नहीं है कि वैध को रोगी की पृष्ठभूमि की व्यापक जानकारी हो जाए। इसके बाद कहा गया है कि रोगोपचार की औषधि, पद्धति तथा पथ्य और विधि-निषेध का निर्णय करने से पहले वैध इस

जानकारी का मिलान मनुष्य की शारीरिक-मानसिक तथा सामाजिक अधिक्रम विषयक अपनी जानकारी से करे क्योंकि इसी अधिक्रम में मनुष्य रहता है तथा इसी से उसकी 'समग्रता' का निर्माण होता है। वैध के ज्ञान के कुछ अभौतिक पक्षों को 'त्रयी' के रूप में वर्गीकृत किया गया है, मसलन—भूमि तीन प्रकार की होती है—शुष्य, पंकिल तथा सामान्य, तीन प्रकार के तेवर होते हैं—सात्विक, राजसिक और तामसिक। इनके 16 उप-प्रकार हैं। शारीरिक-भिन्नता भी तीन तरह की होती है और इसे 20 (बीस) उप-प्रकारों में बाँटा गया है। तीन तरह की अवस्था बताई गई है—बालपन, प्रौढ़ावस्था तथा जीर्णावस्था। इसके भी कई उपविभाग किए गए हैं। चाहे इन विभागों-उपविभागों की कोई सीमा क्यों न हो तथा इन वर्गीकरणों पर आधारित चिकित्सा की अपनी चाहे जो भी सीमाएँ हों, इतना जरूर कहा जा सकता है कि हमारे प्राचीन वैध 'समग्रता' का कोई हवाई विचार नहीं रखते थे बल्कि ज्ञान के विविध-क्षेत्रों के वर्गीकरण द्वारा इस समग्रता की अन्तर्वस्तु को भी पुष्ट करते थे।

इस प्रकार आयुर्वेद में व्यक्ति की अवधारणा यह मानकर गढ़ी गई है कि व्यक्ति एक ही साथ सामाजिक, शारीरिक, मानसिक तथा तत्त्वमीमांसीय इकाई होता है। इन सभी क्रमों का व्यवस्थित अध्ययन तथा उनके पारस्परिक सम्बन्धों की जानकारी अवश्य ही वैध को होनी चाहिए। यहाँ मैं स्पष्ट कर देना चाहता हूँ कि आयुर्वेद में मनोरोगों तथा शरीरिक व्याधियों के बीच उतना गहरा अन्तर नहीं माना गया है जितना कि पश्चिमी विज्ञान में। यहाँ पर मन तथा शरीर और शरीर तथा प्रकृति के बीच का अन्तर आभासी किस्म का माना गया है। भारत की एकतत्त्ववादी विश्वदृष्टि यह मानकर चलती है कि जोई-जोई ब्रह्माण्डे सोई-सोई पिण्डे। व्यक्ति में वह सब कुछ है जो ब्रह्माण्ड में है। सृष्टि को व्यक्ति का समानधर्मा माना गया है और इस तथ्य को आधार बनाते हुए आयुर्वेद की स्थापना है कि व्यक्ति के भौतिक अथवा पंचमहाभूतों से बने शरीर का सम्बन्ध ब्रह्माण्ड के पंचमहाभूतों से है। इस प्रकार पंचमहाभूतों से सृष्टि-रचना का सिद्धान्त आयुर्वेद का मुख्य सैद्धान्तिक प्रस्थान है।

शरीर, प्रकृति और स्वास्थ्य

पंचमहाभूत सिद्धान्त के अनुसार सृष्टि के समस्त जड़-चेतन पदार्थ पाँच महाभूतों से बने हैं। ये पंचमहाभूत हैं—पृथ्वी, अग्नि, जल, वायु और आकाश। अगर परिस्थितियाँ अनुकूल हो तो ये ही पंचमहाभूत सजीव के रूप में आकार ग्रहण करते हैं। परिवेश में परिव्याप्त इन पंचमहाभूतों का इन सजीवों द्वारा निरन्तर पोषण के लिए ग्रहण होता है जो शरीर की अग्नि द्वारा 'प्रसाद' और 'मल' में परिवर्तित होता है। 'प्रसाद' का प्रक्रिया रूप में सात रसों में परिवर्तन होता है। ये हैं—रक्त, मांस, वसा, अस्थि-मज्जा, वीर्य तथा ज्ञानेन्द्रियों, शरीर-सन्धिस्थलों आदि के निर्मायक रस। मान्यता है कि त्वचा की कोमलता और सुन्दरता, लम्बी आयु, बल-बुद्धि, सुख-सन्तोष आदि सब भोजन पर आधारित है।

कहा गया है कि इहलौकिक सुख के लिए कर्म की कुशलता, पारलौकिक सुख तथा वेदादि में वर्णित कर्मकांडों के पालन तथा सत्यानुसरण और मोक्षदायी ब्रह्मचर्य का अनुपालन सब कुछ 'भोजन' पर ही निर्भर है। माना गया है कि जिस तरह प्रकृति-वेश पल-पल परिवर्तित होते रहता है उसी तरह शरीर भी नित परिवर्तित होता है—शरीर में कुछ भी अपरिवर्तनशील नहीं है। यद्यपि शरीर नित-नित नूतन होता है परन्तु पुराने शरीर और इस नए शरीर में दृष्टिगोचर समानता होती है अतः हमें देह एक जैसी प्रतीत होती है। जहाँ तक शरीर का सवाल है—मृत्यु शारीरिक अंगों का पुनः मूल तत्त्वों में टूटकर पंचमहाभूत से जा मिलने का नाम है। इसी कारण 'देहान्त' को 'कर्मशीलता' के अन्त का पर्यायवाची माना जाता है।

भारतीय विश्वदृष्टि का ही प्रतिफलन है आयुर्वेद का यह मानना कि शरीर और प्रकृति में तदात्म्य होता है। भारतीय विश्वदृष्टि नाना-रूपात्मक जगत के मूल में विद्यमान एकता पर जोर देती है तथा विरुद्धों के सामंजस्य को रेखांकित करती हुई भेद, द्वैत और विरोध से परे 'एकत्व' का निदर्शन करती है। आदिकाल से ही 'विरूद्धों के सामंजस्य' तथा वैभिन्न में विद्यमान 'परम एकता' की अवधारणावाली इस विश्वदृष्टि ने भारतीय मनीषा और वैज्ञानिक अनुचिन्तन पर अपना प्रभाव जमाया है। वनस्पति-विज्ञानी जगदीश चन्द्र बोस ने वैद्यों के वैज्ञानिक-दर्शन को ही रेखांकित करते हुए सम्भवतः कहा है, "जड़ और चेतन की पारिभाषिक विशेषता बतानेवाली जीवन-धारा अटूट है। जीवन के इन दो पक्षों के बीच सुस्पष्ट विभेदक रेखा खींचना मुश्किल है। यह जरूर है कि आप चाहें तो कुछ परिकल्पनात्मक विभिन्नताएँ दिखा दें किन्तु ठीक इसी तरह यह भी सम्भव है कि कुछ दूसरे प्रतिमानों के सन्दर्भ में इनके बीच समानता दिखाई जाए। समानता प्रकट करने की यह प्रवृत्ति विज्ञान की स्वभावगत रूझान है जो विभिन्नता में एकता तलाशती है।"

शरीर और प्रकृति (Nature) के इस परस्पर तरल संसार में 'स्वास्थ्य' तभी कायम रह सकता है जब शरीर के मूलभूत तत्त्वों के बीच एक सुन्दर गत्यात्मक समरसता बनी रहे—ऐसी इन प्राचीन चिकित्साशास्त्रियों की मान्यता थी। आयुर्वेद के सिद्धान्त वस्तुतः 'त्रिदोष' की बात कहते हैं। त्रिदोषों के मध्य 'वायु-दोष' को सर्वाधिक महत्त्व प्राप्त है। माना जाता है कि प्राण-वायु की शक्ति से ही भोजन अमाशय होता हुआ रक्त-धारा के माध्यम से विभिन्न अंगों तक पहुँचता है। प्राण-वायु के कई प्रकार हैं—अपान, समान, उदान आदि। अपान-वायु गुदा-क्षेत्र में विद्यमान होती है तथा इसकी सहायता से मल-निष्कासन होता है। 'समान-वायु' नाभि-क्षेत्र में विद्यमान होती है। इससे भोजन पचने में सहायता मिलती है साथ ही भोजन से रक्त, वीर्य, मज्जा आदि बनने में भी। उदान-वायु कंठ में विद्यमान होती है। यह ऊपर की ओर कार्य करती है और वाणी-ध्वनि-संगीतादि की जननी है। 'व्याण वायु' पूरे शरीर में विचरण करती है तथा पोषक-द्रव का संचार करती है। पित्त और कफ के भी शरीर में उनके कार्य-सम्पादन के अनुसार पाँच-पाँच भेद किए गए हैं। उदाहरण के लिए, पाचक-पित्त अमाशय में होता

है तथा चार प्रकार के भोजन को पचाने में सहायता करने के कारण शरीर-बल का स्रोत होता है। आलोचक-पित्त आँखों में होता है और 'देखने' की क्रिया सम्पादित करने में सहायक होता है। बोधक-कफ के माध्यम से जीभ को स्वाद का अनुभव होता है जबकि श्लेष्मक-कफ जोड़ों के हिलने-डुलने और बँधे रहने में सहायक होता है।

कफ-पित्त-वायु में से यदि कोई भी अत्यधिक उत्तेजित हो जाए तो 'दोष' उत्पन्न होता है और व्याधि का रूप ले लेता है। पुनः यदि इनमें से किसी की भी मात्रा दूसरे की तुलना में ज्यादा-कम हो जाए तो व्याधि उत्पन्न होती है। त्रिदोष अर्थात् इन घटकों में समरसता का न होना आयुर्वेद-सिद्धान्त के अनुसार रोगोत्पत्ति का मूल कारण है। 'त्रिदोष' उत्पन्न होने का कारण है—ऋतु-परिवर्तन, मन-वाणी अथवा शरीर का असंयम तथा ज्ञानेन्द्रियों-कर्मेन्द्रियों का अत्यधिक, अत्यल्प अथवा अनुचित उपयोग।

शरीर के तत्त्वों में सन्तुलन को पुनः स्थापित करके ही व्याधि का उपचार किया जा सकता है और स्वास्थ्य-लाभ इस बात पर भी निर्भर करता है कि भोजन उचित रूप में, उचित मात्रा तथा सही समय पर ग्रहण किया जाए। शरीर में 'दोषों' के किसी भी रूप को सुनिश्चित कर लेने के बाद वैध प्रकृति के किसी तत्त्व अथवा तत्त्वों के मिश्रण को दवा अथवा पथ्य के रूप में सुझाता है। यह दवा अथवा पथ्य ही शरीर में रूपान्तरित होकर असन्तुलन को दूर करती है। इसी कारण कहा गया है कि प्रकृति में ऐसी कोई चीज नहीं हैं जिसमें औषधीय गुण न हों। इसी वजह से आयुर्वेद में प्रकृति के विभिन्न पदार्थों के औषधीय गुणों की इतनी विशद चर्चा मिलती है। यहाँ मौसम, पेड़-पौधे, प्रकृति के अन्य जड़ पदार्थ तथा शरीर के घटकों को एक जटिल संजाल के रूप में देखा गया है तथा बड़ी बारीकी से बनाया गया है कि कायिक तथा परिवेशगत तत्त्वों की समरसता से ही 'स्वास्थ्य' है।

शरीर की परिकल्पना

आयुर्वेद के अनुसार मानव शरीर का सृष्टि में अनूठा स्थान है क्योंकि यही वह एकमात्र निकाय है जो हमारे बाहरी तथा आन्तरिक संसार को जोड़ता है। ब्रह्माण्ड के अन्य अंशों की तुलना में शरीर विशिष्ट है क्योंकि इसकी अनुभूति हम दो तरह के संवेदनों से करते हैं। हम अपने शरीर का अनुभव गहरी संवेदनशीलता के अन्तर्चक्षु से भी करते हैं तथा ज्ञानेन्द्रियों के जरिए भी। हमारी आरम्भिक आभ्यान्तरिक संवेदनाएँ—हृदय-गति, साँस लेने से फेफड़े का फैलना और छोड़ने से सिकुड़ना, भोजन ग्रहण करने तथा मल-निष्कासन से पेट के भीतर के फैलाव और संकुचन आदि ऐसी संवेदनाएँ हैं जिनके इर्द-गिर्द हमें 'आत्म' का अनुभव होता है और आगे चलकर यही स्वत्त्वबोध, व्यक्तित्व-बोध में बदल जाता है। इसके अतिरिक्त शिशु अपने शरीर के केन्द्रीय तथा परिधिगत अंगों को भी ज्ञानेन्द्रिय के जरिए अनुभव करता है। इससे वह धीरे-धीरे 'यह मैं हूँ' और 'यह मैं नहीं हूँ' का अन्तर स्थापित कर लेता है और इस प्रकार संसार के अन्य पदार्थों

से अपने को अलगाता है। शरीर की आभ्यान्तरिक संवेदनाओं और तद्‌विषयक कल्पनाओं तथा ज्ञानेन्द्रियों से प्राप्त चाक्षुष, घ्राणगत, स्वादगत संवेदनाओं के मेलजोल हमारे अन्दर अपने शरीर का भाव प्रतिष्ठित होता है। हमारा यह शरीर-भाव जीवन के बढ़ते चरणों के साथ बदलते रहते हैं। हमारा यह शरीर-भाव जो स्वयं 'व्यक्तित्व' का भी मूल है शरीर की वस्तुनिष्ठता से सदा मेल नहीं खाता। विभिन्न अंगों के पारस्परिक सामंजस्य के बारे में भी हमें गलत धारणा हो सकती है तथा उनकी क्रियाविधि के बारे भी हमें अनर्गल ज्ञान हो सकता है। बदलते हुए 'शरीर-भाव' के कारण हमें लग सकता है कि हमारा अमुक अंग थोड़ा विकृत हो गया है, अमुक अंग काम नहीं कर रहा है अथवा गायब ही हो गया है। केवल शिशु अपने जीवन के प्रथम वर्ष के अन्त में ही चाक्षुष प्रत्यक्ष तथा स्पर्श के जरिए (अपने और दूसरों के) यह जान पाता है कि उसका शरीर एक 'संवेदन-संरचना' का ठोस रूप है। इसी अवस्था में 'शरीर-भाव' उसके अन्दर एक मूर्त रूप अख्तियार करता है तथा वह अपने 'शरीर-भाव' को दूसरी अन्य चीजों से स्पष्टतया अन्तर के साथ जान पाता है।

'शरीर-भाव' व्यक्तिगत पहचान का केन्द्रक है। इसके जरिए हम जान पाते हैं कि भौतिक-जगत से हमारा एक निश्चित अलगाव है। हमारा यह 'शरीर-भाव' वस्तुनिष्ठ रूप से हमारे 'शरीर' का संवादी हो यह जरूरी नहीं। सम्भव है कि शरीर के कुछ अंग थोड़े विकृत हों जबकि हम 'शरीर-भाव' के अन्तर्गत उसे बहुत अच्छा मान रहे हों। हम पाते हैं कि कुछेक मनोरोगियों को लगता है कि उनका शरीर फैल गया है अथवा सिकुड़ गया है। कुछेक मनोरोगियों को प्रतीत होता है कि उनका 'चेहरा' बदलता जा रहा है। कभी-कभी किसी मनोरोगी को यह भी लगता है कि अमुक अंग उसका हिस्सा नहीं है अथवा वह उसके शरीर में है ही नहीं। सामान्यतया यह देखने में आता है कि हम अपने को सदा 'वस्त्रधारी' मानकर देखते हैं। कुछेक महिलाओं के मामले में यह भी देखने को आया कि वे अपने 'शरीर-भाव' के अन्तर्गत अपनी योनि को एक छोटी बच्ची की योनि के समान समझती थीं और उन्हें भय रहता था कि सम्भोग-क्रिया के दौरान या तो योनि फट जाएगी अथवा विकृत हो जाएगी। कभी-कभी ऐसा भी देखने में आता है कि कोई पुरुष अथवा स्त्री है तो बहुत मोटी किन्तु अपने को तन्वंगी समझ रही है। ऐसी बातों से बहुधा हमारा साबका साहित्य की रचनाओं में पड़ता है।

जैसा कि फिलिस ग्रीनेर (Phyllis Greenacre) ने कहा है, सम्भवतया प्रत्येक व्यक्ति को अपनी शरीर विषयक छवि को निरन्तर सशक्त करने की जरूरत पड़ती है। ऐसा करने का एक तरीका यह है कि अपनी तरह दिखनेवाले लोगों से साहचर्य हो। यहाँ तक कि प्रौढ़ आयु में भी व्यक्ति को कम से कम अपनी तरह दिखनेवाले किसी एक व्यक्ति की जरूरत होती ही है जिससे बोल-बतिया तथा निरख-परखकर वह अपनी शरीर विषयक छवि को सुसंगत रूप से बनाए रख सके और अपने व्यक्तित्व के इस मूल बोध की रक्षा कर सके। बहुत से योगी-यति मानवीय सम्पर्कों से बचते हैं तथा एकान्तवास के चक्कर में हिमालय की राह धर लेते हैं। सम्भवतः इसका कारण यही

है कि वे अपनी शरीर छवि की सुस्पष्टता को धूमिल कर देना चाहते हैं। इस प्रक्रिया के फलस्वरूप उनका व्यक्तित्व-बोध भी विलीन होने लगता है। 'स्व' और 'अपर' का अन्तर भी समाप्त होने लगता है। इस बात में कोई आश्चर्य नहीं होना चाहिए कि 'शरीर को भगवान का मन्दिर कहा गया है'। 'भगवान के मन्दिर' के रूप में मानव-शरीर का रहस्यात्मक साधनाओं, कर्मकांडों, प्रतीक-पद्धतियों में बहुत ज्यादा महत्त्व है। माना जाता है कि यह हमारा शरीर ही है जो हमें अद्वैतानुभव तथा ब्रह्मात्मानुभूति से रोके रखता है; व्यक्तित्व का लोप नहीं होने देता है।

मैंने 'शरीर-भाव' का वर्णन वैयक्तिक-विकास के सन्दर्भ में किया है तथा इसके सार्वभौमिक एवं स्थानिक तत्त्वों को रेखांकित किया है। प्रत्येक व्यक्ति अपने शरीर के प्रति जो भाव धारण करता है उसमें कुछ सांस्कृतिक तत्त्व भी मिले रहते हैं। मैं तो यह तक कहने को तैयार हूँ कि चूँकि मानव-जीवन में शरीर का केन्द्रीय स्थान है अतः 'शरीर-भाव' की संस्कृतिमूलक भिन्नता संसार विषयक अनुभूति तथा अनुभवों से अर्थ-निष्पत्ति को भी भिन्न बनाती है। अपनी बात को स्पष्ट करने के लिए मैं भारतीयों में प्रचलित 'शरीर-भाव' के कुछ घटकों की तुलना पश्चिम या कहें कि मुख्यतः उत्तरी अमेरिका तथा उत्तरी-मध्यवर्ती यूरोप के समाजों में प्रचलित 'शरीर-भाव' से करना चाहूँगा।

मैं पहले ही कह चुका हूँ कि भारत में शरीर विषयक एक मान्यता यह है कि शरीर और ब्रह्माण्ड का अटूट सम्बन्ध है। शरीर-विषयक 19वीं सदी के एक बांग्ला-ग्रन्थ में कहा गया है, "ब्रह्माण्ड में माया-चक्र अनवरत चलता रहता है तथा मानवों के शरीर में चलनेवाले चक्र का भी माया-चक्र से गहन सम्बन्ध है। जिस प्रकार किसी मशीन का पहिया अन्य कई पहियों को चलाता है उसी प्रकार माया-चक्र शरीर की क्रियाओं के लिए जिम्मेदार है।" भारत में शरीर-विषयक यह मान्यता अत्यन्त प्रभावी है कि परिवेश अथवा वातावरण के साथ इसकी अन्योन्यक्रिया चलती रहती है। आयुर्वेद में शारीरिक क्रियाओं पर प्रकाश डालने के लिए उसकी तुलना पौधे से की जाती है जो अपनी जड़ों के माध्यम से पौष्टिक-तत्त्व शरीर में खींच लेता है। भारत में 'शरीर-भाव' के अन्तर्गत माना जाता है कि परिवेश और शरीर के बीच आदान-प्रदान का अनवरत चक्र चलते रहता है। फ्रांसिस जिमेरमॉन ने लिखा है, "शरीर की कोई आकारिकी नहीं मानी जाती बल्कि उसे जमा-खर्च के हिसाब से देखा जाता है। मतलब यह कि किसी आश्रम में द्रव आ रहा है या जा रहा है अथवा किसी स्रोत विशेष से प्रस्फुटित हो रहा है। वेंडी फेहर्टी ने वैदिक तथा वेदोत्तर मिथकों के अपने अध्ययन में बताया है कि तारलय तथा द्रव-प्रवाह चाहे यह मानवों के बीच हो अथवा देवताओं के या देव और मानवों के बीच हिन्दू-मानस का केन्द्रीय आग्रह है।

शरीर विषयक हिन्दू-मान्यता उन सभी रोगों के लिए स्थान तय करती है जिसे ओबेसकर (Obeyesekere) ने 'सांस्कृतिक रोग' कहा है। 'सांस्कृतिक-रोगों' की उत्पत्ति का कारण है किसी मनुष्य का यह सोचना कि उसके शरीर के किसी तत्त्व (मूलतः द्रव)

का भारी ह्रास हुआ है। इस तरह के सांस्कृतिक रोगों का सर्वोत्तम-उदाहरण है, 'स्वप्न-दोष'। इसका रोगी शरीर तथा माथे में दर्द रहने की शिकायत करता है, अपने शरीर की क्रिया-विधि में गड़बड़ी की शिकायत करता है तथा चिड़चिड़ा हो जाता है। अगर चिकित्सीय तथा नैदानिक रूप से सोचें तो द्रव-हानि की यह शिकायत 'खंडित-व्यक्तित्व' (Schizophrenia) के रोगी की उस बात से बहुत मिलती-जुलती है जहाँ वह शिकायत करता है कि मुझे दुख का अत्यधिक अनुभव हो रहा है हालाँकि यह अनुभव काल्पनिक होता है वह यह भी कहता है कि मेरे शरीर में विकार उत्पन्न हो गया है अथवा मेरे अंग अब पहले की भाँति नहीं रहे। किन्तु 'द्रव-हानि' जनित बीमारियों को नैदानिक सन्दर्भों में 'खंडित-व्यक्तित्व' जैसा रोग नहीं कहा जा सकता। इस तरह के रोग (जैसे-स्वप्न-दोष) पूर्णतया शरीर विषयक सांस्कृतिक-मान्यता से उत्पन्न होते हैं।

मेरा आशय यह कदापि नहीं है कि इस तरह की सांस्कृतिक मान्यता संस्कृति-विशेष के सदस्य को व्यक्तित्व-हानि के सार्वभौम भय से बचाने में सहायक होती है। वस्तुतः शरीर विषयक ऐसी सांस्कृतिक-छवि की उपस्थिति व्यक्तित्व-हानि के खतरे से जुड़ी चिन्ता की सहनशक्ति में बढ़ोतरी करने के बावजूद इसे चेतना के बिल्कुल ऊपरले सतह पर रखती है। हिन्दू-परम्परा में बहुधा यह प्रश्न-पूछा जाता है—'कोहम्' ? अर्थात् 'मैं कौन हूँ ? भारतीय दर्शन के इस प्रमुख प्रश्न को उसी पृष्ठभूमि में देखना चाहिए जिसकी मैंने ऊपर चर्चा की है अर्थात् व्यक्तित्व-हानि की चिन्ता। एक अपरिवर्तनशील मानव-तत्त्व 'आत्मा'—पर हिन्दू विश्वदृष्टि का जोर वस्तुतः इसी मूलभूत चिन्ता से जुड़ा है कि 'मेरा शरीर बदल रहा है'।

पश्चिम में शरीर की कल्पना एक स्वायत्त निकाय के रूप में है। उसे ब्रह्माण्ड की अन्य सत्ता से बिल्कुल अलग करके देखा जाता है। माना जाता है कि शरीर स्वायत्त है और बहुत थोड़े से घटकों के जरिए संसार से सम्पर्क बनाता है। शरीर तथा ब्रह्माण्ड विषयक ऐसी धारणा से एक खास तरह के 'सांस्कृतिक रोग' उत्पन्न होते हैं। मुझे ऐसा प्रतीत होता है कि पश्चिमी-विमर्श में चाहे वह वैज्ञानिक हो अथवा कलात्मक, इस बात पर बहुत जोर दिया जाता है कि आखिर इस 'देह-दुर्ग' में हो क्या रहा है ? जीवविज्ञान से जन्मे मनोविज्ञान की व्यवहारवादी पद्धति की सहायता से वहाँ यह पता लगाने की कोशिश की जाती है कि प्राकृतिक और अधिप्राकृतिक (Metanatural) परिवेश के बीच आपेक्षिक स्वायत्तता (शरीर की) कहाँ है ? इसे मैं एक उदाहरण से स्पष्ट करूँगा--

बच्चों के विकास के सम्बन्ध में बहुत दिनों से इस प्रश्न को ध्यान में रखकर अध्ययन किया जा रहा है कि बच्चों के बढ़ने के साथ उनके अन्दर क्या घटित होता है। बच्चों की क्षमता के प्रस्फुटित होने के सन्दर्भ में अत्यन्त आकर्षक अनुसन्धान हुए हैं। बौद्धिक तथा संज्ञानात्मक विकास के सम्बन्ध में अत्यन्त परिष्कृत मानदण्डों की खोज की गई है। इसके विपरीत, जिस परिवेश में बच्चा पलता-बढ़ता है उससे उसके जुड़ाव तथा अलगाव पर बहुत कम अध्ययन हुए हैं। बहुधा परिवेश को मानवीय तथा पोषक सन्दर्भों में देखा गया है। उदाहरण के लिए, इस बात पर बहुत अनुसन्धान हुए

हैं कि बच्चा यदि माँ से वंचित हो जाए तो उस पर क्या प्रभाव पड़ता है। परिवेश के प्रकृति-पक्ष अर्थात् सूर्यप्रकाश, हवा की गुणता, पशु-पक्षियों की उपस्थिति, पेड़-पौधों का होना जैसी बातों पर चलताऊ ढंग से विचार किया जाता है क्योंकि मान लिया गया है कि इनका बौद्धिक तथा भावनात्मक विकास से कोई खास रिश्ता नहीं है। पश्चिम में शरीर विषयक जो मान्यता प्रचलित है उसको देखते हुए यह बात समझी जा सकती है कि वहाँ मानव-शरीर तथा मन पर प्रकृति के प्रभाव की क्यों उपेक्षा की जाती है जबकि भारतीय परम्परा में ग्रहों, ऋतुओं, हीरे-मोती तथा धातुओं तक के प्रभाव की मान्यता है। इन बातों को पश्चिम में सर्वथा अस्वीकार किया जाता है। यह भी माना जाता है कि इन बातों पर विश्वास करनेवाले का मानसिक-सन्तुलन ठीक नहीं है।

भारत में शरीर-विषयक मान्यता का मुख्य पक्ष है व्यक्तित्व-हानि की चिन्ता तथा उसके प्रतिपक्ष में सांस्कृतिक सुरक्षा-कवच के रूप में अपरिवर्तनीय-आत्म-जैसी अवधारणा का आविष्कार। पश्चिम में प्रचलित शरीर-विषयक मान्यता के भी अपने खतरे हैं। यहाँ खतरा यह है कि व्यक्ति अपनी स्वायत्तता की फिक्र में अपने प्राकृतिक तथा मानवीय पक्षों से मुँह न मोड़ ले। इसी चिन्ता के कारण सांस्कृतिक-आग्रह के रूप में 'अलगाव' की चर्चा वहाँ जोरों पर होती है तथा परिवेश से मनुष्य के रिश्ते को लेकर पर्यावरण के मुद्दे जन्मते हैं।

शरीर विषयक भारतीय मान्यता का एक दूसरा पक्ष यह है कि यहाँ शरीर पर बहुत ज्यादा ध्यान दिया जाता है। आयुर्वेद में शरीर पर जितना ध्यान देने की बात कही गई है उसे पढ़कर कोई यूरोपीय व्यक्ति यही कहेगा कि यह तो माँ के द्वारा अपने नवजात शिशु की देखभाल करने जैसा है। शरीर के सौन्दर्य, शक्ति तथा कान्ति को बढ़ाने और बढ़ती हुई आयु के बीच यौवन को बरकरार रखने के प्रयत्न को पश्चिम के लोग शायद 'आत्म-रति' की संज्ञा दें क्योंकि पश्चिम लम्बे समय तक अपने शरीर पर ध्यान देने का निषेध-सा रहा है।

चरक-संहिता में शरीर की देखभाल के विषय में बड़ी विस्तृत चर्चा है। कहा गया है कि आँखों को शीतल रखने तथा उनकी ज्योति बढ़ाने के लिए पाँच दिन में एक बार सोते समय ताँबे की बनी शलाका से सुरमा डालना चाहिए। अणु-तेल (इसे चौबीस प्रकार की जड़ी-बूटियों, वर्षा-जल तथा बकरी के दूध से बनाया जाता है) की बूँदें नाक में डालनी चाहिए। जाड़े के दिनों में प्रतिदिन तीन बार लगातार एक हफ्ते तक ऐसा करना चाहिए। वर्षा-ऋतु और वसन्त के समय भी अणु-तेल डालने का विधान है। कहा गया है कि ऐसा करने से सिर और दाढ़ी के बाल सफेद नहीं होते, सदा कायम रहते हैं...चेहरा भरा-भरा तथा प्रसन्नतावर्धक होता है तथा आवाज मधुर होती है। जीभ की मैल दूर करने तथा दाँत साफ करने की चर्चा मैं पहले ही कर चुका हूँ। इसके साथ ही मुख-शुद्धि तथा मुख-सुवास के लिए विविध प्रकार के मसाले तथा सुपारी चबाने का विधान है। जबड़ों की मजबूती के लिए तिल के तेल के साथ गरारा करने का विधान है। कहा गया है कि इससे आवाज में गाम्भीर्य आता है तथा पुरुषोचित्त सौन्दर्य के

अनुरूप चेहरे पर आभा आती है। कहा गया है कि नियमित रूप से सिर और कानों में तेल डालना चाहिए। समय-समय पर सारे शरीर की तेल से मालिश करनी चाहिए। बताया गया है कि ऐसा करने से वृद्धावस्था जल्दी नहीं आती। इत्र-फुलेल तथा फूल-मालाओं को कामवर्धक माना गया है। आभूषण धारण करना शुभ तथा जीवनदायक माना गया है। माना गया है कि शक्ति-स्फूर्ति के लिए जाड़े के दिनों में समय-समय पर सम्भोग करना चाहिए जबकि गीष्म-काल में सम्भोग के मामले में पूर्ण संयम की सलाह दी गई है। शायद यही कारण है कि मोर को भारत का राष्ट्रीय पक्षी माना गया है।

इसके विपरीत पश्चिम में शरीर पर ध्यान न देने की परम्परा के पीछे अचेतन में बैठी यह कल्पना है कि शरीर गन्दगी का कारखाना होता है। लारेंस क्यूबी (Lawrence Kube) ने अपने मौलिक तथा उत्तेजक अध्ययन में इस तरफ इशारा करते हुए कहा है कि "यहाँ(पश्चिम में) शरीर के बारे में अचेतन में यह मान्यता बैठी रहती है कि यह गन्दगी पैदा करनेवाला चलता-फिरता कारखाना है, इसके हर पोर से गन्दगी निकलती है तथा गन्दगी उत्पन्न करने के लिए बस इतना भर होना चाहिए कि शरीर के छिद्रों से कोई चीज क्षण भर को प्रवेश कर जाए।" क्यूबी ने जिस अचेतन शरीर-भाव का संकेत किया है वह भूमध्यसागर के देशों की अपेक्षा उत्तरी अमेरिका तथा यूरोपीय समाजों में ज्यादा प्रचलित है। सम्भवतः क्यूबी की यह धारणा भी सत्य ही है कि शरीर के सारे छिद्र वासनाओं के गन्दे नाले हैं, ये छिद्र गन्दगी के गढ्ढ़े हैं जो गन्दे स्थानों तक ले जाते हैं तथा आँसू को छोड़कर शरीर से निष्कासित होनेवाली प्रत्येक चीज गन्दगी के कारण उत्पन्न होती है।

एक भारतीय के नाते मुझे भी यह बात बड़ी विचित्र लगी कि उत्तर अमरीका तथा यूरोप में शरीर-रन्ध्रों को लेकर बड़ा निषेध है। वहाँ कान तो खुजाया जा सकता है किन्तु कान या नाक में अँगुली नहीं डाली जा सकती। भारत में लोग डकार लेते हैं, खँखारते है अथवा गुदा-द्वार से वायु निकालते हैं तो कोई इसे भद्दा अथवा बुरा नहीं मानता जबकि पश्चिम में इस बात का निषेध है। वहाँ शरीर के किसी रन्ध्र से कोई ऐसी ध्वनि या गन्ध नहीं निकलनी चाहिए जिससे लोगों का ध्यान उस तरफ आकृष्ट होता हो। माना जाता है कि शरीर-रन्ध्र से निकलनीवाली ऐसी ध्वनि या गन्ध जुगुप्सा जगाती है। सम्भवतः इसी कारण वहाँ दुर्गन्धनाशक द्रवों का एक फलता-फुलता व्यापार पनप गया है। यहाँ मेरा आशय यह नहीं है कि भारत में लोग गन्दगी की चिन्ता नहीं करते। जब लोग शुद्धता या पवित्रता की बात करते हैं तो उसके पीछे गन्दगी का ही डर निहित रहता है। अन्तर केवल इतना है कि भारत में गन्दगी की यह चिन्ता चेतना में अपने स्वीकार-भाव के साथ लक्षित होती है। इस न तो छुपाया जाता है और न ही पश्चिम के समान इससे घृणा करते हुए पर्दा डाला जाता है। तन्त्रवाले अध्याय में हम यह बात देख चुके हैं।

मानस और काया

ऊपर मैंने बताने की कोशिश की है कि आयुर्वेद के अनुसार शरीर और परिवेश-स्वास्थ्य तथा रोग के बीच क्या सम्बन्ध है तथा यह भी दिखाया है कि काया-प्रकृति का सामुज्य-भाव ही यहाँ सिद्धान्त तौर पर स्वीकृत है। हमें यह बात याद रखनी चाहिए कि हिन्दू-विश्वदृष्टि इस मूर्त शरीर के अतिरिक्त दो अन्य शरीर भी मानती है—सूक्ष्मशरीर या 'लिंग-शरीर' तथा 'कारण-शरीर'। 'कारण-शरीर' पूर्णतः आध्यात्मिक शरीर-संकल्पना है। हिन्दू-दर्शन में इसको ही 'शुद्ध-आत्म' कहा गया है। इसी वजह से चिकित्सीय दृष्टि से इस पर ज्यादा ध्यान नहीं दिया जाता। यहाँ हमें 'सूक्ष्म-शरीर तथा स्थूल-शरीर के आपसी सम्बन्धों पर ही ज्यादा बारीकी तथा गहराई से विचार करना चाहिए। आयुर्वेद स्वास्थ्य तथा बीमारी के लिए इसे ही अपना प्रस्थान बनाता है।

गर्भ में भ्रूण का विकास आयुर्वेद के अनुसार तीन घटकों पर निर्भर है—पिता का 'बीज', माता का 'बीज' तथा भ्रूण को पोषण देनेवाला पोषक-रस। पिता का बीज शिशु के बालों, नाखूनों, दाँतों, हड्डियों, नाड़ियों तथा वीर्य के लिए उत्तरदायी है। मातृ-तत्त्व त्वचा, लहू, मांस-पेशियों, वसा, हृदय, यकृत, गुर्दे, मूत्राशय, मलाशय, अमाशय, आँत तथा तिल्ली के लिए उत्तरदायी है। इन निर्मायक घटकों के अतिरिक्त आयुर्वेद में प्रभावशाली भारतीय-दर्शन ही शाखाओं का अनुसरण करते हुए व्यक्ति के निर्माण तथा विकास में सूक्ष्म-शरीर की भूमिका पर भी चर्चा की गई है।

सूक्ष्म-शरीर को 'योग-दृष्टि' से ही देखा जा सकता है। इसे व्यक्ति का मूलभूत रूप समझना चाहिए। हमने पहले देखा है कि यहाँ जन्म-मरण को आरम्भ-अन्त के रूप में न देखकर अवस्था परिवर्तन के रूप में देखा जाता है। इसी कारण मान्यता है कि 'सूक्ष्म-शरीर' जन्म-मरण के विविध चक्रों के बीच व्यक्तित्व का सार बनाए रखता है जब तक परम-मुक्ति नहीं मिल जाती। सूक्ष्म-शरीर के अंग हैं—बुद्धि, अहंकार, मन, पाँच ज्ञानेन्द्रियाँ-कर्मेन्द्रियाँ तथा तन्मात्रा। तन्मात्रा कहते हैं सूक्ष्म पदार्थ-शक्ति को जैसे आवाज, स्पर्श, रंग, स्वाद तथा गन्ध की शक्ति जो उन्हीं पंचभूतों से उत्पन्न है, जिससे शरीर। इस प्रकार शरीर और मन (Mind) सूक्ष्म शरीर के दो भाग हैं। सूक्ष्म शरीर के दो पक्ष के रूप में शरीर तथा मन के सम्बन्ध को ऐसे भी व्यक्त किया जाता है कि व्यक्ति जो भोजन ग्रहण करता है वह सूक्ष्म तथा स्थूल दो तरह के तत्त्वों में विभाजित हो जाता है। स्थूल-तत्त्व शरीर का पोषण करता है जबकि सूक्ष्म-तत्त्व मन तथा मानसिक-प्रक्रियाओं को ऊर्जा देता है।

सूक्ष्म-शरीर का प्रवेश गर्भाधान के समय ही हो जाता है तथा इसी के कारण विविध योनियों में आत्म-रूपान्तरण तथा आत्म-साक्षात्कार की क्षमता उत्पन्न होती है। वायु के विभिन्न रूपों द्वारा संचालित होनेवाली जीवन-प्रक्रियाओं का इसमें समावेश होता है। सूक्ष्म-शरीर के अन्दर व्यक्ति का पूर्वनिर्धारित जीवन-चक्र, व्यक्तित्व हो सकने की उसकी क्षमता, बोध, स्मरण तथा पूर्वजन्मों में प्राप्त चेतना-स्तर के अनुसार भावनात्मक-प्रवृतिगत

विशेषताएँ निहित होती हैं। इस संकल्पना को पश्चिमी संकल्पना में अनूदित करना बहुत कठिन है। लेकिन ऐसा कहा जा सकता है कि तन्मात्राओं को छोड़कर सूक्ष्म-शरीर बहुत कुछ यूनानी 'साइके' से मिलता-जुलता है। वहाँ 'साइके' को ही मन की संज्ञा दी गई है। इसे सारे क्रियाकलाप तथा मानसिक प्रक्रियाओं का स्रोत माना गया है।

वस्तुतः तन्मात्राओं के समावेश के कारण 'सूक्ष्म-शरीर' को 'साइके' का समतुल्य नहीं मान सकते। यह पहचान और व्यक्तित्व का आधार-रूप है तथा मनोवैज्ञानिक-शारीरिक गतिविधियों का स्रोत भी। सूक्ष्म शरीर दरअसल मन-शरीर के द्वैत का एक किस्म से भारतीय ढंग का मनोवैज्ञानिक अद्वैतवाद द्वारा समाधान है। हम जानते हैं कि पश्चिमी-दर्शन में मन-शरीर द्वैत को लेकर बहुत ज्यादा तू-तू, मैं-मैं हुई है तथा बहुत कम ही समाधान सुझाए गए हैं। एक धारणा तो यह है कि ये दोनों अलग-अलग हैं तथा इनका एक-दूसरे पर कोई प्रभाव नहीं पड़ता। इसका समाधान मनोवैज्ञानिक समानान्तरवाद से किया गया है। किन्तु यह अपने मूलरूप में 'विज्ञानों की एकता' के सिद्धान्त का खंडन करता है अतः बहुत से विद्वान इसे नहीं मानते। दूसरी धारणा (देकार्त्त के समान) यह मानती है कि मन और शरीर अलग-अलग है परन्तु एक-दूसरे पर प्रभाव डालते हैं। पश्चिमी-विचार-परम्परा में यह सिद्धान्त ज्यादा प्रभावशाली है। यद्यपि यह बात स्पष्ट तौर पर ज्ञात नहीं है कि मस्तिष्क और मन कैसे आपस में अन्योन्यक्रिया करते हैं तथापि अन्योन्यक्रिया विषयक यह पद्धति अपने आप में ज्यादा फलदायी मानी जाती है। मन-शरीर के द्वैत की तीसरी धारणा इन्हें अभिन्न मानती है। यह मानती है कि एक ही तत्त्व को दो विभिन्न भाषाओं में द्वैत बनाकर प्रस्तुत किया जाता है। यह धारणा पश्चिमी दर्शन में विवाद का केन्द्रीय मुद्दा रही है किन्तु भारतीय-दर्शन में इस पर सहमति है।

काया और मानस विषयक एकीकृत पहचान की भारतीय धारणा इस बात को भी रेखांकित करती है कि 'मन' का वासस्थान 'हृदय' में है। आयुर्वेद में हृदय को केवल एक अंग ही नहीं माना जाता बल्कि इसे नाड़ियों का केन्द्र भी माना गया है जिस तक शरीर के सभी रस पहुँचते हैं। चेतना तथा विचार का सम्बन्ध हृदय में मानने के कारण कहा जा सकता है कि काया-मानस की एकीकृत पहचान का हृदय उद्‌भव स्थल है। पश्चिमी दर्शन चेतना का स्थान दिमाग में मानता है जबकि भारतीय दर्शन में चित्त को हृदय के नीचे स्थित माना गया है। पश्चिमी दर्शन में चैतन्य-विचार का स्थान मस्तिष्क में मानने के कारण स्वप्नों, मनोकल्पनाओं तथा अन्य मनःप्रसूत क्रियाओं को मस्तिष्क से अलग अर्थात् 'अचेतन-अवचेतन' की क्रिया माना जाता है जैसा कि हम फ्रायड के विवेचन में देखते हैं। चित्त को हृदय के नीचे मानने के कारण भारतीय दर्शन में इसे अचेतन भी माना गया है। इसमें पूर्वजन्म के संस्कार सुरक्षित रहते हैं और इसका आधार शारीरिक न होकर आध्यात्मिक है। मस्तिष्क को अतिचेतना या परा-चेतना का केन्द्र माना गया है जिसकी कोई कल्पना तक पश्चिमी दर्शन में नहीं मिलती।

इसी मन-काया द्वैत विषयक भारतीय समाधान अर्थात् सूक्ष्म-शरीर को व्यक्तित्व

का मूल स्वीकार करना आयुर्वेद में मनोरोगों के लिए सैद्धान्तिक आधार के रूप में ग्रहण किया गया है। आयुर्वेद में 'मनोरोग' जैसा शब्द नहीं है बल्कि रोग मात्र को मनोःकायिक माना गया है इसलिए इसकी औषधि भी मनोकायिक ही है। पश्चिम में मनोरोगों के लिए जिस सिद्धान्त को आधार मानकर दवा सुझाई जाती है अर्थात् किसी रहस्यमय क्षण विशेष में मानस के रोगों का शरीर में प्रकट होना—उससे यह बिल्कुल अलग है।

हम जानते हैं कि फ्रायड ने अपनी आरम्भिक सैद्धान्तिकी में कुछ भावनात्मक कारकों पर जोर दिया था जिसके कारण 'हिस्टीरिया' जैसे रोग उत्पन्न होते हैं। 'हिस्टीरिया' के शारीरिक लक्षणों जैसे ही कुछ अन्य पक्ष हैं—कब्ज, नपुंसकता, स्त्रियों में कामेच्छा का अभाव, भूख न लगना और नींद न आना। इनके लक्षण भी शरीर में प्रतीकवत प्रकट होते हैं। प्रत्येक प्रतीक एक कहानी सुनाता प्रतीत होता है मानो कह रहा हो कि इस रोग का मरीज निषिद्ध इच्छाओं का अपराध-बोधग्रस्त शिकार हो और जिसे कामना के रास्ते में मुँह की खानी पड़ी हो। शारीरिक लक्षणों के रूप में प्रकट होनेवाले ऐसे मनोरोग मूलतः मानस के विकार का पता देते हैं और उन्हें मनोक्षेत्र की गतिकी में ही समझा जा सकता है।

कुछ अन्य शारीरिक विकार जिनका सम्बन्ध मन से लगाया जाता है—श्वास-रोग, दमा, रक्तचाप, तनाव, अल्सर, कोलाइटिस आदि हैं। स्पष्टतया इन रोगों के होने पर शरीर की गतिविधि एक विशेष सन्दर्भ में गड़बड़ हो जाती है। इन मामलों में रोग-लक्षण चिह्न के समान होते हैं। इनका कोई संकेतात्मक अर्थ नहीं होता बल्कि ये रोगी के व्यक्तित्व के ढाँचे से जुड़े होते हैं। इनका सम्बन्ध मरीज के जीवन की परिस्थितियों तथा जीवनवृत्त से होता है। ये भी मनोकायिक (Psychosomatic) रोग हैं परन्तु कुछ ज्यादा रहस्यमय इसलिए कुछ ज्यादा व्यवहारपरक भी। किन्तु इन रोगों के ऐसे ही व्यवहारपरक अभिलक्षणों के कारण इन्हें शरीर से भी जोड़ने की कोशिश की गई है। फ्रेंत्स एलेग्जेंडर नामक विद्वान ने तो यहाँ तक कहा कि कोई भावना-विशेष कोशिका अथवा उत्तकों की क्षति से जुड़ी रहती है। उदाहरण के लिए, उसने दमे के बारे में कहा कि इसका मतलब है रोगी अपनी माँ को सहायता के लिए पुकार रहा है। अल्सर के बारे में उसका कहना था कि यह निरन्तर खाते रहने की इच्छा का प्रकटीकरण है जिसे शर्म और अपराध-बोध से दबाया गया हो। ये आरम्भिक बातें अब एक सिद्धान्त का रूप धारण कर चुकी हैं और सिद्धान्त बनकर इन्होंने किसी एक भावना-विशेष के बजाय पूरे व्यक्तित्व का अपने दायरे में ले लिया है। अब व्यक्तित्व-प्रकारों की चर्चा होती है। कहा जाता है कि जिस आदमी का व्यक्तित्व 'ए-टाइप' का हो वह प्रतिस्पर्धी बेचैन, समय के पीछे भागनेवाला होता है और उसे हृदय-रोग की सम्भावना होती है। जो व्यक्ति भावनात्मक तनाव तथा अवसाद को जानते-बूझते दबाता है—उसे कैंसर होने की सम्भावना रहती है। इन जैसे अनेक सिद्धान्त विवादास्पद होने के बावजूद आजकल पश्चिमी मनोकायिक नैदानिकी की मुख्यधारा में स्वीकृत हैं।

लेकिन आयुर्वेद में मनोकायिक रोगों के बारे में अलग ही मान्यता है। माना गया

है कि विकार शारीरिक हो अथवा मानसिक, उनकी उत्पत्ति त्रिदोषों के ही कारण होती है। कामेच्छा, शोक, और भय से वायु बढ़ती है तथा क्रोध से पित्त। यदि वायु-दोष हो जाए तो शरीर के रसों का सन्तुलन बिगड़ जाता है और इन्द्रियों की शक्ति समाप्त होने लगती है। इससे डर, शोक और मोह की उत्पत्ति होती है। पित्त के कारण मन अधिक सक्रिय हो जाता है। यदि 'कफ' में दुर्बलता आ जाए तो लोभ, आलस्य, आसक्ति तथा अविवेक का जन्म होता है।

विकार शारीरिक हो अथवा मानसिक दोनों ही स्थितियों में रसों का सन्तुलन गड़बड़ हो जाता है। इससे भिन्न-भिन्न रोग होते हैं। इन रोगों के अभिलक्षण शारीरिक भी हो सकते हैं तथा मानसिक भी। यह इस बात पर निर्भर करता है कि रस-सन्तुलन किस भाँति गड़बड़ हुआ है। इस प्रकार शरीर से उद्‌भूत तथा शारीरिक अभिलक्षणों के रूप में प्रकट होनेवाले रोगों के अतिरिक्त आयुर्वेद में रोगों के तीन अन्य वर्ग भी बताए गए हैं—(1) मन के रोग तथा मानसिक अभिलक्षणों में ही प्रकट होनेवाले, जैसे—'उन्माद'। 'उन्माद' शब्द उन सभी मनोरोगों के लिए व्यवहार किया जाता है जिसके कारण व्यक्ति अपनी वाणी-व्यवहार, उपचार-विचार पर नियन्त्रण नहीं रख पाता तथा समाज-विहित विधानों के अनुसार आचरण नहीं कर पाता। (2) मन के ऐसे रोग जो शारीरिक अभिलक्षणों के रूप में प्रकट होते हैं, जैसे—अपस्मार, अपतन्त्रक(हिस्टीरिया जनित मूर्छा), शोकज मगज अतिसार, निन्द्रानाश शोकज तथा तथा कामज ज्वर तथा (3) शरीर में उत्पन्न ऐसे रोग जिनके लक्षण मानसिक होते हैं जैसे—अतत्वाभिनिवेश अथवा व्यामोह तथा शराबादि से उत्पन्न मद।

आयुर्वेद में ऐसे सभी रोगों के लिए शारीरिक-मानसिक निदान का विधान है। मानसिक तौर पर सान्त्वना, सलाह तथा ध्यान-मग्न का सहारा लिया जाता है। आयुर्वेद में, जैसा कि हम आगे देखेंगे, मुख्य रूप से मानसिक रोगों के लिए जिनके लक्षण भी मानसिक होते हैं—शारीरिक चिकित्सा का विधान है। आधुनिक चिकित्सक के लिए आयुर्वेद का महत्त्व इस बात का अध्ययन करने में है कि मनोरोगों का उपचार शारीरिक ढंग से कैसे किया जाए।

मन तथा मनोरोग

आयुर्वेद में जिसे 'मनस्' कहा गया है अनुवाद बहुधा 'मन' के रूप में किया जाता है परन्तु पश्चिमी जगत में जिसे 'माइंड' कहा जाता है उसकी तुलना में 'मनस्' का अर्थ ज्यादा मूर्त्त तथा सीमित है। यह 'सूक्ष्म-शरीर' का अंग है तथा बुद्धि और अहंकार के साथ मिलकर यह 'अन्तकरण' का निर्माण करता है। पाँच कर्मेन्द्रियों तथा ज्ञानेन्द्रियों की तुलना में जो बाह्य अंग है, यह आन्तरिक है। अन्य दृष्टियों से भी यह 'माइंड'(मन) से भिन्न है। यह एक परमाण्विक और सूक्ष्म तत्त्व से बनी सत्ता है। अपने अन्तर्मूत 'आत्म' के सहारे ही यह चैतन्य होकर स्व-कर्मों में प्रवृत्त होता है। इसी कारण 'मनस्',

'माइंड' की वनस्पित कुछ ज्यादा मूर्त्त लगता है। मनोवैज्ञानिक दृष्टि से यह आन्तरिक तथा बाह्य के बीच की संवाहिका कड़ी है तथा तात्त्विक दृष्टि से देखें तो 'मनस्' यथार्थ के ऊपर पड़े हुए पर्दे के समान है।

'मनस्' के चार कार्य बताए गए हैं–(1) ज्ञानेन्द्रियों-कर्मेन्द्रियों का अभिप्रेरण, समन्वय, तथा संचालन(इन्द्रियाभिग्रह) (2) श्वास-निग्रह (3) ऊहा अर्थात् तर्कणा (4) विचार अथवा निर्णय-अधिग्रहण। मनोरोग इन्हीं चार कार्यों में समन्वय नहीं रहने पर उत्पन्न होते हैं। मानसिक कृत्यों के स्वरूप को देखते हुए हम यह कह सकते हैं कि मनस् का पर्याय पश्चिमी मनोविज्ञान में अहम्(इगो) है।

आयुर्वेद के अनुसार त्रिदोष के कारण न केवल स्थूल शरीर पर प्रभाव पड़ता है बल्कि मनस् भी प्रभावित होता है। वात, पित्त, कफ के विकार के कारण कई प्रकार के उन्माद-रोग उत्पन्न हो जाते हैं। मनस् का विशेष सम्बन्ध वायु-तत्त्व से है तथा गहन सम्बन्ध चन्द्रमा से। मनस् का ब्रह्मांडीय प्रतिरूप चन्द्रमा है या कह लें कि ब्रह्मांड का 'मनस्' चन्द्रमा है। शरीर के वात-पित्त-कफ से प्रभावित होने के अतिरक्त 'मनस्' में सात्विक, राजसिक तथा तामसिक गुणों का निवेश माना गया है। ये गुण प्रभावी होने के लिए परस्पर संघर्षरत रहते हैं फलतः मनस् की अवस्था नित्यप्रति बदलती रहती है। रजस-तमस् को 'मनस्' का रस कहा गया है। कहा गया है कि इन्हीं मानसिक रसों के उत्पात से मनोरोग होते हैं अथवा (अगर मनस्-काया द्वन्द्व की एकीकृत प्रकृति को ध्यान रखें तो) ऐसे रोग उत्पन्न होते हैं जिनका आधार 'मनस्' है। 'मनस्' के इन रसों में परिवर्तन स्वयं शरीर में भी परिलक्षित होता है। उदाहरणार्थ माना जाता है कि हृदय तथा ज्ञानेन्द्रियों में मनस् के रस (रजस्-तमस्) के उत्पात से विकार उत्पन्न होने पर 'अपस्मार' रोग होता है। मनस् के रसों के आधिक्य से शरीर के रसों का संचार नाड़ियों में रुक-सा जाता है और यही रुकावट 'अपस्मार' के रूप में व्यक्त होती है।

रजस्-तमस् के व्याधिकारक आधिक्य के क्या कारण हैं। आयुर्वेद का उत्तर परम्परागत मनोविज्ञान के सिद्धान्तों से बहुत कुछ मिलता-जुलता है। आयुर्वेद के ग्रन्थों का कहना है कि इच्छा और द्वेष इसके कारण रूप हैं। 'इच्छा' को परिभाषित करते हुए कहा गया है कि मन अथवा शरीर को आनन्द देने वाली वस्तु की प्राप्त की भावना का नाम 'इच्छा' है। इसमें आसक्ति तथा उमंग के भाव मिले रहते हैं। इसमें सन्देह नहीं कि कुछ वस्तुओं की इच्छा स्वाभाविक है परन्तु मर्यादा से अधिक होने पर विकार अवश्यंभावी है। 'द्वेष' की परिभाषा देते हुए कहा गया है कि मन अथवा शरीर को पीड़ा पहुँचानेवाली वस्तु से दूर होने की भावना का नाम 'द्वेष' है। इसमें क्रोध, ईर्ष्या तथा भय की भावना मिली होती है। इच्छा-पूर्ति में बाधा तथा द्वेष-निकास में अड़ंगा लगने पर मनस् के रस उद्दीप्त हो जाते हैं और इसी से शारीरिक-मानसिक विकार पैदा होते हैं।

फ्रायड के मनोवैज्ञानिक सिद्धान्तों की ही तरह ये बातें एकदम स्पष्ट निदर्शन करती हैं। हिन्दू मनोविज्ञान तथा पश्चिमी मनोविश्लेषण में एक अन्तर यहाँ यह दिखता है कि

हिन्दू-परम्परा में राग-द्वेष का अस्तित्व सनातन माना गया है। पश्चिमी मनोविश्लेषण के अन्तर्गत मानवीय व्यवहारों की जिस भाँति विवेचना की जाती है उससे इसका दूर-दूर तक साम्य नहीं है। हिन्दू-मनोविज्ञान राग-द्वेष को इसी जन्म की उत्पत्ति नहीं मानता। इसका एक कारण 'द्वौहृदय' भी है। 'द्वौहृदय' में एक माता का हृदय होता है तथा एक भ्रूणस्थ शिशु का। द्वौहृदय गर्भावस्था के तीसरे-चौथे माह में विद्यमान होता है। इस अवस्था में माता की अतृप्त इच्छाओं के साथ-साथ माता के अन्दर विद्यमान भय भी शिशु में पहुँच जाते हैं। शिशु के हृदय में पहुँचकर ये संग्रहित रहते हैं तथा अगामी पीड़ा का स्रोत रूप बन जाते हैं। एक तरह से देखें तो यह अत्यन्त सरल परन्तु अत्यन्त सारगर्भित मनोवैज्ञानिक धारणा है कि प्रत्येक व्यक्ति अपने मानस में माता का इच्छाओं तथा भय-भावनाओं को उनके आद्यरूप में छुपाए रहता है। राग-द्वेष का दूसरा कारण 'पूर्वजन्म' है। आयुर्वेद की धारणा है कि पूर्वजन्म की अतृप्त इच्छाएँ तथा मानसिक पीड़ा 'संस्कार' रूप में सुरक्षित रहती है। सूक्ष्म-शरीर इन संस्कारों को धारण करता है। समय पाकर ये संस्कार प्रकट होते हैं तथा अपनी पूर्ति का निदान माँगते हैं फलस्वरूप तामसिक-राजसिक गुणों में वृद्धि होती है।

आयुर्वेद के अनुसार रोगी के व्यक्तित्व का अध्ययन इस आधार पर भी किया जा सकता है कि उसे सपने कैसे आते हैं। सपनों के कई प्रकार बताए गए हैं। जाग्रत अवस्था में हुई घटनाओं की पुनरावृत्ति सपने में हो सकती है, सुनी-सुनाई बातों को सपने में होता देखा जा सकता है, सपने अनुभव को नारकीय अन्दाज में प्रस्तुत कर सकते हैं, भविष्य को बतानेवाले सपने आ सकते हैं तथा शरीर के रस-विशेष में विकार आने पर भी सपने आते हैं। ऐसे सपनों का नैदानिक दृष्टि से महत्त्व होता है। व्यक्ति की मनोदशा सूचित करनेवाले सपनों के दो अन्य विभाग भी आयुर्वेद में किए गए हैं—(1) पहला वर्ग 'प्रार्थित' सपनों का है। जिन इच्छाओं की पूर्ति जाग्रत अवस्था में नहीं होती वे इच्छाएँ सपने में पूरी हो जाएँ तो ऐसे सपने प्रार्थित कहलाते हैं। (2) कल्पित स्वप्न ऐसे सपनों को कहते हैं जो व्यक्ति की कपोल-कल्पनाओं को नाटकीय अन्दाज में साकार करते हैं। ये दोनों ही प्रकार के सपने आयुर्वेद के अनुसार व्यक्ति के मानस का परिचय देते हैं। यहाँ यह बात भी उल्लेखनीय है कि इस शताब्दी के प्रारम्भ में मनोविश्लेषण का भी आरम्भ इसी आधार पर हुआ।

मनुष्य के मानस की गतिकी विषयक आयुर्वेद की अन्तर्दृष्टि तथा मनोरोगों के कारणों पर डाला गया प्रकाश किसी भी शताब्दी में महत्त्वपूर्ण साबित होंगे। दुर्भाग्यवश, आयुर्वेद के मौलिक मनोवैज्ञानिक सिद्धान्त एक गहरी रूपरेखा प्रस्तुत करके रह जाते हैं। कभी भी आयुर्वेद में वर्जित ये अन्तर्दृष्टियाँ इतनी विकसित न हो पाईं कि एक सुव्यवस्थित सिद्धान्त का रूप ग्रहण कर सकें। मुझे इसका एक कारण यह नजर आता है कि हिन्दू-विश्वदृष्टि 'समग्रता' पर ज्यादा जोर देती है। इसी कारण यहाँ एक पक्ष पर ज्यादा जोर नहीं दिया जाता। विशेषीकृत अध्ययन और उसकी पद्धति इसी कारण हिन्दू-विश्वदृष्टि के लिए प्रमुख नहीं बन पाए। मनोरोगों के विश्लेषण को आयुर्वेद एक

सीमा तक ही ले जा पाता है और मनोरोगों की उत्पत्ति में 'मानस' की भूमिका को प्रमुखता से रेखांकित नहीं कर पाता। यह अपने विश्लेषणात्मक दायरे में सामाजिक तथा तत्त्वमीमांसक दोनों ही क्षेत्रों को खींच लाता है फलस्वरूप पूर्ण नैदानिक दृष्टि से इसकी विवेचना ज्यादा दूर तक नहीं जा पाती और मनोवैज्ञानिक अन्तर्दृष्टियों विचार-स्फुल्लिंग की भाँति चमककर रह जाती है। मनोरोगों के निदान के क्षेत्र में इसी कारण ओझे-सयाने, साधु-फकीर, टोने-टटकेवाले भी सक्रिय हो जाते हैं। एक वैद्य की टिप्पणी थी, "मनोरोगों के निदान का ज्ञान ओझों-सयानों, तान्त्रिकों तथा साधुओं में बिखरा हुआ है। कोई भी एक पुस्तक ऐसी नहीं हैं जहाँ मनोरोगों के निदान का सम्पूर्ण ज्ञान उपलब्ध हो। मनोरोगों के निदान की कुछ पद्धतियाँ शिष्य अपने गुरु से मौखिक रूप से सीखता था। इन्हें वैज्ञानिक रीति से एकत्र नहीं किया जा सका और ये विलुप्त हो गए।

बहरहाल, स्वप्नों के बारे में आयुर्वेद का सिद्धान्त अन्य कई दृष्टियों से महत्त्वपूर्ण है। आयुर्वेद की मान्यता है कि ऐसा सोचना एक भ्रम है कि आप दिन में सदा चैतन्य होते हैं। वैद्यों के अनुसार हम दिन में भी स्वप्न देखते हैं। जुंग ने भी कहा था कि हम सदा स्वप्न देखते हैं किन्तु जाग्रतावस्था में हमारा चेतन इतना शोर मचाता है कि हम उस शोर में इन सपनों को जान नहीं पाते। आयुर्वेद की एक मान्यता यह भी है कि सपनों का सम्बन्ध न सिर्फ मानसिक क्रियाओं से बल्कि शारीरिक चेष्टाओं से भी है। इस क्षेत्र में अनुसन्धान करना लाभकारी हो सकता है। इसका एक उदाहरण देता हूँ। दिल्ली में एक महिला किसी प्रसिद्ध वैद्य के पास गई। उसने वैद्य से यह पुष्टि करनी चाही कि उसे गर्भ ठहरा है या नहीं। वास्तव में उसका मासिक-धर्म रुका हुआ था। उसने वैद्य को बताया कि कल रात मुझे सपने में एक नववधू दिखाई दी जिसने शादी का जोड़ा पहन रखा था। वैद्य ने उसे बताया कि तुम्हारा मासिक धर्म कल प्रारम्भ हो जाएगा और तुम्हें इस प्रक्रिया में कोई कष्ट नहीं होगा। वैद्य का कहना था कि यदि मासिक धर्म आने में किसी तरह का कष्ट होता तो यह नववधू कुछ हिल-डुल रही होती अथवा नृत्य कर रही होती। एक अन्य रोगी को सपने में कई प्रकार के साँप दिखाई पड़ते थे और वैद्य ने इसका अर्थ लगाते हुए उसे बता दिया कि उसका रक्तचाप घटते-बढ़ते रहता है।

मनोरोगों में ब्रह्मांड

आयुर्वेद में आए तत्त्वमीमांसीय प्रकरणों को इसकी नैदानिक प्रकियाओं तथा भूत-प्रेत के प्रकोप से पैदा पागलपन के कुछ प्रकारों के नजरिए से देखना चाहिए। पहले हम नैदानिक प्रकियाओं को देखें—

मानसिक रोगों के निदान के लिए मनस् के रसों के अतिरिक्त शरीर के रसों की भी परीक्षा की जाती है। इसके लिए नाड़ी देखी जाती है। नाड़ी महज नब्ज को ही नहीं कहते बल्कि इसमें स्नायु भी शामिल हैं। नाड़ी सम्बन्धी विज्ञान में आयुर्वेद के परम्परागत

अंग के साथ-साथ तान्त्रिक-परम्परा की बातों का भी समावेश है। कहा जाता है कि चतुर वैद्य नाड़ी के भारीपन से कफ के आधिक्य का पता कर लेता है। इससे उसे पता चल जाता है कि तमस् का प्रभाव उग्र हो उठा है। रजस् के उग्र होने का पता उसे पित्त की नाड़ी से लगाया जाता है जिसके लिए वह तीसरी अँगुली को छूता है। नाड़ी-विज्ञान जितना भौतिक है उतना ही आध्यात्मिक भी। कहा गया है कि नेत्र-चक्षुओं से ही नहीं बल्कि अपने ज्ञान-चक्षुओं के सहयोग से भी वैद्य पंच-भूतों, त्रिदोषों तथा मनोदशा का पता लगाता है। वह वैद्य तो होता ही है—योगी भी होता है।

'उन्माद्' के प्रभाव से उत्पन्न सभी रोगों के निदान में तत्त्वमीमांसीय प्रकरणों का समावेश है। माना जाता है कि गन्धर्व, यक्ष, राक्षस तथा पिशाच वर्गों के प्रेत द्वारा ही ये रोग उत्पन्न होते हैं। उसमें कोई सन्देह नहीं कि भूत-प्रेत के प्रभाव से उत्पन्न मनोविकारों के लिए भारत में प्राचीन काल से ही जादू-टोने का विधान रहा है। इनका उल्लेख अथर्ववेद में भी मिलता है और ये आज भी भारत में प्रचलित हैं। भूत-प्रेत से उत्पन्न हुए उन्माद का इलाज आयुर्वेद की मन-शरीर विषयक परिकल्पना के विपरीत है। यह किंचित विदेशी जान पड़ता है। इसमें औषधियों के अतिरिक्त पुरोहित पर भी जोर है। तिब्बत में प्रचलित चिकित्सा-पद्धति के भी यह विपरीत है। उसका भी स्रोत आयुर्वेद ही है किन्तु उसमें रोग के तत्त्वमीमांसीय तथा ब्रह्मांडीय पक्षों पर ज्यादा जोर दिया जाता है।

व्यक्तित्व और मनोरोग

किसी व्यक्ति के मानसिक विकारों को समझने के लिए उसके स्वप्नों तथा उसकी नाड़ी का तो परीक्षण किया ही जाता है इसके साथ-साथ उसके भोजन, आचरण तथा चरित्र के अध्ययन द्वारा भी यह पता लगाया जाता है कि उसका व्यक्तित्व सात्विक, राजसिक अथवा तामसिक है। तामसिक व्यक्तित्व को बासी, दुर्गन्धयुक्त, अधपके या रसरहित भोजन पसन्द आते हैं। राजसिक व्यक्तित्ववाला मसालेदार तथा तीखे, खट्टे-मीठे पदार्थ पसन्द करता है। उसमें अहंकार, अधैर्य, कामुकता तथा क्रोध जैसे दुर्गुण होते हैं। तामसिक व्यक्तित्व के गुण हैं—प्रमाद, सुस्ती तथा मानसिक अस्थिरता। सात्विक वृत्तिवाले व्यक्तित्व को मीठे तथा सुस्वादु भोजन पसन्द आते हैं। सात्विक व्यक्तित्व के गुण हैं—सच्चाई, सफाई, आत्मसंयम, काम-क्रोध, लोभ-मोह से मुक्ति आदि।

यह बात तो स्पष्ट ही है कि किसी एक गुण को प्रधान मानकर किए गए इस व्यक्तित्व-वर्गीकरण का मानव-मन की जटिलताओं, मानवीय व्यवहारों की विविध छटाओं अथवा भावनाओं की वैसी बहुरंगी ऊहा-पोह से कोई खास सम्बन्ध नहीं जो अमूमन हम एक आदमी में देखते हैं। यह वर्गीकरण तो ब्राह्मणवादी परम्परा के अनुसार सामाजिक रूप से जो वांछित-अवांछित है उसी के आधार पर किया गया है। शुद्ध से अशुद्ध की तरफ जाता यह अधिक्रम आधारित वर्गीकरण वर्ण-व्यवस्था को आधार

बनाया है। सात्विक गुण ब्राह्मणों के माने जाते हैं। माना जाता है कि नैतिकता के आदर्श ब्राह्मण में फलीभूत होते हैं। राजसी प्रवृत्ति क्षत्रियों की मानी गई है तथा तामसिक शूद्रों और तथाकथित नीची जातियों की। शूद्र कही जानेवाली जातियों को सत्ताधारी अभिजात्यों ने सर्वदा हेय तथा प्रमादी माना। इस प्रकार आयुर्वेद में मनोरागों का विश्लेषण नैतिकता के ब्राह्मणवादी आदर्श से विचलित होने की स्थिति का विश्लेषण बन जाता है। आयुर्वेद तामसिक प्रवृत्ति को इसकी अशुद्धता के कारण तथा राजसिक वृत्ति को इसके उद्वेग के कारण सात्विक-गुण से हेय मानता है। एक आधुनिक वैध ने मनोरोगों की सामाजिक परिभाषा पर जोर देते हुए कहा, "जब हम किन्हीं खास मनोस्थितियों को मनोरोग की संज्ञा देते हैं तो हमारा आशय मात्र इतना होता है कि व्यक्ति का मन-वचन-कर्म समाज के लिए अनावश्यक अथवा हानिकारक हो गया है।"

मनोस्वास्थ्य को बनाए रखने तथा मानसिक विकारों से बचने के लिए आयुर्वेद में जो निर्देश दिए गए उससे भी यह पता चलता है कि सामाजिक रूप से जो वांछनीय है उसी को स्वास्थ्य भी स्वीकार किया गया है। आदर्श तथा स्वस्थ व्यक्तित्व के लिए 300 से अधिक आहार-विहार, आचार-विचार आदि सुकृत्यों का विधान है। बताया गया है कि भोजन, मल-त्याग, अध्ययन, सामजिक-सम्बन्ध तथा सम्भोगादि कैसे, कब और किस तरह करने चाहिए। कहा गया है कि जोर से हँसना, अपान-वायु का त्याग जोरदार आवाज में करना, जम्हाई लेते अथवा छींकते समय मुँह पर हाथ न रखना या नाक में अँगुली डालना ऐसे कृत्य हैं जिनकी अनुमति समाज नहीं देता। स्वस्थ व्यक्ति को धीरज नहीं खोना चाहिए, न किसी पर तुरन्त विश्वास करना चाहिए और न ही अकारण सन्देह। ऐसे व्यक्ति को अहंकार से बचना चाहिए तथा कोई हानि हो जाए तो उस पर अत्यधिक क्षोभ करना अनुचित है—ऐसा कहा गया है। न तो क्रोधातुर होकर काम करना चाहिए और न ही हर्ष-विभोर होकर। ऐसी ही बहुत-सी बातें और भी बताई गई हैं। आयुर्वेद हिन्दू-नैतिकता की मुख्यधारा का अंग है और इसी कारण स्वास्थ्य के बारे में उसकी धारणाएँ संयम के आदर्श पर आधारित हैं। मनोस्वास्थ्य के लिए इसके मूलमन्त्र को सम्भवतः लातिनी भाषा की यह उक्ति सबसे उचित तरीके से प्रस्तुत करती है, "जो भी करो, सोच-समझकर करो तथा उसके परिणाम को पहले से समझ लो।" यह सूक्ति पश्चिमी मनोरोग-चिकित्सा-पद्धतियों में भी मानसिक स्वास्थ्य के लिए मूलमन्त्र का काम करती है।

चिकित्सा

मैं पहले ही कह चुका हूँ कि मूलतः मनोद्भूत रोगों के लिए आयुर्वेद में कोई विशेष मनोरोग चिकित्सा-पद्धति नहीं है। पुराने ग्रन्थों में जिस सत्वयाज्य पद्धति की चर्चा की गई है वह मन पर नियन्त्रण रखने तथा मन को अवांछित वस्तुओं से विमुख करने की पद्धति है। इसका प्रयोग योग में भी किया जाता है। इस पद्धति के बारे में वैद्यों को

भी उतना ही ज्ञान होता है जितना डॉक्टरों को मनोविश्लेषण के बारे में। देव्यव्यपसरा चिकित्सा में कर्म-कांड जादू-टोने का उपयोग होता है। मन्त्र पढ़े जाते हैं, तपश्चर्या की जाती है, गंडे-ताबीज पहने जाते हैं और तीर्थयात्रा का सहारा लिया जाता है। इन सबका मूल अथर्ववेद का कौशिक-सूत्र है। इसमें मन तथा मानसिक प्रक्रियाओं को सूत्रबद्ध करने जैसा कोई सैद्धान्तिक प्रयास नहीं है। इस प्रकार आयुर्वेद में मनोरोगों का उपचार उसी भाँति किया जाता है जिस भाँति देह के रोगों का। इस बारे में चरकसंहिता की प्रसिद्ध उक्ति है— शुद्ध करो, शान्त करो तथा कारण को दूर करने की चेष्टा करो। वैध अपनी शाखा के ग्रन्थों अथवा अपने क्षेत्र में प्रचलित रीति के अनुसार चिकित्सा करता है। संक्षेप में निम्नलिखित क्रियाएँ की जाती हैं:—

शुद्धि : इसमें वमन, विरेचन, स्नेहन और स्वेदन आदि का विधान है। देश के कुछ भागों जैसे केरल को छोड़कर अब पंचकर्म का उपयोग नहीं किया जाता।

पंच-कर्म सात दिन या कई हफ्ते चलता है। केरल में स्नेहन और विरेचन स्वतन्त्र रूप से भी किया जाता है जबकि यह पंच-कर्म का ही अंग है। कहा जाता है कि पंच-कर्म के माध्यम से कायाकल्प तक हो जाता है। इसका प्रयोग उन विकारों के लिए विशेष तौर पर किया जाता है जो मानव-शरीर पर पड़ने वाले बोझ अथवा मानसिक थकान से उत्पन्न होते हैं। केरल में विरेचन किया तो जाता है परन्तु यह भी मान्यता है कि इससे शरीर को आघात लगता है। शुद्धि के लिए तेल की बूँदें सर पर टपकाना वहाँ मुख्यविधि है। मानसिक विकारों के लिए सबसे ज्यादा प्रचलित पद्धति है आँखों तथा नासिका-छिद्र में आसव डालना।

प्रशमन : इस क्रिया में तेल आदि की मालिश की जाती है अथवा जड़ी-बूटियों का रस पिलाया जाता है। इससे शरीर शान्त होता है तथा स्नायुओं को शक्ति मिलती है। ऐसी औषधियों का उपयोग विशेषकर अपस्मार तथा उन्मादजनित रोगों में होता है।

कारण-निवारण : किसी भी रोग का मूल कारण है रोगी-द्वारा अपने मन तथा शरीर का दुरूपयोग करना, अभक्ष्य का भक्षण करना तथा आचरण का शुद्ध न रहना। वैध मनोरोगों की चिकित्सा करते समय रोगी के सामाजिक जीवन में हस्तक्षेप करता है तथा उसे उचित आचरण के सम्बन्ध में सलाह देता है। वह उसे किसी विशेष हानिकारक कृत्य को न करने का भी, सुझाव देता है।

आगे के अध्याय में हम देखेंगे कि किस प्रकार एक वैध मनोरोगों के लिए आयुर्वेद के सिद्धान्तों का उपयोग करता है।

झड़सेतली का एक वैद्य

दिल्ली से चालीस किलोमीटर उत्तर-पश्चिम, हरियाणा के समृद्ध भू-भाग में एक छोटा-सा गाँव झड़सेतली है। मुख्यमार्ग से जुड़े होने के कारण इलाके के अन्य गाँवों की तरह झड़सेतली का भी अर्ध-औद्योगिकरण हो चुका है और छोटे-मोटे कारखाने लग गए हैं। सड़क के किनारे मरम्मत का काम करनेवालों ने छोटी-मोटी दुकानें लगा ली हैं। इन दुकानों के ही झुंड में एक पिसाई-मशीन आराम से अपना काम करती नजर आती है। पुराने तथा जर्जर ट्रक यत्र-तत्र खड़े रहते हैं। इस बड़ी सड़क के किनारे दो-तीने ढाबे और चाय की दुकानें भी बन गई हैं। इन ढाबों में रस्सी से बुनी हुई चारपाई पर लोग-बाग चाय सुड़कते हुए इत्मीनान से डीजल के मिलने, न मिलने, साथी की दारूबाजी, आबकारी के दरोगा के अड़ियल-कड़ियल रूख तथा राजधानी के नवीनतम राजनीतिक-षड़यन्त्र की चर्चा करते हैं। झड़सेतली के बाकी भागों की अपेक्षा यहाँ ज्यादा चहल-पहल दिखाई देती है।

यहाँ एक धर्मशाला है। इसमें वैद्यजी रहते हैं। लोग उन्हें आदर से गुरुजी कहकर बुलाते हैं। यह सराय वर्षों पहले किसी सेठ ने यात्रियों के लिए बनवाई थी लेकिन सन् 1963 में यहाँ गुरुजी ने डेरा डाल दिया। उन्होंने इस सराय के ऊपर एक बोर्ड टँगवा दिया जिस पर लिखा है, 'मानसिक चिकित्सा केन्द्र'। यह एकमंजिली इमारत है। इसमें छोटे-बड़े अनेक कमरे हैं जिनमें बहुत कम प्रकाश रहता है। सराय गाँव से तनिक दूर है और यहाँ 'गुरुजी ने अपना साम्राज्य फैला रखा है। सराय के बाहर एक पीपल का पेड़ है और उससे थोड़ी ही दूर एक छोटा-सा मन्दिर है जिसके पीछे मीलों तक खेतों की हरियाली देखी जा सकती है। यदि हम सड़क पर चलनेवाले ट्रकों के शोर तथा उनके धुएँ को भूल जाएँ तो ऐसा लगेगा कि हम बड़े शान्त ग्राम्य वातावरण में पहुँच गए हैं। गुरुजी की आयु साठ वर्ष से कुछ अधिक है और वे इस वातावरण में रच-बस गए लगते हैं। उनकी चमकती हुई आँखों से यह पता लगाना बड़ा कठिन है कि उनका स्वभाव कठोर है। वह धोती के ऊपर बंडी पहनते हैं तथा साफा बाँधे रहते हैं। छाती ताने हुए ऐसे चलते हैं मानो आदेश मनवाना उनका स्वभाव हो। उस सराय को उन्होंने अस्पताल बना रखा है और जब अपनी गद्दी पर बैठे दवाई की पुड़िया नहीं बाँट रहे होते तो अस्पताल में घूमते नजर आते हैं। बहुधा वह बरामदे में अपने हाथ पीठ पर बाँधे घूमते रहते हैं। उनके सामने पालथी मारे उनके सहायक या रोगी के परिवार के सदस्य खड़ल

में कोई न कोई दवा कूट रहे होते हैं। दिन में गुरुजी दो-तीन दफे मन्दिर जाते हैं जहाँ वे 'हीरे-मोतियों से भी कीमती दवा' बनाने का काम करते हैं। इन दवाओं को बनाने में तीन से छह माह लग जाते हैं। लगभग दस मरीज सदा उनकी सराय में मिल जाएँगे और वैद्यजी आपको उनसे बातों में मशगूल दिखाई देंगे। चिकित्सा सम्बन्धी समस्याओं का समाधान करते, नियम तोड़नेवाले को डाँटते-डपटते, झगड़ों का फैसला करते, हँसी-ठठ्ठा करते गुरुजी अपने समुदाय की रीढ़ की हड्डी के समान हैं। यद्यपि कुछ रोगी उनके पास शारीरिक रोगों के निदान के लिए भी आते हैं किन्तु अधिकतर रोगी मनोरोग चिकित्सा के लिए वहाँ आते हैं। मानसिक विकारों से पीड़ित ये मरीज आस-पास के गाँवों अथवा कस्बों से आते हैं। रोगियों से बातचीत में तल्लीन गुरुजी अत्यन्त गुणी जान पड़ते हैं। गुरुजी बहुत कम बोलते हैं लेकिन जो कुछ बोलते हैं वह बड़ा समयानुकूल तथा महत्त्वपूर्ण होता है। इसलिए पहली ही मुलाकात में मरीज के साथ उनका तादात्म्य हो जाता है। यहाँ मैं कुछ उदाहरण देना चाहता हूँ।

दो व्यक्ति दोनों ओर से एक रोगी को पकड़े गुरुजी के पास आते हैं। रोगी अधेड़ आयु का है और वह ठीक से चल नहीं पा रहा है। दो आदमियों के सहारे से ही वह अपने डग भर पाता है। उसके सिर के बाल उलझे हुए, आँखें लाल और चेहरे पर थकावट के भाव हैं। गुरुजी पूछते हैं—कहाँ से आए हो ? रोगी के साथी रोहतक के किसी गाँव का नाम बताते हैं। गुरुजी पूछते हैं, "तुम्हें क्या हुआ है ? स्पष्टतया यह प्रश्न रोगी से है किन्तु साथ आए व्यक्ति भी रोगी के साथ सुर में सुर मिलाकर बोलना शुरू कर देते हैं। रोगी को बोलने में कठिनाई हो रही है। वह हाथ हिला-हिलाकर अपनी बात कहने की कोशिश कर रहा है मानो गुरुजी उसकी भाव-भंगिमा से ही सारी बात समझ जाएँगे। रोगी का साथी उसे डपट देता है और कहता है, 'गुरुजी, इसकी बातों में मत आइए। गुरुजी आँखें तरेरकर उसकी तरफ देखते हैं और क्रोधपूर्वक पूछते हैं—"क्यों न आऊँ ! इसलिए कि तुम अपने को ठीक और इसे पागल समझते हो ?" इसके बाद रोगी की तरफ मुड़कर बड़ी करुणा से पूछते हैं—कहो ! तुम्हें क्या कष्ट है ?

रोगी कहता है, "मुझसे लड़िए नहीं। मैं...उसकी आवाज फिर मन्द पड़कर बैठ जाती है। गुरुजी कहते है—भइया ! मैं तुम्हारी बात समझा नहीं। क्या तुम्हारा गला सूख रहा है ? रोगी हामी में सिर हिलाता है। गुरुजी रोगी के साथियों में एक से पानी भरा गिलास लाने को कहते हैं। रोगी पानी पी लेता है, लेकिन तब भी कुछ बोल नहीं पाता। गुरुजी प्रश्नवाचक मुद्रा में उसके साथियों की तरफ देखते हैं। साथी बताते हैं कि रोगी का अपने भाई के साथ जमीन में झगड़े को लेकर मुकदमा चल रहा है। हाल ही में वह अदालत में चीखने-चिल्लाने लगा और जो भी उसे रोकने के लिए आता उससे वह लड़ने को तैयार हो जाता था।

गुरुजी मुस्कुराते हुए रोगी से कहते हैं, "इतना लड़-भिड़ कर मेरे पास आए हो ?" फिर प्यार से डाँटते हुए कहते हैं, "मै तुम्हें यहाँ नहीं रखूँगा वर्ना तुम कल मुझसे भी

लड़ोगे ! है ना ?" इतनी बातों से रोगी का तनाव कुछ कम पड़ गया लगता है। वह सिर हिलाकर पहले हामी भरता है फिर गुरुजी की बातों को नकारता है। गुरुजी उसे और उसके साथियों को सम्बोधित करते हुए कहते हैं–'अन्दर जाओ, और सो जाओ ! कल मैं इसकी नाड़ी देखूँगा।'

ऐसे कई उदाहरण हैं जिससे स्पष्ट हो जाएगा कि गुरुजी रोगी की सहायता करना अपना नैतिक कर्त्तव्य समझते हैं। वे रोग के विरुद्ध संघर्ष करने को अपना कर्त्तव्य तो मानते ही हैं, उन लोगों के भी विरुद्ध लड़ना जरूरी समझते हैं जिनके आचरण से यह रोग उत्पन्न हुआ है। एक अर्थ में गुरुजी को क्रान्तिधर्मा कहा जा सकता है। फ्रायड ने भी अपने युग में प्रचलित मनोविश्लेषण पद्धति को नकारते हुए मात्र रोगी के प्रति अपने को जिम्मेदार माना था तथा रोगी के परिवार अथवा समाज के सरोकारों से अपने को एकदम अलग माना था। अधिकतर चिकित्सक वस्तुतः अपने को जबानी तौर पर 'रोगी का हितचिन्तक' कहते हैं जबकि रोगी के परिवार अथवा समाज का हित सामने रखकर उपचार करते हैं। फ्रायड के इस क्रान्तिकारी प्रस्थान की तार्किक परिणति 'मनोनिदान-विरोधी' आन्दोलन में हुई जिसका परचम आर.डी. लैंग तथा डेविड कूपर के हाथ में था। चिकित्सकों का रोगी के बजाय परिवार तथा समाज की हित-चिन्ता से काम करना इसलिए भी जरूरी हो जाता है कि पेशे तथा पैसे के लिहाज से कोई दूसरा तरीका अपनाने का विकल्प उनके पास नहीं होता। गुरुजी को पश्चिमी मनोरोग चिकित्सा का भली-भाँति ज्ञान है क्योंकि उनके पास बहुतेरे ऐसे रोगी भी आते हैं जो आधुनिक अस्पतालों के मनारोग विभाग के उपचार से निराश हो चुके होते हैं। एक बार उन्होंने मुझसे कहा, "तुम्हारी परम्परा में तो निदान के तौर पर रोगी को लार्जेक्टिल (नींद की टिकिया) दे दी जाती है ताकि वह सो जाए। जब तक वह सोया रहेगा किसी को कष्ट नहीं देगा। उसका परिवार भी सन्तुष्ट रहेगा तथा चिकित्सक भी। रोगी पर निद्रा का ऐसा प्रभाव होता है कि वह कुछ कह नहीं पाता और तुम सब लोग खुश होते हो।"

एक और उदाहरण नेपाल के लगभग चालीस वर्षीय गोरखा रोगी का है। उसे उसका मौसेरा भाई गुरुजी के पास लाया है। रोगी बड़े अनमने भाव से चलता है तथा उसका चेहरा अनायास ही विकृत होता रहता है। वह अपने आस-पास के वातावरण के प्रति उदासीन है। उसका भाई गुरुजी को बताया है कि रोगी 19 वर्ष तक फरीदाबाद के एक कारखाने में चौकीदारी करता रहा है। दो माह पहले अचानक उसकी नौकरी छूट गई। तब से वह एकदम विरक्त हो गया है। वह खुद की देखभाल नहीं करता तथा किसी से बातचीत भी नहीं करता। एक अस्पताल में उसे बिजली के झटके भी दिए गए लेकिन उसकी स्थिति नहीं सुधरी। गुरुजी क्षण-भर को रोगी की ओर देखते रहे और फिर उसकी ओर देखकर चिल्लाए–"तो तुम चोर हो ! तुमने चोरी की ?"

रोगी आँख उठाकर गुरुजी की तरफ देखता है। वह उत्तेजित हो गया है। उसका गला रुँध गया है और आवाज बड़ी मुश्किल से निकल रही है। मुझे आश्चर्य होता है कि गुरुजी की दृष्टि कितनी पैनी है। वे भाँप जाते हैं कि पुराना और विश्वासपात्र नौकर

को आज की परिस्थितियों में केवल चोरी के आरोप में ही नौकरी से निकाला जा सकता है।

गुरुजी मुस्कुराते हुए कहते हैं, ''तुमने स्वयं चाहे चोरी न की हो किन्तु चोरों को अन्दर घुसाने में सहायता अवश्य दी होगी।'' उनके शब्दों से करुणा टपक रही है। वे आगे कहते हैं, ''लेकिन बेटे, आजकल बड़े-बड़े चोरों का राज है। तुम तो एक छोटे से चोर हो, फिर इतना दुखी क्यों होते हो ?'' गुरुजी आसपास देखते हैं और सभी लोग मुस्कुराते हुए हामी भरते हैं क्योंकि उन्हें पता है कि गुरुजी का इशारा आज के भारतीय नेताओं की तरफ है। गुरुजी पिता के समान क्षमाशील हैं। वे दाएँ हाथ से उसकी नाड़ी-परीक्षा करते हैं। अब रोगी की अन्यमन्यस्कता कुछ कम हो गई है। वह एकटक गुरुजी को देखे जा रहा है। ऐसा लगता है दोनों में कोई दोस्ताना रिश्ता बन गया हो।

अगला रोगी एक युवा किसान है। उसके साथ उसका पिता भी आया है। युवक अत्यधिक तनावग्रस्त है। जब उसकी बारी आती है तो उसका पिता उसे अपनी कुहनी से मारकर आगे धकेलता है। बेटा गुस्से से अपने पिता का हाथ झटक देता है। युवक एक बेंच पर बैठ जाता है और कम्बल को अपने चारों तरफ कसकर लपेट लेता है। वह अपलक गुरुजी को निहारने लगता है। गुरुजी पूछते हैं—बेटे ! क्या तुम मेरा मुँह निहारने आए हो ? कहो, क्या बात है ?''

रोगी का पिता कहता है, ''यह सदा ऐसे ही करता है। कोई इसके पास बात करने के लिए आए तो मारने दौड़ जाता है। इसका कुछ कीजिए गुरुजी, क्योंकि यही हमारी इकलौती सम्पत्ति है।''

गुरुजी पिता की बात पर ध्यान नहीं देते और रोगी से कहते हैं, ''खड़े हो जाओ।'' लेकिन युवक बैठा ही रहता है।

गुरुजी कहते हैं, ''भइया ! ऐसे काम नहीं चलेगा। मुझे और भी काम हैं। तुम्हारी तरह मेरा कोई बाप जीवित नहीं जो मेरे सारे नखरे सह लेगा। बेटे, मुझे खुशी है कि तुम जल्दी मेरे पास आए। लाओ, तुम्हारी नाड़ी देखूँ।'' इस बार युवक गुरुजी की बात मान जाता है और गुरुजी पूछते हैं, ''तुम्हें हुआ क्या है बेटे ?''

रोगी कहता हैं, ''ये मुझे काम नहीं करने देते। जब भी मैं कुछ करने लगता हूँ, कोई आकर मुझे रोक देता है और मैं क्रोध में आ जाता हूँ।'' उसकी आँखों में इतना कहते ही आँसू आ जाते हैं।

गुरुजी उसके पिता को सम्बोधित करके कहते हैं, ''ऐसा मत करो, यह जितना भी काम करना चाहे करने दो। तुम्हारी जमीन कितनी है ?

रोगी कहता है, ''110 एकड़।''

गुरुजी कहते हैं—अहा ! तुम बड़े भारी जमींदार हो। कहाँ से आए हो ? अब रोगी ठीक-ठीक उत्तर दे रहा है, ''रोहतक से'। इतने में उसका बाप उसकी बात काटता है, ''हमें ऐसा लगता है कि इसे किसी ने कुछ 'कर-करवा' दिया है''। उसका इशारा जादू-टोने की तरफ है। लेकिन गुरुजी व्यंग्य से कहते हैं—जी हाँ ! लोगों को और कोई

काम तो है नहीं न। वे जादू-टोने के लिए ही बैठे हैं ! नहीं भइया, यह एक रोग है। कनपटी की नाड़ी में जब रक्त का दबाव बढ़ जाता है तो इसे क्रोध आता है। किसी ने कोई जादू-टोना नहीं किया''। वह रोगी के पिता को दवाई की पुड़िया देते हैं और कहते हैं, ''इसे तीन माह बाद फिर लाना''। गुरुजी युवक के पिता को समझाते हैं, ''यह जितना भी काम करे, करने दो और सवेरे सैर करने के लिए कहो, लेकिन तुम इसके साथ मत जाना। कोई और जाना चाहे तो जाए।''

मैंने ऊपर जो उदाहरण दिए हैं उनका उद्देश्य यह बताना है कि रोगियों से आत्मीयता का सम्बन्ध बनाने में गुरुजी माहिर हैं। अधिकतर मनोरोग-चिकित्सक इस बात से सहमत होंगे कि इस प्रकार की प्रवीणता अत्यन्त आवश्यक है। इसके अतिरिक्त रोग-निदान के लिए की जानेवाली परीक्षा अथवा निदान के तौर पर ही जानेवाली दवाई तो एक बहाना मात्र है। दरअसल रोगी से आत्मीय सम्बन्ध बनाना उपचार की मूल बात है। इसको नींव बनाकर दवा, परहेज आदि का ऊपरी ढाँचा खड़ा किया जाता है। ऐसा इसलिए किया जाता है ताकि यह उपचार भी शारीरिक बीमारियों के उपचार जैसा ही वैज्ञानिक तथा मूर्त्त जान पड़े और रोगी में विश्वास जगे। यह बिल्कुल सयानों द्वारा खींचे जानेवाले रहस्यमय वृत्त, छड़ी घुमाकर फूँक मारने अथवा मुर्गे की बलि चढ़ाने जैसी बात है। रोगियों के साथ गुरुजी के सम्बन्ध पर मैं विचार करता हूँ तो मुझे लगता है वे रोगी से संवाद के जरिए आत्मीयता बढ़ाते हैं। बाल्जविक ने इसे 'बातचीत का खेल' कहा है। गुरुजी का उद्देश्य होता है मरीज की अन्तर्वैयक्तिक-स्थिति को बदलना तथा उसकी भावनाओं को दमन के कठघरे से बाहर निकालना। किसी स्थिति विशेष का अनुभव मरीज जिस भावनात्मक अवधारणात्मक ढाँचे में करता है उसे गुरुजी अपनी बातचीत के जरिए बदलकर नए भावनात्मक-अवधारणात्मक साँचे में डालते हैं। इस कार्य के लिए जरूरी होता है रोगी की अपेक्षाओं, मतों तथा मान्यताओं को जानना। चिकित्सक मरीज को ही अवधारणाओं का प्रयोग करके उसके पुराने अनुभव को नए अर्थ के आलोक में दिखा देता है। बातचीत के ऐसे खेल में चिकित्सक मरीज को कोई नई भाषा नहीं सिखाता जिसमें वह अपने अनुभव को सूत्रबद्ध रूप में अभिव्यक्त करके समस्या से निजात पा ले। इस प्रक्रिया में चिकित्सक मरीज को कोई नई अन्तर्दृष्टि प्रदान करता हो ऐसी भी बात नहीं। चिकित्सक मरीज को महज एक नया खेल सिखाता है जिसके जरिए मरीज अपने पुराने खेल को नए तरीके से खेलने लगता है। बाल्जविक ने एक निराशावादी के उदाहरण से इसे समझाया है। एक निराशावादी अपने अन्तर्वैयक्तिक खेल में सबसे पहले किसी आशावादी को बयान देने के लिए भड़काता है फिर उसके आशावाद पर अपनी बढ़ी हुई निराशा के साथ टूट पड़ता है। यदि प्रतिद्वन्द्वी उसकी जाल में आ फँसे तो वह या तो उसके आशावाद को बढ़ावा देने लगता है अथवा अपनी बढ़ी हुई निराशा में आनन्द लेता है। दोनों स्थितियों में उसकी विजय होती है। खेल तो तब नाटकीय ढंग से बदलता है जब प्रतिद्वन्द्वी सामने के निराशावादी से भी ज्यादा निराशा के साथ अपनी प्रतिक्रिया जाहिर करता है। अब यह खेल 'चित्त भी मेरी पट भी मेरी'

वाला खेल नहीं रहता क्योंकि यहाँ एक प्रतिद्वन्द्वी भी उसी दाँव को खेल रहा है जो दूसरा प्रतिद्वन्द्वी। फलस्वरूप खेल जारी रहने लायक तनाव या सन्तुलन का बिन्दु बना ही नहीं रह पाता। व्यवहार को बदलकर रख देनेवाला एक बिल्कुल नया खेल यहाँ चालू हो जाता है और इसमें निराशावादी की ही भाषा में उसे मात दे दी जाती है। मैं गुरुजी द्वारा किए गए एक उपचार के माध्यम से अपनी बात स्पष्ट करूँगा :

सुरेन्द्र नाम का एक 23 वर्षीय घड़ीसाज पास के किसी कस्बे से आया हुआ था और पिछले तीन माह से गुरुजी के अस्पताल में अपने माता-पिता के साथ ठहरा हुआ था। वैसे तो सुरेन्द्र प्रारम्भ से ही अस्थिर चित्त था और बड़ी जल्दी उत्तेजित हो जाता था किन्तु उसका रोग उसके सुहागरात के दिन प्रकट हुआ। गुरुजी ने उसे 'कामोन्माद' का रोगी बताया था। गुरुजी के एक प्रश्न के उत्तर में उसने कहा, "देखिए गुरुजी, आदमी पागल कब होता है ? वह तो एक गुब्बारे के समान है जिसे ज्यादा दबाया जाए तो फट पड़े। मेरे साथ भी यही हुआ है। मेरे माता-पिता ने मुझे इतना दबाया है कि मैं फट गया हूँ। मेरा विवाह हुआ लेकिन पहली ही रात मुझे पता चला कि मेरी पत्नी का सतीच्छद फटा हुआ है। मैं जानता हूँ कि अधिक व्यायाम करने या दौड़ने-भागने से भी ऐसा हो सकता है लेकिन मुझे लगा कि उसने पहले भी कभी अवश्य सम्भोग किया है। मैं कमरे से बाहर निकल आया और चिल्लाने लगा। लेकिन अब मुझे इस बात की कोई चिन्ता नहीं है कि सतीच्छद फटा हुआ था या एकदम अक्षत था। अब तो मैं बस सम्भोग करना चाहता हूँ। लेकिन मेरा सूअर बाप मेरी पत्नी को उसके मायके से वापस लाने को तैयार नहीं है।

इतने में सुरेद्र का बाप लाठी लेकर उसे मारने दौड़ा। सुरेन्द्र को उसका बाप बहुधा पीटता रहता था। सुरेन्द्र जब भी उत्तेजित होता अपने बाप के हाथों मार खाता था। सराय में रहनेवाले कई लोगों का विचार था कि बाप तो बैटे से भी अधिक पागल है और उसका भी उपचार बहुत जरूरी है। सुरेन्द्र ने पहले अपनी रक्षा में बाप को रोकना चाहा और ललकार के स्वर में बोला, "मार के देखो, मैं तुम्हारे सारे दाँत तोड़ दूँगा।" धमकी की परवाह न करके बाप ने उसकी गर्दन दबोच ली और अन्दर के अपने कमरे की तरफ धकेला। कुछ मिनट अन्दर चिल्ल-पों मची रही और इसके बाद सुरेन्द्र दौड़ता हुआ कमरे से बाहर निकला और गुरुजी के पाँव पर गिर पड़ा। उसका बाप गाली बकते हुए लाठी हाथ में ताने उसके पीछे-पीछे निकला। सुरेन्द्र रो रहा था, "गुरुजी ! मुझे बचा लो, यह मेरी जान ले लेगा। मेरे माता-पिता को यहाँ से निकाल दो, नहीं तो मैं भाग जाऊँगा।"

"लेकिन हुआ क्या ?" गुरुजी ने प्रश्न किया।

'कुछ नहीं' सुरेन्द्र उत्तर दिया, "इस गधे ने मुझे मारना चालू कर दिया था।"

बाप बिफरा हुआ था, बोल पड़ा, "इस कुत्ते ने कमरे में पाखाना कर दिया है। मैं इस हरामी की पत्नी को तभी वापस लाऊँगा जब यह ठीक हो जाएगा। इस हालत में तो कोई कुतिया भी इसके साथ नहीं रह सकती।"

सुरेन्द्र ने सफाई दी, "मैं क्या करूँ यदि अनायास ही पाखाना हो जाए तो।"

गुरुजी ठहाका मारकर हँसे, "वाह बेटे, क्या तरीका अपनाया है। तुम्हें माँ-बाप से छुटकारा पाने की यह चाल किसने बताई थी ?"

आस-पास के लोग भी हँसने लगे। सुरेन्द्र के चेहरे पर भी मुस्कुराहट फैल गई। गुरुजी कहने लगे, "अगली बार रसोई में पाखाना कर देना। फिर देखना ये बूढ़ा-बुढ़िया कितनी जल्दी भागते हैं। सुरेन्द्र भी हँसने लगा था। गुरुजी के पास पड़ी फलों की टोकरी देखकर उसने एक सेब माँगा। गुरुजी ने कहा, "सेब तभी मिलेगा जब तुम रसोई में पाखाना करोगे। अब भाग जाओ।" इस प्रकार गुरुजी ने सुरेन्द्र के भावनात्मक अन्तर्द्वन्द्व को एक नया अर्थ दे दिया।

हर समय आठ से दस रोगी अपने परिवार जनों के साथ धर्मशाला में रहते हैं। इनमें से अधिकांश मनोरोगी होते हैं। पश्चिमी मनोचिकित्सा की दृष्टि से इन्हें कई तरह की संज्ञाएँ दी जा सकती हैं। कुछ रोगी खंडित व्यक्तित्व वाले होते हैं, तो कुछ बुद्धि भ्रंश के शिकार। वे उल-जलूल हरकतें करते हैं, मुँह बनाते-चिढ़ाते तथा नकल उतारते हैं तथा तरह-तरह की भाव मुद्राएँ दर्शाते हैं। जब कोई रोगी बहुत अधिक उत्तेजित हो जाता है, अपने आपको बड़ा समझने लगता है, बहुत बोलने-भागने-दौड़ने लगता है अथवा मारपीट पर उतारू हो जाता है तो उसे रोकना पड़ता है। ऐसे समय पर गुरुजी के दो जो पहले उनके रोगी भी रहे थे, रस्सी से रोगी के हाथ बाँध देते हैं अथवा मरीज के परिजनों की सहायता से चारपाई से बाँधते हैं। कभी-कभी कोई विशेष औषधि भी पिलाई जाती है किन्तु अमूमन सभी रोगियों को एक ही प्रकार की औषधि दी जाती है। सवेरे से 'नास्य' उपचार आरम्भ होता है। इसके अन्तर्गत रोगी की आँखों तथा नाक मे दवा डाली जाती है। यह बड़ी कष्टप्रद प्रक्रिया है। रोगियों का कहना है कि दवाई पड़ते ही ऐसा लगता है मानो आँख-नाक में आग भड़क उठी हो। मान्यता है कि 'नास्य' के माध्यम से मस्तिष्क को जानेवाली धमनियाँ तथा शिराएँ खुल जाती हैं। प्रातः नाश्ते से पहले रोगी को एक गिलास ठंढ़ई पीने को दी जाती है। इसमें गुलाब की पंखुड़ी, कमल-फूल, चन्दन, सौंफ कुछ पेड़ों की पत्तियाँ तथा अन्य जड़ी-बूटी मिली होती है। प्रत्येक भोजन के बाद रोगी को चूर्ण दिया जाता है और रात को सोने वे पहले दूध भरे गिलास के साथ नींद लानेवाली गोली भी दी जाती है। सारी दवा रोगी और उसके सम्बन्धी (यदि सम्भव हो) गुरुजी के सहायकों की देखरेख में धर्मशाला में ही तैयार करते हैं। इसका मतलब यह हुआ कि रोगी तथा उसे परिजन स्वयं भी चिकित्सा में भागीदार होते हैं।

गुरुजी के चिकित्सालय की एक मुख्य विशेषता है रोगी का सवेरे-शाम सैर पर जाना। मेरे एक सहयोगी ने जो कुछ दिनों तक झड़सेतली में रहा था, इस सैर के बारे में बताया, "एक दिन जब गुरुजी रोगियों को देख चुके तो मुझसे कहने लगे कि मैं सैर को जा रहा हूँ, चाहो तो तुम भी आ जाओ।" जब हम धर्मशाला के उस भाग में गए जहाँ रोगी हमारी प्रतीक्षा कर रहे थे तो एक युवक ने मुझे इशारे से बुलाया। वह चारपाई

पर पड़ा था और उसके हाथ-पाँव बँधे हुए थे। गुरुजीं ने अपनी जेब से एक चाबी निकाली और चिल्लाकर बोले, "आ रहा हूँ भाई, इतने अधीर क्यों होते हो ?" जब गुरुजी ने इस व्यक्ति के हाथ-पाँव खोल दिए तो वह उठ बैठा और मुझसे टूटी-फूटी अंग्रेजी में बोला, "तुम कौन हो ? मेरा नाम संजय है। मैं पागल नहीं हूँ, मेरा बाप पागल है। उसके बाद उसने मुझे गले से लगाना चाहा लेकिन मैं परे हट गया। गुरुजी ने ठंडी साँस भरकर कहा, "तुम्हें कब समझ आएगी ? क्या तुमने आज दवाई खाई है ? संजय ने उनके प्रश्न का उत्तर नहीं दिया और मेरी तरफ इशारा करके बोला, "यह मेरा भाई है"। गुरुजी अब तक आगे बढ़कर अन्य रोगियों को इकट्ठा कर चुके थे। संजय दौड़कर उनके पास पहुँच गया और बोला, "मुझे बाँधकर मत रखो। मैं आपके बारे में भाषण दूँगा और आपको मन्त्री बनवा दूँगा।" मैं संजय गांधी से कम नहीं हूँ।" गुरुजी थोड़े अधीर होकर बोले, "ठीक है, ठीक है। अगर तुम दिन-भर चुपचाप रहो तो मैं देखूँगा कि तुम्हारा क्या किया जा सकता है।" गुरुजी के साथ मैं और तीन रोगी जिसमें संजय, सुरेन्द्र नाम का एक अधेड़ मरीज शामिल थे, गुरुजी के दो सहायक तथा गुरुजी का पोता सैर को निकले। गुरुजी खूब सारी बात करने के मूड में थे। यह भी हो सकता है कि वे मेरे सामने पश्चिमी मनोचिकित्सा की खिल्ली उड़ाना चाहते हों। जो भी हो, उन्होंने मुझे बताया कि कुछ वर्ष पहले वे स्वयं बीमार थे। उन्हें रात को नींद भी नहीं आती थी। अपच का भयंकर रोग था तथा बात-बात की चिन्ता लगी रहती थी। उन्हें सन्देह था कि जिगर की झिल्ली मोटी हो जाने से उन्हें यह रोग हुआ है। उनका एक शिष्य जो उनसे उपचार करवाने के लिए आया था, उन्हें दिल्ली के किसी प्रसिद्ध चिकित्सक के पास ले गया। डॉक्टर ने उनकी जाँच की और एक पुर्जे पर नुस्खा लिखकर थमा दिया। गुरुजी के शब्दों में, "मैं मूर्ख तो था नहीं, मैंने देखा कि उसने जितनी भी दवाइयाँ लिखी हैं वे मनोरोग से पीड़ित लोगों को दी जाती हैं। मैंने नुस्खा फाड़कर फेंकते हुए डॉक्टर से कहा–तुम कैसे जानते हो कि मैं पागल हूँ ?" यह बात सुनकर साथ चलते हुए सभी हँस पड़े। इस बात पर संजय बोला, "तो कभी आप भी पागल थे ? है ना ! यह बताइए कि क्या आपके हाथ-पाँव भी बाँध दिए गए थे ?" गुरुजी ने इस प्रश्न का उत्तर नहीं दिया ओर अपनी बात जारी रखी–"मैं लौट आया और अपना उपचार आयुर्वेदिक दवाओं से किया। आज मेरी ओर देखो। अगर तुम मेरे साथ दौड़ लगाओगे तो पीछे रह जाओगे।" संजय ने उनकी बात काटी, "गुरुजी अगर आप मेरे साथ दौड़ लगाओ तो मुझे छू भी नहीं सकोगे ?" गुरुजी ने उत्तर दिया, "अरे, तुम तो कुछ भी नहीं हो। मैं तो तुम्हारे बेटों को भी पीछे छोड़ दूँगा।"

संजय चहका, "लेकिन उस समय तक तो आप मर भी चुके होंगे। यह बताइए कि मैं आपकी समाधि कहाँ बनवाऊँ ? यहीं या दिल्ली में ?" इतना कहने के बाद संजय ने अपनी गलती भाँप ली और धीमे से बोला, "सभी को एक न एक दिन मरना है"। इस पर गुरुजी हँस दिए।

"जब हम धर्मशाला लौटे तो देखा कि एक रोगी चारपाई पर पड़ा है और उसके

हाथ पीठ के पीछे बँधे हुए हैं। गुरुजी ने स्नेह से पूछा, "कैसे हो ? तुम्हारे हाथ किसने बाँधे हैं ?" रोगी ने सिर के इशारे से अपने माता-पिता की ओर संकेत किया। उसके माता-पिता वहीं चारपाई के पास जमीन पर बैठे थे। गुरुजी ने उसके बाप से पूछा, "दूध लाए हो ?" व्यक्ति बोला, "जी, हाँ !" गुरुजी ने पूछा, "कितना ?" उसने बताया, "तीन सौ ग्राम।"

गुरुजी झुँझला गए, "इतना कम ! अगर तुम्हारे पास पैसे नहीं थे तो मुझसे ले लेते। तुम्हारे बेटे का दिमाग भले खराब हो गया हो लेकिन उसकी देह तो दुरुस्त है। उसकी देखभाल भी जरूरी है।" इतना कहकर वह बाहर के बरामदे की ओर चल पड़े जहाँ उनका तख्तपोश बिछा था।'

मैं गुरुजी के पीछे नहीं गया बल्कि संजय और सुरेन्द्र के साथ उनके कमरों की ओर चल पड़ा। उन्होंने मुझे चाय पीने को कहा, जो संजय की माँ बना रही थी।

हम चारपाई पर बैठे तो संजय बोला, "आजकल सबसे बड़ी समस्या कामुकता की है। इससे हमारे सारे विचार भ्रष्ट हो रहे हैं।" उसका मित्र सुरेन्द्र बात को और गम्भीर नहीं बनाना चाहता था। वह मेरी तरफ मुड़कर बोला, "तो डॉक्टर साहब, आपने क्या नतीजा निकाला है ? आप मेरी बात का बुरा मत मानना लेकिन मैं समझता हूँ आप 'चूतिया' हैं। गुरुजी बहुत चालाक हैं और अपना भेद किसी को नहीं बताएँगे। पूछना हो तो उनके सहायकों से पूछिए, क्या मुझसे ? कल थोड़ा सा पारा लेकर आइए। मैं आपको इतनी बढ़िया दवाई बना दूँगा कि आप कभी पागल न होंगे।"

"बच्चे, इसे पागल होने से कोई बचा नहीं सकता।..." संजय ने बात काटी, "मैं अपने अन्तर्ज्ञान के आधार पर बता सकता हूँ कि एक दिन यह भी यहीं बँधा हुआ मिलेगा। आजकल जो भी व्यक्ति ईमानदारी से रहना चाहे वह अपने को पागल होने से नहीं बचा सकता। इस सुरेन्द्र को ही लीजिए, यह तो सिर्फ लड़की से सम्भोग करना चाहता है लेकिन ये लोग दवाइयों से इसका पेट भर रहे हैं। इतने में संजय की माँ चाय लेकर आ गई। हम चाय पीने लगे तो बोली, "इसे (संजय को) अस्पताल में बिजली के झटके दिए गए थे, तब से इसकी हालत बिगड़ गई है। मेहरबानी करके यहाँ आते रहिए। यह आपको अपना भाई मानता है। वास्तव में इसकी अपने भाई से नहीं बनती।" मैं उठकर चलने को हुआ तो संजय सुरेन्द्र की ओर मुड़कर बोला, "मेरा भाई जा रहा है। देखो, उसके विचार मुझसे कितने मिलते-जुलते हैं। यह भी एक दिन पागल हो जाएगा।" ऐसा प्रतीत होता था कि सुरेन्द्र भी उसकी बातों से सहमत है। मैं बरामदे की तरफ बढ़ा तो मुझे अपने पीछे उनकी हँसी सुनाई दी।

मैंने गुरुजी से संजय के रोग का कारण पूछा तो वह बोले, "धुन है, और क्या !" पिछले चुनाव में जुलूसों में जाता था और बिना खाए-पिए दिन-भर नारे लगाते रहता था। बस फिर क्या था, इसका दिमाग चल गया। कुछ तो पुश्तैनी पागलपन भी है। इसका बाप भी तीन बार यहाँ आ चुका है। पिछली बार जब इसका बाप यहाँ था तो इन्दिरा गांधी हार गईं थीं। इस आघात से उसे उन्माद हो गया था। संजय के उन्माद

का कोई नाम नहीं है जबकि उसके बाप को 'आघातोन्माद' हुआ था।" इतने में संजय बाहर आया और गुरुजी से पूछने लगा, "गुरुजी, यह बताइए कि आप पागल हैं या नहीं ?" गुरुजी ने बनावटी गुस्सा दिखाया, "जरा मेरी छड़ी देना तो ? मैंने कितनी बार तुमसे कहा है कि चुप रहा करो।"

"मैं तंग आ गया हूँ।" संजय बोला, "मुझे वापस जाना है और अपना राजनीतिक काम शुरू करना है"। गुरुजी उसके साथ चुहल करने लगे, "हाँ, हाँ, क्यों नहीं ! तुम्हारे बिना तो राजनीति रुकी पड़ी है न !"

संजय बोला, "तुम पागलों के गुरु हो। इसका मतलब यह हुआ कि तुम सबसे बड़े पागल हो। इस डॉक्टर को भी जल्दी ही क्या आना पड़ेगा। मेरी जगह इस डॉक्टर को ही रख लो ना, या कहो तो अपने चाचा को भेज दूँ।" गुरुजी बोले, "अब भागो ?" संजय कहने लगा, "जा रहा हूँ, जा रहा हूँ।" फिर जाते-जाते कहने लगा, "जो आदमी पागलों की देखभाल करता है वह पागल नहीं तो और क्या है ?"

इन बातों से मुझे स्पष्ट तौर पर रोगियों के उपचार में गुरुजी की सफलता के दो कारण दिखाई देते हैं। पहला कारण तो स्वयं उनका व्यक्तित्व है। उनका व्यवहार सहज और निष्कपट है। उसमें कोई छल या बनावट नहीं है। जब वह रोगियों के साथ गुस्से, व्यंग्य या चिन्ता सें बात करते हैं तो उनके ऐसे भावों पर आप शंका नहीं कर सकते। वे न तो झूठी सहानुभूति दिखाते हैं और न बनावटी चिन्ता। उनका पूरा व्यक्तित्व उनके व्यवहार से झलकता है। रोगियों के साथ उनका गहरा सम्बन्ध बन जाता है और रोगी उन्हें अपना साथी मान लेते हैं। उपचार की यह शैली निश्चय ही उन्होंने अपनी निजी जरूरतों के कारण अपनाई है किन्तु उपचार के मामले में यह विधि प्रामाणिक साबित हुई है।

गुरुजी की प्रामाणिकता तथा वैद्य के रूप में उनकी स्पष्ट पहचान इस कारण भी बनी हुई है कि वे अपनी चिकित्सा-पद्धति का कड़ाई से पालन करते हैं। पश्चिम में अधिकतर चिकित्सक किन्हीं चिकित्सीय प्रतिमानों के प्रभाव में इस बात पर बल देते हैं कि चिकित्सीय-पद्धति में लचीलापन होना चाहिए और आवश्यकतानुसार रवैया बदला जा सकता है। इसके विपरीत भारत में परम्परा अपनी चिकित्सा-पद्धति पर डटे रहने की है और मान्यता है कि अपनी चिकित्सा-पद्धति का कड़ाई से पालन करके ही कोई सफल चिकित्सक बन सकता है। चाहे पद्धति योग की हो या आयुर्वेद की आमतौर पर माना जाता है कि सफलता तभी मिलती है जब चिकित्सक (यदि तान्त्रिक हो तो) अपने गुरु तथा (यदि वैध हो तो) गुरु-स्थान के प्रति सच्ची श्रद्धा रखे।

दूसरा कारण गुरुजी की सफलता का यह है कि मनोरोगियों को धर्मशाला में एक आदर्श वातावरण प्राप्त है। गुरुजी का अस्पताल छोटा है और वहाँ आसपास के रहनेवाले लोग अक्सर आते-जाते रहते हैं। वहाँ किसी के आने-जाने पर मनाही नहीं है। रोगी अपने कपड़े-लत्ते, बर्तन-भाँड़े घर से लेकर आते हैं। रोगी और उनके परिवार-जन गुरुजी तथा उनके सहयोगियों के साथ मिलकर दवा बनाते हैं। वे साथ-साथ ही सैर को

जाते हैं। यह बात सर्वज्ञात है कि इतना आत्मीय वातावरण प्राप्त हो तो रोगी के मन का तथाकथित यथार्थ-भाव बदलने लगता है, उसके तनाव शिथिल पड़ जाते हैं तथा उसके आत्म-सम्मान की भावना बलवती होती है।

गुरुजी पूछने पर बताते हैं कि 'शारीरिक-उपचार के जरिए मनोरोगों को दूर करने में सफलता मिलती है। उनका कहना है कि यदि नाड़ियाँ सूख गई हों तो महज बातचीत करने से काम नहीं चलता। पागलपन में मन से ज्ञानेन्द्रियों का सम्पर्क टूट जाता है। जब इन्द्रियाँ वश में नहीं होतीं तो रोगी का व्यवहार स्वच्छन्द हो जाता है। बातचीत करने से (जैसा कि मनोविश्लेषक अपने रोगियों के साथ करते हैं) सूखी हुई नाड़ियाँ किस भाँति ठीक हो सकती हैं।'' उनका कहना है कि आयुर्वेद में मनोरोग का उपचार शारीरिक-निदान के माध्यम से होता है। पहले तो हम यह जानने की चेष्टा करते हैं कि शरीर की किन क्रियाओं में बाधा आई है। उन्माद-जनित रोगों में हम सबसे पहले यह देखते हैं कि रोगी का रक्तचाप कहीं इतना तो नहीं बढ़ गया है कि वह लेट भी न सके। हम उसके हृदय की गति भी देखते हैं तथा अन्य शारीरिक लक्षणों के जरिए यह पता करते हैं कि शरीर की क्रियाओं में किस भाँति सन्तुलन लाया जाए।

गुरुजी का कहना है, ''हम सबसे पहले इस बात पर ध्यान देते हैं कि रोगी को अच्छी नींद आए, वह ठीक से खाए-पी सके तथा उसका हाजमा दुरुस्त रहे। यदि ये तीन क्रियाएँ सध जाएँ तो समझो आधा उपचार हो गया। इसके बाद उसे सैर पर जाने को कहो और जितना भी समय उसके साथ बिता सको बिताओ।

गुरुजी जिस आयुर्वेदिक दृष्टिकोण की बात करते हैं वह मनोरोगों के उपचार की पुरानी यूरोपीय परम्परा से काफी मिलता-जुलता है। तब वहाँ रोगी को सुलाकर मनोविकारों को दूर करने की चेष्टा की जाती थी। योरबा-चिकित्सक भी मनोरोग के निदान में ऐसा ही करते हैं। केरल के एक प्रसिद्ध चिकित्सालय में 'स्नायु-रोगों' को दूर करने के लिए तेल-मालिश, विशेष परहेजी भोजन तथा प्रतिदिन 15 घंटे की नींद का सहारा लिया जाता है। गुरुजी की पद्धति इससे मिलती-जुलती है। अमरीका के स्नायु-रोग विशेषज्ञ वियर मिशेल ने 19वीं सदी में 'आराम करने तथा नींद लेने' की जिस पद्धति के जरिए अपने रोगियों का उपचार किया था उससे भी गुरुजी की पद्धति मेल खाती है। इसके अतिरिक्त जापान की मोरिता-पद्धति के भी वह बहुत निकट है।

मैं गुरुजी से स्वयं भी कहना चाहता था कि नींद, भोजन, और पेट साफ रखने की तीन क्रियाओं को ठीक करके गुरुजी मात्र स्नायुओं को ही सशक्त नहीं बनाते बल्कि मानसिक-क्रियाओं की बाधा को भी दूर करते हैं। मनोविश्लेषण की जिस शाखा का मैं अनुयायी हूँ उसके अनुसार गुरुजी रोगियों में उनका शैशव जगाते हैं तथा स्वयं एक स्नेहिल माता की भूमिका निभाते हैं। एक ममतामयी माँ की भूमिका में वे अपने 'शिशु' (रोगी) के भोजन, पाचन तथा नींद का खूब ख्याल रखते हैं क्योंकि शिशु इन्हीं क्रियाओं के लिए सर्वाधिक आकुल रहता है। लेकिन मेरी चिकित्सा-पद्धति में गुरुजी को विश्वास नहीं है और वह इसका मजाक ही उड़ाएँगे इसलिए मैं चुप रहा। मैंने ऐसी कोई बात

उनसे नहीं कही।

गुरुजी किसी रोगी को देखते हैं तो सबसे पहले यही पूछते हैं कि वह नियमित रूप से खा-पी रहा है या नहीं, उसे नींद आ रही है कि नहीं तथा उसका पेट साफ रहता है अथवा नहीं। इसके बाद वे नाड़ी देखते हैं। गुरुजी का कहना है कि वैध नाड़ी देखते ही बता सकता है कि शरीर के किस अंग में रोग है। गाड़ी देखने का ज्ञान गुरु से प्राप्त होता है। इसे अनुभव के द्वारा भी सीखा जाता है। नाड़ी देखकर रोग-निदान करने की परम्परा आयुर्वेद में आरम्भ से रही है। यद्यपि आयुर्वेद में रोग को जाँचने की अन्य विधियों का भी उल्लेख है परन्तु वैध मुख्यतया नाड़ी-परीक्षण पर ही निर्भर करते हैं। इस बात के पक्ष में वे बहुधा किसी पुराने ग्रन्थ का कोई श्लोक पढ़ देते हैं और अपने को सही साबित करने की चेष्टा करते हैं।

नाड़ी-विज्ञान पर सबसे पुराना ग्रन्थ कनाद मुनि का 'नाड़ी-विज्ञान' है। इसके अनुसार मानव शरीर में साढ़े तीन करोड़ नाड़ियाँ होती हैं। इनमें 72 हज़ार नाड़ियाँ स्थूल हैं और इनके द्वारा स्पर्श गन्धादि प्रत्यक्षों का ज्ञान होता है। सात सौ सूक्ष्म नाड़ियाँ बताई गई हैं जिनसे शरीर में रसों का संचार सम्भव होता है। चौबीस नाड़ियाँ ऐसी हैं जिसका वैध को परीक्षण करना चाहिए किन्तु अमूमन वैध-वृन्द कलाई, अँगूठे तथा अँगुलियों की नाड़ी का ही परीक्षण करते हैं। कोई मरीज दयनीय दशा में हो तो अलग बात है अन्यथा नाड़ी-परीक्षण प्रातःकाल ही करने का विधान है। इसी कारण गुरुजी अपने रोगियों को सवेरे देखना पसन्द करते हैं। इसके पीछे मान्यता यह है कि प्रातःकाल उठे हुए व्यक्ति की नाड़ी शुद्ध रहती है। इस समय परीक्षण करने से समस्त विकारों का पता चल जाता है। तीसरे पहर गर्मी के कारण तथा सन्ध्या काल में दिन-भर के थकान तथा तनाव से नाड़ी अशुद्ध हो जाती है। इस वक्त परीक्षण करने पर रोगों का भली-भाँति पता नहीं चलता। कहा गया है कि वायु के प्रदीप्त होने से नाड़ी अस्थिर हो जाती है, पित्त के प्रकोप से भड़कने लगती है और कफ बढ़ जाए तो मन्द पड़ जाती है। उपरोक्त ग्रन्थ में नाड़ी की गति से रोग-निदान करने की विधि बताई गई है। मान्यता है कि यदि कोई व्यक्ति बहुत समय तक रोग से पीड़ित रहा हो तो नाड़ी देखकर बताया जा सकता है कि वह कितने घंटों या दिन में मृत्यु को प्राप्त होगा।

नाड़ी देखने के बाद गुरुजी रोगी को खड़ा होने के लिए कहते हैं और उसके दोनों कन्धे पर हथेलियाँ रखकर अँगूठे से उसके गले के दोनों ओर दबाव डालते हैं ताकि उन दो नाड़ियों को देख सकें जो प्राण-वायु को 'जीव-केन्द्र' तक ले जाती है। 'जीव-केन्द्र' मस्तिष्क के पिछले हिस्से में स्थित माना गया है। ये नाड़ियाँ पसलियों के नीचे, जिगर से तनिक ऊपर एक खास बिन्दु पर मिलती हैं। गुरुजी इस स्थान को भी अँगुलियों से दबाकर देखते हैं। उनका कहना है कि प्राण-वायु रक्त-संचार और मन दोनों के लिए जिम्मेदार है। यदि प्राण-वायु का वेग बढ़ जाए तो सिर में अधिक रक्त-संचार होता है। गुरुजी की चिकित्सा-प्रणाली के अनुसार किसी मानसिक आघात अथवा गड़बड़ी से जीव-केन्द्र उत्तेजित हो जाता है और प्राण-वायु का संचरण बिगड़ जाता है। प्राण-वायु

का संचरण अव्यवस्थित होने से शरीर की समस्त क्रियाएँ अव्यवस्थित हो जाती हैं। गुरुजी यह भी कहते हैं कि किसी मानसिक-आधात और बढ़े हुए रक्त-चाप से नाड़ियों में बहनेवाला पीले रंग का पदार्थ खंडित हो जाता है (सम्भवतः उनका इशारा 'मायलिन शीथ' की ओर है) और प्राण-वाय को विद्युत-तरंगें भी अवरुद्ध हो जाती हैं। 'उन्माद' में रक्त का प्रवाह तीव्र हो जाता है जबकि अपस्मार (Epilepsy) में रक्त-प्रवाह मन्द पड़ जाता है। रक्त-प्रवाह के तीव्र अथवा मन्द पड़ने से ज्ञानेन्द्रियों का मन से सम्बन्ध बाधित होता है फलतः रोगी को मूर्च्छा आ जाती है अथवा वह ऊल-जलूल हरकतें करने लगता है। उन्माद जनित रोगों में ऐसी औषधियाँ दी जाती हैं जिनसे रक्त-प्रवाह कम हो जाए। कई बार गुरुजी कनपटी की धमनी में छेद करके थोड़ा लहू भी निकाल देते हैं। उन्माद के जटिल रोगियों के लिए जो औषधियाँ बनती हैं उनमें गन्धक, पारा और सोना डाला जाता है। गुरुजी ये औषधियाँ बड़े कर्मकांड के साथ कुछ विशेष दिनों में, मन्दिर में तैयार करते हैं। मिरगी के रोगियों को जो औषधि दी जाती है वह नीले थोथे से तैयार की जाती है। कहा जाता है कि यह मन्द रक्तप्रवाह को तेज करता है। इसके अतिरिक्त मिरगी का दौरा पड़ने पर नाक में डालने के लिए पीले रंग की एक दवा भी गुरुजी देते हैं।

जहाँ तक 'योष-अपस्मार' (युवतियों को पड़नेवाले मिरगी के दौरे) का सम्बन्ध है, गुरुजी का कहना है कि दो मुख्य-नाड़ियाँ पसलियों के पीछे मिलती हैं और उनकी एक शाखा गर्भाशय तक जाती है। यदि इस शाखा में रक्त का संचार अधिक हो अर्थात् गर्भाशय में अधिक रक्त जा रहा हो तो मिरगी का दौरा पड़ता है। गुरुजी का कहना है कि इसी कारण जो स्त्रियाँ हिस्टीरिया रोग से पीड़ित होती हैं उनके मासिक-धर्म के समय रक्त-स्राव अधिक होता है तथा अधिक दिनों तक चलता है। गुरुजी के अनुसार हिस्टीरिया का दौरा मिरगी के दौरे से भिन्न होता है। हिस्टीरिया के दौरे में मुँह से झाग नहीं निकलता और मिरगी के दौरे के समान हिस्टीरिया के दौरे नियमित रूप से नहीं पड़ते।

मनोरोगों के उपचार में एक अन्य महत्त्वपूर्ण पक्ष 'पथ्य' का है। गुरुजी गुड़, मिर्च तथा समस्त खट्टे पदार्थों को खाने से मना करते हैं। उनका कहना है कि गुड़ खाने में तो मीठा लगता है लेकिन वह लहू को उत्तेजित कर देता है और शरीर में गर्मी लाता है। इससे क्रोध और कामेच्छा जागती है। खट्टे पदार्थों के सेवन से भी कामेच्छा जागती है—विशेष रूप से स्त्रियों में। मिर्च खाने से दूसरे व्यक्ति पर अपना प्रभुत्व जमाने की प्रवृत्ति बढ़ती है। उनके अनुसार आयुर्वेद की मान्यता है, "जैसा अन्न वैसा मन"। मन अथवा व्यक्तित्व के कई प्रकार हैं (इनकी चर्चा की जा चुकी है) तथा मन की वृत्ति के अनुसार व्यक्ति भोजन में रुचि लेता है। भोजन जैसी प्रवृत्ति का होगा उसी अनुसार सात्विक, राजसिक तथा तामसिक गुणों में वृद्धि होगी। गऊ का दूध, चावल तथा हरी शाक-भाजी सात्विक भोजन है तथा इनसे कफ, पित्त, वायु में विकार उत्पन्न नहीं होता। मन निर्मल रहता है। समस्त मनोरोगों के लिए ऐसे ही भोजन का विधान है। चाय तथा

मसालेदार भोजन से रजोगुण की बढ़ोत्तरी होती है। मांस तथा अंडे से तमोगुण बढ़ते हैं। रजोगुण बढ़ जाएँ तो व्यक्ति अत्यधिक उत्तेजित हो जाता है तथा तमोगुण बढ़ने से उसमें आलस आ जाता है।

आयुर्वेद में जिस तरह तीन प्रकार के गुणवाले भोजन बताए गए हैं उसी प्रकार चीन की परम्परागत चिकित्सा में भोजन को ठंडा-गर्म की कोटियों में बाँटा गया है। ठीक इसी तरह का विभाजन हिस्पानी-अमरीकी परम्परागत चिकित्सा-पद्धति में भी मिलता है। यहाँ ठंडे प्रकृति के रोगों का उपचार गर्म प्रकृतिवाले भोजन से तथा गर्म-मिजाज वाले रोगों का उपचार ठंडी प्रकृतिवाले भोजन से किया जाता है। सात्विक, राजसिक, तामसिक भोजन का कोई उपयोगितापरक, व्यावहारिक तथा परीक्षणमूलक मनोकायिक प्रभाव होता है या नहीं—कहना मुश्किल है लेकिन यह बात तय है कि रोग तथा उपचार के बीच 'भोजन' को एक कड़ी के रूप में वैद्य-वृन्द भी देखते हैं तथा मरीज और उसके परिजन भी। इससे रोग के उपचार में सहायता जरूर मिलती है। सबसे पहला प्रश्न मरीज के परिवारजन यही करते हैं कि वैद्यजी "इसे क्या खाना दिया जाए और किस भोजन से परहेज बरता जाए"। जब मनोविश्लेषण के लिए आया कोई रोगी मुझसे इस तरह के प्रश्न पूछता है तो मैं अचम्भे में पड़ जाता हूँ। मुझे पता नहीं चलता कि इस प्रश्न का क्या उत्तर दूँ। आयुर्वेद में वैध के लिए जिन दस कलाओं में प्रवीण होने का विधान है, इसमें एक पाककला भी है।

जब वैद्य मनोरोग से पीड़ित किसी व्यक्ति के लिए सात्विक भोजन का विधान करता है तो उसका एक लाभ तो यह होता है कि रोगी समझने लगता है "ऐसे भोजन से मेरे मन की अशुद्धि दूर होगी और मैं रोग-मुक्त हो सकूँगा"। मैं चिकित्सा में भोजन की भूमिका से परे एक बात यह भी कहना चाहता हूँ कि भारत की संस्कृति में एक तरफ इस बात की चिन्ता की जाती है कि भोजन कैसा किया जाए तो दूसरी तरफ इस बात की भी कि मल-मूत्र का निष्कासन कैसे हो। एक मानवविज्ञानी मार्गेट एग्नोर ने तमिलनाडु राज्य में चिकित्सा-सम्बन्धी धारणाओं और प्रक्रियाओं का अध्ययन करने के बाद लिखा है, "भारत में कब्ज बड़ा भीषण रोग माना जाता है। इसे दूर करने के लिए बहुधा जुलाब का सहारा लिया जाता है। यदि एक दिन भी शौच न आए तो व्यक्ति उतना ही चिन्तित दिखता है जितना ज्वर से पीड़ित होने पर। गुरुजी अपने मरीजों के लिए जिस पथ्य का विधान करते हैं उसे देखकर पता चलता है कि आयुर्वेद की पद्धति भारतीय-संस्कृति को कितनी खूबी से प्रतिबिम्बित करती है तथा उसके कितने अनुकूल बैठती है।

उपसंहार

रोग-मुक्ति और संस्कृति

यह पुस्तक भारतीय चिकित्सा-परम्परा, उसके चिकित्सकों तथा रोगियों के विषय में मेरे बरसों के अध्ययन का फल है। अपनी इस अध्ययन यात्रा में मैंने विविध स्थान देखे, बहुत से लोगों से मिला और इसकी चर्चा आपको इस पुस्तक में मिलेगी। जब मैंने भारतीय चिकित्सकों की विश्वदृष्टि से उनके चिकित्सीय-संसार को देखा तो लगा यह मेरे तथा आप अधिकांश पाठकों के विश्वबोध से थोड़ा अलग है लेकिन जब मैंने अपनी आजीविका विषयक तथा व्यक्तिगत धारणाओं का पुनर्मूल्यांकन किया तो भारतीय चिकित्सकों और चिकित्सा-पद्धतियों की अवधारणाएँ मुझे अजनबी नहीं जान पड़ीं। जब मुझे इस बात का ज्ञान हुआ कि रोगों के उपचार की सभी पद्धतियाँ सापेक्षिक हैं और उनकी आधार-भूमि है—'रोग-मुक्ति' तो मुझे इस तनिक विचित्र से लगते संसार के तथाकथित 'रहस्यों' को समझने में कठिनाई नहीं हुई।

इस अध्ययन का एक लाभ यह हुआ कि मैंने हैंज़ कोहट के शब्दों में 'स्वास्थ्य तथा परिपक्व नैतिकता' की मान्यताओं को जाना। ये मान्यताएँ जो प्राचीन भी हैं और आधुनिक भी। धार्मिक भी हैं और धर्म-निरपेक्ष भी। ये मान्यताएँ मनोचिकित्सा के संसार में परिव्याप्त हैं और इसके सहारे ओझा-भगत आदि के कर्मकांडों के मर्म को भी समझा जा सकता है तथा आधुनिक मनोचिकित्सक के उपचार-व्यवहार को भी। साथ ही मुझे इस बात का भी ज्ञान हुआ कि स्वास्थ्य तथा परिपक्व नैतिकता की इन अर्जित अथवा सहज प्राप्त मान्यताओं से कहाँ तक दूसरों को समझने में मदद मिलती है और कहाँ तक बाधा पहुँचती है। यह 'दूसरा' कोई व्यक्ति, व्यक्ति-समूह अथवा सांस्कृतिक-समुदाय हो सकता है। हर तरह की समझ तथा अन्वेषण के लिए जरूरी है अपनी इन आत्मगत मान्यताओं पर प्रश्न करते हुए अध्ययन-यात्रा में आगे बढ़ना। इस अन्तिम अध्याय में पीछे कही गई बातों का सार-संक्षेप प्रस्तुत करके मैं यहाँ परम्परागत तथा आधुनिक दोनों ही सन्दर्भों में व्यक्ति तथा मनोचिकित्सा विषयक भारतीय तथा पश्चिमी धारणाओं के अन्तर पर निजी दृष्टिकोण रखना चाहूँगा। मैं अपनी शुरुआत 'मानवीय-स्वतन्त्रता' के मुद्दे से करता हूँ।

हमने देखा कि तान्त्रिक क्रियाओं का लक्ष्य है विभिन्न देवी-देवताओं से तदात्म्य

स्थापित करके चेतना की विभिन्न आन्तरिक अवस्थाओं का अनुभव करना। राधास्वामी-सत्संग में भी चेतन की विभिन्न अवस्थाओं के अनुभव पर बल दिया जाता है। इसे 'आत्म-ग्रह' अर्थात् ध्यान की प्रक्रिया का सर्वोपरि लक्ष्य कहा जाता है। जहाँ चिकित्सा की देहाती, स्थानीय अथवा लोक-परम्परा का सवाल है, दिमागी असन्तुलन की अवस्था न तो वहाँ अनजानी है न ही भयप्रद। इन परम्पराओं में ऐसे मरीज का सहज स्वीकार है जैसा कि आशा नामक स्त्री के मामले में बालाजी-मन्दिर के प्रसंग में हमने देखा। अतः परम्परागत भारतीय सन्दर्भ में मानवीय-स्वतन्त्रता का तात्पर्य है अन्तः अनुभूतियों के अनुभवों को बढ़ाने पर जोर देना तथा दृश्य-संसार के व्यवहारगत आद्यरूपों तक अपने कर्म को सीमित रखना और उसे बिना प्रश्न-भाव के अपनाना। भारत की अपेक्षा पश्चिम में मानव-स्वतन्त्रता का अर्थ हो जाता है बाह्य संसार में सक्रिय होकर अपनी सामर्थ्य बढ़ाना तथा इच्छानुसार कार्यपद्धति का चुनाव करना। इसमें अन्तस् की अनुभूतियों को नियत बनाए रखते हुए उसे युक्तियुक्त, बुद्धिपरक तथा सतत जाग्रत रखने का प्रयास किया जाता है और इस अवस्था से अलग अन्य कोई परिवर्तन विचलन माना जाता है। कहना चाहिए कि इन दोनों संस्कृतियों ने एक-दूसरे के स्वतन्त्रता के आदर्श की शक्ति तथा आकर्षण को निरन्तर नकारा है।

अपनी अध्ययन-यात्रा में मैं यह देखकर अचम्भित रह गया कि भारतीय संस्कृति तथा समाज में चिकित्सीय-व्यवहारों की इतनी महत्त्वपूर्ण भूमिका है। यहाँ चिकित्सा-पद्धतियों तथा तरह-तरह के चिकित्सकों की भरमार है जो इसी तथ्य की अभिपुष्टि करता है। मेरा सुझाव यह है कि भारतीय समाज अपने सामाजिक-राजनीतिक सम्बन्धों में संरक्षण तथा अनुरक्षण पर ज्यादा बल देता है और समता या कार्यशीलता के मूल्यों पर कम। इसी कारण 'चिकित्सा' की धुरी पर यह समाज गठित हुआ है। यह बात भारतीय संस्कृति के कई पक्षों में दिख पड़ती है। इसमें 33 करोड़ देवताओं की कल्पना है तथा इनके बारे में अनेक पौराणिक कथाएँ हैं। प्रत्येक मानसिक स्थिति के अनुरूप एक देवता है, प्रत्येक प्रच्छन्न इच्छा के लिए एक कथा है और प्रत्येक प्रच्छन्न चिन्ता किसी पौराणिक कथा में परिलक्षित होती है। उदाहरणार्थ यदि किसी को 'जन्म सम्बन्धी' भ्रान्ति है अर्थात् उसे लगता है कि उसके जन्म में ही कोई गड़बड़झाला है तो ऐसे व्यक्ति के लिए विविध मिथक उपलब्ध हैं। कभी-कभी तो एक देवता का ही मिथक काफी साबित हो सकता है। इससे व्यक्ति की जन्म-सम्बन्धी भ्रान्ति एक कथा-रूप में परिवर्तित होकर एकदम नए अर्थ तथा समाधान में बदल जाती है। गणेशजी को ही लीजिए। एक कथा के अनुसार हाथी के सूँड़ सहित सिरवाले गणेश जी का जन्म उनके पिता शिव के कारण हुई। इससे साबित होता है कि उनका अस्तित्व मात्र पुंसत्व-प्रधान है। दूसरी कथा कहती है कि उनका जन्म अपनी माता के मैल से हुआ और पिता का इसमें कोई योगदान न था। मूल मानवीय सरोकारों तथा जीवन, मृत्यु और प्रेम, शरीर तथा उसकी भिन्न-भिन्न क्रियाओं, माता-पिता, भाई-बहन तथा बच्चों से जुड़ी सभी सम्भव मनोकल्पनाओं को अपने में समेटते हुए भारतीय मिथक हमारे पठन-पाठन, वाचन और

अनुश्रवण तथा लोकनाटकों-नृत्यों में सदा उपस्थित रहते हैं। ये मिथक जीवनव्यापी कर्मों को एक मजबूती देते हैं अर्थात् हमारा मानसिक एकीकरण तथा व्यक्तित्व-व्यवहार जारी रखते हैं। भारतीय संस्कृति का एक अन्य पक्ष है उसमें कर्मकांडों का होना। ये कर्मकांड विशेषताएँ मृत्यु तथा मृत्युशोक से सम्बन्धित हैं। इनमें भी एक चिकित्सीय-पुट है जो अधिकतर पश्चिमी समाजों में दैनिक जीवन से लुप्त हो गया है।

भारत और पश्चिम के बीच तीसरा मूलगामी सांस्कृतिक अन्तर है—मनोस्वास्थ्य के सम्बन्ध में इनके अलग-अलग आदर्श। पश्चिम में इस मुद्दे पर मुख्यतया दो तरह के दृष्टिकोण अपनाए गए हैं। पश्चिम की परम्परागत जैव-चिकित्सीय दृष्टि के अनुसार मनोस्वास्थ्य को शारीरिक स्वास्थ्य से जोड़कर देखा गया है। जहाँ तक शरीर का सवाल है, उसकी क्रियाओं का सुचारू ढंग से होते रहना ही 'स्वास्थ्य' माना गया है। जहाँ तक शरीर की बात है यह परिभाषा ठीक जान पड़ती है। इस बात पर कोई विवाद नहीं हो सकता कि दिल का काम धड़कना, जिगर का पित्त-निष्कासित करना तथा गुर्दे का पेशाब छानते रहना है। अग्नाशय के ढंग से काम करते रहने के ही कारण रक्त में शर्करा का स्तर सन्तुलित रहता है। इसके विपरीत जहाँ तक मानसिक क्रियाओं का सवाल है—उनके सम्पादित होने के सम्बन्ध में कोई स्पष्ट धारणा नहीं है क्योंकि स्वयं 'मन' भी सुपरिभाषित नहीं है। उसके सम्बन्ध में तरह-तरह के सिद्धान्त तथा प्रतिरूप प्रस्तुत किए गए हैं। इनकी चर्चा वहाँ हमेशा बहुवचन में होती है। इस बात को लेकर पर्याप्त कठिनाई होती है कि सोचने, समझने, देखने, अनुभव करने, इच्छाशक्ति से प्रेरित होने जैसी मानसिक क्रियाओं की परिभाषा कैसे की जाए। कैसे जाना जाए कि इनके घटक क्या-क्या हैं। इससे यह दृष्टिकोण थोड़ा संकीर्ण हो जाता है और माना जाता है कि जब व्यक्ति युक्तियुक्त व्यवहार न करे तो इसका अर्थ है कि वह मनोरोगी है।

दूसरा प्रमुख दृष्टिकोण मनोस्वास्थ्य के सन्दर्भ में मनोचिकित्सा का है। मनोचिकित्सा के आरम्भिक दिनों में मनोस्वास्थ्य की कोई स्पष्ट परिभाषा नहीं की गई थी। इसका कारण यह था कि उन दिनों के सामाजिक-वातावरण में मूल्यों के बारे में एक सहमति बन चली थी। बाद के दिनों में बहुत से मनोरोग-विशेषज्ञों ने स्वस्थ व्यक्तित्व के बारे में अपने-अपने विचार रखे। अधिकतर पश्चिमी मनोरोग-विशेषज्ञ आज इस बात पर सहमत हैं कि स्वस्थ तथा वयस्क व्यक्तित्व वह है जिसमें चिन्ता सहने की क्षमता हो, जो अपने को अपराधी महसूस किए बिना आनन्द का अनुभव कर सके तथा जो वस्तुनिष्ठ यथार्थ और अपनी मनोकल्पनाओं के बीच स्पष्ट अन्तर कर सके भले ही यह यथार्थ पीड़ादायी हो और उसकी अपनी आवश्यकताएँ बहुत अधिक तीव्र हो। ऐसा व्यक्ति अपनी शक्ति, दुर्बलता तथा अन्तर्द्वन्द्व से सुपरिचित होता है। इसका उपयोग वह सफलता हासिल करने तथा अपने अधिकारों की रक्षा के लिए करता है। दूसरे शब्दों में कहें तो आन्तरिक आवश्यकताओं और बाह्य यथार्थ के बीच सन्तुलन बना रहता है।

हमने यह देखा है कि भारतीय चिकित्सा-पद्धति भी सन्तुलन पर जोर देती है। गुरुजी कहते हैं कि कफ-पित्त-वायु के बीच सन्तुलन होना चाहिए, माताजी कहती हैं

बुद्धि, भावना—इड़ा-पिंगला के बीच सन्तुलन होना चाहिए। जब तान्त्रिक किसी पुरुष की ग्रहणशीलता तथा नारीत्व को बढ़ाने की चेष्टा करते हैं तो उनका भी उद्देश्य इच्छा और क्रिया, ग्रहणशीलता तथा क्रियाशीलता, स्त्रीत्व और पुरुषत्व के बीच सन्तुलन लाना होता है। मनोस्वास्थ्य विषयक भारतीय दृष्टिकोण पश्चिमी दृष्टिकोण से इस बात में भिन्न है कि यहाँ 'सम्बन्धों' पर बहुत जोर दिया गया है। उदाहरण के लिए, मनोस्वास्थ्य के आदर्शों की चर्चा करते हुए इस बात को बार-बार रेखांकित किया गया है कि परिजन-पुरजन से कैसा व्यवहार करना चाहिए। लोक परम्पराओं में विद्यमान चिकित्सा-पद्धति का भी उद्देश्य यही है कि व्यक्ति तथा उसके समुदाय के बीच जो असन्तुलन खत्म हो गया है उसे फिर से स्थापित कर दिया जाए।

इस तरह के अन्तर पर मैकिम मैरियट नामक एक मानवविज्ञानी ने अपने खोजपूर्ण आलेख में प्रकाश डालते हुए कहा, "भारत तथा पश्चिम में प्रचलित 'व्यक्ति' विषयक धारणा परस्पर विरोधी नहीं तो भिन्न अवश्य है। पश्चिम के आधुनिक विज्ञानों में व्यक्ति की संकल्पना एक स्वायत्त, अविभाज्य, पूर्ण तथा आन्तरिक रूप से समशील इकाई के रूप में है जबकि भारत के ज्योतिष, दर्शन, नीतिशास्त्र तथा कर्मकांड-विषयक ग्रन्थों के अध्ययन से ज्ञात होता है कि वहाँ 'व्यक्ति' को द्वैत के रूप में देखा गया है। हिन्दू-ग्रन्थों के अनुसार व्यक्ति में निहित द्वैत सदा खुला एवं गतिमान होता है और अस्थायी रूप से ही इसके घटकों में एकता होती है। भारत के हिन्दू-ग्रन्थों में व्यक्त 'व्यक्ति' कोई स्वतन्त्र चिदणु नहीं है बल्कि द्वि-अणुओं के रूप में सदा दूसरे पर आश्रित है। इस प्रकार हिन्दुत्व के अन्दर व्यक्त व्यक्ति विषयक धारणा मानकर चलती है कि मनुष्य सम्बन्धों, का संजाल है। सभी प्रभाव, जरूरत तथा अभिप्रेरण साम्बन्धिक हैं और इनसे उत्पन्न अवसाद या पीड़ा दरअसल सम्बन्धों के अव्यवस्थित हो जाने से उत्पन्न होती है।" हिन्दू-मान्यता व्यक्ति को द्वैतमूलक, अन्योन्याश्रित तथा निजता की पारभासी प्रकृति वाली मानती है जबकि पश्चिमी मान्यता व्यक्ति को अविभाज्य एकक, अभिवृत्तिमूलक तथा पशु-प्रवृत्ति का स्वीकार करती है। यद्यपि इस रूप में व्यक्ति-विषयक धारणा को समझना सापेक्षिक संस्कृतियों को समझने में सहायक हो सकता है तथापि इस अन्तर पर अधिक जोर नहीं देना चाहिए। हिन्दू-मनोरोगियों के अपने निजी अनुभव के आधार पर मैं कह सकता हूँ कि यद्यपि भारतीय संस्कृति में द्वैतपरक तथा सम्बन्धमूलक व्यक्तित्व पर बल दिया गया है किन्तु रोगी अपने अचेतन में स्वयं को स्वायत्त तथा अविभाज्य भी समझता है। ये रोगी बहुधा पश्चिमी पद्धतिवाली मनोचिकित्सा का सहारा लेते हैं। इसके साथ यह भी सच है कि पश्चिम में व्यक्ति को अविभाज्य तथा स्वायत्त ईकाई माना जाता है फिर भी वहाँ मनोरोगी अचेतन में स्वयं को सम्बन्धपरक मानते हैं। फ्रायड ने मनोरोगियों के उपचार के लिए जो चिकित्सा-पद्धति विकसित की उसमें अन्य सभी चिकित्सा-पद्धतियों के प्रति सहिष्णुता का भाव था। फ्रायड ने स्वयं कहा है, "मनोचिकित्सा की बहुत सी पद्धतियाँ हैं और अनेकशः साधन हैं। जिनसे मरीज ठीक हो जाए वो सभी सही हैं।" फ्रायड ने लियोनार्डो द विंची द्वारा चित्रकला तथा मूर्तिकला

के बीच किए गए अन्तर की तरफ संकेत करते हुए कहा था कि मैंने जिस मनोविश्लेषण की पद्धति का आविष्कार किया है वह इसी अर्थ में दूसरी पद्धतियों से भिन्न है। उसका तात्पर्य यह था कि जैसे कोई मूर्तिकार किसी शिला को छेनी से काटकर उसे बहुभाँति छाँटने के बाद मूर्ति गढ़ता है वैसे ही मनोविश्लेषक अचेतन के पर्दे को परत-दर-परत उठाता अन्तर्तम में बसे द्वन्द्व को उजागर करता है। मनोरोगों की चिकित्सा की अन्य पद्धतियों में चित्रकला जैसी विधि का प्रयोग होता है। जैसे चित्रकार अपनी तूलिका पर रंग लेकर कोई चित्र बनाता है वैसे ही मनोरोग-चिकित्सा की अन्य पद्धतियों में मनोचिकित्सक अपने विचार तथा सुझाव रोगी पर थोप देता है। यदि हम इस बात का सहारा लें तो कहना पड़ेगा कि भारत में मनोरोगों की चिकित्सा-पद्धतियाँ रोगी को सुझाव देने के बजाय उसका समर्थन करती हैं। बालाजी के मन्दिर में जिस प्रकार मनोरोगों को ठीक किया जाता है उससे यह बात बिल्कुल स्पष्ट हो जाती है। पहले तो रोगी को इस बात का आश्वासन दिया जाता है कि उसकी देखभाल की जाएगी दूसरी तरफ इस बात की भी अनुभूति कराई जाती है कि परिवार जन, पुजारी अथवा स्वयं देवता तक भी उसकी निर्भरता की जरूरत को समझते हुए उसे सन्तुष्ट किया जाएगा। इसके बाद उसे अपने 'प्रेत' से अर्थात् रोग से परिचित कराया जाता है और इस प्रक्रिया में उसका डर कम हो जाता है। इस चिकित्सा-पद्धति की तीसरी बात है रोगी की देवता के सामने पेशी (अथवा पीर साहब के सन्दर्भ में सपनों का वर्णन)। इसमें रोगी स्वयं समाज में अस्वीकृत तथा अमर्यादित कही जानेवाली भूमिका निभाता है। चौथा तत्त्व है आसपास के लोगों द्वारा रोगी को प्रोत्साहन देना ताकि वह अपने द्वन्द्वों क़ो प्रकट करके उनसे छुटकारा पाए। पाँचवाँ तत्त्व है तनाव उत्पन्न करनेवाली बाह्य परिस्थितियों मसलन जवान स्त्री-पुरुष के सम्बन्ध में विवाह के परिणामस्वरूप अथवा आसन्न विवाह के भय से उपजे द्वन्द्व तथा पारिबारिक सम्बन्धों में कटुतापूर्ण भाव के साथ इनकी अभिव्यक्ति को दूर किया जाता है। इसके लिए इस तनाव के जिम्मेदार परिवार-जन स्वयं ही रोगी के द्वन्द्व के सम्मुख अपनी भूमिका उजागर करने के लिए छोड़ दिए जाते हैं और यह स्पष्ट हो जाता है कि उन्होंने रोगी को द्वन्द्वग्रस्त बनाने में क्या योगदान दिया है। पश्चिमी चिकित्सा-पद्धति में जहाँ तनाव का रूप अत्यन्त सूक्ष्म, सांकेतिक तथा गहन है—इन्हीं पाँच तत्त्वों की अधुनातन मनोचिकित्सा में भलीभाँति पिरोया गया है। यदि रोगी की कठिनाइयाँ अस्थायी हों परन्तु इससे परिवार अथवा समुदाय के साथ रोगी के सम्बन्ध में परिवर्तन आ जाए तो मन्दिर अथवा पीर-भगत आदि से उपचार करवाना इस अस्थायी कठिनाई को दूर करने अर्थात् सम्बन्धों को पुनः सन्तुलन की पटरी पर लाने में सहायक होता है। यदि रोगी की समस्या गहरी है तो पश्चिमी-मनोचिकित्सा के समान यहाँ भी स्वयं रोगी को अपने उपचार में संलग्न करना पड़ता है। यह प्रक्रिया हम बालाजी-मन्दिर में देखते हैं। जहाँ पुराने और ठीक हो चुके मरीज निश्चित समयान्तराल के बाद बार-बार मन्दिर आते हैं। जबकि कुछ अन्य वहाँ ठहरे रहते हैं और इस प्रकार अपने उपचार की पद्धति के अभ्यस्त हो जाते हैं।

महाराजजी और माताजी जिस 'आध्यात्मिक' दृष्टिकोण से मनोरोगों का उपचार करते हैं उसे भी रोगी को समर्थन प्रदान करनेवाली पद्धति का अंग कहा जा सकता है। अधिकतर आध्यात्मिक चिकित्सा-पद्धतियों में रोगी को ध्यान लगाने के लिए कहा जाता है। गुरु द्वारा मनोरोग की चिकित्सा किए जाने के पीछे मूल कारण है शिष्य में गुरु के प्रति श्रद्धा-भाव होना। गुरु के साथ तदात्म्य स्थापित करके शिष्य गुरु में प्रतिफलित आदर्श को स्वयं में आत्मसात कर लेता है। गुरु के साथ तदात्म्य स्थापित करके शिष्य गुरु की आदर्श-प्रतिमा को अपने अन्दर समाहित कर लेता है और समझता है कि उसका व्यक्तित्व सार्थक तथा बहुमूल्य है और उसकी समस्याएँ पहले जितनी विकट नहीं रहीं। जीवन के यथार्थ से उसके बोध का सन्तुलन फिर कायम हो जाता है। पश्चिमी मनोविश्लेषण चूँकि व्यक्ति को स्वायत्त तथा अविभाज्य एकक मानकर चलता है इस कारण इस दृष्टिकोण से प्रतीत होगा कि गुरु से तदात्म्य स्थापित करना किसी अन्तर्निहित भय का प्रतिबिम्बन है मसलन यही डर कि गुरु खो न जाए। यह भी कहा जा सकता है कि यहाँ शिष्य अपने गुरु की भौंडी नकल करता है और उनकी प्रतिच्छवि बनना चाहता है और इस प्रक्रिया में एक नकलची बनकर रह जाता है। इसके विपरीत 'खो जाने अथवा भयभीत होने' को भारतीय संस्कृति मनुष्य की मूल चिन्ताओं में से एक मानती है। यहाँ सीखने तथा स्वयं को रूपान्तरित करने का प्रतिमान ही यह बताया गया है कि स्वयं को अपने 'आदर्श' के साँचे में ढाल लो। इस प्रकार गुरु-शिष्य सम्बन्ध के जिस तदात्म्य भाव को पश्चिमी मनोविश्लेषण एक विचलन मानेगा वही यहाँ उसकी विशेषता बन जाता है। इसी कारण कुछ मनोविश्लेषक यह मानते हैं कि भारत में गुरु-शिष्य सम्बन्ध का प्रादर्श मनोरोगों के उपचार का सर्वोत्तम प्रतिमान है।

भारतीय चिकित्सा-पद्धति अथवा पश्चिमी मनोविश्लेषण के बीच उतना अधिक अन्तर नहीं है, जितना प्रतीत होता है। पश्चिम में मनोचिकित्सा की जो शास्त्रीय परम्परा रही है उसमें यह मान्यता बद्धमूल है कि सत्य को उसके समस्त प्रभावों तथा संज्ञानात्मक पक्षों के साथ स्वीकार करके ही सही चिकित्सा की जा सकती है और स्वास्थ्यलाभ हो सकता है। यह एक प्रकार से परम्परागत भारतीय मनोचिकित्सा के मूल सिद्धान्त-रोगी के द्वन्द्व का समर्थन और स्वीकार की ही पुष्टि है। पश्चिमी-मनोचिकित्सा में मनोविश्लेषक निरन्तर सतर्क तथा आत्मचेतस् रहता है कि खतरा पुनः न सिर उठाए अथवा कौन सा सुझाव कब दिया जाए। इससे अलग परम्परागत भारतीय मनोचिकित्सा रोग के मूल कारण को जानने की चेष्टा करती है। इन कारणों को व्यक्ति के स्तर पर न देखकर समूह के स्तर पर खोजा और देखा जाता है। उदाहरण के लिए, पीरवाली चिकित्सा-पद्धति यह मानकर चलती है कि मुसलमान समुदाय की औरतों में बहुत से मनोरोग कामेच्छा के दमन से उत्पन्न होते हैं। ठीक इसी तरह यह मान्यता भी है कि जो माता जन्म देती है वही निगल भी जाती है—जैसा कि तन्त्रवाले अध्याय में हमने देखा। ठीक इसी तरह अयाता (ओराँव जनजाति का ओझा) मानता है कि अधिकांश मनोरोग ईर्ष्या और द्वेष से उत्पन्न होते हैं। गुरुजी की चिकित्सा-पद्धति जवान की

वाचलता और मनगढ़न्त कथनी को इसका कारण बताती है। माताजी की चिकित्सा-पद्धति मानकर चलती है कि शरीर खुला रहे तो दुष्टात्माएँ प्रवेश कर जाती हैं अर्थात् मन पर नियन्त्रण न हो तो वासनाएँ घर कर जाएँगी। इस प्रकार व्यक्ति के मानस पर पड़े अचेतन की परतों को हटाने के बजाय (जो कि एक कठिन कार्य है और पश्चिमी मनोविश्लेषण का अंग है) भारतीय मनोचिकित्सा की पद्धति एक ऐसी मूलभूत बात को अपना प्रस्थान बनाती है जो बतौर मनोकल्पना के सभी मरीजों के अन्तर्द्वन्द्व पर लागू हो। दूसरे शब्दों में यह मान लिया जाता है कि किसी परम्परागत समाज के विभिन्न वर्गों में समशीलता होने से वैयक्तिक विचलन न्यूनतम होता है और समूह की संस्कृति में उत्पन्न एक ही इच्छा विविध रूपों में सभी सदस्यों में नहीं तो अधिकांश सदस्यों में अवश्य ही पाई जाएगी।

इसलिए कहा जा सकता है कि आधुनिक पश्चिमी मनोचिकित्सा के समान भारत की परम्परागत मनोरोग-चिकित्सा की पद्धतियों में भी किसी-न-किसी रूप में यह मान्यता पाई जाती है कि मनुष्य की नियति उसके शरीर से तय होती है और मनुष्य दूसरे के साथ अपने सम्बन्धों में ही व्यक्त होता है। इस सन्दर्भ में मेरे चिर-परिचित, नई जान-पहचान वाले और अनजान के साथ हुए तजुर्बे मेरी अध्ययन-यात्रा के अंग रहे।

●●●